Birgit Breuel (Hrsg.)

Treuhand intern

Ullstein

Ullstein Buch Nr. 36614
im Verlag Ullstein GmbH,
Frankfurt/M – Berlin

Originalausgabe

© 1993 by Verlag Ullstein GmbH,
Frankfurt/M – Berlin
Alle Rechte vorbehalten
Umschlagentwurf:
Hansbernd Lindemann
Herstellung: Ditmar Bernhardt
Gesamtherstellung:
Ebner Ulm
Printed in Germany 1993
ISBN 3 548 36614 7

Gedruckt auf Papier mit
chlorfreiem Zellstoff

Die Deutsche Bibliothek –
CIP-Einheitsaufnahme

Treuhand intern / Birgit Breuel (Hrsg.). –
Orig.-Ausg. – Frankfurt/M; Berlin:
Ullstein, 1993
   (Ullstein-Buch; Nr. 36614)
   ISBN 3-548-36614-7
NE: Breuel, Birgit [Hrsg.]; GT

Inhalt

1990

Einleitung 9 – Wirtschaftsplanung in der DDR und der Start einer Treuhandanstalt 25 – Aufbau der Dokumentation 34 – Regierungserklärung von de Maizière: Marktwirtschaftliches Konzept durchsetzen 37 – Regierungserklärung des Ministerpräsidenten der DDR, Lothar de Maizière (Auszug) 39 – Entwurf des neuen Treuhand-Gesetzes, von Lothar de Maizière vorgelegt 40 – Aufbau am Alexanderplatz 43 – Treuhandanstalt mit neuem Auftrag 46 – Vom VEB zum Unternehmen 59 – Erstausstattung der Unternehmen mit DM 64 – Eröffnungsbilanz – aber in DM 69 – Kombinate im Wandel 71 – Rohwedder übernimmt den Vorsitz des Verwaltungsrats 80 – Leitfaden der Treuhandanstalt für die Ausgestaltung von Sanierungskonzepten (Einleitung) 81 – Rohwedder übernimmt das Amt des Präsidenten 82 – Im Zentrum des Spannungsfelds – der Leitungsausschuß 89 – Gesucht werden 30 000 Aufsichtsräte 93 – Leuna 95 – Was ist das Treuhand-Vermögen wert? 102 – Aus der Rede von Dr. Detlev Karsten Rohwedder, Präsident der Treuhandanstalt, vor der Volkskammer am 13. September 1990 105 – Im Brennpunkt: Pentacon, erste Liquidation der Treuhand 112 – Umschulungsprojekt Pentacon – der erste Schritt in Richtung einer ABS 114 – THA-Niederlassung Cottbus 121 – Personal 126 – Koordinierung der Niederlassungen 128 – Hilfe aus der »EDV-Hölle« 131 – Bürgertelefon 134 – Quartierbeschaffung aus dem Stand 138 – Treuhand in den Anfängen am Alex 141 – Ansturm der Wissenschaft 148 – Getarntes Stasi-Vermögen 152 – Die Vertrauensbevollmächtigten beim Vorstand der Treuhandanstalt 157 – Leihmanager von Bayer 162 – Beschwerden wird nachgegangen 165 – »Wir müssen den Leuten eine Chance geben« 169 – Einzug an der Leipziger Straße 175 – Richtlinien als Grundgesetz 178 – Das Interflug-Trauerspiel – wieso eigentlich? 180

1991

Kein Stuhl für den Verhandlungspartner 187 – Dokumentation – Interview der »Welt« mit Rohwedder (Auszug) 193 – Die Organisation der Treuhandanstalt ändert sich 203 – Berliner Modell für Immobilien 209 – MBO-Orientierungsrahmen 215 – Brückenschlag zu den neuen Bundesländern 220 – Detlev Karsten Rohwedders Brief an die Mitarbeiter der Treuhandanstalt am 27. März 1991 224 – Rohwedder wird ermordet 227 – Gemeinsame Erklärung der Gewerkschaften und der Treuhandanstalt (Auszüge) 230 – Verleger kennen ihre Macht 232 – Kurshalten im Tohuwabohu um die Werften 240 – Investitionsgesetz 247 – Konflikt bei der Reprivatisierung 250 – Auflösung der HO (Handelsorganisation) vollzogen 254 – ABS: Beschäftigung im Strukturwandel statt Arbeitslosigkeit 257 – Treuhand New York 262 – »Tafelsilber im Treuhandvermögen« 263 – »Miteinander. Arbeiten für die Soziale Marktwirtschaft« 270 – Grundsatzreferat von Präsidentin Birgit Breuel, gehalten an den Mitarbeiter-Tagen 23. und 30. November 1991 in Berlin-Wuhlheide (Auszüge) 272 – Riva 278 – Vom Betriebsferienheim zum Hotel 286 – Die Idee der Management KG 290

1992

Abwicklung – ein Wort des Jahres 296 – Unternehmensbörse 302 – Elefant im Schuldgefängnis – oder die Treuhand in der Zirkuskuppel ratlos 304 – Erfolgreiche Landespolitiker oder der Bau-Krimi mit Happy-End 309 – Der Privatisierungskongreß 315 – Aufbau nach der Reprivatisierung 318 – Bürgermeister warnt Treuhand-Mitarbeiter vor Zutritt 320 – »Projekt Kleinunternehmen« 322 – Ausschreibung gibt Privatisierung neuen Aufschwung 327 – Mitarbeiter werden »Kapitalisten« 331 – Poker um die Braunkohle 333 – Niederlassung Schwerin vollzieht ihren letzten Unternehmensverkauf 338 – Rückgang des THA-

Personalbedarfs: Brief der Präsidentin Birgit Breuel an die Mitarbeiter 342 – Konzept für die Tätigkeit nach 1994 346 – Amerika for Sale 347 – Die Beauftragten 348 – Ein Stück namens DEFA 351 – Neuer Weg in der Landwirtschaft 357 – Machtsektor Staat 364 – »Könnten wir mit einer Gruppe zu einem Informationsbesuch zu Ihnen kommen?« 366 – Koordinierungsbüro für Sanierung in Braunkohlegebieten 370 – Bürgermeister dankt der Treuhand 372 – Handlungsrahmen für Altlasten 373 – Auf dem Weg zur kommunalen Selbstverwaltung 377 – »Ein knackiges Stück Heimat« 382 – Ein Fall für die Stabsstelle »Besondere Aufgaben« 383 – Die Gretchenfrage 390 – Industrielle Kerne – was wir damit meinen 394 – Unternehmenskongreß der Treuhandanstalt in Leipzig 400 – Treuhand-Kalender 403

Personenregister 425

Einleitung

Manchmal wünscht man sich, hinter den Vorhang der Macht zu schauen. Der Alltag ist für die Menschen oft so anstrengend, daß sie hinter dem Vorhang eine Lösung für ihre Probleme suchen. Oft allerdings vermuten sie dahinter doch mehr die anonymen finsteren Mächte, die sich dem Glück der Menschen entgegenstellen und nur ihre eigenen egoistischen und unrechtmäßigen Vorteile suchen.

Es ist wohl die schwierigste Lektion, die wir in Deutschland in diesen letzten drei Jahren lernen mußten: Eine Veränderung der Lebensverhältnisse, der persönlichen und wirtschaftlichen Rahmenbedingungen kann nur schrittweise erfolgen, dauert seine Zeit, auch wenn es gelingt, alle Fehlerquellen auszuschließen und auch wenn alle nur dieses eine Ziel haben, die Einheit menschlich und für die Natur verträglich zu vollenden.

Aber selbst das ist nicht so. Es haben nicht alle in Deutschland das eine Ziel, möglichst rasch einheitliche Lebensverhältnisse zu schaffen und dem Zusammenwachsen der Menschen höchste Priorität zu geben. Nach der ersten Freude über die unverhoffte Einheit, über die ersehnte Freiheit und über den Eintritt eines unglaublichen geschichtlichen Ereignisses wird das Leben normaler. Das Interesse an den Menschen in Ostdeutschland ist nicht mehr größer als das Interesse an den eigenen kleinen Lebenskreisen im Westen.

In Berlin und in den 15 größeren Städten in den neuen Bundesländern haben dies in den letzten drei Jahren die fast 4000 Mitarbeiter der Treuhandanstalt (THA) und die Millionen Menschen in den Unternehmen Tag für Tag erfahren. Es wird noch lange dauern, bis man den Prozeß der Einigung mit seinen Hoffnungen und Enttäuschungen, seinen richtigen und falschen Zielen angemessen und gerecht beurteilen kann. Wir haben heute viel zu wenig Abstand für ein solches Urteil.

Die Entwicklung vollzieht sich rasend schnell. Für die Menschen, die betroffen sind, viel zu schnell. Es macht sie atemlos, wie sich das tägliche Leben und die Weltgeschichte verändern. Sie suchen Orientierung. Die Politik kämpft darum, von den Bürgern als Orientierungshilfe anerkannt zu werden. Vielen wird jetzt klar, daß die politische Wende in der DDR einen Erdrutsch ausgelöst hat, von einer neuen Stabilität sind wir noch weit entfernt. Jetzt erst wird allen bewußt, wie man sich ideologisch und ökonomisch eingerichtet hatte in den Blöcken von West und Ost, wie die Mauer und der Eiserne Vorhang auch Stillstand symbolisierten. Niemand konnte oder wollte sich so recht vorstellen, daß diese Weltordnung sich wesentlich ändern würde. Mehr Menschlichkeit, mehr Durchlässigkeit ja, aber genereller Wandel? Die Menschen in Europa konnten sich nicht vorstellen, daß ein Wandel ohne Krieg die Blöcke auflösen würde. Und ein Wandel mit Krieg war undenkbar. Das noch Undenkbarere, die vollständige Veränderung der Weltordnung, ist inzwischen eingetreten. Wenn wir nicht bis zur Atemlosigkeit von der Erledigung der Tagesgeschäfte angetrieben würden, wäre dies noch deutlicher.

Jetzt, da die Dinge in Bewegung gekommen sind, vollzieht sich alles gleichzeitig und mit scheinbar sich beschleunigender Geschwindigkeit. Es ist wie mit einem großen zugefrorenen Fluß: Wenn das Eis erst einmal aufbricht, dann gibt es kein Halten mehr. Schnee und Eis vermitteln trotz aller Kälte und Erstarrung auch etwas Beruhigendes, das Aufbrechen des Eises trotz aller Freude über die wärmenden Sonnenstrahlen auch etwas Schreckliches. Tauwetter ist nicht die schönste Jahreszeit, Übergänge sind immer anstrengend und aufreibend.

Wir werden noch lange in solchen Übergangssituationen zu leben haben. Viele Argumente in der täglichen Diskussion sind Argumente gegen den Übergang. Nichts wird so sehr ersehnt wie eine neue Ordnung, sei es eine wirtschaftliche, eine politische oder eine architektonische in der neuen Hauptstadt Berlin. Es ist auch kein Zufall, daß das bloß symbolische Diskutieren und Handeln inzwischen einen Stellenwert bekommen, den man jedenfalls im Westen vor wenigen Jahren noch nicht für möglich gehalten hätte. Aber auch das hängt mit dem Leben im Übergang zusammen. Wenn schon die Zeit nicht angehalten werden kann und wenn schon die Hoffnung auf ein Endlich-fertig-werden mit dem Umbau nicht real ist, dann müssen wenigstens Symbole her, an denen man Zukunft oder Gegenwart festmachen kann. Zukunftsorientierung und gegenwärtiges Unbehagen stehen in Ost und West nahe beieinander. Neben der Freude über die unverhoffte Einheit steht auch der Schmerz der tagtäglichen Anstrengung, um mit den notwendigen Veränderungen fertig zu werden. Es geht um mehr als um die wirtschaftliche Vollendung der Einheit. Wir spüren alle, daß bloße Angleichung nicht zur Einheitlichkeit der Lebensverhältnisse führen kann. Ja, daß die in der Verfassung genannten Lebensverhältnisse sich selber wandeln müssen, wenn das Zusammenleben der Menschen mit der geschundenen Natur eine Zukunft haben soll.

Damit wird die Einheit in Deutschland zu einer Herausforderung, die weit über die Lösung akuter Fragen des Zusammenwachsens hinausgeht. Mit dem Ende des Kalten Krieges sind auch Antriebskräfte für den Raubbau an Natur und Mensch weggefallen, die über 50 Jahre die Systeme in Ost und West angetrieben haben. Dies bietet die Chance, aber auch die Notwendigkeit herauszufinden, welche neuen Antriebskräfte die Wirtschaft und die Politik motivieren können, Initiative und Innovation, Lebenskraft und Sinnlichkeit zu investieren. Die fünf neuen Länder und Berlin sind der Ort, wo sich dies mit der größten Intensität und Geschwindigkeit abspielt. Aber auch die Regionen im Westen werden von diesem Strukturwandel erfaßt. Er macht nie an historischen Grenzen halt. Alle Industrieregionen müssen sich dem Zwang zur Neuorientierung nach dem Ende des Kalten Krieges stellen.

In dieser Situation gibt es nur wenige Orientierungspunkte. In Westdeutschland hatte die skeptische Generation in den fünfziger und sechziger Jahre gründlich aufgeräumt mit der Scheinrealität der großen ideologischen Entwürfe. In Ostdeutschland brach in wenigen Monaten krachend zusammen, was sich seit Jahren und Jahrzehnten von innen ausgehöhlt hatte. So standen wir am Beginn der Einheit mit nicht mehr da als mit Skepsis und Realitätssinn. Helmut Kohl scheint heute der einzige zu sein, der in einer zitierfähigen Äußerung eine Spur von Utopie aufscheinen ließ. Sein Wort von den »blühenden Landschaften« dient vielen heute als Karikatur. Vielleicht deshalb, weil hier jemand gewagt hat, eine Perspektive zu zeichnen, die in vollem Gegensatz zur unmittelbar bevorstehenden Zukunft stand. Und es ist populär geworden, als das wirkliche und wahrhaftige Versäumnis des Jahres 1990 die fehlende Blut-Schweiß-und-Tränen-Rede des Kanzlers zu bezeichnen. Warum geben wir nicht einfach zu, daß wir alle miteinander ohne Handlungsanweisungen und ohne eine spezifische Erfahrung in die Einheit gegangen sind? Oder, noch schärfer, daß uns das Ende des Kalten Krieges völlig unvorbereitet getroffen hat, die einen wie die anderen. Und so standen wir da ohne eine ausdiskutierte Strategie, ohne Rezepte, ohne das Gefühl, wirkliche Macht über die Entwicklung zu haben.

Blühende Landschaften oder Tränen – das sind doch beides sehr deutsche Metaphern, beides Elemente der unausgeglichenen deutschen Seele, die sich immer dann am wohlsten fühlt, wenn sie das »Himmelhoch-jauchzend« und »Zu-Tode-betrübt« in einem Augenblicke vereinen kann. Die blühenden Landschaften werden vielleicht anders aussehen, als sich dies viele aus der Sicht des Jahres 1990 vorgestellt haben. Dafür verändert sich unsere Welt als ganze zu sehr.

Die Industrie von morgen sieht in den hochentwickelten Ländern anders aus als heute. Sie wird eine Industrie ohne Raubbau an Mensch und Natur sein und sein müssen, wird die natürlichen Lebensbedingungen schonen. Wir erkennen das schon vielfach dort, wo diese völlig neue Industrielandschaft wächst.

Und trotzdem, als Orientierung reicht dies nicht aus. Immer dann, wenn irgendwo etwas gelungen ist in den letzten drei Jahren, sind auch schnell die Besserwisser gekommen und haben dies als Oasen in der Wüste, als Kathedralen im Niemandsland ausgemacht. Und jetzt, wo auch noch die Konjunktur so sichtbar nachgelassen hat, hat man es schwer, allein die Baukräne und die neue Farbe an den Wänden als Vorboten dieses Blühens zu erkennen.

Für die Menschen ist es schwer, darauf zu warten, daß die vielen Neuanfänge in den schon privatisierten über 11 000 Unternehmen zu spürbaren Arbeitsplatzwirkungen führen. Es wird geschehen, aber es braucht Zeit und nochmals Zeit.

Es ist wahr: Weder in West- noch in Ostdeutschland gab es 1989 irgendwelche Konzepte, Planspiele oder Strategien für eine politische und wirtschaftliche Einheit. Aber was heißt das schon. Im Herbst 1989 fanden sich in der damaligen DDR viele Praktiker und Wirtschaftswissenschaftler zusammen, um eine sozialökologische Marktwirtschaft an die Stelle einer überregulierten und überbürokratisierten Wirtschaftslenkung zu setzen. Im Winter 1989 hatte der Westen eine Gewißheit, der er folgte: Wirtschaftliche Einheit geht nur über eine Einheit der Währung, lieber schnell und schmerzhaft als langsam und quälend. Und er hatte eine zweite Position: Abbau der politischen Konfrontation mit Osteuropa durch Intensivierung der Wirtschaftsbeziehungen, des Warenaustauschs, des Handels und der Dienstleistungen.

Die wohl stärkste Kraft im letzten Jahr der DDR war der unbändige Wille, sich von der Gängelung durch eine Bürokratie von oben zu lösen. Endlich nicht mehr übergeordneten Zielen folgen müssen, sondern den eigenen Zielen folgen dürfen. Das war der große Traum, der ja dann auch in Erfüllung gegangen ist. Es ist für die außenstehenden westlichen Beobachter unfaßbar, wie schnell und gründlich sich die Unternehmen aus den bisherigen Lenkungsstrukturen herausgewunden haben. In weniger als zwei Monaten waren die jahrzehntelang entwickelten Mechanismen erloschen. Am Anfang des Jahres 1990 gab es schon keine Wirtschaftsbürokratie mehr in der DDR, die den Prozeß der wirtschaftlichen Einigung hätte steuern können. Dem Parlament stellte sich aber sehr wohl die Aufgabe, die Rahmenbedingungen der neuen Freiheit zu bestimmen.

1990 war das Jahr der Politik. In Deutschland und in Europa sind politische Entscheidungen gefallen, von denen alle annahmen, daß die wirtschaftlichen Folgen für Arbeit und Leben der Menschen schon rechtzeitig beherrschbar und gestaltbar seien. Die Ökonomie hatte den Vorgaben der Politik zu folgen. Für viele in Ost und West eine gleichermaßen neue Erfahrung. Es hat nicht an Analysen der Ökonomen gefehlt, die gewarnt und geklagt haben über die wirtschaftliche Uneinsichtigkeit der Politik. Aber hätten wir statt politischer Entscheidungen besser bloß wirtschaftliche Entscheidungen treffen sollen? Hätte man, um der DDR-Wirtschaft einen längeren Anpassungszeitraum zu ermöglichen, zwei voneinander geschiedene Wirtschaftsgebiete mit zwei Währungen beibehalten sollen, an deren Grenzen alles kontrolliert wird? Was ist schrecklicher, die langsame Anpassung oder der schnelle, weil nicht vermeidbare Schock?

In den wenigen Monaten des Jahres 1990, die in Ost und West für die Weichenstellungen zur Verfügung standen, ist eine Entscheidung getroffen worden, die nur ein einziges Mal und ohne Chance der Korrektur getroffen werden konnte, man mag dies im nachhinein für richtig oder falsch halten. Schon im März 1990 war auch dieser Weg im Prozeß der deutschen Einigung unumkehrbar. Die Währungsumstellung von Mark der DDR auf DM war nicht nur ein wirtschaftlicher Vorgang, sie war auch ein Stück Gesellschaftspolitik. Das müssen wir anerkennen, wenn wir den fast 400-Prozent-Aufwertungsschock für die Unternehmen beklagen. Die Wirtschaft muß jetzt vollenden, was die Politik an Zeichen gesetzt und an nicht mehr umkehrbaren Wegen vorgezeichnet hat.

Die wirtschaftliche Kraft ganz Deutschlands muß auch diesen gesellschaftspolitischen Willen der Bürger des Jahres 1990 vollenden. Das wird auch gelingen, wenn wir genügend Kraft zum Konsens und zum Ausgleich unterschiedlicher Notwendigkeit im eigenen Land behalten.

Ob wir eine Korrektur für die zweite Gewißheit des Jahres 1990 erreichen, weiß gegenwärtig wohl niemand. Daß die privilegierte Stellung im COMECON-Handel verlorengehen würde, war klar; das Tempo, mit dem die Märkte der früheren DDR im Osten weggebrochen sind, hat 1990 niemand vorausgesehen.

Auch die Warner und Mahner haben nicht vorherzusagen gewagt, daß die Sowjetunion nur wenige Monate nach der deutschen Einheit einen Putsch und später ihre Auflösung erleben würde. Der Zusammenbruch des RGW war sicher vorgezeichnet, das ist richtig. Aber daß ganze Warenströme zum Erliegen kommen würden, selbst die, für die sich die Sowjetunion noch im Herbst 1990 völkerrechtlich verbindlich die Fortsetzung des Handels zusagen ließ, das veränderte gravierend die Rahmenbedingungen des wirtschaftlichen Umbaus.

Nun war der Strukturwandel in den fünf neuen Ländern doppelt schwer geworden: Aufwertungsschock und Westorientierung, zwei Rahmenbedingungen, die selbst jahrzehntelang in Marktwirtschaft erfahrene Unternehmen, jede für sich, überfordert hätten. 1992 kam eine sich mehr und mehr abschwächende Weltkonjunktur dazu, als dritte Einflußgröße. Alles dies müßte eigentlich zum Zusammenbruch der Wirtschaft führen.

Zwei Dinge haben dies bis jetzt verhindert: Eigeninitiative und Solidarität – vielleicht das Kostbarste, was wir in den Jahren nach dem Faschismus und dem großen Krieg in beiden Teilen Deutschlands entwickelt haben. Im Westen konnte nur erfolgreich sein, wer Initiative zeigte; das Gemeinwesen beruhte auf dem Gedanken der Solidarität und des Ausgleichs im Interesse des Gemeinwohls. Im Osten konnte man nur überleben, wenn man Initiative zeigte, in Nischen und auf raffinierte Weise auch im öffentlichen Leben. Bei aller ideologischen Unterschiedlichkeit zwischen der alten Bundesrepublik und der alten DDR dürfen wir dies nicht übersehen. So trennend sich die Staaten im und nach der kalten Phase des Kalten Kriegs gegenüberstanden, die Eigeninitiative der Menschen war nicht eingefroren.

Wenn heute der Strukturwandel in Ost und West selbst bei hohem Tempo ausgehalten und von den Menschen verkraftet wird, dann wegen dieser ungeheuren Kraft der Eigeninitiative gerade auch in den fünf neuen Bundesländern. Es ist deshalb für sich genommen lächerlich, wenn den Bürgern im Osten lediglich empfohlen wird, die Ärmel aufzukrempeln. Es wirkt auch zynisch, wenn lediglich Maßhalten gefordert wird, auch wenn es ohne Augenmaß nicht geht.

Die Menschen in den neuen Bundesländern haben einen ausgeprägten Sinn für die Realität. Jeder in den neuen Ländern weiß, daß das Ziel der Einheitlichkeit der Lebensverhältnisse nur schrittweise erreicht werden kann und daß man dabei nicht mit großen politischen Willenserklärungen allein, sondern mit einem schwierig auszutarierenden System wirtschafts- und gesellschaftspolitischer Entscheidungen arbeiten muß. Die Diskussionen um den Solidarpakt haben dies überdeutlich gemacht. Der Konsens muß verläßlich bleiben in den Zielen und in den Schrittfolgen, nur dann können wir von den Menschen erwarten, daß sie sich mit voller Kraft, mit ihrer ganzen Initiative einsetzen.

Die Treuhandanstalt stand von Anfang an im Brennpunkt des wirtschaftlichen, politischen und regionalen Strukturwandels in Deutschland. Wie keine andere Institution war sie aufgefordert, zu handeln ohne Erfahrung, zu entscheiden ohne ausreichende Grundlagen, zu ordnen ohne verläßlichen Plan, zu gestalten im Vorgriff auf die neue dezentrale Ordnung der neuen Länder, Städte und Gemeinden.

Wenn man bedenkt, daß die alte DDR die sogenannte Einheit von Wirtschafts- und Sozialpolitik als politisches Ziel nicht nur verfolgt, sondern in der Realität auch weitgehend entsprechende Fakten geschaffen hatte, dann versteht man, wie tiefgreifend eine Wirtschaftsreform sein muß. Die Unternehmen waren nicht nur der Größe nach unregierbar geworden, sie hatten auch einen regional- und strukturbestimmenden Einfluß, den man im Westen niemals den ehemals großen Unternehmen zubilligen würde. Zugleich waren die Unternehmen staatlich überplant und geleitet. Wer leitete eigentlich wen? War der bestellte Befehl oder der vorauseilende Gehorsam die Realität, oder beides? Oder glaubten der Staat und die SED, die Unternehmen zu lenken, diese aber, den Staat und die Partei, praktisch in der Hand zu haben?

Schon die Reformer in der ausgehenden DDR wollten ganz klar eine Trennung von Staat und Wirtschaft, eine Trennung von kommunalen Aufgaben und wirtschaftlichen Zielen der Unternehmen. Deshalb kann man die Fülle der Aufgaben, die der Treuhandanstalt zugewiesen wurden, eigentlich nur verstehen, wenn man diesen Prozeß des Auseinandermontierens versteht.

In Jahrzehnten hatten sich die Volkseigenen Betriebe und Kombinate Liegenschaften zugelegt, auf die jetzt die jungen Kommunen Anspruch erhoben. Andererseits hatten die Kombinate Dienstleistungen erbracht, die nun den Kommunen zufielen, ohne daß diese dafür schon genügend ausgestattet waren.

Die Gründung der Treuhandanstalt war zunächst im Frühjahr 1990 der kleinste gemeinsame Nenner der miteinander ringenden politischen Kräfte in der ausgehenden DDR. Für die einen sollte die Treuhand lediglich die Verwalterin von Vermögenswerten sein, bei gleichzeitiger voller Autonomie der Unternehmen in ihrer praktischen Arbeit. Die Treuhand also als der große Staatsnotar, der im Tresor die Aktien der Unternehmen verwahrt, auf die tägliche Arbeit aber keinen Einfluß nimmt und mit den wenigen Mitarbeitern auch gar nicht nehmen kann. Für andere sollte die Treuhand nur vorübergehend als Zwischeneigentümer tätig werden, bis neue, unternehmerisch aktive private Eigentümer an die Stelle des früheren öffentlichen Eigentümers getreten waren. Alle wollten, daß die Treuhand die Unternehmen bei ihrer Umstrukturierung unterstützt – mit Geld und allem, was sonst noch dazugehört.

Die Treuhand sollte zugleich Eigentum zurückgeben an die rechtmäßigen alten Eigentümer. So sollten die Kommunen zurückerhalten, was inzwischen bei Unternehmen verwaltet oder früher enteignet wurde. Die seit 1949 enteigneten mittelständischen Eigentümer sollten im Rahmen der sogenannten Reprivatisierung ihre Unternehmen zurückerhalten. Überhaupt sollten Alteigentümer, die enteignet worden waren, die Möglichkeit erhalten, wieder in die Rechte und Pflichten eines Eigentümers einzutreten.

Bis zurück ins Jahr 1933 muß geforscht werden, wenn es darum geht, politisch oder rassisch verfolgten Menschen Wiedergutmachung zu leisten durch Rückgabe von widerrechtlich weggenommenem Gut. Es war ein großer Konsens, der im Sommer 1990 das Treuhand-Gesetz in der Volkskammer der DDR verabschiedete. Die Treuhand als eine Institution, die Gerechtigkeit schaffen oder wiederherstellen sollte – so war sie gedacht, und so waren die moralischen und faktischen Ansprüche an diese Institution.

Damit war die Treuhand von Anfang an in der Gefahr der Überforderung. Daß sie nicht daran zerbrach, ist die Leistung der fast 4000 Mitarbeiter aus Ost und West, die sich dieser Herausforderung teils pragmatisch, teils idealistisch gestellt haben und sie trotz aller Rückschläge immer wieder angenommen haben.

Die Politik entledigte sich im Sommer 1990 mit einer relativ kurzen und heftigen Diskussion der unübersehbaren Aufgabe der Wiederherstellung von Gerechtigkeit durch den Grundsatz »Rückgabe von Eigentum« an die rechtmäßigen Besitzer. Seither prasselten Millionen von Ansprüchen und Erwartungen auf diese Institution und auf die Ämter zur Regelung offener Vermögensfragen. Die Treuhand hat in dem Ansturm zugleich ihre eigene Organisation erst aufbauen müssen. Es mußten für diese unvergleichliche Aufgabe Regeln entwickelt werden, und es mußten Mitarbeiter gefunden werden, die das alles bewältigen. Hätte die Treuhandanstalt in jenen Monaten nicht klare Prioritäten gesetzt und die Kritik daran nicht ausgehalten, sie hätte ihre Aufgabe nicht erfüllen können.

Unsere Priorität waren die lebenden Unternehmen, die Arbeitsplätze und die Herausbildung von neuer Initiative. Viele Bürger, vor allem aus dem Westen, haben das am Anfang nicht verstanden. Sie haben die Treuhand hart kritisiert, weil sie nicht auf erste Anforderung Entscheidungen getroffen hat, sondern abgewogen hat gegen die Chancen der Unternehmen. Für die vielen Millionen Menschen, die in diesem Strukturwandel ihren Arbeitsplatz verloren haben, klingt es immer zynisch, wenn die Treuhand für sich in Anspruch nimmt, ihr Handeln allein an den Interessen der Menschen in den Betrieben auszurichten. Aber es gebietet auch der Stolz dieser Institution, sich dazu zu bekennen und die Kritiker aufzufordern, ihren Argwohn zu überdenken.

Es war die Erfahrung der Treuhandanstalt, die Detlev Karsten Rohwedder bewog, schon nach wenigen Monaten, im Winter 1990, der Bundesregierung eine Veränderung der Rangfolge bei der Eigentumsrückgabe vorzuschlagen. Dies führte dann zum Vorrang für Investitionen und eben zum Nachrang für die Rückgabe von Eigentum an die Alteigentümer, wenn auf diese Weise mehr und bessere Arbeitsplätze geschaffen oder gesichert werden konnten.

Die wohl schwierigste Phase unserer Arbeit war der Herausbildung einer eigenen Politik, eines eigenen Regelwerks und eigener Zielvorstellungen gewidmet. Wir haben darum gerungen, ob etwa die Sanierung eines Unternehmens dem Eigentumswechsel vorangehen muß. Wir haben Formen für die Stillegung von Unternehmen entwickelt, die unter keinen Umständen sanierungsfähig waren und von deren Arbeitsplätzen doch noch so viele wie möglich erhalten werden sollten.

Immer wieder haben wir um die richtige Prioritätensetzung gerungen. Eine der vielen Kurzformeln in der öffentlichen Diskussion hat dabei besonders viel Porzellan zerschlagen: Privatisierung hat Vorrang vor der Sanierung. Diese Formel wurde schnell auf eine fragwürdige Weise populär. Sie hat das Mißverständnis begünstigt, Privatisierung zerstöre Arbeitsplätze, eine Nicht- oder Noch-nicht-Privatisierung dagegen erhalte sie.

So eindringlich wir auch entgegensetzten, daß für uns Privatisierung der richtigste Weg zur Sanierung eines Unternehmens ist, dieses Ziel vom Erwerber aber auch tatsächlich angestrebt und umgesetzt werden muß, so hartnäckig setzte sich in den Köpfen und in der politischen Auseinandersetzung fest, daß Sanierung und Privatisierung Gegensätze seien.

Auch heute noch, nachdem über 11 000 Unternehmen oder Unternehmensteile privatisiert sind und privates Engagement und Eigeninitiative die Sanierung in den Unternehmen vorantreiben, ist die Frage scheinbar immer noch nicht ausdiskutiert. Dabei sind es der Marktzugang, das Know-how und die Managementqualität, die in der Regel ohne neue aktive Eigentümer nicht herbeizuzwingen sind. Und mit den neuen Eigentümern ist auch noch kein Patentrezept gefunden.

Der ganze Streit hat seine Ursache in der Gegenüberstellung von zwei Vorgängen, die sich gegenseitig bedingen, aber keineswegs ausschließen. Privatisierung bedeutet für die Treuhandanstalt die Gewinnung eines neuen, unternehmerisch aktiven Eigentümers, der die weitere Entwicklung des Unternehmens zu seiner Sache macht und vorantreibt. Sanierung meint den Prozeß der Umstrukturierung und Umstellung des Unternehmens auf eine Existenz in Konkurrenz zu anderen, ebenfalls leistungsfähigen und mit vergleichbaren Produkten agierenden Unternehmen. Die Unternehmen müssen ausnahmslos alle saniert werden, wenn sie neben den hochqualifizierten Konkurrenten standhalten wollen. Und sie müssen privatisiert werden, nicht nur damit der Einfluß des Staates nach dem Willen der Bürger schrittweise zurückgeführt wird, sondern auch weil wir die Erfahrung gemacht haben, daß private Unternehmen gerade zu Zeiten des Umbruchs die besseren Chancen haben, den richtigen Weg zur Selbstbehauptung auf dem Markte zu finden.

Leider trägt diese Diskussion aus den verschiedensten Gründen soviel ideologischen Ballast mit sich, daß die Treuhand oft den Eindruck zu erwecken scheint, es ginge ihr nur um die Frage des Prinzips. Wir haben die Dinge lieber auf den Punkt gebracht und im Zweifel eher einen Streit riskiert, als mit einem Wortschwall die Probleme zuzukleistern.

Das wirkliche Problem in all den Jahren war eigentlich immer nur die Entscheidung zwischen Stillegung und Fortführung der Sanierung in der Erwartung, daß das Unternehmen sich stabilisiert. Alle hatten erwartet, daß die Treuhandanstalt Listen mit Stillegungskandidaten aufstellen würde, daß von oben herab festgelegt würde, wer leben darf und wer zu sterben hat. Die Entwicklung ist anders verlaufen. Die Intensität, mit der sich die Treuhandanstalt gerade um die stillzulegenden Unternehmen gekümmert und dort jeden Funken an Zukunftschance entfacht hat, spricht Bände. Die Abwicklung von Unternehmen, die nicht sanierungsfähig sind, führt eben nicht zur gänzlichen

Vernichtung von Arbeitsplätzen und zur vollständigen Aufgabe des Geschäftsbetriebs. Weil auch dieser Teil der Treuhand-Aufgaben kreativ gestaltet werden konnte, sind mehr als ein Drittel der Arbeitsplätze auch in diesen Unternehmen gerettet worden.

Es bleibt die Sorge um die heute noch in der Obhut und Verantwortung der Treuhandanstalt verbliebenen Unternehmen. Wir haben immer autonome Entscheidungen treffen können. Die Treuhandanstalt war zu keiner Zeit eine Behörde der Bundesregierung oder ein verlängerter Arm der Bonner Regierungsparteien. Man hat nicht immer gern gesehen, daß sich die Treuhand aus der politischen Auseinandersetzung heraushielt, mit Worten ebenso wie mit Werturteilen. So sind wir den vielen kleinen und großen Sticheleien, die nun einmal die politische Debatte ausmachen, scheinbar wehrlos ausgesetzt gewesen. Man kann solche Bewährungsproben bestehen, indem man sich nicht beirren läßt, unverwandt seine Arbeit tut und seinen Auftrag erfüllt.

Natürlich haben Entscheidungen der Treuhand unter Umständen gravierende Auswirkungen auf Konkurrenzunternehmen in Westdeutschland. Die deutsche Einheit wird aber nicht unter der Maxime erarbeitet, daß im Osten nichts geschehen darf, was die Standortfaktoren des Westens verändert. Hier setzt dann ein Mechanismus ein, der Treuhand gleich Staat setzt und der dann schlußfolgert: Treuhand/Staat verzerrt mit öffentlichen Geldern Wettbewerb mit privaten Unternehmen. Also Schluß damit, heißt dann die einfache Formel. Die Treuhandanstalt ist nicht Staat und dennoch öffentlich. Sie ist verpflichtet, ihren gesetzlichen Auftrag so wahrzunehmen, wie man es auch von einer Behörde im Rechtsstaat erwarten darf: gerecht gegen jedermann.

Die Treuhandanstalt ist eine Institution des Übergangs. Vom ersten Augenblick an war klar, daß die gesamte Arbeit der Treuhandanstalt sich darauf richten muß, sich selber überflüssig zu machen. Dies hat die Mitarbeiter motiviert, und dies ist vielleicht die einzige Legitimation der Institution, die wie ein

Fremdkörper im institutionellen Gefüge des neuen Deutschland wirkt.

Viele haben diese Selbstauflösung nicht für möglich gehalten und möchten heute aus wieder ganz anderen Gründen an der Treuhandanstalt festhalten. Noch haben wir die Verantwortung für ein paar tausend Unternehmen mit einigen hunderttausend Beschäftigten. Aber wir kennen die laufenden Verhandlungen und Gespräche, wir wissen heute besser als je zuvor, welche Chancen die Unternehmen haben und in welchem Umfang sie die Hand der Treuhandanstalt brauchen. Es ist wie mit Kindern, die erwachsen werden: Sie lösen sich von den Eltern; die werden in ihrer alten Rolle überflüssig und sollten dies auch aktiv befördern.

Dennoch wird eine Auflösung der Treuhandanstalt das politische und regionale Gefüge in Deutschland noch einmal verändern. Viele Aufgaben, die mit der Neugestaltung der Eigentumsordnung zu tun haben, werden weitergeführt werden müssen, auch wenn für die Unternehmen die Eigentümerrolle der Treuhand erloschen ist. Schließlich muß die Rolle des Vertragspartners weitergeführt werden. Über 70000 Verträge spiegeln bis heute unsere Arbeit wider. Darin sind Pflichten für beide Seiten enthalten, für die neuen Eigentümer ebenso wie für die Treuhand als Vertragspartner und Garant der Vertragserfüllung.

Viele solcher Aufgaben können auf die Länder übergehen, einige werden selbst privatisiert. Auch in der Auflösung muß die Treuhand Neuland betreten, der Prozeß der Selbstauflösung bei voller Aufgabenwahrnehmung stellt an die Mitarbeiter noch einmal Ansprüche, für die es in anderen öffentlichen oder privaten Institutionen keine Vorbilder gibt.

Es ist zu früh, systematisch und für die Ewigkeit die Arbeit der Treuhandanstalt zu beschreiben. Aber es verdient festgehalten zu werden, welche Ziele und Motive, welche Höhen und Tiefen diese Institution bis heute durchschreiten mußte. Wir haben eine Menge Fehler gemacht, wir haben große und kleine Schurken gestellt, auch in den eigenen Reihen. Wir haben unsere gehörige Prügel bekommen für tatsächliche und vermeintliche Fehler. Lob selten, Ermutigung oft. Dafür ist zu danken.

Dieses Buch ist all denen gewidmet, die von unserer Arbeit betroffen sind, die hinter den Vorhang schauen wollen. Es wird den Argwohn nicht beseitigen, der uns immer noch entgegenschlägt. Aber es soll einladen zur Auseinandersetzung mit uns, mit den Dingen, mit der Zukunft. Eine Geschichte der Treuhandanstalt wird sich erst später schreiben lassen. Noch können die Tatsachen nicht vollständig zusammengetragen werden, noch ist die Tätigkeit der Anstalt nicht endgültig abgeschlossen, noch verändern sich viele Voraussetzungen ihrer Arbeit weiterhin.

Man hat die Treuhandanstalt eine mächtige Institution genannt. Die das getan haben, vermuten bei der Treuhand die Macht zur willkürlichen und nicht nachkontrollierbaren Entscheidung. Solche Macht lehnen wir ab. Soweit und solange wir Autorität für unsere Arbeit brauchen, werden wir darum kämpfen, sie einsetzen und sie verantworten.

Der Vorstand der Treuhandanstalt
Birgit Breuel
Hero Brahms
Horst Föhr
Heinrich Hornef
Wolf Klinz
Hans Krämer
Klaus Schucht
Klaus-Peter Wild

1. März 1990

Wirtschaftsplanung in der DDR und der Start einer Treuhandanstalt

Die »sozialistische Planwirtschaft« der DDR kann ohne Reformen nicht überleben. Diese seit 1985 schwelende Erkenntnis von Wirtschaftswissenschaftlern an verschiedenen Lehr- und Forschungseinrichtungen der DDR sowie von erfahrenen Praktikern in Leitungen von staatlichen Kombinaten gewinnt im Lauf des Jahres 1989 und besonders in der Zeit kurz vor der Wende immer mehr an Einfluß. Das Niveau der DDR-Produktivität wird seit langem nur noch auf 30 bis 40 Prozent im Vergleich mit der Bundesrepublik Deutschland veranschlagt. Von einem tragfähigen Konzept für eine grundlegende Reform des Wirtschaftssystems ist in dieser Zeit jedoch noch nicht die Rede. Die Veränderungsvorschläge zielen vorwiegend auf eine »Verbesserung« der planwirtschaftlichen Ordnung, vor allem auf ein »Anreizsystem« für bessere Wirtschaftlichkeit, effektivere Strukturen und die Modernisierung der Industrie im Rahmen einer »vervollkommneten« sozialistischen Planwirtschaft.

Der Vorsitzende der Staatlichen Plankommission der DDR, Gerhard Schürer, hatte schon im April 1988 unter Umgehung der Instanzenwege einen dreizehn Seiten langen Brief an Erich Honecker geschickt. Darin befürwortete Schürer Änderungen der DDR-Wirtschaftspolitik einschließlich einer Kosten- und Gewinnrechnung bei Produktionen und Einschränkungen der sogenannten gesellschaftlichen Konsumption sowie leistungsbezogene Löhne für die Arbeitnehmer. Das Zentralkomitee der SED verwarf aufgrund einer Stellungnahme seines Wirtschaftssekretärs Günter Mittag die Vorschläge Schürers.

Als Egon Krenz am 18. Oktober 1989 Honecker im Amt des SED-Generalsekretärs ablöst, läßt er eine »Analyse der ökonomischen Lage der DDR mit Schlußfolgerungen« ausarbeiten. Sie wird am 31. Oktober dem SED-Politbüro vorgelegt. Die als »Geheime Verschlußsache« des Zentralkomitees behandelte Analyse stellt fest, daß der für die Zahlungsfähigkeit der DDR notwendige Exportüberschuß in die nicht-sozialistischen Länder nicht mehr zu sichern ist. Allein ein Einfrieren der bisherigen Verschuldung erfordert aber eine Senkung des Lebensstandards um 25 bis 30 Prozent und »würde die DDR unregierbar machen«. Die Verfasser der Analyse schlagen deshalb vor, eine Zusammenarbeit mit der Bundesrepublik Deutschland auszuhandeln, aber auch mit anderen kapitalistischen Ländern, die an einer Stärkung der DDR gegenüber der BRD interessiert seien. Eine deutsche Wiedervereinigung oder Konföderation sei ausgeschlossen. Trotz des vernichtenden Urteils dieser Analyse kommt es nicht zu Gegenmaßnahmen.

In seiner Regierungserklärung am 17. November 1989 verspricht der Vorsitzende des Ministerrats, Hans Modrow, seine Regierung wolle alles tun, damit die dringend notwendige Stabilisierung der Wirtschaft erreicht und das Sozialprodukt wieder real vergrößert werde. »Nicht Planung ohne Markt, nicht Marktwirtschaft statt Planwirtschaft« – das ist einer der Schlüsselsätze des Regierungschefs, der einen »besseren Sozialismus« in einem sozialistischen Wirtschaftssystem als Ziel darstellt. Von unten nach oben soll eine grundlegende Erneuerung der sozialistischen Planwirtschaft vollzogen werden. Mehr wirtschaftliche Selbständigkeit der Betriebe, eine gewinnorientierte Produktion und eine leistungsstimulierende Entlohnung sollen eingeführt werden. Die Übernahme von Kleinbetrieben durch private Unternehmer gilt als möglich.

Die Grundvorstellung der regulierenden Funktion des Staates in der Wirtschaft, der eine soziale Aufgabe zu erfüllen hat, wird beibehalten. Mit der Regierungserklärung von Modrow ist aber der Auftrag verbunden, das Konzept für eine schrittweise Wirtschaftsreform zu erarbeiten. Von Anfang der Regierungstätigkeit an besteht dafür eine Arbeitsgruppe unter Führung von Wolfram Krause, ehemals leitender Mitarbeiter der Staatlichen Plankommission und seit 1979 in der Berliner SED-Bezirksleitung. Ein erster Teil der Arbeit beschäftigt sich allerdings mit

Fragen der Stabilisierung. Die Produktion soll nicht absinken, die Energieversorgung und Rohstoffversorgung für die Unternehmen muß aufrechterhalten werden, der heraufziehende Winter macht Kohlelieferungen für die Bevölkerung notwendig. Es gilt außerdem, die Handelsbeziehungen mit der Sowjetunion weiterzuführen.

Diese Aufgaben beschäftigen bis Ende 1989 auch die Gruppe Wirtschaftsreform. Gleichzeitig werden erste Reformschritte eingeleitet, so die Gesetzgebung zur Gewerbefreiheit und der Erlaß einer Joint-venture-Verordnung. Letztere sollte ausländischem Kapital die Möglichkeit geben, sich an der Modernisierung von Unternehmen in der DDR zu beteiligen. Weil diese pragmatischen Schritte vor allem zur Aufrechterhaltung der Wirtschaft in einem in Auflösung befindlichen planwirtschaftlichen System dienen, ist eine intensive Arbeit an einem geschlossenen Konzept für eine Wirtschaftsreform dringlich. Dies geschieht durch Vorarbeiten im Dezember und eine Klausurtagung mit rund 200 Beteiligten vom 4. bis zum 11. Januar 1990. In elf thematischen Arbeitsgruppen werden Wirtschaftswissenschaftler und Wirtschaftspraktiker zusammengeführt. Juristen, Sozialforscher, Betriebswirte, Gesellschaftsrechtler, Außenhandelsökonomen, Bankfachleute und Vertreter gewerkschaftlicher Organe werden ebenfalls einbezogen.

Das Ergebnis ist ein Konzept für eine »sozial und ökologisch orientierte Marktwirtschaft«, durch die das bisherige Kommandosystem einer staatlichen Planwirtschaft abgelöst werden soll. Dabei spielt die Schaffung eines sozialen Netzes eine große Rolle. Eindeutiges Ziel ist aber nun der Übergang zur Marktwirtschaft, obwohl hinsichtlich der Eigentumsstruktur einer solchen Wirtschaftsordnung noch vieles ungeklärt bleibt. Grundsätzlich beabsichtigt ist die Entwicklung einer Vielfalt von Eigentumsformen, neben Volks- und Staatseigentum und genossenschaftlichem Eigentum auch privates sowie ausländisches Eigentum an Betrieben.

Den bis 1972 zwangsweise verstaatlichten Unternehmen soll zuerst der Weg zurück in private Hand geebnet werden. Auch für die Gründung privater Kleinunternehmen (Handwerk) sollen breite Möglichkeiten geschaffen werden. Der Streit um den Erlaß einer Joint-venture-Verordnung entzündet sich an der Frage der Höhe fremder Beteiligungen, für die zunächst maximal 49 Prozent vorgesehen sind. Höhere Fremdanteile werden als »Ausverkauf der Wirtschaft« angegriffen.

Zwischen den Angehörigen der Modrow-Regierung in der Wirtschaftsgruppe und den Wirtschaftsberatern, die die neue SPD oder Bürgerbewegungen vertreten und am Runden Tisch ihren Platz haben, entsteht bei der Ausarbeitung des Konzepts ein reger Gedankenaustausch.

Während der Klausurtagung gibt es zweimal ein Zusammentreffen mit Vertretern der Arbeitsgruppe Ökonomie des Runden Tischs. Den Regierungsvertretern ist klar, daß Akzeptanz für das Wirtschaftskonzept nur dann zu erwarten ist, wenn Zustimmung beim Runden Tisch erreicht wird. Zahlreiche intensive Gespräche unter den beiden Gruppen werden geführt zwischen dem 11. Januar und dem 5. Februar 1990, an dem das »Regierungskonzept zur Wirtschaftsreform in der DDR« dem Runden Tisch vorgelegt wird.

In diesen Beratungen bildet sich eine weitgehende Übereinstimmung. Eine Stellungnahme der Gruppe Ökonomie des Runden Tischs schätzt das Regierungskonzept »als Grundlage weiterer notwendiger Entscheidungen zur Durchführung der Wirtschaftsreform« positiv ein. Obwohl bei der weiteren Ausgestaltung des Konzepts noch Einzelheiten geregelt werden sollen, stimmt auch der Runde Tisch grundsätzlich zu. Von dem Gedanken einer treuhänderischen Verwaltung des Volksvermögens ist in dem Konzept noch keine Rede, wohl aber von dem Plan einer Umwandlung der volkseigenen Betriebe und Kombinate in Kapitalgesellschaften. Das Vorhaben dieser Umwandlungen wurde, wie Wolfram Krause sich erinnert, in letzter Minute aufgenommen. Grund dafür waren Vorschläge aus der Praxis, die darauf hinwiesen, daß Unternehmen nicht in einer Marktwirtschaft auftreten könnten, ohne die dort übliche handelsrechtliche Form zu besitzen.

In den sich schnell weiterentwickelnden Diskussionen zur Zeit der Vorlage des Konzepts beim Runden Tisch am 5. Februar 1990 tauchten allerdings schon Vorschläge auf, ein Schatzamt zur Verwaltung des Volkseigentums zu bilden. Eine Gruppe von Juristen arbeitete an einem Vorschlag zu einem Statut für ein solches Amt, der aber später verworfen wurde. In dieser Zeit entwickelt sich bei Wolfgang Ullmann, Mitglied des Runden Tischs für »Demokratie Jetzt«, und seinen Beratern der Gedanke einer »Treuhand«, also einer treuhänderischen Verwaltung des Volksvermögens. Im Vordergrund steht dabei das Bestreben, das Volksvermögen zunächst einmal zusammenzuhalten, bis Klarheit über die Wege einer Überführung in die Privatwirtschaft entstanden ist und eine Beteiligung der DDR-Bürger am Volkseigentum ermöglicht wird.

Am 15. März legt Ullmann auf einer Pressekonferenz den Plan einer Ausgabe von Anteilscheinen des volkseigenen Industrievermögens vor. Der Umfang des Vermögens wird auf 650 Milliarden Mark geschätzt, so daß auf jeden Bürger der DDR etwa 40 000 Mark entfielen. Erste Überlegungen besagen, daß etwa 25 bis 30 Prozent des Industrievermögens den Bürgern in Form von Anteilscheinen oder Anrechten zur Verfügung gestellt werden könnten.

Parallel zu dem von Ullmann verfolgten Anteilsplan entsteht das Konzept einer treuhänderischen Verwaltung des Volkseigentums im Auftrag der Modrow-Regierung. Die Arbeitsgruppe Wirtschaftsreform erhält den Auftrag, die Verwirklichung dieses Konzepts vorzubereiten. Der Hauptgedanke dabei ist, das Volkseigentum vorerst treuhänderisch zu verwalten und zügig die bisherigen volkseigenen Betriebe in selbständig am Markt agierende Kapitalgesellschaften (AG bzw. GmbH) umzuwandeln. An eine Ausgabe von Anteilscheinen an die Bevölkerung ist nicht gedacht, da weder eine objektive Bewertung des Volksvermögens vorliegt noch umfangreiche Ansprüche früherer Eigentümer geklärt sind.

Die stärker pragmatische Ausrichtung der Arbeitsgruppe macht sie zurückhaltend gegenüber den sofortigen Anteilsplänen Ullmanns. Die Brückenfunktion zwischen beiden Vorstellungen fand sich in der von Ullmann nach außen vertretenen Bedingung, daß die Anteilscheinregelung erfolgen soll, wenn sich nach Feststellung des Vermögensbestandes und einem Ertrag aus dem Erlös der Privatisierung die Möglichkeit dazu ergebe. Gemeinsam war das Anliegen, das Volkseigentum vor jedem unkontrollierten Zugriff durch »fremde Hände« zu schützen.

Dazu veranlassen auch Hinweise, daß Generaldirektoren von DDR-Unternehmen sowie ausländische Bank- und Konzernvertreter sogenannte »lettes of Intent« unterschrieben haben, deren rechtliche Folgewirkungen nicht gering eingeschätzt werden dürfen.

Der Beschluß des Ministerrats der Modrow-Regierung zur Gründung der Treuhandanstalt konzentriert sich deshalb auf die »Wahrung des Volkseigentums«. Im nachfolgenden Statut der Treuhandanstalt wurde folgender Satz aufgenommen: »Nach einer Bestandsaufnahme des volkseigenen Vermögens und seiner Ertragsfähigkeit sowie nach seiner vorrangigen Nutzung für die Strukturanpassung der volkseigenen Unternehmen und für die Sanierung des Staatshaushalts wird die Möglichkeit vorgesehen, den Sparern zu einem späteren Zeitpunkt für den bei der Umstellung von Mark der DDR auf DM im Verhältnis 2:1 reduzierten Betrag ein verbrieftes Anteilsrecht am volkseigenen Vermögen einzuräumen.«

Mit der Gründung der Treuhandanstalt in der Form eines Beschlusses des Ministerrats der DDR verbunden ist die Verordnung des Ministerrats über die Umwandlung volkseigener Betriebe in Kapitalgesellschaften. Damit sollen sie eine im marktwirtschaftlichen Umgang konforme unternehmerische Verfassung erhalten. Eine Privatisierung war der Treuhandanstalt vom Gesetzgeber noch nicht aufgegeben. Dementsprechend ist die gesamte Tätigkeit der Treuhandanstalt vom 1. März bis Ende Juni 1990 damit ausgefüllt, die ehemals volkseigenen Unternehmen in Aktiengesellschaften bzw. GmbH umzuwandeln. Immerhin war diese Aufgabe in einer äußerst kurzen Frist bei über 8500 Unternehmen zu lösen.

Dementsprechend wird auch im März die Struktur und Personalbesetzung der Treuhandanstalt geregelt. Sie wird in vier Säulen gegliedert. Eine ist die Direktion Wirtschaft, die wiederum nach Branchen untergliedert ist und mit allen sich umwandelnden Unternehmen täglich Kontakt hat. Im Bereich Recht wird zeitweilig sogar eine Gruppe von Notaren gebildet, um Dokumente rasch beglaubigen zu können. Eine Gruppe Finanzen entsteht, die sich zunächst ausschließlich auf die Kontrolle der Bilanzen von Betrieben konzentriert. Die vierte Säule bilden die 15 regionalen Außenstellen, die von Anfang an zur Treuhand gehören. Sie haben ihren Sitz in den bisherigen Bezirkshauptstädten.

Dazu gehört auch eine Gruppe, die sich mit der Reprivatisierung von 1972 verstaatlichten kleinen Privatbetrieben befaßt, da deren Rückgabe bereits von der Volkskammer in einem Gesetz beschlossen war.

Das Direktorium der Treuhandanstalt besteht aus Dr. Peter Moreth als Vorsitzendem, Wolfram Krause als dessen Stellvertreter und dem dritten Direktor, Professor Paul Liehmann.

Gleich nach der Wahl am 18. März verläßt die Treuhandanstalt das Gebäude des ehemaligen Ministerrats und zieht in das ehemalige Ministerium für Außenhandel Unter den Linden. Dort stehen bis in die Nacht Unternehmer Schlange, um ihre Umwandlungsdokumente gesiegelt zu bekommen, mit denen sie Berlin als Gründer einer Aktiengesellschaft oder GmbH verlassen.

In einem intensiven Prozeß wurden bis Ende Juni 1990 rund 3600 Unternehmen im Einzelverfahren umgewandelt. Für etwa 5000 geschieht dies zum Zeitpunkt der Währungsumstellung »per Dekret« der neuen Regierung unter Lothar de Maizière bei nachfolgender Bestätigung der erforderlichen, vom Gesetz vorgeschriebenen Umwandlungsdokumente durch die Treuhandanstalt.

Es war ein gewaltiges Arbeitspensum, das von den rund 60 Mitarbeitern in der Berliner Zentrale der Treuhandanstalt und von den etwa 200 Mitarbeitern in den 15 Außenstellen bis Ende Juni geleistet wurde, um mit der Umwandlung in Kapitalgesellschaften eine der wichtigsten Voraussetzungen für den Übergang der volkseigenen Betriebe in die Marktwirtschaft zu schaffen. Dabei sorgt Ministerpräsident de Maizière dafür, daß die Tätigkeit der Treuhandanstalt nicht behindert wird durch den Streit zwischen dem Wirtschafts- und dem Finanzminister, wem von ihnen wohl die Treuhandanstalt untersteht. Der Ministerpräsident selbst unterstellt sich diese wichtige Institution, um sie aus einer einseitigen »Behördenabhängigkeit« herauszuhalten.

Im Juni übersiedelt die Treuhandanstalt in das Gebäude des früheren Ministeriums für Elektrotechnik und Elektronik am Alexanderplatz, um für die kommenden Aufgaben bessere Arbeitsbedingungen zu haben.

GESETZBLATT
der Deutschen Demokratischen Republik

| 1990 | Berlin, den 8. März 1990 | Teil I Nr. 14 |

Tag	Inhalt	Seite
1. 3. 90	Beschluß zur Gründung der Anstalt zur treuhänderischen Verwaltung des Volkseigentums (Treuhandanstalt)	107
1. 3. 90	Verordnung zur Umwandlung von volkseigenen Kombinaten, Betrieben und Einrichtungen in Kapitalgesellschaften	107

Beschluß
zur Gründung der Anstalt zur treuhänderischen Verwaltung des Volkseigentums (Treuhandanstalt)

vom 1. März 1990

1. Zur Wahrung des Volkseigentums wird mit Wirkung vom 1. März 1990 die Anstalt zur treuhänderischen Verwaltung des Volkseigentums gegründet. Bis zur Annahme einer neuen Verfassung wird die Treuhandanstalt der Regierung unterstellt. Sie ist Anstalt öffentlichen Rechts und territorial gegliedert.
2. Mit der Gründung übernimmt die Treuhandanstalt die Treuhandschaft über das volkseigene Vermögen, das sich in Fondsinhaberschaft von Betrieben, Einrichtungen, Kombinaten sowie wirtschaftsleitenden Organen und sonstigen im Register der volkseigenen Wirtschaft eingetragenen Wirtschaftseinheiten befindet. Diese Vermögenswerte sind nach Rechtsträgern (Fondsinhabern) gegliedert von der Staatlichen Zentralverwaltung für Statistik in Zusammenarbeit mit dem Ministerium der Finanzen und Preise und auf Bezirks- und Kreisebene in Zusammenarbeit mit den Abteilungen Finanzen mit dem Stand vom 31. Dezember 1989 festzustellen.
3. Die Treuhandanstalt ist berechtigt, juristische oder natürliche Personen zu beauftragen, als Gründer und Gesellschafter von Kapitalgesellschaften zu fungieren oder die sich aus den Beteiligungen ergebenden Rechte und Pflichten wahrzunehmen.
4. Die Treuhandanstalt ist berechtigt, Wertpapiere zu emittieren.
5. Die Rechte und Pflichten der Treuhandanstalt werden in einem Statut festgelegt. Das Statut ist zu veröffentlichen. Die Treuhandanstalt übt keine wirtschaftsleitenden Funktionen aus.
6. Der Verantwortungsbereich der Anstalt umfaßt nicht das volkseigene Vermögen, das sich in Rechtsträgerschaft der den Städten und Gemeinden unterstellten Betriebe und Einrichtungen befindet sowie das volkseigene Vermögen der als Staatsunternehmen zu organisierenden Bereiche und durch LPG genutztes Volkseigentum.

Berlin, den 1. März 1990

Der Ministerrat
der Deutschen Demokratischen Republik

Hans M o d r o w
Vorsitzender

Verordnung
zur Umwandlung von volkseigenen Kombinaten, Betrieben und Einrichtungen in Kapitalgesellschaften

vom 1. März 1990

§ 1
Geltungsbereich

(1) Diese Verordnung gilt für volkseigene Kombinate, Betriebe, juristisch selbständige Einrichtungen und wirtschaftsleitende Organe sowie sonstige, im Register der volkseigenen Wirtschaft eingetragene Wirtschaftseinheiten, nachfolgend Betriebe genannt.

(2) Diese Verordnung gilt nicht für das Staatsunternehmen Deutsche Post mit seiner Generaldirektion, die Eisenbahn, die Verwaltung der Wasserstraßen und die Verwaltung des öffentlichen Straßennetzes.

Verfahren der Umwandlung

§ 2

(1) Betriebe sind in eine Gesellschaft mit beschränkter Haftung (GmbH) oder in eine Aktiengesellschaft (AG) umzuwandeln. Über Ausnahmen, z. B. die Umwandlung in Genossenschaften, Personengesellschaften oder anderen Organisationsformen im Bereich der Land-, Forst- und Nahrungsgüterwirtschaft, entscheidet die Anstalt zur treuhänderischen Verwaltung des Volkseigentums (Treuhandanstalt). Sie hat das vermögensrechtliche Stellung von nicht umgewandelten Betrieben zu bestimmen und zu sichern.

(2) Die Umwandlung gemäß Abs. 1 bedarf der Stellungnahme des Vertretungsorgans der Beschäftigten des umzuwandelnden Betriebes.

§ 3

(1) Die Geschäftsanteile bzw. Aktien der durch Umwandlung gebildeten Kapitalgesellschaft übernimmt die Treuhandanstalt.

(2) Die Treuhandanstalt beauftragt entsprechend ihrem Statut juristische oder natürliche Personen als Gesellschafter zu fungieren bzw. die sich aus Beteiligungen ergebenden Rechte und Pflichten wahrzunehmen.

§ 4

(1) Zur Umwandlung bedarf es einer Umwandlungserklärung des umzuwandelnden Betriebes und der Treuhandanstalt als Übernehmender der Anteile. Vor der Umwandlungserklärung hat die Treuhandanstalt die Stellungnahme des über-

6. April 1990

Aufbau der Dokumentation

Die Abteilung Dokumentation wird mit neun Mitarbeitern gebildet. Anfang Juli 1990 wissen sie schon dreierlei: Sie kennen nun 3500 Kapitalgesellschaften in Treuhand; der Splitterungseffekt bei der Umwandlung beträgt rund 20 Prozent. Am Ende werden es 9500 bis 10 000 Kapitalgesellschaften in Treuhand sein.

In den ersten Wochen geht es für die neuen Mitarbeiter um die Umwandlung der etwa 8000 Volkseigenen Betriebe (VEB) in Kapitalgesellschaften durch die kleine Treuhandzentrale und ihre – damals – 15 Außenstellen. Diese Umwandlungen sind dokumentarisch zu prüfen, und mit zunächst wenigen Angaben ist eine erste Übersicht zum Mengengerüst zu schaffen. Bis zum 30. Juni 1990 gelingt das für etwa 1500 frühere VEB in der Zentrale und für die gleiche Anzahl in den Außenstellen.

Anfang August 1990 wird dem Vorstand das erste Buch »3500 Kapitalgesellschaften in Treuhand« vorgelegt. Heute ist es eine Rarität, denn es hatte nur eine Auflage von 100 Stück, mühevoll von Dieter Röblitz und anderen Mitarbeitern auf einfachsten PC produziert.

Ein enormes Pensum an Überstunden und durchgearbeiteten Wochenenden ist auch notwendig, weil das kleine Team »nebenbei« eine Gesamtbilanz der VEB per 31. Dezember 1989 ausarbeiten muß, als ersten Anhalt für einen groben Vermögensüberblick. Neuere Daten gibt es jedoch nicht, »nebenbei« ist gemeinsam mit den wenigen Finanzexperten in der Zentrale und Bankern bis Ende Juni 1990 die erste funktionierende Bürgschaftsprozedur zu fixieren, damit die Treuhand-Unternehmen mit Beginn der Wirtschafts- und Sozialunion am 1. Juli 1990 noch Löhne zahlen und einkaufen konnten.

Im Juli 1990 fehlen noch die aus rund 5500 VEB kraft Treuhandgesetz per 1. Juli 1990 entstandenen Kapitalgesellschaften auf der Datenbank, also der große »Rest«. Diese Unternehmen haben sich laut Gesetz spätestens bis 20. Juli 1990 bei der Treuhandanstalt zu melden. Bis Mitte August 1990 tun das etwa 2000. In einem mühevollen Prozeß wird gemeinsam mit den Niederlassungen die Zahl bis Oktober auf rund 7500 und dann bis März 1991 auf etwa 9000 Treuhand-Unternehmen gebracht. Über Quellen der früheren DDR-Statistik, über VEB-Register oder weil sie sich selbst an die THA wegen Bürgschaften für Liquiditätskredite wenden sowie über manche recht abenteuerliche Wege werden sie ausfindig gemacht.

In dieser Zeit gibt es für die Abteilung Dokumentation ständig drei große »Zitterpartien«: 1. Fragen vom Vorstand: Wann haben Sie endlich alle Unternehmen auf Ihrer Datenbank? Einzige Antwort ist das Versprechen, sich noch mehr Mühe zu geben. 2. Fragen vom Vorstand: Wie strukturiert sich das Mengengerüst nach AG und GmbH, Konzernen/Holdings, Töchtern, Branchen, Ländern, Beschäftigtenzahl, wo gibt es Aufsichtsräte usw.? Mit mehr oder weniger Risiko werden alle Fragen irgendwie beantwortet, einschließlich »Änderungen vorbehalten«. 3. Täglich Dutzende von Einzelfragen und Recherchen, so zum Beispiel: Gehört das Unternehmen X zur Treuhand? Wie heißt bei Y der Geschäftsführer oder der, der sich dafür ausgibt? Kennen Sie jemanden, der früher Maschinenpistolen produzierte und was der jetzt macht? Oder: Versenden Sie bitte den Brief des Präsidenten an alle Unternehmen mit mehr als 500 Beschäftigten, Sie haben doch eine vollständige Adreßdatei.

Der rasante Aufbau der Direktorate und der Niederlassungen in den Wintermonaten 1990/91 erhöht die Anforderungen an die Dokumentation und ihre Datenbank sprunghaft. Der Vorstandsbeschluß im Dezember 1990 mit den »Spielregeln« für die Unternehmenszuständigkeit der Direktorate und Niederlassungen enthält den Auftrag, mit allen Beteiligten die Listen im Detail durchzuarbeiten – und im Ergebnis auch ein erstes großes Treuhand-Firmenbuch mit dem Verlag Hoppenstedt im ersten Quartal 1991 fertigzustellen. Dazu wird im Januar und Februar 1991 der gesamte Inhalt der Datenbank auf die noch im Aufbau befindlichen Direktorate und die Niederlassungen »ausgekippt«. In einem turbulenten Prozeß werden mit ihnen die Stammdaten der Unternehmen und die Zuständigkeit ergänzt, verändert, präzisiert.

Für die Anfangsperiode der Dokumentation ist der 11. März 1991 eine Zäsur. An diesem Tage können die Mitarbeiter gemeinsam mit dem Datenbank-Team von Manfred Koebler sagen: Jetzt haben wir eine einigermaßen brauchbare ISUD-Datenbank mit rund 2 Millionen Daten. An diesem Tag ist die Anfangszeit zu Ende.

19. April 1990

Regierungserklärung von de Maizière: Marktwirtschaftliches Konzept durchsetzen

Aufgrund der Wahl vom 18. März 1990 übernimmt in der DDR eine Regierung unter Ministerpräsident Lothar de Maizière die Verantwortung. In der Volkskammer gibt der neue Ministerpräsident am 19. April 1990 in seiner Regierungserklärung der Treuhandanstalt einen erweiterten Auftrag. Ihre Aufgaben und Struktur sollen so gestaltet werden, »daß damit ein Instrument zur Beeinflussung der Entflechtung Volkseigener Betriebe und zur Überführung in geeignete Rechtsformen geschaffen wird«.

Radikale Änderungen zur Durchsetzung des marktwirtschaftlichen Konzepts sind, wie de Maizière feststellt, nicht ohne eine umfassende Veränderung der Preisgestaltung möglich. »Preise sind die Steuerungssignale des Marktes. Ohne ihre freie Gestaltung kann Marktwirtschaft nicht funktionieren.«

Der Ministerpräsident kündigt schnelle Regelungen für ein Niederlassungsrecht, für die Schaffung von Gewerberaum, für Berufs-, Vertrags- und Gewerbefreiheit sowie ein Gesetz gegen unlauteren Wettbewerb an. Die noch von der Regierung Modrow vorgelegten Gesetze zur Gewerbefreiheit, zur Gründung von privaten Unternehmen einschließlich Reprivatisierung haben vielen DDR-Bürgern einen Anreiz gegeben, sich selbständig zu machen. Auf dem Gebiet der Reprivatisierung von 1972 verstaatlichten Unternehmen gibt es nach Aussage de Maizières bisher nur Einzelbeispiele, bei denen die Übergabe abgeschlossen ist.

Zu Fragen der Land- und Forstwirtschaft stellt der neue Regierungschef fest, daß die Ergebnisse der Bodenreform auf dem Territorium der DDR nicht zur Disposition stehen. Künftig sollen alle Eigentumsformen gleichgestellt werden. Ein völlig neues Bodenrecht soll die Verfügbarkeit des Eigentums an Boden »unter Berücksichtigung des Gemeinwohls und bei Ausschluß von Möglichkeiten zu Spekulationen sichern«. Es gelte, die Landwirtschaft zu erhalten und die Wettbewerbsfähigkeit landwirtschaftlicher Betriebe möglichst schnell herzustellen. Die Grundlagen für die Wirtschafts-, Währungs- und Sozialunion sollen in den nächsten acht bis zehn Wochen gelegt werden, damit sie vor der Sommerpause in Kraft treten können. »Dabei ist 1:1 der grundlegende Kurs.« Die Einheit Deutschlands soll so schnell wie möglich kommen, aber ihre Rahmenbedingungen sollen so gut, so vernünftig und so zukunftsfähig wie nötig sein.

19. April 1990

Regierungserklärung des Ministerpräsidenten der DDR, Lothar de Maizière (Auszug)

Die wirtschaftspolitische Zielstellung der Koalitionsregierung besteht darin, die bisherige staatlich gelenkte Kommandowirtschaft auf eine ökologisch orientierte soziale Marktwirtschaft umzustellen. Die Umstellung von staatlichem Plandirigismus auf soziale Marktwirtschaft muß mit hohem Tempo, aber auch in geordneten Schritten erfolgen. In den nächsten Monaten wird beides noch nebeneinander existieren müssen, wobei wir nach dem Motto zu arbeiten haben: »Soviel Markt wie möglich und soviel Staat wie nötig!«

Eine herausragende Bedeutung messen wir in diesem Zusammenhang dem Wettbewerb aller Unternehmen bei. Er ist das wichtigste Regulativ der Marktwirtschaft.

Die Koalitionsregierung wird Gesetze zur Förderung der Stabilität und des Wachstums der Wirtschaft, ein Kartellgesetz, die Überarbeitung des Bankgesetzes durchführen und vor allen Dingen ein Gesetz über die Entflechtung von Kombinaten und Großbetrieben zur Schaffung branchentypischer, leistungsfähiger Unternehmen.

In diesem Zusammenhang sind Aufgaben und Strukturen der Treuhandanstalt so zu gestalten, daß damit ein Instrument zur Beeinflussung der Entflechtung volkseigener Betriebe und zur Überführung in geeignete Rechtsformen geschaffen wird.

Der Abbau des Planungssystems in seiner bisherigen Form sollte mit dem Stichtag Währungsunion weitgehend erreicht sein.

Radikale Änderungen zur Durchsetzung unseres marktwirtschaftlichen Konzepts sind allerdings nicht möglich, wenn nicht eine umfassende Veränderung der Preisgestaltung verwirklicht wird. Preise sind die Steuerungssignale des Marktes. Ohne ihre freie Gestaltung kann Marktwirtschaft nicht funktionieren.

6. Juni 1990

Entwurf des neuen Treuhand-Gesetzes, von Lothar de Maizière vorgelegt

Zur Ausschußberatung in der Volkskammer bringt Ministerpräsident Lothar de Maizière am 6. Juni 1990 den Entwurf eines neuen Treuhand-Gesetzes ein. Die erste Lesung des Gesetzes erfolgt schon am folgenden Tag, dem 7. Juni 1990. In einer Sondersitzung der Volkskammer am Sonntag, dem 17. Juni 1990, wird das Treuhand-Gesetz verabschiedet.

Die Präambel macht die gegenüber der Modrow-Regierung veränderte Wirtschaftspolitik endgültig deutlich: »Getragen von der Absicht, die unternehmerische Tätigkeit des Staates durch Privatisierung so rasch und so weit wie möglich zurückzuführen, Wettbewerbsfähigkeit möglichst vieler Unternehmen herzustellen und somit Arbeitsplätze zu sichern und neue zu schaffen, ... wird folgendes Gesetz erlassen: § 1. Das volkseigene Vermögen ist zu privatisieren ... Der Ministerrat beauftragt mit der Durchführung der entsprechenden Maßnahmen die Treuhandanstalt.«

Die Einsicht, daß der Übergang zur Marktwirtschaft notwendig ist, um das Gebiet der DDR nach dem Versagen der Planwirtschaft wieder wirtschaftlich tragfähig zu machen, hat sich von Ostdeutschland aus verbreitet und wird dort auch getragen. Es war keine zwangsimportierte Idee. Dieser Überzeugung ist Wolfram Krause, der den Wandel der Auffassungen in führenden Positionen der Regierung und der Treuhandanstalt verfolgen konnte. Die Einsicht sei unter der Einwirkung der wirtschaftlichen Notwendigkeiten entstanden, allerdings schrittweise, sie sei nicht von Anfang eindeutiges, klares Ziel von Konzeptionen gewesen, zum Teil auch deshalb, weil keine ausreichenden Kenntnisse, geschweige denn praktische Erfahrungen mit der Marktwirtschaft vorhanden waren.

Die Idee, den Übergang von der Plan- zur Marktwirtschaft

durch die Art einer zwischenzeitlichen Verwaltung des Volkseigentums und die Umwandlung von Betrieben in Kapitalgesellschaften (ihre »Kommerzialisierung«) zu befördern, stammt – so Krause – aus der ostdeutschen Bewegung, die die Wende wollte. Die konsequente Ausgestaltung hin zur Privatisierung ergibt sich in einem Prozeß, der aufgrund praktischer Erkenntnisse, objektiver Gegebenheiten und ökonomisch-politischer »Zwänge« abläuft.

Seit April 1990 ist die Treuhandanstalt weiter damit beschäftigt, die Umstellung der Unternehmen auf die Rechtsformen von GmbH und AG zu vollziehen. Ende Juni 1990 wird dafür durch Gesetz eine Frist bis zum 1. Juli 1990 festgelegt. Bereits seit Anfang Mai wird an der Umgestaltung der Treuhandanstalt und ihrer Aufgabenstellung entsprechend dem Konzept der Regierung de Maizière gearbeitet.

In der Regierung und in der Treuhandanstalt setzt sich die Auffassung durch, daß die Unternehmen bei der sich schon abzeichnenden Währungsunion in sehr erhebliche Liquiditätsschwierigkeiten kommen werden. Sie sind dann kaum in der Lage, den eigenen Zahlungsverkehr aufrechtzuerhalten, geschweige denn, daß sie über Geld verfügten, um sich zu sanieren oder Investitionen vorzunehmen. Die Treuhand – als der Gesellschafter aller Unternehmen – und die Unternehmen selbst müssen kreditwürdig werden, um Anleihen am Geld- und Kapitalmarkt aufzunehmen.

Am 10. Mai 1990 findet ein erstes großes Gespräch des Ministerpräsidenten mit Vertretern westdeutscher Banken statt. Dabei wird das Konzept der Regierung de Maizière vorgetragen, darunter die für Investitionen und Unternehmensniederlassungen vorgesehenen Vergünstigungen sowie Möglichkeiten für Anteilsverkäufe und Beteiligungen. Deutlich angesprochen wird aber auch der Finanzbedarf zur Ausstattung der Unternehmen.

Die Vertreter der Banken machen eine Kreditgewährung an die Treuhandanstalt von einer eindeutigen Ausrichtung ihrer Aufgabenstellung auf eine Privatisierung der Staatsbetriebe, einschließlich Grund und Boden und der Gewährung entsprechender Sicherheiten, für die jederzeitige Zahlungsfähigkeit der Anstalt abhängig.

Die Regierung de Maizière kommt zur gleichen Zeit zu der Auffassung, als Ziel müsse der Treuhandanstalt die Privatisierung und nicht nur eine Umwandlung der Betriebe in Kapitalgesellschaften gestellt werden. Außerdem müsse für das Hereinholen von Krediten nach Ostdeutschland die Treuhandanstalt entsprechend zahlungsfähig gestaltet werden. So wird ab Mitte Mai zunächst intensiv an einem neuen Statut der THA gearbeitet, dessen Entwurf am 16. Mai vorgelegt wird. Am 18. Mai wird der Entwurf in Frankfurt/Main mit Vertretern westdeutscher Großbanken diskutiert. Die Fragestellung ist, ob dieses Statut eine ausreichende Basis für eine Konsortialanleihe an die Treuhandanstalt sein könne. Die Frage findet zunächst keine ausreichende Beantwortung durch einen neuen Statutentwurf der Anstalt. Die Schaffung einer eindeutigen gesetzlichen Grundlage durch die Volkskammer wird als notwendig erachtet. Die Regierung de Maizière übernimmt die Ausarbeitung eines neuen Treuhand-Gesetzes.

Es entsteht eine Arbeitsteilung zwischen der Regierung, von der eine Arbeitsgruppe zur Vorbereitung des Gesetzes eingesetzt wird, und der Treuhandanstalt. Diese hat in Vorbereitung der Währungsunion den Auftrag, Möglichkeiten zur Sicherung der Liquidität für die Unternehmen durch kurzzeitige Kreditaufnahme festzustellen. Daraus ergibt sich eine enge Zusammenarbeit mit dem Bundesministerium der Finanzen in Bonn.

Als Anfang Juli auf der Grundlage eines neuen Treuhand-Gesetzes ein umfassendes Programm zur Gewährung von »Liquiditätskrediten« in Gang gesetzt wird, bleibt Tausenden von Betrieben die Chance erhalten, durch Sanierung und Privatisierung den Weg zur Wettbewerbsfähigkeit in einer Marktwirtschaft zu beschreiten.

Mitte Juni 1990

Aufbau am Alexanderplatz

Der Umzug der Treuhandanstalt aus dem Gebäude des früheren DDR-Ministeriums für Außenwirtschaft an der Straße Unter den Linden zum Alexanderplatz geht zurück auf die Bildung der Regierung de Maizière nach den Volkskammerwahlen am 18. März 1990. Der nun ins Amt berufene Wirtschaftsminister Gerhard Pohl (CDU) beansprucht das gesamte Gebäude für sein neugebildetes Ministerium. Die kleine Gruppe »Verwaltung« unter Conrad Friebel erhält die Aufgabe, den Umzug in das Hochhaus Am Alexanderplatz 6 zu organisieren, das Unterkunft des inzwischen aufgelösten und in das neue Wirtschaftsministerium eingegliederten Ministeriums für Elektrotechnik und Elektronik war. Schrittweise kann die Treuhandanstalt ihre neue Unterkunft beziehen. Im Juli 1990 verfügt sie über 120 Mitarbeiter.

Den Gedanken an eine schlichte Übernahme der Büros am Alexanderplatz müssen Friebel und seine Mitarbeiter schnell fallenlassen. Ihre Zustandsaufnahme: veraltete und größtenteils beschädigte Möbel, abgewohnte Blümchentapeten an den Wänden der Arbeitszimmer, verschlissene Schreibmaschinen, fehlende technische Ausstattung, unzumutbare sanitäre Einrichtungen. Für eine Organisation mit Verkaufsaufgaben, die bei ihrer Tätigkeit viele Gäste empfangen muß, ein niederschmetterndes Umfeld.

Die ersten bescheidenen Versuche zur Verbesserung der Ausstattung sind Einkäufe in Berlin. Schreibmaschinen der Marke »Brother« werden angeschafft, mal zehn Stück, manchmal nur fünf. Die Wahl fällt auf diesen Typ, weil die Maschinen schnell verfügbar sind: »Damit wenigstens die Sekretärinnen der Chefs einen vernünftigen Brief schreiben können«, erläutert Friebel.

Mit den vom Vorstand bereitgestellten Mitteln bemüht sich die Verwaltungsgruppe, dem Haus rasch ein modernes Aussehen zu geben. Die noch bestehende Hausverwaltung des ehemaligen Ministeriums am Alexanderplatz organisiert die Auftragsvergabe. Zu einer Zeit, in der sich viele Handwerker selbständig machen, werden Maler und Elektriker auch auf der Straße angesprochen und zu Renovierungsarbeiten verpflichtet. Die neuen Möglichkeiten der Marktwirtschaft können ausgenutzt werden. Büromöbel und -ausstattung, Kopiertechnik und Diktiergeräte werden neu beschafft. Die Mitglieder der Verwaltungsgruppe stammen aus Ostdeutschland. Sie gestehen später mit einem Lächeln ein, daß ihnen manche Begriffe der Büroeinrichtung völlig neu waren: Flipchart, Pinnwand, Overhead-Projektor, selbst Telefax hatte kaum einer von ihnen früher gesehen.

Zeit für umfangreiche Ausschreibungen oder das Einholen vielfältiger Angebote steht nicht zur Verfügung. So studieren die Angehörigen der Gruppe anhand von Prospekten die handelsüblichen Angebote, sie vergleichen Preise, beraten sich mit Kollegen, die in diesen Tagen aus den alten Bundesländern zur Treuhandanstalt nach Berlin kommen. Und dann kaufen sie ein.

Die Verbindung zur Außenwelt ist ein großes Problem. Die Telefonnetze zwischen Ost- und West-Berlin sind noch getrennt. Die wenigen notdürftig hergestellten Verbindungen sind permanent belegt. Viele geschäftliche Besprechungen kommen einfach nicht zustande, weil man sich nicht verabreden kann. Auch über Funktelefone sind Gespräche eine nervenaufreibende Angelegenheit, weil die Verbindung entweder gar nicht zustande kommt oder wiederholt unterbrochen wird. Oftmals bleibt als einziger Ausweg, selbst in den Westteil der Stadt zu fahren und von dort aus zu telefonieren.

Das besondere S1-Netz der Regierung, des Parteiapparates und der Staatssicherheit hatte nur einen begrenzten Teilnehmerkreis: Minister und deren wichtige Mitarbeiter, Angehörige der Nomenklatur in Bezirken und Kreisen sowie die großen Kombinate, außerdem Polizei, Volksarmee und Behörden. Dieses Telefonnetz wird der Bundeswehr übergeben, schließlich kann auch die Treuhand es teilweise nutzen. Das hilft vor allem, eine arbeitsfähige Kommunikation zwischen der Zentrale in Berlin und den 15 Niederlassungen herzustellen. Über das öffentliche Fernsprechnetz ist das lange nicht möglich. Noch bis Mitte 1992 wird das stabil funktionierende S1-Netz für die Telefax-Verbindungen zu den Niederlassungen genutzt. Zu diesem Zweck lassen sich die Fax-Geräte durch eine Umstellung auf die andere Frequenz des Sondernetzes einstellen.

Mit der Erkenntnis, daß die Aufgaben der Treuhandanstalt von einer kleinen Mannschaft nicht zu bewältigen sind, wächst die Zahl der Mitarbeiter. Von Juni bis Oktober 1990 steigt sie von 120 auf 450; als Ergebnis von Werbungen, einschließlich der sogenannten Kanzleraktion, steigt die Zahl monatlich um 100 bis 150 Mitarbeiter. Die Herstellung zufriedenstellender Arbeitsbedingungen vermag mit diesem Zuwachs nicht Schritt zu halten. Es ist kaum möglich, jedem neuen Mitarbeiter schon am Einstellungstag einen Arbeitsplatz zur Verfügung zu stellen. Großraumbüros sind auch für die Unterbringung hochrangiger Wirtschaftsexperten aus den alten Bundesländern zunächst die Regel. Die Skepsis gegenüber solchen Arbeitsbedingungen schwindet, wenn die Neuankömmlinge feststellen, daß es anderen Mitarbeitern ebenso geht und Renovierungsarbeiten in verschiedenen Teilen des Hauses im Gang sind.

Eine Ausweichmöglichkeit ergibt sich in der naheliegenden Hans-Beimler-Straße: Das frühere Ministerium für Handel und Versorgung wird ebenfalls in das neugebildete DDR-Wirtschaftsministerium eingegliedert und muß Büros für die Treuhandanstalt räumen. Für die mit der Privatisierung des Einzelhandels, des Sondervermögens von Parteien, Hilfsorganisationen und Gewerkschaften sowie der Landwirtschaft befaßten Teile der Treuhandanstalt wird das Haus in der Hans-Beimler-Straße zum festen Standort.

17. Juni 1990

Treuhandanstalt mit neuem Auftrag

Der neugebildete Verwaltungsrat wählt Dr. Detlev Karsten Rohwedder zu seinem Vorsitzenden. Der frühere Vorstandsvorsitzende der Deutschen Bundesbahn, Dr. Rainer Maria Gohlke, wird zum ersten Präsidenten der Treuhandanstalt bestellt.

Die Aufgabe ist zunächst schwer abzugrenzen. Regierung, Verwaltung und Wirtschaftsmanagement der DDR hatten es vorzüglich verstanden, die Außenwelt über die wahren Verhältnisse der Wirtschaft, ihre Leistungsfähigkeit, ihren Wert, ihre Modernität, ihren technischen Stand, ihre Verwaltungskriterien und Zahlen vollständig im unklaren zu lassen. Es gibt keine verläßlichen Gesamtdarstellungen, keine Fakten, keine Bilanzen, keine Abrechnungen, keine Kalkulation, keine Kostenübersicht.

Zu einem entscheidenden Wechsel kommt es am 20. August 1990. Rohwedder wird vom Verwaltungsrat zum Präsidenten der Treuhandanstalt gewählt, Dr. Jens Odewald übernimmt das Amt des Verwaltungsvorsitzenden. Dr. Otto Gellert und Dr. Karl Döring sind seine Stellvertreter. Rohwedder erörtert vor seinen rund 100 Mitarbeitern den Plan, mit einer schlanken Organisation, einem kleinen Team zu arbeiten, über die vom Gesetz vorgesehenen vier Branchen-Aktiengesellschaften den Auftrag der Treuhandanstalt anzugehen und voranzutreiben. Die Entscheidung, arbeitsteilig zwischen den Niederlassungen und der Zentrale zu wirken, bietet sich an. Die Projektierungen von Ende August 1990 sehen eine Belegschaft von maximal 250 Mitarbeitern in der Zentrale Berlin vor.

Der anfängliche Plan für die Organisationsstruktur der Treuhand sieht die Gründung von Branchen-AG vor und will die Treuhandanstalt dezentral arbeiten lassen: die Zentrale als Steuerungsorgan, die Branchen-AG als die für die verschiedenen Wirtschaftszweige zuständigen Zwischenorganisationsformen und die 15 Niederlassungen in den Bezirkshauptstädten als weitere Untergliederung.

Schon bald aber wird deutlich, daß die Branchen-AG die Durchführung des Treuhand-Auftrages behindern. Es wird für sinnvoller gehalten, in der Zentrale der Treuhandanstalt Branchenzuständigkeiten im Vorstand und in der nächsten Ebene in Form von Branchen-Direktoraten zu schaffen.

**Gesetz
zur Privatisierung und Reorganisation des volkseigenen
Vermögens
(Treuhandgesetz)
vom 17. Juni 1990**

Getragen von der Absicht,
- die unternehmerische Tätigkeit des Staates durch Privatisierung so rasch und so weit wie möglich zurückzuführen,
- die Wettbewerbsfähigkeit möglichst vieler Unternehmen herzustellen und somit Arbeitsplätze zu sichern und neue zu schaffen,
- Grund und Boden für die wirtschaftlichen Zwecke bereitzustellen,
- daß nach einer Bestandsaufnahme des volkseigenen Vermögens und seiner Ertragsfähigkeit sowie nach seiner vorrangigen Nutzung für Strukturanpassung der Wirtschaft und die Sanierung des Staatshaushaltes den Sparern zu einem späteren Zeitpunkt für den bei der Währungsumstellung am 2. Juli 1990 reduzierten Betrag ein verbrieftes Anteilsrecht an volkseigenem Vermögen eingeräumt werden kann,

wird folgendes Gesetz erlassen:

**§ 1
Vermögensübertragung**

(1) Das volkseigene Vermögen ist zu privatisieren. Volkseigenes Vermögen kann auch in durch Gesetz bestimmten Fällen Gemeinden, Städten, Kreisen und Ländern sowie der öffentlichen Hand als Eigentum übertragen werden. Volkseigenes Vermögen, das kommunalen Aufgaben und kommunalen Dienstleistungen dient, ist durch Gesetz den Gemeinden und Städten zu übertragen.

(2) Der Ministerrat trägt für die Privatisierung und Reorganisation des volkseigenen Vermögens die Verantwortung und ist der Volkskammer rechenschaftspflichtig.

(3) Der Ministerrat beauftragt mit der Durchführung der entsprechenden Maßnahmen die Treuhandanstalt.

(4) Die Treuhandanstalt wird nach Maßgabe dieses Gesetzes Inhaber der Anteile der Kapitalgesellschaften, die durch Umwandlung der im Register der volkseigenen Wirtschaft eingetragenen volkseigenen Kombinate, Betriebe, Einrichtungen und sonstigen juristisch selbständigen Wirtschaftseinheiten (nachfolgend Wirtschaftseinheiten genannt) entstehen oder bis zum Inkrafttreten dieses Gesetzes bereits entstanden sind.

(5) Die Vorschriften dieses Paragraphen finden nicht für volkseigenes Vermögen Anwendung, soweit dessen Rechtsträger
- der Staat,
- die Deutsche Post mit ihren Generaldirektionen, die Deutsche Reichsbahn, die Verwaltung von Wasserstraßen, die Verwaltung des öffentlichen Straßennetzes und andere Staatsunternehmen,
- Gemeinden, Städten, Kreisen und Ländern unterstellte Betriebe und Einrichtungen,
- die Wirtschaftseinheit, für die bis zum Inkrafttreten dieses Gesetzes ein Liquidationsvermerk im Register der volkseigenen Wirtschaft eingetragen wurde,
sind.

(6) Für die Privatisierung und Reorganisation des volkseigenen Vermögens in der Land- und Forstwirtschaft ist die Treuhandanstalt so zu gestalten, daß den ökonomischen, ökologischen, strukturellen und eigentumsrechtlichen Besonderheiten dieses Bereiches Rechnung getragen wird.

§ 2
Stellung und Aufgaben der Treuhandanstalt

(1) Die Treuhandanstalt ist eine Anstalt des öffentlichen Rechts. Sie dient der Privatisierung und Verwertung volkseigenen Vermögens nach den Prinzipien der sozialen Marktwirtschaft.

(2) Die Treuhandanstalt unterliegt der Aufsicht des Ministerpräsidenten.

(3) Die Satzung der Treuhandanstalt ist durch den Ministerpräsidenten der Volkskammer zur Bestätigung vorzulegen.

(4) Die Geschäftsordnung der Treuhandanstalt bedarf der Bestätigung durch den Ministerrat.

(5) Auf die Treuhandanstalt sind die Regelungen gemäß § 96 Absätze 2 und 3 der Haushaltsordnung der Republik über die Verwaltung von Unternehmen in der Rechtsform einer republikunmittelbaren juristischen Person des öffentlichen Rechts und über die Verwaltung ihrer Beteiligungen anzuwenden.

(6) Die Treuhandanstalt hat die Strukturanpassung der Wirtschaft an die Erfordernisse des Marktes zu fördern, indem sie insbesondere auf die Entwicklung sanierungsfähiger Betriebe zu wettbewerbsfähigen Unternehmen und deren Privatisierung Einfluß nimmt. Sie wirkt darauf hin, daß sich durch zweckmäßige Entflechtung von Unternehmensstrukturen marktfähige Unternehmen herausbilden und eine effiziente Wirtschaftsstruktur entsteht.

(7) Im Vorgriff auf künftige Privatisierungserlöse kann die Treuhandanstalt im Rahmen und nach Maßgabe des Artikels 27 des zwischen der Bundesrepublik Deutschland und der Deutschen Demokratischen Republik geschlossenen Staatsvertrages zu Sanierungszwecken Kredite aufnehmen und Schuldverschreibungen begeben.

(8) Der Sitz der Treuhandanstalt ist Berlin.

§ 3
Vorstand der Treuhandanstalt

(1) Die Treuhandanstalt wird durch einen Vorstand geleitet und durch die Mitglieder des Vorstandes im Rechtsverkehr vertreten.

(2) Der Vorstand setzt sich aus dem Präsidenten der Treuhandanstalt und mindestens vier weiteren Vorstandsmitgliedern zusammen. Der Präsident und die Mitglieder des Vorstandes werden durch den Verwaltungsrat berufen und abberufen.

(3) Der Vorstand ist dem Ministerrat berichtspflichtig. Er hat in vom Ministerrat festzulegenden Fristen Berichte über den Fortgang der Privatisierung zu veröffentlichen.

§ 4
Verwaltungsrat

(1) Der Verwaltungsrat hat die Geschäftstätigkeit des Vorstandes zu überwachen und zu unterstützen. Zu diesem Zweck nimmt er regelmäßig Berichte des Vorstandes entgegen. Der Präsident des Vorstandes hat den Vorsitzenden des Verwaltungsrates über alle wichtigen Geschäftsangelegenheiten zu unterrichten. Der Verwaltungsrat berät den Vorstand der Treuhandanstalt in allen Grundfragen, insbesondere der Privatisierung und Verwertung volkseigenen Vermögens nach den Prinzipien der sozialen Marktwirtschaft, sowie in allen weiteren Aufgaben gemäß § 2. In der Satzung der Treuhandanstalt ist zu bestimmen, welche Geschäfte der Zustimmung des Verwaltungsrates bedürfen.

(2) Der Verwaltungsrat besteht aus einem Vorsitzenden und 16 Mitgliedern. Der Vorsitzende und sieben weitere Mitglieder werden vom Ministerrat berufen. Die Volkskammer wählt zwei Mitglieder aus ihrer Mitte, davon ein Mitglied auf Vorschlag der Opposition. Sieben weitere Mitglieder beruft die Volkskammer auf Vorschlag des Ministerpräsidenten. In den Verwaltungsrat sind vorrangig Persönlichkeiten zu berufen, die insbesondere über eine hohe fachliche Kompetenz und umfangreiche Erfahrungen bei der Führung und Sanierung von Unternehmen sowie bei der Tätigkeit am Kapitalmarkt verfügen.

§ 5
Einnahmen und ihre Verwendung

(1) Die Einnahmen der Treuhandanstalt werden vorrangig für die Strukturanpassung der Unternehmen – auch im Rahmen eines horizontalen Finanzausgleichs –, in zweiter Linie für Beiträge zum Staatshaushalt und zur Deckung der laufenden Ausgaben der Treuhandanstalt verwendet. Die Verwendung der Einnahmen erfolgt im Einvernehmen mit dem Ministerrat.

(2) Nach einer Bestandsaufnahme des volkseigenen Vermögens und seiner Ertragsfähigkeit sowie nach seiner vorrangigen Nutzung für die Strukturanpassung der Wirtschaft und für die Sanierung des Staatshaushaltes wird nach Möglichkeit vorgesehen, daß den Sparern zu einem späteren Zeitpunkt für den bei der Umstellung von Mark der DDR auf DM 2 zu 1 reduzierten Betrag ein verbrieftes Anteilsrecht am volkseigenen Vermögen eingeräumt werden kann.

§ 6
Jahresabschluß und Lagebericht

Der Vorstand der Treuhandanstalt hat einen Jahresabschluß und einen Lagebericht aufzustellen. Für ihren Inhalt, für ihre Prüfung durch unabhängige Wirtschaftsprüfer und für ihre Bekanntmachung gelten die Vorschriften für Kapitalgesellschaften. Der Jahresabschluß und der Lagebericht sind dem Verwaltungsrat zur Bestätigung vorzulegen.

§ 7
Treuhand-Aktiengesellschaft

(1) Die Treuhandanstalt verwirklicht ihre Aufgaben in dezentraler Organisationsstruktur über Treuhand-Aktiengesellschaften, die nach Anzahl und Zweckbestimmung mit den Aufgaben der Treuhandanstalt die Privatisierung und Verwertung des volkseigenen Vermögens nach unternehmerischen Grundsätzen sichern.

(2) Die Treuhandanstalt wird beauftragt, unverzüglich, spätestens innerhalb von zwei Monaten nach Inkrafttreten dieses Gesetzes, im Wege der Bargründung Treuhand-Aktiengesellschaften zu gründen. Die Aktien der Treuhand-Aktiengesellschaft sind nicht übertragbar. Die Satzungen der Treuhand-Aktiengesellschaften sind durch den Verwaltungsrat der Treuhandanstalt zu bestätigen.

(3) Den Treuhand-Aktiengesellschaften werden durch Verordnung des Ministerrats unverzüglich die der Treuhandanstalt gehörenden Anteile an Aktiengesellschaften und Gesellschaften mit beschränk-

ter Haftung übertragen. Der Verwaltungsrat der Treuhandanstalt ordnet dabei nach Zweckmäßigkeitsgesichtspunkten den einzelnen Treuhand-Aktiengesellschaften die von ihnen zu haltenden Beteiligungen zu.

§ 8
Aufgaben der Treuhand-Aktiengesellschaften

(1) Die Treuhand-Aktiengesellschaften haben unter Hinzuziehung von Unternehmensberatungs- und Verkaufsgesellschaften sowie Banken und anderen geeigneten Unternehmen zu gewährleisten, daß in ihrem Bereich folgende Aufgaben unternehmerisch und weitestgehend dezentral gelöst werden:

– Privatisierung durch Veräußerung von Geschäftsanteilen oder Vermögensanteilen,
– Sicherung der Effizienz und Wettbewerbsfähigkeit der Unternehmen,
– Stillegung und Verwertung des Vermögens von nicht sanierungsfähigen Unternehmen oder Unternehmensteilen.

(2) Die Treuhand-Aktiengesellschaften haben der Treuhandanstalt über den Fortgang der Privatisierung zu berichten.

§ 9

(1) Zur Sicherung der Effizienz und Wettbewerbsfähigkeit haben die Treuhand-Aktiengesellschaften in den Unternehmen ihres Bereiches solche Strukturen zu schaffen, die den Bedingungen des Marktes und den Zielsetzungen der sozialen Marktwirtschaft entsprechen.

(2) Die Treuhand-Aktiengesellschaften haben dafür zu sorgen, daß die Unternehmen ihres Bereiches möglichst zügig in die Lage versetzt werden, sich über die Geld- und Kapitalmärkte selbst zu finanzieren.

(3) Zur Verbesserung der Ertragslage von Unternehmen sowie für Sanierungsprogramme sind in geeigneten Fällen externe Berater heranzuziehen.

(4) Die Treuhand-Aktiengesellschaften können zur Stärkung der Unternehmen ihres Bereiches insbesondere im Zusammenhang mit Sanierungsmaßnahmen alle marktmäßigen Möglichkeiten nutzen, z. B. Kredite aufnehmen oder Bürgschaften gewähren.

§ 10
Organe der Treuhand-Aktiengesellschaften

(1) Die Aufsichtsratsmitglieder, die die Treuhandanstalt in der Treuhand-Aktiengesellschaft vertreten, werden vom Vorstand der Treuhandanstalt benannt. Für sie gilt § 4 Abs. 1 entsprechend.

(2) Für die Vertreter der Arbeitnehmer in den Aufsichtsräten der Treuhand-Aktiengesellschaften werden die Vorschriften des Gesetzes über die Mitbestimmung der Arbeitnehmer nach Maßgabe des Gesetzes über die Inkraftsetzung von Rechtsvorschriften der Bundesrepublik Deutschland in der Deutschen Demokratischen Republik hinsichtlich des Wahlverfahrens für die Arbeitnehmervertreter bis zum 31. März 1991 ausgesetzt. Die in den Kapitalgesellschaften, an denen die Treuhand-Aktiengesellschaften die Anteile halten, vertretenen Gewerkschaften nehmen anstelle dessen das Vorschlagsrecht für die Arbeitnehmervertreter gemeinsam wahr. Sie können sich hierbei auch durch Bevollmächtigte vertreten lassen.

(3) Die Vorstände der Treuhand-Aktiengesellschaften sollen über Erfahrungen bei der Leitung von Unternehmen, insbesondere bei der Sanierung und der Veräußerung von Geschäftsanteilen, verfügen.

§ 11
Umwandlung der Wirtschaftseinheiten in Kapitalgesellschaften

(1) Die in § 1 Abs. 4 bezeichneten Wirtschaftseinheiten, die bis zum 1. Juli 1990 noch nicht in Kapitalgesellschaften umgewandelt sind, werden nach den folgenden Vorschriften in Kapitalgesellschaften umgewandelt. Volkseigene Kombinate werden in Aktiengesellschaften, Kombinatsbetriebe und andere Wirtschaftseinheiten in Kapitalgesellschaften, vorzugsweise in Gesellschaften mit beschränkter Haftung (im weiteren als Gesellschaften mit beschränkter Haftung bezeichnet), umgewandelt.

(2) Vom 1. Juli 1990 an sind die in Abs. 1 bezeichneten Wirtschaftseinheiten Aktiengesellschaften oder Gesellschaften mit beschränkter Haftung. Die Umwandlung bewirkt gleichzeitig den Übergang des Vermögens aus der Fondsinhaberschaft der bisherigen Wirtschaftseinheit sowie des in Rechtsträgerschaft befindlichen Grund und Bodens in das Eigentum der Kapitalgesellschaft.

(3) Der Umwandlung gemäß Abs. 1 unterliegen nicht

– Wirtschaftseinheiten, für die bis zum Inkrafttreten dieses Gesetzes ein Liquidationsvermerk im Register der volkseigenen Wirtschaft eingetragen wurde,

- die Deutsche Post mit ihren Generaldirektionen, die Deutsche Reichsbahn, die Verwaltung von Wasserstraßen, die Verwaltung des öffentlichen Straßennetzes und andere Staatsunternehmen,
- Gemeinden, Städten, Kreisen und Ländern unterstellte Betriebe oder Einrichtungen,
- Außenhandelsbetriebe in Abwicklung, die gemäß Anlage 1 Artikel 8 § 4 Abs. 1 des Vertrages über die Schaffung einer Währungs-, Wirtschafts- und Sozialunion zwischen der Deutschen Demokratischen Republik und der Bundesrepublik Deutschland Forderungen und Verbindlichkeiten in westlichen Währungen abzuwickeln haben,
- volkseigene Güter und staatliche Forstwirtschaftsbetriebe.

§ 12

(1) Treuhand-Aktiengesellschaften werden Inhaber der Aktien der aus den Kombinaten entstandenen Aktiengesellschaften ihres Bereiches sowie der Geschäftsanteile der Gesellschaften mit beschränkter Haftung, die aus juristisch selbständigen Wirtschaftseinheiten entstanden sind oder derjenigen, die bis zum Inkrafttreten dieses Gesetzes wirksame Erklärungen über den Austritt aus dem Kombinat abgegeben haben.

(2) Die aus den Kombinaten entstandenen Aktiengesellschaften werden Inhaber der Geschäftsanteile der Gesellschaften mit beschränkter Haftung, die den Kombinaten vor dem 1. Juli 1990 unterstellt waren.

(3) Eine Aktiengesellschaft im Sinne des Abs. 2 hat ihre Anteile an einer Gesellschaft mit beschränkter Haftung der zuständigen Treuhand-Aktiengesellschaft gegen angemessenes Entgelt anzubieten, wenn die Geschäftsleitung der Gesellschaft mit beschränkter Haftung dies verlangt.

§ 13

Die Umwandlung einer Wirtschaftseinheit in eine Kapitalgesellschaft ist von Amts wegen unter Bezugnahme auf dieses Gesetz in das Register einzutragen, in dem diese Wirtschaftseinheit bisher eingetragen war.

§ 14

Die Firma der gemäß § 11 Abs. 2 entstandenen Kapitalgesellschaft muß die Bezeichnung »Aktiengesellschaft im Aufbau« oder »Gesellschaft mit beschränkter Haftung im Aufbau« enthalten.

§ 15

(1) Die Kapitalgesellschaft ist von Amts wegen unter Bezugnahme auf dieses Gesetz in das Handelsregister einzutragen.

(2) Für die Eintragung in das Handelsregister sind dem Registergericht durch die Kapitalgesellschaft bis spätestens 16. Juli 1990 mitzuteilen:

1. Name der bisherigen Wirtschaftseinheit;
2. Firma und Sitz der Gesellschaft;
3. Gegenstand des Unternehmens;
4. Name jedes Mitgliedes des vorläufigen Vorstandes oder der vorläufigen Geschäftsführer.

(3) Der Treuhandanstalt und der zuständigen Treuhand-Aktiengesellschaft sind zeitgleich die Angaben nach Abs. 2 mitzuteilen. Bis zum 31. Juli 1990 sind ihnen darüber hinaus eine Aufstellung über das Vermögen der Kapitalgesellschaft zum Zeitpunkt der Umwandlung sowie eine vorläufige Konzeption für die Geschäftstätigkeit zu übergeben. Bei Vermögensposten, deren Bestandsmengen kurzfristigen Veränderungen unterliegen, ist auf den 1. Juli 1990 eine körperliche Bestandsaufnahme vorzunehmen.

(4) Bis zur Bestimmung des Stammkapitals oder Grundkapitals im Gesellschaftsvertrag oder in der Satzung beträgt das Stammkapital einer Gesellschaft mit beschränkter Haftung 50 000 Deutsche Mark, das Grundkapital einer Aktiengesellschaft 100 000 Deutsche Mark.

§ 16

(1) Bis zum 31. Juli 1990 werden von der Treuhandanstalt Personen als vorläufige Mitglieder des Vorstandes oder vorläufige Geschäftsführer bestellt. Bis zu ihrer Bestellung sind die Aufgaben des Vorstandes oder der Geschäftsführung durch die geschäftsführenden Generaldirektoren oder Betriebsdirektoren wahrzunehmen.

(2) Die Vorschriften des Aktiengesetzes oder des Gesetzes über die Gesellschaften mit beschränkter Haftung über die Stellung oder die Verantwortlichkeit der Mitglieder des Vorstandes oder der Geschäftsführer sind auf die in Abs. 1 genannten Personen anzuwenden. Die Treuhandanstalt haftet für Schäden aus Pflichtverletzungen dieser Personen an deren Stelle. Regreßansprüche der Treuhandanstalt gegen diese Personen aufgrund anderer Rechtsvorschriften bleiben unberührt.

§ 17

(1) Bis zur endgültigen Feststellung der Satzung einer gemäß § 11 Abs. 2 entstandenen Aktiengesellschaft lauten deren Aktien auf den Inhaber. Der Nennbetrag der Aktien beträgt fünfzig Deutsche Mark.

(2) Bis zum endgültigen Abschluß des Gesellschaftsvertrages einer gemäß § 11 Abs. 2 entstandenen Gesellschaft mit beschränkter Haftung beträgt die Stammeinlage eintausend Deutsche Mark.

§ 18

Geschäftsjahr der gemäß § 11 Abs. 2 entstandenen Kapitalgesellschaft ist das Kalenderjahr.

§ 19

Unverzüglich nach der Eintragung der Aktiengesellschaft im Aufbau oder der Gesellschaft mit beschränkter Haftung im Aufbau in das Handelsregister hat deren vorläufiges Leitungsorgan die für die Gründung einer Aktiengesellschaft oder Gesellschaft mit beschränkter Haftung gesetzlich erforderlichen Maßnahmen für die Gründung einzuleiten.

§ 20

(1) Die Kapitalgesellschaften haben der Treuhandanstalt bis zum 31. Oktober 1990 zu übergeben:

1. Entwurf eines Gesellschaftsvertrages oder einer Satzung entsprechend den gesetzlichen Bestimmungen unter Angabe des Stammkapitals oder Grundkapitals und einer gegebenenfalls beabsichtigten oder erforderlichen Kapitalerhöhung;

2. Schlußbilanz der Wirtschaftseinheit oder Eröffnungsbilanz zum Stichtag der Umwandlung sowie eine Aufstellung über alle Rechte und Pflichten, Forderungen und Verbindlichkeiten, die mit den Banken getroffenen Vereinbarungen und bei beabsichtigter Gründung weiterer Gesellschaften eine Regelung über die Rechtsnachfolge. Die Bilanzen sind durch den Rechnungshof oder Wirtschaftsprüfer oder Wirtschaftsprüfungsgesellschaften zu prüfen;

3. Gründungsbericht und Lagebericht, in dem auch der Geschäftsverlauf und die Lage der Wirtschaftseinheit für das letzte Geschäftsjahr darzustellen sind;

4. Angaben über Bodenflächen der Kapitalgesellschaften.

(2) Für die Wirtschaftseinheiten, die einen Antrag auf die Umwandlung und die dazu erforderlichen Unterlagen ordnungsgemäß bei der Treuhandanstalt vor Inkrafttreten dieses Gesetzes eingereicht haben, gelten die Anforderungen gemäß Abs. 1 als erfüllt.

(3) Nach dem 31. Oktober 1990 kann der Abschluß des Gesellschaftsvertrages oder die Feststellung der Satzung durch die Treuhandanstalt unter Mitwirkung der Kapitalgesellschaften erfolgen. Die Treuhandanstalt kann nach Ablauf dieses Termins Wirtschaftsprüfer oder Wirtschaftsprüfungsgesellschaften beauftragen, auf Kosten der Kapitalgesellschaft den Gründungsbericht und den Lagebericht sowie die Eröffnungsbilanz zu erstellen.

§ 21

(1) Das vorläufige Leitungsorgan hat die Durchführung der Maßnahmen nach § 19 bei dem Handelsregister anzumelden. Der Anmeldung sind beizufügen:

1. der Gesellschaftsvertrag oder die Satzung;
2. die Eröffnungsbilanz;
3. der Gründungsbericht;
4. der Prüfungsbericht.

(2) Im Falle des § 20 Abs. 3 veranlaßt die Treuhandanstalt die Anmeldung.

(3) Liegen die gesetzlichen Voraussetzungen für die Eintragung der Kapitalgesellschaft vor, so löscht das Registergericht den Zusatz »im Aufbau« in der bisherigen Firma der Kapitalgesellschaft.

§ 22

Kapitalgesellschaften, die nach § 11 Abs. 1 entstanden sind, sind mit Ablauf des 30. Juni 1991 aufgelöst, wenn die nach den §§ 19 und 21 erforderlichen Maßnahmen bis zu diesem Tage nicht durchgeführt worden sind.

§ 23

§ 11 Abs. 2 sowie § 15 Abs. 3 gelten auch für die Umwandlungen, die auf Grund der Verordnung vom 1. März 1990 zur Umwandlung von volkseigenen Kombinaten, Betrieben und Einrichtungen in Kapitalgesellschaften (GBl. I Nr. 14, S. 107) vorgenommen worden sind.

§ 24
Übergangs- und Schlußbestimmungen

(1) Vorschriften dieses Gesetzes berühren nicht etwaige Ansprüche auf Restitution oder Entschädigung wegen unrechtmäßiger Enteignung oder enteignungsgleicher Eingriffe.

(2) Dieses Gesetz tritt am 1. Juli 1990 in Kraft.

(3) Gleichzeitig treten außer Kraft:
- Beschluß vom 1. März 1990 zur Gründung der Anstalt zur treuhänderischen Verwaltung des Volkseigentums (Treuhandanstalt) (GBl. I Nr. 14, S. 107)
- Beschluß des Ministerrates vom 15. März 1990, Statut der Anstalt zur treuhänderischen Verwaltung des Volkseigentums (Treuhandanstalt) (GBl. I Nr. 18, S. 167)

(4) Durchführungsverordnungen zu diesem Gesetz erläßt der Ministerrat.

Das vorstehende, von der Volkskammer der Deutschen Demokratischen Republik am siebzehnten Juni neunzehnhundertneunzig beschlossene Gesetz wird hiermit verkündet.

Berlin, den siebzehnten Juni neunzehnhundertneunzig

**Die Präsidentin der Volkskammer
der Deutschen Demokratischen Republik**
Bergmann-Pohl

1. Juli 1990

Vom VEB zum Unternehmen

Da war eine öffentlich-rechtliche Anstalt geschaffen worden, die marktwirtschaftlich, als Unternehmen, handeln sollte. Über Nacht, zum 1. Juli 1990, entstanden automatisch Kapitalgesellschaften aus Volkseigenen Betrieben (VEB) und Kombinaten, ohne daß nach der Währungsumstellung ein angemessenes Kapital vorhanden und marktwirtschaftliches Verhalten eingeübt worden war. Verselbständigte Wirtschaftseinheiten sollten sich am Markt behaupten, gleichzeitig aber war es der Treuhandanstalt aufgegeben, sich intensiv einzumischen, die Kommandowirtschaft wettbewerblich zu strukturieren.

Finanzielle Eigenverantwortung der Unternehmen war im Vorgriff vom Gesetzgeber unterstellt worden, obwohl die Ausplünderung der Unternehmen durch den Staat eine Mentalität des »linke Tasche – rechte Tasche« gezüchtet hatte. Der natürliche Gegensatz der Betriebspartner wird nicht wahrgenommen, und doch soll die Autonomie der Betriebsverfassung funktionieren, sollen vernünftige, der wirtschaftlichen Lage angemessene Sozialpläne und Interessensausgleiche zustande kommen.

Gleich zu Beginn ein großer Schrecken: Die Umwandlungsverordnung und das Treuhand-Gesetz waren von Anfang an revolutionär gehandhabt worden. Der Wille zur Zerschlagung der überladenen Großunternehmen und Kombinate, die – hoffnungslos ineffizient – mehr Gemischtwarenläden für die Mitarbeiter waren als Anbieter am Markt, war so groß, daß man sie begeistert »gesplittet« hatte.

Mit der Schere durch die Bilanz – und fertig waren mehrere kleine Unternehmen, obwohl weder Umwandlungsverordnung noch Treuhand-Gesetz nach ihrem Wortlaut und nach dem Willen der westlichen Ratgeber eine solche Spaltung ermöglichten. Aberhunderte solcher ab- und aufgespalteten Gesellschaften mußte es geben, und die Treuhand verkaufte sie schon eifrig.

Waren diese Gründungen wirksam, waren die Vermögenswerte übergegangen? Wo blieben die Verbindlichkeiten? Es dauerte bis zum Frühjahr 1991, ehe der Bonner Gesetzgeber mit dem Spaltungsgesetz die Heilung fehlgeschlagener Realteilungen verfügte und damit Dr. Manfred Balz, dem Direktor der THA-Rechtsabteilung, zu ruhigerem Schlaf verhalf.

Die Spannung zwischen der einzelwirtschaftlichen Selbständigkeit der Unternehmen und der gesetzlichen Einmischungspflicht (Ingerenzpflicht) der Treuhandanstalt wird zum Dauerthema. Ist sie ein Konzern, der am Ende für alle Verbindlichkeiten und Fehler der Unternehmen geradesteht? Das kann nicht gewollt sein, doch erst 1992 entschließt sich der Gesetzgeber zur Klarstellung: Die Treuhandanstalt ist kein herrschendes Unternehmen im Sinne des Konzernrechts.

Bis dahin mußten die Mitarbeiter sich zwischen der Szylla des bloßen Treibenlassens der Unternehmen und der Charybdis ihrer unangemessenen Gängelung mit dem Risiko der Durchgriffshaftung Tag für Tag hindurchmanövrieren. Obwohl alle lieber Konzernherren als Anstaltsleiter wären, verzichtet das Direktorat »Personal Konzern« freiwillig auf die Konzernrhetorik; es nennt sich »Personal Beteiligungsunternehmen«.

Bei den Unternehmen ist 1990 eine bedenkliche »Durchgriffsmentalität« unverkennbar. Dahinter steht die diffuse Erwartung, die Treuhandanstalt – oder unmittelbar der Bund – werde für Schulden aller Art letztlich einstehen, es gebe einen Haftungsdurchgriff auf den Staat. Die Treuhandanstalt hat zu dieser Mentalität anfangs durchaus ihren Teil beigetragen.

Unternehmen hatten auch in den ersten Monaten nach dem 1. Juli 1990 immer wieder den Erlös aus Grundstücksverkäufen an die Treuhandanstalt überwiesen, als könnten sie nicht glauben, Eigentümer von Grund und Boden zu sein. Die Treuhandanstalt hat solche Zahlungen anfangs offenbar immer wieder ohne Einwände vereinnahmt. Es bedurfte eines langen Lernprozesses, bis man einsah, daß das Gesellschaftsvermögen vor unzulässigen Entnahmen des Gesellschafters geschützt ist und daß solche Entnahmen unter Umständen zurückverlangt werden können und müssen.

Freilich werden die Unternehmen auch lernen müssen, ihre Forderungen energischer einzutreiben, auch gegen andere Treuhand-Unternehmen. Andererseits wäre es nicht wünschenswert, wenn die Unternehmen einander leichtfertig mit Prozessen, Zwangsvollstreckungen oder gar Konkursanträgen überziehen und so den rechtsberatenden Berufen letztlich zu Lasten der Treuhandanstalt und des Steuerzahlers Einkünfte verschaffen oder schlimmstenfalls einen nicht mehr kontrollierbaren Flächenbrand von Konkursen stiften. Den Treuhand-Unternehmen wird deshalb von der Zentrale eine freiwillige außergerichtliche Schlichtung von Rechtsstreitigkeiten angeboten. Den Unternehmen müssen jedoch für den Ernstfall alle Mittel der Rechtsverfolgung verbleiben, bis hin zum Konkursantrag. Nur so lernen sie, sich marktwirtschaftlich zu verhalten.

Die öffentlich-rechtlichen Bindungen der Treuhandanstalt und die Frage des Rechtsweges gegen ihre Entscheidungen werden zu einem weiteren Dauerthema. Soll sie Unternehmen und Grundstücke nach dem Gleichheitssatz zuteilen? Kann der Zuschlag an einen Bewerber vom Konkurrenten mit Widerspruch und Anfechtungsklage angegriffen werden, müssen drei Instanzen Verwaltungsgerichtsbarkeit durchgestanden werden? Das hieße, von einer möglichst raschen und vollständigen Privatisierung Abschied nehmen zu müssen; es wäre ein GAU für die Treuhandanstalt.

Der »Direktor Recht« tingelt mit Vorträgen durchs Land; kein Symposium ist zu abgelegen, kein Institut zu fern, um den wissenschaftlichen Meinungsmachern die bedrohlichen Folgen auch solcher Fehlentwicklungen klarzumachen. Die Lage entspannt sich, als das Oberverwaltungsgericht Berlin die privatrechtliche Sicht des Verkaufsgeschäfts der Treuhandanstalt untermauert.

Dem Gesellschaftsrecht vergleichbar, wurde die Betriebsverfassung im Vorgriff auf den sozialen Wandel auf noch fremde

Verhältnisse übertragen. Auch hier muß noch verantwortliches marktwirtschaftliches Handeln geübt werden. Streitstoff und Interessengegensätze zwischen Belegschaft und Managern – leitenden Angestellten oder Eigentümervertretern – existieren natürlich auch in der ehemaligen DDR-Wirtschaft. Häufig sind sie politischer Herkunft; der Seilschaftsvorwurf, die Diskreditierung des Managements durch Beziehungen zum SED-Regime und zu seinen Sicherheitsorganen spielen eine große Rolle.

Die in der Betriebsverfassung aufgehobene Spannung zwischen Kapital und Arbeit, Eigentümer- und Arbeitnehmerinteressen wird auf der betrieblichen Ebene hingegen weniger empfunden. Manager und Arbeitnehmer sehen sich im Verhältnis zur Treuhandanstalt eher »in einem Boot«, die Treuhandanstalt wird oft genug als Gegenspieler beider Gruppen betrachtet.

Die Erfahrungen mit Sozialplänen (in ähnlicher Form übrigens auch mit Firmentarifen) verdeutlichen dies. Gerade hier fehlt es häufig an dem realen Interessengegensatz der Betriebs- und Sozialpartner, der das Vertrauen in die autonome staatsfreie Regelung ja erst zu rechtfertigen vermag.

Ende 1990 wird offenbar, daß in vielen Unternehmen für den Fall von Entlassungen Abfindungsregelungen getroffen waren, die in keinem Verhältnis zur Leistungsfähigkeit des Unternehmens stehen und ohne ein Eintreten der Treuhandanstalt zur Insolvenz führen müssen. Hier spielt die erwähnte »Durchgriffsmentalität« eine große Rolle; die Betriebsverfassung scheint die Möglichkeit zu bieten, risikolos Verträge zu Lasten der Allgemeinheit zu schließen.

Eine gewisse Enthemmung wird auch darauf zurückzuführen sein, daß bei korrekter Würdigung der »Vertretbarkeit für das Unternehmen«, wie sie das Betriebsverfassungsgesetz vorsieht, in der Mehrzahl der Unternehmen wegen der desolaten finanziellen Lage Sozialplanabfindungen überhaupt nicht in Betracht kämen, die Mitbestimmung des Betriebsrates bei Betriebsänderungen also wesentlich leerliefen.

Der THA-Direktor Recht, Manfred Balz, schlägt dem Präsidenten vor, eine gesetzliche Begrenzung der Sozialplanumfänge, wie sie im Konkurs gilt, zu verlangen. In vieler Hinsicht ist die volkseigene Wirtschaft ja im ganzen insolvent. Unterdessen beschließt das Personalressort die Einrichtung eines besonderen Direktorats für Sozialpläne. Für die Rechtsabteilung endet damit die Suche nach dem geeigneten Grundsatzspezialisten für Arbeitsrecht.

Der neue Direktor bringt wenig später, man kann es kaum glauben, ohne gesetzgeberisches Zutun zwischen den Gewerkschaften und der Treuhandanstalt einen dauerhaften Sozialpakt zustande, in dem die Notwendigkeit einer Obergrenze für Sozialpläne auch in den leistungsfähigen Unternehmen anerkannt wird.

1. Juli 1990

Erstausstattung der Unternehmen mit DM

Alle Unternehmen der Treuhandanstalt brauchen schnellstens bares Geld. Nach der Einstellung des Zahlungsverkehrs in Mark der DDR zum 30. Juni 1990 muß in allerkürzester Zeit den Unternehmen eine Erstausstattung in Deutscher Mark zur Verfügung gestellt werden. Nicht vorstellbar allein die Auswirkung in der Bevölkerung, wenn nach der Währungsumstellung keine Lohnzahlungen in Deutscher Mark erfolgt wären, wo doch die Menschen viele ihrer langjährig gehegten Hoffnungen mit dem Besitz dieser Währung verbinden.

Die Treuhandanstalt übernimmt die Aufgabe der Erstausstattung der Unternehmen mit Liquidität. THA, Treuarbeit, Ministerium der Finanzen, Deutsche Bank und Dresdner Bank arbeiten gemeinsam die Idee der Kreditgewährung an die Unternehmen im Rahmen einer Globalbürgschaft und auf der Grundlage eines Musterkreditvertrages aus. Bereits damals galt der Grundsatz, daß nur Unternehmen, die sich unter marktwirtschaftlichen Bedingungen als lebensfähig erweisen, Kreditbürgschaften erhalten. Den Bürgschaftsanträgen muß ein in allereinfachster Form gehaltener Liquiditätsstatus für das zweite Halbjahr 1990 beigelegt werden.

Im Monat Juli reichen rund 7600 Unternehmen Anträge auf Bürgschaftsgewährung bei der THA ein. 16 Mitarbeiter stehen damals zusammen mit Christian May im Finanzbereich der Zentrale für die Prüfung und Bestätigung dieser Anträge zur Verfügung. Anträge bis zu 500 000 DM werden voll verbürgt, darüber hinausgehende Anträge aufgrund des der THA gesetzlich eingeräumten Bürgschaftsrahmens nur zu 41 Prozent des beantragten Liquiditätsbedarfs. Von den 16 Mitarbeitern sind vier nur für sogenannte Katastrophenfälle eingesetzt, die über die Deckung von Liquiditätsbedarf stehenden Fußes entscheiden.

Am Tage ist an ein geordnetes Arbeiten nicht zu denken.

Nicht alle Finanzierungsprobleme können auf Antragsbasis zur Zufriedenheit der Unternehmen gelöst werden. Der Postweg ist langwierig, das Telefonnetz veraltet, Fax-Geräte sind ein Novum. So steht jeden Tag das Gebäude der Treuhandanstalt am Alexanderplatz voller Geschäftsführer und Abgesandter von Unternehmen, die je nach Temperament und Zeitlimit für die Geldbeschaffung ihr Anliegen mehr oder minder emotional vortragen.

Alles spielt sich in den zwei Einzelzimmern der Leiter des Finanzbereiches und in einem Großraumbüro ab. Dieses Büro mißt etwa 10 x 25 Meter. Es wird geteilt durch zwei mannshohe, mit grellgrünem Stoff bespannte Leichtmetallrahmen und ist ausgestattet mit ausgedienten Schreibtischen und Stühlen – Erbmasse des Ministeriums für Elektrotechnik/Elektronik der ehemaligen DDR –, an denen sich die Damen so manches Mal Laufmaschen holen.

Die Innenbelüftung funktioniert nicht, Sauerstoff kommt nur durch ein halbgeöffnetes Fenster herein. Telefoniert jemand an einem Ende des Raumes, muß man das Gespräch aussetzen, das man am anderen Ende mit einem Besucher führt. Die Kommunikation mit den Treuhand-Unternehmen erfolgt durch Rundbriefe und die Zuhilfenahme der Zeitungen.

Das im Monat Juli praktizierte Verfahren zur Liquiditätsausstattung der Unternehmen kann nur eine Notlösung sein. Die Kreditgewährung für die Monate August und September wird deshalb neu geordnet. Die Unternehmen haben jetzt die Anträge auf Liquiditätshilfe bei den Banken einzureichen. Diese leiten die Anträge zur Prüfung und Bestätigung an die Niederlassungen weiter. Mit den Anträgen ist erstmals die Forderung verbunden, die Banken zur Übernahme eines eigenen Obligoanteils zu bewegen und dem Kreditantrag ein eigenes Sanierungskozept beizufügen, zumindest aber die Sanierungswürdigkeit des Unternehmens anhand eines Geschäftskonzepts glaubhaft zu belegen.

Wieder geht eine hohe Anzahl von Anträgen ein. Um sie bewältigen zu können, wird auf externe Hilfe zurückgegriffen.

Aus Mitarbeitern des Büros für Strukturanpassung des Wirtschaftskomitees der ehemaligen DDR werden Arbeitsgruppen gebildet, die in den Niederlassungen die Anträge prüfen und die Bürgschaftshöhe gegenüber den Banken bestätigen.

Dem Finanzbereich der THA-Zentrale obliegt die Anleitung der Arbeitsgruppen, die Zusammenfassung der von den Arbeitsgruppen bestätigten Bürgschaften, die Zusammenarbeit mit den Banken und die Vorbereitung von Entscheidungen über Kreditanträge mit hohem Volumen durch den Vorstand. Auf diese Weise kann im August rund 5 600 und im September rund 4 700 Unternehmen bei der Herstellung ihrer Zahlungsfähigkeit geholfen werden.

Der Arbeitsstil jener Zeit läßt sich am ehesten mit kreativer Hektik umschreiben. Alles ist auf einmal zu erledigen: die Vielzahl der Anträge, die Einarbeitung in die Regeln der Unternehmensfinanzierung nach marktwirtschaftlichen Aspekten, Lösungen finden für die Vielfalt der Probleme, Entscheidungen über manchmal sehr viel Geld treffen. Dabei gibt es so gut wie keine Rückgriffsmöglichkeiten auf Vorhandenes, auf Erfahrungen. Alles muß erfunden, neu bedacht und schnell entschieden werden.

Die Fülle der Arbeit läßt sich nur bewältigen, weil jeder bereit ist, Verantwortung zu übernehmen und sich mit der von ihm getroffenen Entscheidung zu identifizieren, ohne daß sie durch etliche Unterschriften abgesichert ist. Seitens der Vorstandsmitglieder wird den Mitarbeitern ein hohes Vertrauen entgegengebracht – auch auf die Gefahr hin, daß in der Schnelligkeit des Geschäfts einmal ein Fehler unterläuft.

Trotz dieser enormen Belastung ist die Arbeitsatmosphäre nicht unleidlich, weil unter den Mitarbeitern Kameradschaft, Zuverlässigkeit und Einsatzbereitschaft herrschen. Jeder stellt die persönlichen Interessen gegenüber den allgemeinen zurück. Dem Leiter der Finanzverwaltung ist kein Fall in Erinnerung, wo jemand wegen der Arbeit »ausrastete«. Für die Mitarbeiter aus den neuen Bundesländern gilt es, zusätzlich binnen weniger Wochen im Selbststudium so weit in das Gesellschafts- und Bankrecht einzudringen, daß sie die grundlegendsten Regeln einer Finanzierung der Unternehmen nach marktwirtschaftlichen Aspekten anwenden können. Am Ende des dritten Quartals 1990 hat die THA für 25,4 Milliarden DM Liquiditätskredite verbürgt.

Nach Beginn der Präsidentschaft von Detlev Karsten Rohwedder, der Arbeitsaufnahme mehrerer Direktoren aus den alten Bundesländern, der Einstellung weiterer Mitarbeiter und der strukturellen Erweiterung des Finanzbereiches beginnt sich im vierten Quartal 1990 die Arbeitssituation langsam zu entspannen. Die rückläufige Zahl der Anträge auf Finanzhilfe trägt mit dazu bei; in den Monaten von Oktober bis Dezember liegt sie »nur« noch bei rund 2900. Deshalb kann zunehmend Wert auf die Prüfung der Qualität der Anträge gelegt werden. So erfolgt im Oktober erstmals eine Differenzierung in Bürgschaften für Liquiditäts- und für Investitionskredite.

Unternehmen legen erste Sanierungskonzepte vor, womit eine Beurteilung ihrer Wettbewerbschancen möglich wird. In diese Zeit fallen auch der Beginn der Entscheidungsfindung durch den Vorstand in Vorlageform und die kontinuierliche Prüfung und Beratung entscheidender finanzieller Fragen durch den Bürgschaftsausschuß unter Vorsitz des Bundesministeriums für Wirtschaft. Weitergehende Aufgaben bei der Unternehmensfinanzierung müssen mit dem Inkrafttreten des Einigungsvertrages im Oktober ins Auge gefaßt werden. So enthält dieser Vertrag das DM-Bilanzgesetz, mit dem die Grundsätze für die Aufstellung der DM-Eröffnungsbilanz und für die Kapitalneufestsetzungen der Unternehmen nach der Währungsumstellung geschaffen werden.

Dem Finanzbereich obliegt die Erarbeitung der Regelung zur Anwendung des Gesetzes innerhalb der Treuhandanstalt. Da die Wirtschaftsprüfer in den Unternehmen für das Testieren der DM-Eröffnungsbilanzen schon fleißig Vorarbeit leisten, müssen rasch die Richtlinien für die Ansatz- und Bewertungswahlrechte und der Ablaufplan für die Feststellung der DM-Eröffnungsbilanzen einschließlich der Zuständigkeiten in der THA erarbeitet werden. In vielen Diskussionen schälen sich allmählich die Grundsätze für die Festlegung der Kapitalstruktur der Unternehmen heraus. Die mittlerweile erfolgte Ausstattung mit moderner Datenverarbeitungstechnik legt es nahe, für die Feststellung der DM-Eröffnungsbilanz ein EDV-Programm zu erarbeiten. Aufgrund dieser Vorarbeiten ist es 1991/92 möglich, die Eröffnungsbilanzen von rund 6 500 Unternehmen festzustellen, davon fast 2 000 durch die Treuhand-Zentrale – eine in der Wirtschaftsgeschichte wirklich einmalige Leistung.

1. Juli 1990

Eröffnungsbilanz – aber in DM

Zum Stichtag 1. Juli 1990 haben die ostdeutschen Unternehmen eine DM-Eröffnungsbilanz aufzustellen, die auf einer grundlegenden Neubewertung ihres gesamten Vermögens und aller Schulden beruht. Sie ist also überhaupt nicht mit den Schlußbilanzen der Kombinate und Volkseigenen Betriebe zu vergleichen, die zum 30. Juni 1990 noch in DDR-Mark und entsprechend den Vorschriften des sozialistischen Systems der Rechnungsführung und Statistik (RuST) erstellt wurden.

In ersten vorgelegten DM-Eröffnungsbilanzen zeigt sich, daß Vermögenswerte erheblich über- und Schulden erheblich unterbewertet werden. Das liegt unter anderem noch an Regeln der DDR-Rechnungsführung. Dabei wurden beispielsweise Anlagevermögen von Zeit zu Zeit mit Hilfe sogenannter Umrechnungsfaktoren aufgewertet. Angesichts der Devisenknappheit wurde außerdem der Wert importierter Maschinen und Anlagen mit hohen Aufschlägen versehen, zum Teil also mit einem Vielfachen des wirklichen Wertes verbucht. Für drohende Verluste und ungewisse Verbindlichkeiten sind andererseits nach dem bundesrepublikanischen Recht nun Rückstellungen zu bilden, die im Rechnungswesen der DDR nicht bekannt waren. Die Unternehmen haben also sehr häufig mehr Schulden, als sie ausweisen, zum Teil auch aus noch gültigen und nicht kostendeckenden Lieferverträgen.

Mit der Aufstellung der DM-Eröffnungsbilanzen ist die Neufestsetzung des Eigenkapitals der Treuhand-Unternehmen verbunden – ein weiteres wesentliches Arbeitsfeld des Mitte September gebildeten Direktorats Unternehmensfinanzierung unter der Leitung von Hans Eilert. Die Größe der Aufgabe wird erst schrittweise deutlich. Nach dem DM-Bilanzgesetz haben alle rund 9000 Unternehmen eine DM-Eröffnungsbilanz und den sogenannten Anhang aufzustellen. Die Frist für die großen und mittleren Unternehmen beträgt vier Monate, die für die kleineren sechs Monate.

Bilanz und Anhang sind nach der Aufstellung Wirtschaftsprüfern vorzulegen und nach der Testierung der Treuhandanstalt zur Feststellung zu übergeben. Schon im Herbst 1990 zeigt sich jedoch, daß die Fristen nicht eingehalten werden können. Die Unternehmen sind mit der neuen Materie nicht vertraut, Wirtschaftsprüfer fehlen. Dadurch verschiebt sich der Zeitpunkt für die Prüfung der Bilanzen und ihre Feststellung. Der Gesetzgeber trägt dem Rechnung, indem er im Rahmen des Gesetzes zur Beseitigung von Hemmnissen bei der Privatisierung von Firmen und zur Förderung von Investitionen vom 22. März 1991 die Fristen um jeweils vier Monate verlängert.

Der Plan, sich nach routinemäßiger Feststellung der Eröffnungsbilanzen auf die Neufestsetzung des Eigenkapitals und auf eine einheitliche finanzielle Sanierungsentscheidung zu konzentrieren, läßt sich nicht verwirklichen. Die Sanierungskonzepte sind entweder nicht seriös erstellt oder durch zwischenzeitliche Entwicklungen schon nach kurzer Zeit überholt. So kann es angesichts des Umstrukturierungsprozesses vieler Unternehmen nicht verwundern, daß von den bei der Treuhandanstalt zentral geführten Unternehmen nur ein Drittel bis Ende April 1991 Unternehmenskonzepte vorlegt. Nur mit großen Mühen gelingt es dem Direktorat Unternehmensfinanzierung, die für die Feststellung der DM-Eröffnungsbilanzen benötigten Unterlagen zu erhalten und diesen Prozeß abzuschließen.

1. Juli 1990

Kombinate im Wandel

Grundbedingung für das Funktionieren der Sozialen Marktwirtschaft in den jungen Bundesländern: Die staatlichen Riesenkombinate mit ihren planwirtschaftlichen Großbetriebseinheiten müssen in marktfähige Unternehmen umstrukturiert und rasch in Leistungsfähigkeit und Effizienz an den internationalen Markt angepaßt werden. Die DDR-Wirtschaft war in 430 sogenannten zentral- und bezirksgeleiteten Kombinaten zusammengefaßt, darunter etwa 270 im produzierenden Gewerbe. Während zum Beispiel in der DDR der Anteil der Maschinenbaubetriebe mit über 1 000 Beschäftigten mehr als ein Drittel betrug, sind es im alten Bundesgebiet lediglich drei Prozent.

Die flexibel arbeitenden Mittelbetriebe wurden in der DDR weitgehend beseitigt. Noch Mitte der fünfziger Jahre wurden über 50 Prozent der ostdeutschen Wirtschaftsleistung in kleinen und mittleren Privatbetrieben erbracht, bis eine rigorose Verstaatlichungspolitik – insbesondere die Enteignung von über 10 000 Betrieben im Jahre 1972 – den gewerblich-industriellen Mittelstand weitgehend beseitigte.

Die Folgen der Großbetriebswirtschaft in Verbindung mit den rigiden Kommandomethoden einer Zentralplanbürokratie sind bis zuletzt verheerend gewesen. Die Idee eines effizienten Wirtschaftens mit knappen Mitteln wurde in ihr Gegenteil verkehrt.

Die Staatskombinate haben als de-facto-Alleinanbieter den letzten Rest von Leistungswettbewerb ausgelöscht. Mit ihrer Selbstversorgungsideologie verursachten die Kombinate nicht nur gesamtwirtschaftlich gravierende strukturelle Verwerfungen und immense Fehlleitungen von Mitteln, sondern auch betriebswirtschaftlich unsinnige Fertigungstiefen mit enormen Kosten. So war die Quote der Teile, die im Unternehmen selbst hergestellt wurden, um ein mehrfaches höher als international üblich.

Beispielsweise gehörte der Eigenbau von Rationalisierungsmitteln, d. h. die eigene Fertigung von Ausrüstungen für die Modernisierung und für dringend notwendige Ersatzinvestitionen, zu einem Kombinat einfach dazu. Übliche Praxis war auch die zentral oktroyierte Konsumgüterproduktion. Dies »erklärt«, warum z. B. Kombinate der Braunkohlengewinnung und -veredelung auch Fertigungsstätten für Möbelbeschläge, Campingartikel oder für Korb-, Täschner- und Spielwaren hatten.

Die Kombinate und Betriebe waren an Tausende von Detailvorgaben der zentralen Planungsbürokratie gebunden, und »Plangehorsam« gehörte zu jenen »sozialistischen Leistungstugenden«, denen Eigenverantwortung und Eigeninitiative unterzuordnen waren.

Selbst die Amortisation für Ersatzinvestitionen wurde zu einem erheblichen Teil als Deckungsbeitrag für Neuinvestitionen zentral festgesetzt. Daraus resultierte auch die hohe Überalterung des Kapitalstocks der Betriebe zu DDR-Zeiten, da die Abschreibungsfristen nahezu ausnahmslos zu lang angesetzt wurden.

Das zentralistisch-dirigistische Plansystem war innovationsfeindlich, da die Herstellung »eingefahrener« Erzeugnisse sicherer war als die Einführung von Neuentwicklungen, die möglicherweise die »Planerfüllung« gefährdeten, das alles beherrschende Regulativ. Zwar war in den Kombinaten ein nicht unbedeutendes Forschungs- und Entwicklungspotential vorhanden, aber zentrale Auflagen für Prozeß- und Produktinnovationen führten dazu, daß die »Neuerungen« vielfach nur Scheinlösungen waren.

Bei Einführung der Marktwirtschaft waren rund zwei Drittel aller in Ostdeutschland erzeugten Produkte vom Lebenszyklus her in der Stagnations- und Schrumpfungsphase, und damit war der weit überwiegende Teil des Erzeugnissortiments veraltet.

Weitgehend verlorengegangen war zu DDR-Zeiten jedes eigenständige Marktverhalten der Betriebe. Sowohl der Inlandsabsatz als auch der Export erfolgten nach zentralen Vorgaben. Im Export unterlag alles dem staatlichen Außenhandelsmonopol mit zentralen Preisfestlegungen. Zudem stützten erhebliche staatliche Subventionen den Export auf westliche Märkte.

Hinzu kommt, daß zu DDR-Zeiten auf Produktionsbetriebe soziale und staatliche Aufgaben übertragen wurden, die in einer marktwirtschaftlichen Ordnung zum Kreis der kommunalen Daseinsfürsorge oder der privaten Dienstleistungen gehören. Typische Beispiele hierfür sind nicht nur die Betriebskindergärten sowie Tages- und Wochenkrippen, Betriebspolikliniken, Kulturhäuser und Sportanlagen, sondern auch die Betriebsferienheime und betrieblichen Kinderferienlager. Die generell hohe personelle Überbesetzung beruht unter anderem darauf, daß in den ehemaligen Volkseigenen Betrieben in diesen Bereichen zusammengenommen annähernd eine halbe Million Menschen »beschäftigt« waren.

Zur marktwirtschaftlichen Umstrukturierung der Unternehmen gehört, daß diese Einrichtungen auf andere Träger übergehen. So wurden bisher beispielsweise über 1 200 Betriebskindergärten, -sportstätten, -polikliniken und -kulturhäuser an Städte und Gemeinden übertragen und Hunderte Betriebsferienheime privatisiert oder an ihre enteigneten früheren Eigentümer zurückgegeben.

Die marktwirtschaftliche Umstellung der ehemaligen Volkseigenen Betriebe muß zu gravierenden Veränderungen im inneren Aufbau der Unternehmen führen. Während einerseits »traditionelle« Verwaltungs- und Sonderbereiche personell weit überbesetzt waren, besteht andererseits ein erheblicher Nachholbedarf in solchen Bereichen wie Marketing/Vertrieb oder Controlling/Finanzwesen, wo die Beschäftigtenanteile im Vergleich zu entsprechenden westdeutschen Unternehmen lediglich die Hälfte bzw. ein Drittel betragen, ganz abgesehen von der fehlenden marktwirtschaftlichen Qualifikation des Managements.

Aus der Verantwortung als Eigentümer auf Zeit, d. h. für die Zeit des Übergangs, bis die Unternehmen in ein neues, privates

Eigentumsverhältnis überführt sind, begleitet die Treuhandanstalt (THA) aktiv den Prozeß der unternehmensbezogenen Umstrukturierung der ehemaligen Volkseigenen Betriebe und Kombinate und unterstützt die Neuorientierung der Betriebe am Markt.

Das bedeutet beispielsweise, aus den großen Kombinaten durch Entflechtung wettbewerbsadäquate Unternehmensstrukturen und eine gesunde Mischung von Groß-, Mittel- und Kleinbetrieben zu schaffen. Dabei gilt es, die Herausbildung eines leistungsfähigen industriellen Mittelstandes zu unterstützen.

Ein Beispiel erfolgreicher Umstrukturierung und aktiver Sanierungsbegleitung durch die Treuhand ist die Dessauer Gasgeräte GmbH, die als VEB zu einem zentralgeleiteten Kombinat gehörte. Der Betrieb selbst hat Tradition. Er wurde vor hundert Jahren vom späteren Luftfahrtpionier Hugo Junkers gegründet. Anfang 1991 bestanden an einer erfolgreichen Umstrukturierung und Sanierung noch ernsthafte Zweifel: Bei einem Umsatz im zweiten Halbjahr 1990 von knapp 50 Millionen DM beliefen sich die Verluste auf rund 20 Millionen DM. Ein Unternehmen aus der Gründerzeit auf dem Gebiet der gasbetriebenen Gebrauchsgüter stand offenbar vor dem Ende.

Hätte die Treuhand so entschieden, wie ihr oft unterstellt wird, gäbe es diesen Betrieb nicht mehr. Die Treuhand hat aber auf die Kraftressourcen des Unternehmens vertraut, einen erfahrenen Branchenkenner zum Aufsichtsratsvorsitzenden berufen und weitere Hilfe zugesagt. Das Wagnis der Sanierung konnte beginnen. Ihr Ziel mußte sein, mit modernen, marktfähigen Geräten und motivierten Mitarbeitern dem Unternehmen gegen harte westliche Konkurrenz eine Zukunft zu verschaffen. Heute ist der Betrieb weitgehend über dem Berg.

Der Umsatz ist auf das Dreifache gesteigert worden. Bei Gasherden liegt der Marktanteil in den jungen Bundesländern bei etwa 50 Prozent. Durch Konzentration des Sortiments auf Kernprodukte, kurzfristige Produktverbesserungen und durch Standortkonzentration von fünf auf zwei Produktionsstätten, durch

Ausgründungen zur deutlichen Verringerung der Fertigungstiefe, einschneidende Veränderungen der Fertigungsorganisation sowie Qualifizierung des ostdeutschen Managementteams wurden mit westlicher Unterstützung wesentliche Voraussetzungen für die Wettbewerbsfähigkeit geschaffen. Anstatt in neue Produktionsanlagen wird zunächst in den Aufbau eines modernen Auftragszentrums investiert und eine Vertriebsorganisation geschaffen. Zielstrebig werden erhebliche Mittel – erwirtschaftet aus dem Cash-flow – in die Entwicklung neuer Produkte und in modernste Fertigungsanlagen investiert.

Dieses Beispiel ist repräsentativ, sowohl im Hinblick auf eine erfolgreiche Umstrukturierung durch Konzentration auf Kernbereiche, im Hinblick auf eingeleitete Produktinnovationen und den Aufbau neuer Vertriebsstrukturen. Im Zuge der Entflechtung sind durch Ausgründung auch auf dem Wege von Management Buy-Outs neue Firmen entstanden.

Ausgründung, Auf- und Abspaltung sogenannter Nebenbetriebe wie des vormals betriebseigenen Fuhrparks, über eigene Bau- und Handwerksabteilungen bis hin zu Projektierungseinrichtungen und sogenannten Ingenieurbetrieben, haben zusammen mit der systematischen Entflechtung der Konzerne Tausende neuer Gesellschaften entstehen lassen. Hierdurch wird nicht nur das Privatisierungsspektrum verbreitert; es bilden sich auch wichtige Kristallisationspunkte für das Entstehen neuer, wettbewerbsfähiger Unternehmensstrukturen in den ostdeutschen Bundesländern.

Hier liegt auch das Motiv für viele Treuhand-Unternehmen, zügig aktive Eigentümer zu finden, die den Unternehmen Bestandsperspektiven geben. Wichtigste Aufgabe der neuen Eigentümer ist es, ihre »Neu«-Erwerbungen durch Einbringen von Kapital, Management-Know-how und Absatzwegen auf dem nationalen und internationalen Markt in Position zu bringen. Insofern war und ist Privatisierung in aller Regel auch die beste Form der Sanierung.

Bis ein neuer Eigentümer die Verantwortung übernimmt, hilft

die THA ihren Unternehmen. So werden diese frühzeitig aufgefordert und darin unterstützt, Konzepte für ihre unternehmerische Entwicklung zu erarbeiten und in voller Verantwortung der Vorstände und Geschäftsführer »vor Ort« umzusetzen. Verständlicherweise ist das mit dem »ersten Wurf« nicht immer gelungen.

Die THA hilft ihren Unternehmen in vielerlei Hinsicht auf dem Weg zur Wettbewerbsfähigkeit. Die sanierungsfähigen werden entschuldet, um sie mit einem den westlichen Unternehmen vergleichbaren Eigenkapital auszustatten. Das bedeutet aber, daß von den 104 Milliarden DM Altschulden, die zum Stichtag 1. Juli 1990 in den Unternehmensbilanzen festgestellt wurden, über zwei Drittel von der THA übernommen werden. Wo die Unternehmen sanierungsfähig sind – auch wenn sich nicht rasch ein Investor für sie finden läßt –, werden sie von der Treuhandanstalt nicht fallengelassen.

Hinzu kommt eine Reihe weiterer Instrumente der aktiven Sanierungsbegleitung wie Gesellschafterdarlehen, Forderungsabkäufe, Zinszuschüsse oder die Übernahme von Einzelbürgschaften. Bis Ende 1992 hat die Treuhand weit über 120 Milliarden DM für die Gesundung des sanierungsfähigen Unternehmensbestandes ausgegeben. Die Umstrukturierung und Sanierung der Unternehmen soll auch durch Investitionen weiter gesteigert werden. Dazu werden in über 500 Treuhand-Unternehmen 1993 und 1994 Investitionen in Höhe von mehreren Milliarden DM beschleunigt umgesetzt.

Neben bilanzieller Sanierung und »fresh money« leistet die THA weitere Unterstützung etwa bei der Managementsuche – denn der Erfolg der Sanierung steht und fällt bekanntlich mit einem qualifizierten Sanierungsmanagement – und bei der Managementfortbildung, um vorhandene Defizite bei ostdeutschen Führungskräften, insbesondere hinsichtlich Vertrieb, Controlling, Einkauf oder Personalmanagement, abzubauen.

Kein seriöser Investor kauft ein Unternehmen ohne Absatzchancen, selbst wenn es einen Namen und eine lange Tradition besitzt. Aber wo Perspektiven bestehen, kann die Privatisierung zum Ausgangspunkt für das Wiedererstarken traditionsreicher Unternehmen werden; etwa bei jenen Betrieben, die den Weltruf des deutschen Maschinenbaus mitbegründeten. Ein solches Beispiel ist das Leipziger Drehmaschinenwerk, einst von Pittler gegründet. Als Pittler-Tornos Werkzeugmaschinen GmbH wurde der Betrieb jetzt an ein schweizerisches Unternehmen verkauft, das durch Sortimentsabstimmung mit seiner Leipziger Neuerwerbung eine europäische Spitzenposition beim Drehautomatenbau erreichen will – und dazu in modernster Fertigung.

Die Vorteile einer standortnahen Produktion, etwa bei Frischwarensortimenten, und die Rückbesinnung auf »DDR-Markenartikel« haben nicht nur zu einer raschen Privatisierung entsprechender ostdeutscher Betriebe geführt. Deren neue private Eigentümer verfolgen teilweise ein unternehmerisches Konzept, das bewußt auch auf eine »Renaissance« althergebrachter Namen setzt, die schon zu DDR-Zeiten als Marken bekannt und anerkannt waren.

Ein solches Beispiel ist das Waschmittel »Spee«, hergestellt in einem ehemaligen Henkel-Werk in Sachsen-Anhalt. Zu DDR-Zeiten lag sein Marktanteil bei 80 Prozent, fiel jedoch angesichts der Konkurrenz bekannter westdeutscher Marken auf unter zehn Prozent ab. Henkel-West kaufte sein ehemaliges Werk zurück, ging damit wieder an einen seiner traditionellen Firmenstandorte und hob die »Ost-Marke« auf Weststandard. Durch Intensiv-Marketing und durch Nutzung der langjährigen Kontakte zum Handel mutierte »Spee« mit einem Marktanteil von 25 Prozent im Osten und vier Prozent im Westen zum »gesamtdeutschen« Waschmittel.

Zahlreiche Beispiele belegen eines auch deutlich: Das Konzept einer zügigen Übertragung der Treuhand-Unternehmen an neue, unternehmerisch aktive private Eigentümer ist richtig. Durch das Einbringen von Kapital und Know-how, Vertriebswegen und Marktbeziehungen geben sie den Unternehmen und ihren motivierten Belegschaften eine Zukunftschance. Aus dieser Sicht ist es ein nicht zu unterschätzendes Ergebnis, daß bis Ende Mai 1993, d. h. in weniger als drei Jahren, mehr als fünf Sechstel des Treuhand-Bestands an Unternehmen und Unternehmensteilen an neue private Eigentümer übertragen wurden.

Die neuen Eigentümer haben mittelfristig 178,9 Milliarden Investitionen zugesagt, die zweifellos bei der dringenden Erneuerung des ostdeutschen Kapitalstocks voranhelfen. Eines ist aber sicher: Investitionen benötigen von der Planung über die Durchführung bis zur vollen Nutzung Zeit, so daß die Bedeutung zeitversetzt zutage treten wird. Gleichzeitig haben die Investoren über 1,45 Millionen Arbeitsplätze zugesichert. Diese sind das Ergebnis oftmals zäher Verhandlungen, da das Unternehmenskonzept des künftigen Eigentümers auch konkrete Personal- und Produktivitätsvorstellungen beinhaltet. Auch wenn einzelne Unternehmen, etwa aus Gründen der Konjunktur, die Erfüllung ihrer Zusagen hinauszögern mußten, hat die Gesamtheit der Investoren die Arbeitsplatz- und Investitionsverpflichtungen insgesamt deutlich überschritten. Die Treuhand hat aus der Privatisierung Erlöse von 43 Milliarden DM erzielt.

An ostdeutsche Bürger wurden unter anderem 2339 Unternehmen auf dem Wege des sogenannten Management Buy-Out (MBO) privatisiert, das heißt von den Managern oder anderen Mitarbeitern des Unternehmens selbst übernommen. Weitgehend in die Hände von Ostdeutschen übergegangen ist die Masse von 20000 Einzelhandelsgeschäften sowie der Apotheken und Buchhandlungen. Ausländische Unternehmen, an der Spitze solche aus Frankreich, der Schweiz, Großbritannien und den USA, erwarben 657 Unternehmen und Unternehmensteile. Damit verbunden sind Beschäftigungszusagen für 132227 Mitarbeiter sowie Investitionszusagen von 18 Milliarden DM.

Geschlossen bzw. von einer Liquidation betroffen waren insgesamt 2653 Unternehmen. Von ihren 303671 Arbeitsplätzen konnten 81325 erhalten werden. An Städte und Gemeinden wurden durch Zuordnungsbescheide 8 241 Objekte übertragen und 253 Betriebe kommunalisiert. Auf der Grundlage des Vermögensgesetzes konnte bei 7 487 Unternehmen oder Unternehmensteilen die Reprivatisierung abgeschlossen werden.

4. Juli 1990

Rohwedder übernimmt den Vorsitz des Verwaltungsrats

Der Ministerrat in Ost-Berlin ernennt den Vorstandsvorsitzenden der Hoesch AG, Dortmund, und früheren Staatssekretär im Bundeswirtschaftsministerium, Detlev Karsten Rohwedder, zum Vorsitzenden des Verwaltungsrats der Treuhandanstalt. Am 10. Juli 1990 holt Wolfram Krause, stellvertretender Leiter der Treuhandanstalt, Rohwedder im Berliner Grandhotel zu einem Besuch der Anstalt ab.
Am 14. Juli führen Rohwedder und Krause ein Vorgespräch für die erste Verwaltungsratssitzung am 15. Juli 1990. Die Tagesordnung enthält folgende Punkte:
– Geschäftsordnung des Verwaltungsrats,
– Bestellung des Vorstands,
– Satzung der Treuhandanstalt,
– Referat Rohwedder zum Verständnis der Treuhandanstalt im wirtschaftlichen Wandel der DDR,
– Bericht Wolfram Krause über Probleme und Aufgaben der Treuhandanstalt und den Stand ihrer Lösung,
– Tätigkeitsbericht der Treuhandanstalt.

Eine erste Belegschaftsversammlung der Treuhandanstalt findet am 14. Juli 1990 statt. Rohwedder stellt sich den Mitarbeitern vor.

Leitfaden der Treuhandanstalt für die Ausgestaltung von Sanierungskonzepten (Einleitung)

Am 15. Juli 1990 versandte der Vorstand der Treuhandanstalt an alle Vorstände der Aktiengesellschaften sowie die Geschäftsführer der GmbHs einen Leitfaden für die Ausarbeitung von Sanierungskonzepten bis spätestens September 1990. Beigelegte Formblätter mit einer Reihe von Fragen sollten eine einheitliche Beurteilung der Unternehmen ermöglichen.

Mit dem Inkrafttreten der Wirtschafts- und Währungsunion sind die Unternehmen gezwungen, sich in ihrem Leistungsprogramm, in ihrem Vertriebskonzept und in ihrer Produktivität dem westlichen Wettbewerb zu stellen. Dies ist nur mit schnell wirkenden Anpassungsmaßnahmen im Rahmen einer langfristigen, tragfähigen und realistischen Unternehmenskonzeption möglich.

Jedes Unternehmen muß sich daher die Frage stellen, mit welchen Produkten es im zukünftigen Markt wettbewerbsfähig ist, auf welche Marktsegmente es sich konzentrieren will, wie es das Produktivitätsniveau schnell verbessern kann und welche investiven und finanziellen Maßnahmen hierfür erforderlich sind.

Sowohl die Treuhandanstalt als auch die Banken werden die Ausleihung von Krediten und die Übernahme von Bürgschaften von der Einschätzung der Risiken und Chancen des Unternehmens im zukünftigen Wettbewerb abhängig machen. Hierzu ist die Vorlage eines schlüssigen und realistischen Sanierungskonzepts seitens der Unternehmen dringend erforderlich. Die Treuhandanstalt wird daher auf der Basis dieses Sanierungskonzepts und anhand allgemeiner Unternehmensinformationen die Einschätzung der Risiken und Chancen des Unternehmens vornehmen.

Der folgende Sanierungsleitfaden soll daher Hinweise und einen groben Rahmen geben, wie ein Sanierungskonzept zu gestalten ist und welche Informationen darin enthalten sein sollten. Zu ergänzen ist das Sanierungskonzept durch die Anlage einer DM-Eröffnungsbilanz.

Außerdem ist es notwendig, daß Sie uns einen Ansprechpartner für mögliche Rückfragen benennen.

20. August 1990

Rohwedder übernimmt das Amt des Präsidenten

Dr. Detlev Karsten Rohwedder übernimmt das Amt als Präsident der Treuhandanstalt. Gezielt geht er die elementaren Fragen und kritischen Erfolgsfaktoren an: den Auftrag der Treuhandanstalt, ihre Organisation und personelle Ausstattung. Der Auftrag ergibt sich unmittelbar aus dem Treuhand-Gesetz, und zwar zwingend. Zum Teil auch die Organisation, insbesondere die Aufbauorganisation. Die Ablauforganisation dagegen kann und muß von Grund auf neugestaltet werden. Der neue Präsident ist bei all seiner intellektuellen Brillanz ein handfester Pragmatiker, ein Macher bis hin zur Hemdsärmeligkeit. Schnell ist mit Hilfe von zwei Unternehmensberatungsfirmen die erste Aufbauorganisation der Treuhandanstalt zusammengestellt: mit Ausnahme der geographischen, dezentralen Ausrichtung im Bereich der 15 Niederlassungen eine rein funktional orientierte Organisation, bestehend aus
- Präsident
- Vorstand Beteiligungen
- Vorstand Finanzen
- Vorstand Niederlassungen
- Vorstand Sanierung/sektorale und regionale Strukturen
- Vorstand Abwicklung und Verwertung
- Vorstand Privatisierung
- Vorstand Personal.

Diese Organisationsform ist ein erster Ansatz, die Maschine zum Laufen zu bringen. Jedem der damals Beteiligten ist klar, daß dies nicht der geniale Wurf sein konnte, der lange Bestand haben würde. Zu unklar und unübersichtlich war die Situation, zu einzigartig der Auftrag der Treuhandanstalt. Unvergessen bleibt damaligen Mitarbeitern Rohwedders exakt auf den Punkt gebrachte Situationsanalyse: »Es kommt mir vor, als müßten wir mit einem kleinen Schäufelchen den Montblanc abtragen.«

Mitte August 1990 beschäftigt die Treuhandanstalt 430 Mitarbeiter, 180 Mitarbeiter in der Zentrale am Alexanderplatz 6 und 250 Mitarbeiter in den 15 Außenstellen, geographisch identisch mit den ehemaligen politischen Bezirksstädten.

Das Treuhand-Gesetz vom 17. Juni 1990 sieht in § 7 zwingend die Gründung von vier operativen Aktiengesellschaften mit den Branchenschwerpunkten Schwerindustrie, Investitionsgüterindustrie, Konsumgüterindustrie und Dienstleistungsindustrie vor, die die Aufgaben der Treuhandanstalt dezentral durchführen sollen. Rohwedder erkennt sehr schnell, daß bei der Etablierung dieser Gesellschaften wertvolle Zeit verstreichen würde. Er beschließt deshalb, diese Gesetzesvorschrift zu kippen – mit der Genehmigung durch den Bundeskanzler und das Kabinett.

In der letzten Augustwoche 1990 erhält Rohwedder in Bonn das Plazet. Dem schlüssigen Argument, daß mit sofortigem organisatorischen und personellen Auf- und Ausbau sowohl der Zentrale als auch der 15 Niederlassungen die operationelle Effizienz der Treuhandanstalt wesentlich schneller herzustellen sei, verschließt sich der Bundeskanzler nicht.

Nun gilt es, möglichst schnell marktwirtschaftlich erfahrene Manager für die unterschiedlichsten Funktionen und Lokationen quer durch alle Hierarchie-Ebenen zu gewinnen. Eine wichtige Vorarbeit hierzu hat Rohwedder bereits im Vorfeld als Verwaltungsratsvorsitzender eingeleitet. Schon Anfang Juli 1990 hatte er eine Personalanzeigenaktion gestartet unter dem Titel »Top-Manager für die DDR gesucht«. Die Anzeige sollte die Vorstandsmitglieder für die operativen Aktiengesellschaften der Treuhandanstalt gewinnen.

In der Senator-Lounge der Lufthansa im Flughafen Köln-Bonn kommt es am Montag der letzten Augustwoche 1990, 11 Uhr, zu einem Gespräch zwischen Rohwedder und Hermann A. Wagner, der in Personalfragen tätig werden soll und später Personaldirektor für die Treuhand-Unternehmen wird.

In Berlin wird für Wagner der 16-Stundentag die Regel, Wochenendarbeit ebenso. Im September 1990 wird die Personalabteilung förmlich überrannt von Geschäftsführern und Vorstandsmitgliedern der Treuhand-Unternehmen, als die Buschtrommel im Lande verkündet, daß die Anstalt jetzt einen Personaldirektor hat, der, mit Einzelvollmacht ausgestattet, rechtskräftige Anstellungsverträge abschließen kann. Alle jene Damen und Herren waren nur vorläufig als gesetzliche Vertreter der Kapitalgesellschaften eingesetzt, sie hatten nur vorläufige Dienstverträge, in den meisten Fällen gar keine. Der Wunsch dieser Klientel, in ein klares und verbindliches Vertragsverhältnis zu gelangen, schien verständlich, letztlich ging es um die persönliche Existenz jedes einzelnen.

Neben der täglichen Warteschlange von 10 bis 20 Geschäftsführern von morgens 7 Uhr bis abends 22 Uhr vor seinem Büro hatte Hermann A. Wagner viele strategisch wichtige Dinge gleichzeitig zu erledigen, allen voran:
– das Anwerben von hochqualifizierten, marktwirtschaftlich erfahrenen Führungskräften aller Disziplinen für die Treuhandanstalt in Zentrale und Niederlassungen (Direktoren, Niederlassungsleiter, Abteilungsleiter);
– die Erarbeitung von Personalrichtlinien sowohl für die Treuhandanstalt selbst (vom Anstellungsvertrag bis zum Vergütungssystem) als auch für die Beteiligungsunternehmen;
– das Erarbeiten von Richtlinien zur Aufsichtsratsbildung in den Treuhand-Unternehmen und deren Umsetzung.

Das Hauptproblem der Männer der ersten Stunde ist nicht so sehr die intellektuelle Durchdringung der anstehenden Probleme und deren Bewältigung durch geeignete Maßnahmen, sondern das Phänomen Masse. Wagner ist der erste westdeutsche Personaldirektor, der die erforderlichen Mitarbeiter, vom Kraftfahrer bis zum Direktor, einstellen soll, Personalvorstand, Personaldirektor der Treuhandanstalt selbst und Personaldirektor für 8000 Beteiligungsfirmen in einer Person. Als später der erste Personalvorstand der Treuhandanstalt, Dr. Alexander Koch, am 4. Oktober 1990, also einen Tag nach der Vereinigung, seine Arbeit aufnahm, wurde es für Wagner etwas leichter.

Wagners Arbeitsvertrag wird der Muster-Anstellungsvertrag für alle westdeutschen Treuhand-Mitarbeiter, vom Referenten bis zum Direktor. Bezügestruktur, Dauer des Anstellungsverhältnisses, Nebenleistungen, Arbeitszeit und alles andere, was typischerweise in einem Anstellungsvertrag geregelt ist, wird im Rahmen einer einstündigen Grundsatzdiskussion von Rohwedder und Wagner entschieden. Die einzige Genehmigung, die für den Gesamtkomplex nötig ist, war die des Ministerpräsidenten der DDR, Lothar de Maizière, bezüglich des Vergütungssystems. Rohwedder und Wagner ist von vornherein klar, daß qualifizierte Industriemanager nie und nimmer mit einem BAT-Vergütungssystem gewonnen werden können.

Am 4. Oktober stellt Frau Breuel als zuständiges Vorstandsmitglied 15 Niederlassungsleiter vor. Die Gruppenkündigung der bisherigen Leiter der Außenstellen, zum Teil politisch belastet, ist ein Vorgang, den Wagner nach seinen eigenen Worten so schnell nicht vergessen wird: kurze Ansprache, einige wenige, von Mißtrauen und Skepsis geprägte Fragen seitens der Betroffenen, und dann die Aushändigung der Entlassungsurkunden an jeden einzelnen Außenstellenleiter.

Im Rahmen der sogenannten Kanzlerrunde in Sachen Aufschwung Ost gewinnt Rohwedder bereits im September 1990 Bundeskanzler Kohl für einen Aufruf an die Top-Repräsentanten der deutschen Wirtschaft, der Treuhandanstalt umgehend hochkarätige Manager und Spezialisten aller Disziplinen leihweise zur Verfügung zu stellen. Auch an hervorragende Frauen – aus Industrie und Bankgewerbe – richtete sich der Appell. Rückblickend stellt Wagner fest, daß die temporäre Entsendung von qualifizierten Führungskräften von westdeutschen Banken und aus dem Industriebereich eine wesentliche Hilfe für die schnelle Arbeitsfähigkeit der Treuhandanstalt war.

Auch die Idee, im Osten »Ombudsmänner«, sogenannte Vertrauensbevollmächtigte, einzusetzen, kommt aus dem Bundeskanzleramt. Klaus Kinkel, damals noch Staatssekretär im Bundesjustizministerium, wird mit der Durchführung dieser Aktion beauftragt. Mitte Oktober 1990 sitzen 17 ehemalige hochrangige westdeutsche Richter bzw. Beamte aus dem Bundesjustizministerium, alle gerade frisch pensioniert und willens, für die Nation, für die Einigung Deutschlands noch einmal voll in die Speichen zu greifen, im Kanzleramt in Bonn. In vier Stunden ist alles klar.

Die Vertrauensbevollmächtigten agieren ab Ende Oktober 1990 als von der Treuhandanstalt unabhängige Institution, um objektiv und neutral sämtlichen Beschwerden und Eingaben der Bevölkerung, der Belegschaften der Unternehmen, der Betriebsräte, der Vertreter der Kommunen, der Gewerkschaften, der Abgeordneten u. a. nachzugehen.

Wird nachgewiesen, daß ein Top-Manager, häufig der frühere Generaldirektor, entweder »objektiv kompromittiert«, hauptamtlich oder als informeller Mitarbeiter mit dem ehemaligen Ministerium für Staatssicherheit (MfS, kurz Stasi) oder gar mit dem KGB verstrickt war, wird er von der Treuhandanstalt konsequent aus der Führungsposition entfernt, unabhängig von seiner fachlichen Kompetenz und vermeintlichen Unabkömmlichkeit.

Aufgrund von direkten oder indirekten Aktivitäten der 17 Vertrauensbevollmächtigten sind in zwei Jahren in enger Zusammenarbeit mit der Gauck-Behörde und der Treuhandanstalt über 600 Geschäftsführer, Vorstandsmitglieder und obere Führungskräfte, insbesondere Personalchefs (ehemalige Kaderleiter), aus ihren Positionen freiwillig ausgeschieden – auch das passierte häufig – oder durch die Treuhandanstalt bzw. den zuständigen Aufsichtsrat abberufen worden. Der Beitrag der Vertrauensbevollmächtigten zur politischen Hygiene in den neuen Bundesländern ist somit unbestritten.

Als Geschäftsführer/Vorstandsmitglieder abberufen und in aller Regel auch aus dem Anstellungsverhältnis mit dem Unternehmen entlassen wurden durch die Personaldirektion bzw. durch die zuständigen Aufsichtsratsgremien in der Zeit vom 1. September 1990 bis 31. August 1992:

- aufgrund politischer Belastung/Stasi-Verquickung 520
- wegen Untreue und sonstiger Straftatbestände 210
- wegen Übersetzung der Geschäftsführung/
des Vorstandes 850
- wegen fachlicher und/oder sozialer Inkompetenz 1 100
- wegen mangelnder Kooperation (Obstruktion)
mit dem Gesellschafter/Aufsichtsrat 180
Personen.

In den rund 2 000 Fällen können die Ausscheidenden durch marktwirtschaftlich erfahrene und in aller Regel solide qualifizierte Geschäftsführer/Vorstandsmitglieder und obere Führungskräfte ersetzt werden. Im Vordergrund steht dabei selbstverständlich das Ziel, die klassischen Managementdefizite in ostdeutschen Unternehmen zu beheben. Absolute Bedingung für das Erreichen der Wettbewerbsfähigkeit der Treuhand-Unternehmen war und ist weiterhin die Besetzung der Unternehmensfunktionsbereiche Marketing/Vertrieb, Finanzen/Controlling, Logistik/Materialwirtschaft und Personal/Recht mit kompetenten Marktwirtschaftlern.

Vom 1. Juli 1990 an wird die Rechtsordnung der Bundesrepublik Deutschland in den neuen Bundesländern wirksam. Das bedeutet die Anwendung des Betriebsverfassungsgesetzes, des Mitbestimmungsgesetzes 76 sowie des GmbH- und des Aktiengesetzes. Es gilt, möglichst schnell kompetente Manager und erfahrene Persönlichkeiten aus Wirtschaft und Politik aus dem Westen zu finden, die bereit sind, als Vorsitzende von Aufsichtsräten tätig zu werden, und zwar jeweils in einer multifunktionellen Rolle. Sie müssen nicht nur viel Zeit und Engagement für eine solche Aufgabe mitbringen, sondern auch die ihnen übertragenen Tätigkeiten mit großem Geschick, geistiger und physischer Wendigkeit erfüllen – und dies alles bei einer sehr restriktiven Bezahlung. Rohwedder ist der Auffassung, daß finanziell notleidende Unternehmen keine hohen Aufsichtsratstantiemen verkraften können. Die Bereitschaft der im Herbst 1990 für eine solche Aufgabe angesprochenen Damen und Herren, sich an das »nationale Portepée« fassen und sich moralisch in die Pflicht nehmen zu lassen, um beim Prozeß der Einigung einen wichtigen Beitrag zu leisten, ist bei erstaunlich vielen ausgeprägt stark. Die Arbeitsgruppe zum Thema Aufsichtsratsbildung nutzt dann auch im September 1990 diese ausgesprochen günstige Situation.

Es ist klar, daß bei dem Mangel an personeller Kapazität und Zeit nicht alle Anteilseignervertreter von der Arbeitsgruppe ernannt werden können. Gefunden werden kann nur der eine »richtige Kopf«, der dann die Kollegen auf der Anteilseignerseite im Aufsichtsrat selbst auswählen und den Aufsichtsrat nach den einschlägigen Gesetzen konstituieren muß. Danach hat er für eine kompetente Geschäftsführung bzw. für den Vorstand zu sorgen, der das Unternehmen unter der Beratung und Kontrolle des Aufsichtsrats in eine erfolgreiche Zukunft, sprich in die Privatisierung, führt.

Da sich Rohwedder als Präsident nicht um alle zu bildenden Aufsichtsräte kümmern kann, beauftragt er Frau Breuel – eben erst an Bord gekommen – mit dem Crash-Projekt Aufsichtsratsbildung. Die von einer Projektgruppe designierten Aufsichtsratsvorsitzenden erhielten nach deren persönlichem Einverständnis, eine solch herausfordernde Aufgabe zu übernehmen, ein kurzes Briefing und ein Paket mit Richtlinien, Mustersatzungen und Musteranstellungsverträgen. An guten Tagen erfolgten bis zu 20 solcher Verpflichtungen. In vier Monaten waren in einem Kraftakt sondergleichen sage und schreibe 455 Aufsichtsräte konstituiert.

30. August 1990

Im Zentrum des Spannungsfelds – der Leitungsausschuß

Im Zuge der Zuteilung von Liquiditätskrediten durch die Treuhandanstalt stellt sich heraus, daß die Überlebensfähigkeit der Unternehmen dringend geprüft werden muß. Ministerialdirigent Fritz Knauss vom Bundesfinanzministerium übernimmt die Initiative und gründet in Übereinstimmung mit dem Präsidenten der Treuhandanstalt Gohlke für diese Aufgabe eine Beratergruppe. Deren Koordination wird wiederum Horst Plaschna anvertraut. Die Gruppe setzt sich zusammen aus Mitarbeitern der Firmen McKinsey & Co., KPMG sowie der Treuarbeit: Es entsteht der Leitungsausschuß.

Die erste Sitzung findet am 30. August 1990 statt, in Anwesenheit der Herren Dr. Mund von der Beraterfirma McKinsey, Vogelgesang von KPMG, Kaiser von der Treuarbeit und Plaschna. Auf der Tagesordnung stehen unter anderen die Firma Pentacon Dresden und die PTC-Elektronic AG einschließlich des Halbleiterwerkes in Frankfurt/Oder. Für beide Unternehmen hat der Leitungsausschuß die Stillegung empfohlen. Das hat im Vorstand Entsetzen ausgelöst. Bei beiden Firmen handelte es sich um Traditionsunternehmen der ehemaligen DDR, wobei PTC das industrielle Rückgrat der DDR-Wirtschaft war. Rohwedder fragt Plaschna, ob der Leitungsausschuß sich im klaren darüber sei, was da vorgeschlagen werde.

So steht der Leitungsausschuß von Anfang an im Mittelpunkt eines Spannungsverhältnisses. Er ist ein unabhängiges Gremium innerhalb der Treuhandanstalt, vom Bundesministerium der Finanzen gegründet und von diesem bezahlt. In keiner Form untersteht er dem Vorstand der Treuhandanstalt. Er organisiert sich nach eigenen Kriterien völlig eigenständig in Gruppen und Branchenteams. Dabei hat er nur zu untersuchen – vor Ort und an Hand der jeweiligen Unternehmenskonzepte – und aufgrund seiner Erkenntnisse dem Vorstand Handlungen zu empfehlen, ohne selbst Anweisungen geben zu können. Der Leitungsausschuß trifft alle Empfehlungen an die Treuhandanstalt unter seinen Mitgliedern einstimmig. Das macht es anfangs schwierig, gibt aber die erforderliche Sicherheit. Die Sitzungsprotokolle müssen von jedem Mitglied unterschrieben werden. Auf dieser Basis sind die Pentacon- und PTC-Empfehlungen getroffen worden.

Der Vorstand der Treuhandanstalt beauftragt die Firma Hajek, Zürich, ein Gutachten zu den Überlebenschancen der PTC abzugeben. Das Ergebnis: Von rund 35 000 Mitarbeitern können etwa 5 000 weiterbeschäftigt werden. Dies stimmt mit der Empfehlung des Leitungsausschusses überein. Damit hat die Institution Leitungsausschuß ihre Glaubwürdigkeit bewiesen. Pentacon wird am 3. Oktober 1990 der stillen Liquidation zugeführt, PTC quält sich mit Dauerverlusten herum.

Am 16. August 1990 präsentierten der damalige Generaldirektor der VEM Antriebstechnik, Dresden, und ein weiteres Vorstandsmitglied aus dem Westen das Unternehmen bei Rainer Maria Gohlke. Sie fordern die umgehende Börsenfähigkeit des stolzen Unternehmens für Westdeutschland. Der Leitungsausschuß hält das Ansinnen für völlig verfehlt, zumal dafür gleichzeitig ein Zuschuß von rund 580 Millionen DM beantragt wird.

Im November 1990 vergrößert sich der Leitungsausschuß. Die Firma Roland Berger tritt mit ihrem Berliner Partner Karl Kraus hinzu. Die beiden Unternehmensberatungsfirmen teilen sich die Branchengruppen. Der Leitungsausschuß gewinnt eine sich verstärkende, dynamische Beschlußbasis.

In dieser Zeit entsteht ein Besprechungskreis, in dem sich die Herren Knapp, Rosentalski, Manfred Balz und Mitglieder des Leitungsausschusses aussprechen und darüber nachdenken, wie Vorgänge unbürokratisch und schnell erledigt werden können. Wichtige Persönlichkeiten erreicht man auf einem Gang durch die Flure oft leichter als per Telefon.

Die Direktorate werden gebildet, die Treuhandanstalt wächst.

Der Leitungsausschuß sieht sich mit Einwänden und Spannungen konfrontiert. Niemand will sich in seinen Bereich hineinschauen lassen, schon gar nicht von einer unabhängigen Gruppe, die nichts zu sagen hat. Auch im Vorstand kommen Meinungsverschiedenheiten über den Leitungsausschuß auf. Einige wollen ihn sich unterstellen, andere wollen ihn auflösen. Denn er war nie bequem, sagte manche Wahrheit – eine kraftvolle und homogene Institution.

Rohwedder klärt die Verhältnisse, indem er sich den Leitungsausschuß als übergreifendes Instrument selbst unterstellt. Die Geschäftsführung der McKinsey Unternehmensberatung ist allerdings der Auffassung, daß man die Beratergruppe wegen der nunmehr vorhandenen und gut funktionierenden Direktorate nicht mehr benötige. McKinsey & Co. scheidet im Januar 1991 aus dem Leitungsausschuß aus.

Von da an arbeitet der Ausschuß an seinen vielfältig gestellten Aufgaben: Er hilft bei Großprivatisierungen wie Jenoptik und den Werften, unterstützt die Direktorate.

Die engste Zusammenarbeit mit dem Vorstand der Treuhandanstalt entwickelt sich unter der Präsidentschaft von Birgit Breuel. Der Beratergruppe wird ein hohes Maß an Vertrauen entgegengebracht. Auch inoffizielle Anstöße finden Gehör. Damit entwickelt sich ein noch stärkeres Verantwortungsbewußtsein der in der Beratergruppe tätigen Männer und Frauen. Im Leitungsausschuß wird – manchmal – heftig gestritten, bevor ein Votum für den Vorstand zustande kommt. Daraus entwickeln sich im eigenen Kreis, aber auch zu verschiedenen anderen Bereichen der Treuhandanstalt sehr enge, sturmerprobte persönliche Bindungen.

Die erbrachte Leistung unter hoher persönlicher Beanspruchung wird nur möglich, weil sich Männer wie Kaiser, Kraus, Vogelgesang und Plaschna der Sache mit Haut und Haaren verschreiben. Alle leben ständig miteinander in der Sorge um die Qualität ihrer Empfehlungen. Jeder ist sich bewußt, welche Konsequenzen die Entscheidungen für die davon betroffenen Menschen haben. Jeder Irrtum hätte fatale Folgen. Dennoch muß der

Leitungsausschuß dem Vorstand manche Stillegung klipp und klar empfehlen, wenn es betriebswirtschaftlich anders nicht mehr geht. Der Gedanke, sie könnten »Schreibtischtäter« sein, bleibt ihnen fremd.

3. September 1990

Gesucht werden 30 000 Aufsichtsräte

Auf der Grundlage der Umwandlungsverordnung vom 1. März 1990 sind bis Ende Juni 1990 rund 3 600 Kombinate und Betriebe in Kapitalgesellschaften umgewandelt. Soweit die Kombinate und Betriebe von dieser freiwilligen Möglichkeit keinen Gebrauch gemacht hatten, wurden sie durch das Treuhand-Gesetz mit Wirkung vom 1. Juli 1990 in Kapitalgesellschaften umgewandelt. So wird die Treuhandanstalt, die die Anteile dieser Gesellschaften hielt, durch Gesetz mit rund 8 000 Kapitalgesellschaften zur größten »Holding« der Welt. Im normalen Wirtschaftsleben wächst ein Konzern unter der Regie der Konzernspitze nach vorgegebenen Richtlinien zusammen. Bei der Entstehung der Kapitalgesellschaften in der ehemaligen DDR gelten neben den knappen gesetzlichen Bestimmungen keine weiteren einheitlichen Regeln.

Die Satzungen, Gesellschaftsverträge und Geschäftsordnungen für Vorstände und Aufsichtsräte sind weitgehend durch die meist eingeschalteten westdeutschen Berater nach deren Erfahrungen und Wissen ausgerichtet. Hinzu treten die Probleme der Mitbestimmung in den Aufsichtsräten. Die Mitbestimmung richtete sich auch bei den auf der Grundlage der Umwandlungsverordnung vom März entstandenen Gesellschaften nicht mehr nach dieser Verordnung, sondern nach den Gesetzen der Bundesrepublik.

Um eine gewisse Ordnung zu erreichen, werden Mustersatzungen unter Berücksichtigung der verschiedenen Mitbestimmungsgesetze auf der Basis der gesetzlichen, unbedingt notwendigen Bestimmungen sowie die Unterlagen für die Statusverfahren nach §§ 97 und 98 AktG entworfen. Da es sich um hundertprozentige Tochtergesellschaften handelt, können relativ kurze Satzungen und Gesellschaftsverträge herausgegeben werden.

Besondere Bedeutung hat dabei der Katalog der Geschäfte, zu deren Vornahme die Zustimmung der Aufsichtsräte erforderlich ist. Die Aufsichtsräte, zumal die Vorsitzenden, sind zunächst meist die einzige Verbindung der Treuhand zu den einzelnen Gesellschaften, weil es keine Unternehmensverträge gibt. Den Aufsichtsratsvorsitzenden, insbesondere der großen Gesellschaften, wird weitgehend freie Hand bei der Besetzung ihrer Gremien gelassen.

Die Beratung bei den in Zusammenhang mit den Aufgaben der Aufsichtsräte bei Treuhand-Unternehmen auftretenden rechtlichen und persönlichen Problemen gehört zur Tagesarbeit in der Treuhandanstalt. Präsident Rohwedder schaltet in dieser Aufgabe den am 3. September 1990 zunächst für »wenige Wochen« nach Berlin berufenen früheren Syndikus der Hoesch AG Dortmund, Christoph Knapp, als Berater ein. Vor allem die für alle Gesellschaften festgesetzten Höchstvergütungen für die Aufsichtsräte stoßen nicht immer auf Verständnis. Mancher vergißt, daß es sich um eine nationale Aufgabe handelt und nicht um einen lukrativen Job. Probleme werfen auch die verschiedenen Mitbestimmungsgesetze auf. Durch Vereinbarungen mit den Gewerkschaften können die kritischen Fragen einvernehmlich gelöst werden.

In Zusammenarbeit mit dem Personalwesen werden Richtlinien für den Abschluß von Verträgen mit Vorständen und Geschäftsführern erlassen, wobei die Dauer der Verträge, die Höhe der Vergütungen und die Pensionszusagen eine ganz besondere Rolle spielen.

Die Besetzung der Aufsichtsräte, der Vorstände und Geschäftsführungen ist nicht nur ein Qualitäts-, sondern auch ein Mengenproblem. Bei rund 6 000 Kapitalgesellschaften, die einen Aufsichtsrat haben mußten, waren rund 30 000 Vertreter der Anteilseigner zu finden. Weil die vorhandenen Vorstände und Geschäftsführer meist keinerlei Erfahrung auf dem Gebiet des Marketing, noch weniger aber im Bilanzrecht haben, ist hier ein noch größeres Problem zu lösen.

12. September 1990

Leuna

Drei Wochen vor der Einheit, am 12. September 1990, meldet ADN (das »Neue Deutschland« druckt die Meldung ab): »Treuhand läßt Leuna leben.« Klaus-Peter Wild, Vorstandsmitglied der Treuhandanstalt und zuständig für Sanierung, widerspricht damit vorangegangenen Meldungen, wonach die Schließung der Leuna-Werke bevorstehe. »Aber wie läßt die Treuhand Leuna leben?«, fragt sich nicht nur Wild. Der Produzent von Methanol, Diesel- und Vergaserkraftstoffen, Kunstharzen, Katalysatoren, Leimen und Kunststoffen beschäftigt noch 27 000 Menschen. Die Unternehmensberatung Arthur D. Little hat ein erstes Gutachten erstellt und empfiehlt eine gründliche Umstrukturierung, gibt zugleich aber optimistische Prognosen ab, die auf Umsatzsteigerungen und Verlustabbau hoffen lassen. »Dazu erforderlich sind der Abbau von Arbeitsplätzen und westliche Kooperationspartner«, so die Wiesbadener Firma.

Ein erstes Joint-venture wird zur Vermarktung der Mineralölprodukte vereinbart: Die Leuna AG, die Deutsche BP AG und die Intrac Handelsgesellschaft mbH Berlin werden zusammenarbeiten. So wird eine Betriebsgesellschaft gegründet, die bei den Leuna-Werken eine Füllstelle für Tanklastwagen bauen und betreiben will. Das Unternehmenskonzept sieht vor, daß nicht chemietypische Bereiche ausgegliedert werden. Ein klassisches Schema also, das aber noch am 20. März 1991 zu einer Großdemonstration von 25 000 Chemiearbeitern – nicht nur aus Leuna – führt. Man demonstriert gegen Entlassungen. Das Unternehmen Linde Technische Gase übernimmt am 22. März die ehemalige Hauptabteilung Technische Gase der Leuna mit 360 Mitarbeitern. Ein Tropfen auf dem heißen Stein? Linde plant, das größte und modernste Gaszentrum zu bauen.

Am 26. März führt eine Chemie-Konferenz alle Vorstandsvorsitzenden der ostdeutschen Chemie-Unternehmen, die Bundesregierung und die Treuhand in Bonn zusammen. Die Treuhand hat einen Chemie-Lenkungsausschuß gegründet; auch der IG-Chemie-Vorsitzende Hermann Rappe ist Mitglied. Er ist optimistisch: VEBA Oel engagiert sich in Schwedt, Hoechst in Guben. Rappe hat sich von Anfang an mit seiner Organisation konstruktiv an der Umstrukturierung der chemischen Industrie Ostdeutschlands beteiligt.

Sachsen-Anhalts Wirtschaftsminister Horst Rehberger verhandelt mit dem Chemie-Lenkungsausschuß der Treuhand und dem Management von Leuna und Buna am 9. April in Magdeburg. Es geht um fast 100 000 Arbeitsplätze. Bundespräsident Richard von Weizsäcker besucht die Region. Eine erste Finanzspritze wird von der Treuhand bewilligt: Für umweltfreundliche und energiesparende Investitionen verbürgt sie einen Kredit über eine halbe Milliarde DM. Ein Arbeitsplatzabbau von noch 22 000 Mitarbeitern auf 14 000 bei Leuna und von noch 18 000 auf 8000 bei Buna ist vorgesehen.

Ende Mai, die Leuna-Werke sind 75 Jahre alt, wird die Leuna AG vom Lenkungsausschuß insgesamt als weder sanierungsfähig noch privatisierbar eingestuft. Das heißt Segmentierung: Konzentration auf das Kerngeschäft, Ausgliederung nicht betriebsnotwendiger Dienste. Die Ammoniak-Synthese, mit der am 25. Mai 1916 das Werk gegründet worden war, wird nach 75 Jahren stillgelegt; bis zum 2. Juli stehen 50 Anlagen außer Betrieb, die größten »Dreckschleudern«. Die Umweltbelastung sinkt um 50 Prozent, der Umsatz um 400 Millionen. Leuna-Vorstandsvorsitzender Jürgen Daßler nennt das ehrgeizige Ziel: »Wir wollen das zweite Halbjahr 1991 ohne Verluste abschließen.«

Treuhand-Vorstandsmitglied Wolf Klinz sieht bis zur Privatisierung noch Jahre vergehen. Eine öffentliche Diskussion über die Zahl der abzubauenden Arbeitsplätze, 8000 bis 6000, schafft Verwirrung. Am 11. Juni hören die verunsicherten Chemie-Arbeiter Bundeskanzler Helmut Kohl und Treuhand-Chefin Birgit Breuel. Es gibt ein grundsätzliches »Ja« zur Erhaltung der Chemie-Standorte.

Klaus Schucht, Vorstandsmitglied der Treuhand, ist inzwischen für die Chemie mit zuständig. Er kommt von der Ruhrkohle, wo er Sprecher im Vorstand der westfälischen Betriebsgesellschaft mit rund 50 000 Mitarbeitern war. Schucht stützt sich auf zwei umfangreiche Gutachten von McKinsey und Arthur D. Little von Ende Juni zum Chemie- und zum Mineralölkonzept in den neuen Bundesländern. Die Experten kommen zu knallharten Schlüssen: In der DDR hatte die Mineralölwirtschaft pro Kopf nur 25 Prozent der Produktivität der westdeutschen Mineralölwirtschaft. Der Gesamtstandort Leuna ist betriebswirtschaftlich nicht rentabel, nur aus volkswirtschaftlicher Sicht haltbar (in der Formulierung des Lenkungsausschusses heißt es dann, obwohl eine Anschubfinanzierung betriebswirtschaftlich nicht rentabel sei, sei sie doch kostengünstiger als eine Stillegung).

Konkrete Empfehlungen weisen den Weg: Die Raffinerie in Leuna habe beste Privatisierungschancen unter Einbeziehung der Minol, die Gesamtkosten zur Erhaltung der Standorte werden bei konsequenter Privatisierung bis Ende 1992 mit zwei Milliarden DM angegeben. Schon die Gutachten opponieren gegen den Bau einer reinen Produktpipeline nach Leuna; dagegen wird der Bau einer Rohölpipeline für notwendig erachtet.

Am 12. Juni erteilt Schucht der Investmentbank Goldman Sachs den Auftrag einer weltweiten Ausschreibung der Leuna AG. Zuvor ist auf der Grundlage eines Berichts der Arbeitsgruppe zur Bilanzfeststellung eine Vorlage für den Gesamtvorstand erstellt worden, die die Sanierungsfähigkeit von Leuna feststellt.

»Der Einfluß der Politik auf die technische Entwicklung war nirgends so verhängnisvoll wie in Leuna« – eine Stimme aus der Wissenschaft erläutert, daß schon der Bau der Ammoniakanlage 1916 unter dem Druck des Kriegsministeriums erfolgte, daß das Festhalten an der Kohlechemie und – nach einem kurzen Ausbau der Petrochemie – die Rückkehr zur Kohlechemie auf SED-Beschlüsse zurückging. Eine Warnung an die heutigen Akteure!

Schucht und seine Mannschaft, allen voran Ernst Schraufstätter, gehen Schritt für Schritt voran. Bis Jahresmitte sind 19 Unternehmen mit 1220 Arbeitsplätzen ausgegliedert, Anfang Oktober übernimmt die VA I.C.E. GmbH Duisburg den Stahlbau und die Instandhaltung; die erforderliche Konzentration auf den Chemiebereich macht Fortschritte. Und es taucht ein weiterer Protagonist in Form der EG-Kommission auf. Sie ist hilfreich, weil sie vorläufig keine Importfreigabe für Methanol und Ethylenglykol aus den Golfstaaten gibt.

Goldman Sachs hat weltweit keinen Investor für den Gesamtbetrieb in Leuna ausfindig machen können, dagegen für die Raffinerie. Der Treuhand-Vorstand stimmt einer solchen Lösung zu, und Ende Oktober zeichnet sich die Privatisierung ab. Der Aufsichtsrat in Leuna klagt über mangelnde Informationen. Inzwischen sind zahlreiche Unternehmensteile stillgelegt. 29 Unternehmensteile sind ausgegliedert und als selbständige Einheiten privatisiert, in andere Unternehmen eingegliedert oder in kommunalen Besitz überführt worden.

Der »Spiegel«, wie immer gut informiert, kann am 2. Dezember melden, daß Minol und die Raffinerie in Leuna vor dem Verkauf stehen. Zwei Konsortien seien in Konkurrenz: zum einen Thyssen, DSBK und die französische Elf Aquitaine, auf der anderen Seite BP, die ebenfalls französische Total, AGIP, Statoil und ÖMV.

Der Grundstein für die Tankwagenfüllstation wird am 6. Dezember gelegt, der Konsortialvertrag zwischen Deutscher BP, Intrac und Leuna wird ausgefüllt. Zwischen Treuhand, Leuna-Aufsichtsrat und -Vorstand sind die Beziehungen gespannt, »die Treuhand versucht, uns hineinzuregieren«, heißt es. Vorstand und Aufsichtsrat warnen vor »übereilten Entscheidungen zugunsten einer Raffinerielösung«, und der Aufsichtsrat erinnert daran, daß die Veräußerung von Betriebsteilen seiner Zustimmung bedarf. Belegschaft und Betriebsrat befürchten Personalabbau, planen Aktionen.

Nach dem Beschluß des Vorstands der Treuhandanstalt vom 16. Januar 1992, einen Vorvertrag mit dem Thyssen/Elf-Konsortium (TED-Konsortium) abzuschließen, glätten sich die Wogen. Vorstand und Aufsichtsrat der Leuna AG werden sorgfältig informiert, geben ihre Zustimmung, so auch die Arbeitnehmerseite und der Betriebsrat. Hermann Rappe faßt die Chancen, die sich aus der Zusage ergeben, eine neue Raffinerie mit einer Jahresleistung von 10 bis 12 Millionen Tonnen zu bauen und 4,3 Milliarden Mark zu investieren, so zusammen: »Das ist der Schlüssel für die Chemie.« Seit Bekanntgabe der TED-Investition gibt es tatsächlich eine deutliche Zunahme von Interessenten.

Professor Schraufstätter bestätigt am 8. Mai, sieben Firmen hätten Interesse an weiteren Aktivitäten der Leuna angemeldet: »In Buna, in der Chemie in Leuna und in Böhlen zeichnen sich Privatisierungslösungen ab.« Doch der Personalabbau und die Segmentierung in Einzelaktivitäten gehen weiter; am 26. Mai tagt der Leitungsausschuß, am 30. Mai der Verwaltungsrat. Der gibt seine Zustimmung für Großinvestitionen in Buna und Leuna, d. h. Bürgschaften von 338 Millionen DM für Buna und 292,2 Millionen für Leuna. Denn die Verluste wachsen, zurückzuführen auf die schlechte Chemie-Konjunktur und die weiter schwindenden GUS-Exporte.

Parallel laufen die Bemühungen um weitere Privatisierungen; drei bis vier Sektoren sind vorgesehen, darunter die Methanol- und Kunststofferzeugung. Die Landesregierung verweigert das Planfeststellungsverfahren für eine geplante Produktpipeline von Wilhelmshaven. Man erinnert sich, sie wäre »tödlich« für Leuna. Die 16 Autobahntankstellen der Minol, die 16 Joint-venture-Tankstellen an Fernstraßen, die von der Minol mit Aral oder BP betrieben werden, und die anderen 100 Tankstellen werden zu heiß umstrittenen Pokerobjekten.

Die festliche Vertragsunterzeichnung mit dem TED-Konsortium und anschließender Pressekonferenz am 23. Juli verzögert sich, weil die Vertragsexemplare, die zur Unterschrift vorgesehen sind, noch nicht fertig sind – man hat noch die ganze Nacht hindurch verhandelt. Loïk Le Floch Prigent, Präsident der Elf, muß sich Fragen nach dem zukünftigen Namen des Benzins gefallen lassen und natürlich Fragen nach den kartellrechtlichen Problemen der Autobahntankstellen. Die Gesamtinvestitionen werden sich auf über 6 Milliarden Mark belaufen.

Am 25. Juli sind Rappe und Schucht in Halle. Sie berichten, man führe Gespräche mit zwei europäischen Konsortien, einem unter Leitung der Iranischen National Petroleum und einem weiteren unter Leitung von Shell. Ein Hochtank-Bioreaktor und eine Großkläranlage werden in Leuna von Lurgi in Zusammenarbeit mit der Industrieanlagenbau Leipzig, einem Unternehmen der Urban GmbH & Co, gebaut.

So stellt sich Schucht die Wirkung von Investitionen vor, so wird auch der Verwaltungsrat der Treuhand, als er am 18. September dem Vertrag mit TED seine Zustimmung gibt, die Erwartung äußern, daß Aufträge an möglichst viele Unternehmen der Region gehen. Schon im Oktober gibt der Bundesfinanzminister seine Zustimmung.

Im Laufe des Sommers wird bestätigt, daß die Treuhand Eigentümerin der alten Raffinerie bleibt und teilweise deren Verluste trägt, daß die Verpflichtung des Investors zum Bau einer neuen Raffinerie besteht. Es folgt im Herbst eine virulente Pressekampagne über den EID (Erdöl-Informationsdienst) gegen den TED/Treuhand-Deal. Der Treuhand wird unter anderem vorgeworfen, sie habe den Investor ungerechtfertigt begünstigt (es wird die Summe von 4,7 Milliarden Treuhand-Mitteln genannt), er werde über die Minol-Tankstellen unzulässige Wettbewerbsvorteile genießen.

Thyssen und Treuhand stellen richtig. Die von der Treuhand vorgesehene Cracker-Stillegung in Leuna (Böhlen soll übernehmen, Shell hat Interesse an Böhlen) wird vorerst nicht vorgenommen. Kurz darauf, am 24. Oktober, scheidet Shell aus dem Interessentenkreis für Böhlen aus, die Treuhand hat das Konzept als nicht ausreichend zurückgewiesen.

Der Auftrag zum Bau der neuen Raffinerie geht an Lurgi und Technip, die Investitionssumme beträgt 4,3 Milliarden Mark. 2500 Mitarbeiter werden in der neuen Raffinerie tätig sein, auf der Baustelle von 1993 bis 1996 werden es 4000 bis 5000 sein; 2500 werden bei der Minol arbeiten, so Vogel zum EID vom 26. Oktober 1992.

Im November 1992 beschreibt Treuhand-Branchendirektor

Joachim Kaiser die Situation der Großchemie in Sachsen-Anhalt als schwierig; er nennt die anhaltende Chemie-Rezession, die Einbrüche in den traditionellen Märkten und die Verdrängung durch West-Lieferanten.

13. September 1990

Was ist das Treuhand-Vermögen wert?

Nach einem Bericht des Präsidenten der Treuhandanstalt Detlev Karsten Rohwedder vor der Volkskammer am 13. September 1990 stellen ihm die Volkskammer-Abgeordneten Wolfgang Ullmann (Bündnis 90/Grüne) und Klaus Steinitz (PDS) die Frage, ob und gegebenenfalls wann Bürger der DDR als Ausgleich für ihre im Verhältnis 1:2 abgewerteten Sparguthaben Anteilscheine am volkseigenen Vermögen erhalten. Rohwedder antwortet, er sehe dies für absehbare Zeit überhaupt nicht: »Ich glaube, daß die Beanspruchungen der Treuhandanstalt möglicherweise größer sind als die Mittel, die ihr durch Privatisierung und Verkäufe zur Verfügung stehen.«

In seiner Antwort vor der Volkskammer bezieht sich der Präsident der Treuhandanstalt auf den Staatsvertrag vom 18. Mai 1990 über die Schaffung einer Währungs-, Wirtschafts- und Sozialunion. Dort sei nicht von ungefähr die Ausgabe von verbrieften Anteilsrechten am volkseigenen Vermögen erst an dritter Stelle nach der »vorrangigen Nutzung« für die Strukturanpassung der Wirtschaft und die Sanierung des Staatshaushalts der DDR vorgesehen. Ein entsprechender Hinweis ist auch in den Einigungsvertrag vom 31. August 1991 übernommen worden. Er glaube, fügt Rohwedder hinzu, daß es damit leider noch lange dauern werde.

Am 22. Oktober 1990 äußert sich Rohwedder bei einem Vortrag vor der Österreichischen Bundeswirtschaftskammer in Wien zu den mehr als 8500 Unternehmen der ehemaligen DDR-Wirtschaft: »Das Ganze ist etwa 600 Milliarden Mark wert.« Diese Zahl ist nicht durch neue Einzelbewertungen oder gar DM-Eröffnungsbilanzen belegt. Damit soll einfach gesagt werden, daß sich Investitionen in Ostdeutschland lohnen, da hier »Werte« im Anlagevermögen liegen. Damit wird hervorgehoben, daß am Wechsel von der Plan- in die Marktwirtschaft nicht nur die westdeutschen Unternehmen, sondern alle europäischen Staaten mitwirken sollen. Es sei ein wichtiger Grundsatz für die Privatisierung von Unternehmen, daß es gleiche Chancen für deutsche und ausländische Interessenten gibt.

Für Wolfram Krause, zu dieser Zeit Finanzvorstand der Treuhandanstalt, stellte Rohwedders Äußerung vor der Volkskammer am 13. September 1990 schon damals eine realistische Einschätzung der Lage dar. Der Präsident der Anstalt habe nicht daran gezweifelt, daß dem Substanzwert der Unternehmen hohe Schulden und Verpflichtungen gegenüberstanden. Mit seiner Wiener Rede habe sich Rohwedder an mögliche Investoren gewandt. Dabei habe er auf eine Zahl zurückgegriffen, die aufgrund der Abschlußbilanzen der von der Treuhandanstalt übernommenen Unternehmen zum 31. Dezember 1989 durch die DDR-Zentralverwaltung für Statistik in Mark der DDR erfaßt und anschließend mittels grober Hilfsrechnungen und angenommener »Umrechnungskoeffizienten« in DM ausgedrückt wurde, ohne die »Passivseite« der Unternehmensbilanzen exakt berechnet zu haben. Angesichts der Unzulänglichkeiten der DDR-Bilanzen fehlte eine wirkliche Vergleichbarkeit mit einer handelsrechtlichen Bewertung.

Über den Wert des Volkseigentums der DDR gibt es aus der Gründungszeit der Treuhandanstalt durch die Regierung Modrow am 1. März 1990 und danach sehr unterschiedliche Schätzungen. Der damalige Ministerpräsident nannte 1990 einen Wert des Volksvermögens von 1,6 Billionen Mark der DDR.

Die Wirtschaftsministerin der Regierung Modrow, Christa Luft, erwähnt eine Aussage von Mitarbeitern des DDR-Finanzministeriums am 6. Juni 1990 im Haushaltsausschuß der Volkskammer. Danach betrage der Vermögenswert der von der Treuhandanstalt betreuten Unternehmen eine Billion Mark der DDR. Der Substanzwert am Markt werde voraussichtlich um 30 bis 40 Prozent geringer sein. Am 23. Mai 1991 schließlich veröffentlichen Christa Luft und Eugen Faude gemeinsam eine Analyse des ehemaligen Staatsvermögens der DDR. Sie kommt zu einem

DM-Wert von 1,365 Billionen, allerdings unter Einbeziehung von Wohnungen, Grund und Boden, Verkehr, Post, Bildungs-, Gesundheits- und Sozialwesen sowie Werten des Militärs und staatlicher Behörden.

Bei der Vorlage des THA-Jahresplans am 30. September 1992 verweist Finanzvorstand Dr. Heinrich Hornef auf die erforderliche Steigerung der Ausgaben für Sanierung und Umstrukturierung der Unternehmen auf 11,7 Milliarden DM. Hornef war über zehn Jahre Geschäftsführer für Finanzen der Boehringer Mannheim GmbH. Nun wird pro Unternehmen mehr Geld zur Verfügung gestellt als 1992. Die Zinsaufwendungen steigen auf einen Anteil von 38 Prozent an den THA-Ausgaben.

Am 15. Oktober 1992 wird die Gesamteröffnungsbilanz für die der Treuhandanstalt übertragenen rund 8500 Unternehmen und sonstiges Vermögen zum Stichtag des 1. Juli 1990 vorgelegt. Sie weist als Summe des Anlage- und Umlaufvermögens Aktiva von rund 260 Milliarden DM aus. Dem steht eine Belastung auf der Passivseite von 520 Milliarden DM gegenüber, darunter rund 320 Milliarden DM an Rückstellungen und etwa 160 Milliarden DM an Verbindlichkeiten.

Der Anteilsbesitz der Treuhandanstalt, der in ihrer Eröffnungsbilanz zum 1. Juli 1990 ausgewiesen ist, beträgt 81 Milliarden DM, wird aber um das Vierfache durch Lasten, Verluste und Risiken übertroffen, die in Erfüllung des gesetzlichen Auftrags von der Treuhandanstalt übernommen werden müssen. So erfordern Rückstellungen für die Neustrukturierung der Unternehmen allein 215 Milliarden DM.

Bundesfinanzminister Theo Waigel stellt dazu fest, die für die Bundesregierung beim Abschluß des Einigungsvertrags nicht nachprüfbare Einschätzung der Werthaltigkeit des volkseigenen Vermögens habe sich »endgültig und für jedermann sichtbar« nicht bestätigt. Anstelle anfangs erwarteter Überschüsse weise die Eröffnungsbilanz ein hohes Defizit aus.

Aus der Rede von Dr. Detlev Karsten Rohwedder, Präsident der Treuhandanstalt, vor der Volkskammer am 13. September 1990

Herr Präsident! Meine Damen und Herren! Ich bedanke mich für die Möglichkeit, Ihnen hier in aller Kürze einen ersten Bericht über die Arbeit der Treuhandanstalt zu geben, die sich, wie Sie aus der Lektüre der heutigen Tageszeitungen entnehmen können, zunehmend so darstellt, daß sich der Umbruch in der DDR hier deutlich widerspiegelt. Wir sind nicht auf einer Insel, sondern wir sind auch im Zentrum dieser Veränderungen.

Wir haben der Wirtschaft im August und September Liquiditätskredite zur Verfügung gestellt, die im September jetzt schon der Höhe nach abnehmen. Ich kann Ihnen hier berichten, daß der Geldfluß in der Wirtschaft der DDR allmählich in Gang kommt. Die reinen Liquiditätsprobleme können bei einem großen Teil der Unternehmen als überwunden angesehen werden. Bei den meisten der 5350 Unternehmen, die in diesem Monat Kreditanträge gestellt haben, handelt es sich im wesentlichen nicht nur um reine Liquiditätskredite, sondern vor allem um Rentabilitätskredite.

Mein zweiter Punkt, Privatisierungsfortschritte: Es gibt eine größere Zahl von abgeschlossenen Privatisierungsvorhaben, zumeist allerdings kleinerer, weil einfacher Art. Aber die Pipeline, wie wir sagen, ist voll, und das Interesse des Auslands und auch westdeutscher Unternehmer an Übernahmen, an Partnerschaften, an Beteiligungen ist groß. Das wird sicherlich noch einige Monate so sein. Allerdings müssen wir damit rechnen, daß irgendwann im nächsten Jahr sich das Blatt wendet und daß die Treuhandanstalt von einer Verkäufersituation dann in eine Anbietersituation hineinkommt. Das heißt, wir müssen uns dann darum bemühen, die Unternehmen national und international anzubieten und sie natürlich auch anzusanieren und kaufzierlich zu machen.

Die Privatisierung, meine Damen und Herren, geht nicht so schnell vonstatten, wie sich das der eine oder andere vorstellt. Es ist gar keine Standardisierung möglich. Natürlich bemühen wir uns um gewisse Rahmen, in denen wir dieses sich abspielen lassen, aber letztlich ist es jedes Mal ein Einzelfall, und die Parteien gehen sehr sorgsam mit dem Geld um, das sie haben . . .

Ich möchte zu diesen Privatisierungen hinzufügen, meine Damen und Herren, daß die Treuhandanstalt auf diesem Gebiet einen ziemlich holprigen Start gehabt hat. Das lag daran, daß Sachkunde und Professionalität in der Anstalt zunächst einmal noch nicht vorhanden waren und jetzt allmählich sich aufbauen und daß wir in dem einen oder anderen Fall zu kämpfen haben mit rechtlichen Schwierigkeiten aus der Übergangszeit vom alten Recht zum neuen Recht auf der Basis des Treuhandgesetzes . . .

Mein dritter Punkt, meine Damen und Herren. Wie steht es mit der Entflechtung der ehemaligen volkseigenen Kombinate und Betriebe? Ich trage vor, daß von den rund 8000 ehemals volkseigenen Betrieben rund 7000 selbständige Kapitalgesellschaften geworden sind. Nur rund 1100 der ehemaligen volkseigenen Kombinate sind auch als Kapitalgesellschaften in einer AG bzw. GmbH Holding vertreten.

Aber auch jedes dieser Unternehmen hat das Recht, sich aus dem Verbund herauszulösen. Von den ehemals 316 Kombinaten haben sich nach Umwandlung in Kapitalgesellschaften 84 als Konzerne oder als Holdings gebildet. 232 frühere Kombinate wurden aufgelöst und ihre Betriebe selbständige Kapitalgesellschaften. Aus jedem vierten volkseigenen Betrieb haben sich zwei noch mehr Kapitalgesellschaften gebildet. Im Durchschnitt aller Betriebe sind aus 100 ehemaligen volkseigenen Betrieben 122 Kapitalgesellschaften entstanden.

Im Ergebnis der Umwandlung der volkseigenen Betriebe in Kapitalgesellschaften bestehen nunmehr über 3600 klein- und mittelständische Unternehmen mit weniger als 250 Beschäftigten, und das sind rund 40 Prozent aller Firmen mit Treuhandbeteiligung. Ich komme auf diesen Zusammenhang in ein paar Minuten noch einmal zurück.

Vierter Punkt: Sanierung – unser gesetzlicher Auftrag. In den vergangenen Monaten bewegte viele immer wieder die Frage, wieviel Unternehmen liquide, wieviel sanierungsfähig oder wie viele konkursverdächtig sind. Tatsächlich ist die Antwort darauf sowohl für jedes Unternehmen notwendig wie auch für eine Bewertung sektoraler und regionaler Entwicklung. Es hat sich immer mehr erwiesen, wie recht alle gehabt haben, die den verschiedenen Prozentrechnungen wenig Glauben schenkten und eine Wertung von unternehmensbezogenen Konzepten unter Vorlage einer zumindest ersten DM-Eröffnungsbilanz abhängig machten.

Sowohl die Treuhandanstalt als auch die Banken werden die Ausreichung von Sanierungsmitteln von der Einschätzung der Risiken und Chancen des Unternehmens im zukünftigen Wettbewerb abhängig machen. Hierzu ist die Vorlage eines schlüssigen und realistischen Sanierungskonzepts seitens der Unternehmen dringend erforderlich. Wir haben dazu allen Unternehmen einen Leitfaden zur Ausgestaltung von Sanierungskonzepten gegeben. In diesen Tagen geht im übrigen eine sehr umfangreiche Anleitung an alle Kapitalgesellschaften heraus, die ihnen eine Handreichung gibt zur Errichtung ihrer Organe, ihrer Vorstände, der Mitbestimmungsregime. Das alles ist relativ kompliziert, aber ich denke, daß wir binnen kurzem dort Klarheit, Transparenz und eine korrekte Zusammensetzung haben.

Die Treuhandanstalt wird auf der Basis dieses eben genannten Sanierungskonzepts, dieser Leitlinie, und anhand allgemeiner Unternehmensinformation die Einschätzung der Risiken und Chancen des Unternehmens vornehmen. Ich möchte betonen, daß wir dort mit einer behutsamen Konsequenz zu Werke gehen und nicht vorschnell, eilig und unbedacht Unternehmen in die Stillegung hineingeben. Es gibt ein eingespieltes Team von Wirtschaftsprüfern, es gibt allgemeine Beurteilungskriterien, es gibt Regelwerke, und das Ganze fängt an, Wirkung zu zeigen.

Zum Thema Stillegung, meine Damen und Herren: Es gibt angeblich eine Liste von 300 Unternehmen, von denen die Treuhandanstalt angeblich meint, daß sie nicht lebensfähig seien. Ich kann diese Liste hier vor Ihnen nicht bestätigen. Wir haben eine Reihe von Fällen – 144 – bisher untersucht und werden daran weiter arbeiten. Was besonders wichtig ist bei den Stillegungen, meine Damen und Herren, ist das: Wenn ein großer Fall tatsächlich nicht mehr fortgeführt werden kann und die Situation eintritt, daß wir dann eine örtliche Organisation zur Verfügung haben der Kammern, der Arbeitsverwaltung, der Kommunen, was das Vorziehen von Investitionen angeht, was das Zurverfügungstellen von Grundstücken angeht. Wir müssen einen Plan und eine Vorstellung haben, was mit den Lehrlingen geschieht. Das heißt also, es muß ein Umfeld geschaffen werden in einer Region, wo ein großes Unternehmen nicht weitergeführt werden kann, das als Ansprechpartner zur Verfügung steht für die Arbeitnehmer, die ihren Arbeitsplatz verlieren.

Ich möchte eine nächste Bemerkung machen, meine Damen und Herren, zur Geschäftspolitik der Treuhandanstalt. Die Treuhandanstalt ist kein Basar, in dem das höchste Angebot über den Kauf entscheidet und sonst nichts. Wir sind verpflichtet, einen möglichst hohen Erlös für das uns anvertraute Gut zu erzielen, aber das kann nicht der alleinige und einzige Maßstab sein.

Nach Auffassung meiner Kollegen und von mir selbst ist es wichtig, daß in der Arbeit der Treuhandanstalt sich auch so etwas verwirklicht wie der Versuch, Wettbewerbsstrukturen, marktwirtschaftliche Strukturen zu schaffen, mit denen die Treuhandanstalt sich auch noch in zehn und zwanzig Jahren sehen lassen kann. Es muß eine Mittelstandspolitik gemacht werden. Und es geht nicht darum, nun sehr schnell staatliche Monopole durch marktbeherrschende Unternehmen von außerhalb der DDR zu ersetzen. Das ist ein Punkt.

Der zweite Punkt ist, daß wir aufs äußerste bemüht sind um ein möglichst hohes, ein sehr hohes Maß an Transparenz unserer Arbeit. Wir wollen, daß nachvollziehbar ist, was wir tun. Und das ist vor allen Dingen deshalb wichtig, weil natürlich in vielen Fällen, wo sich mehrere um ein Objekt, um eine Gesellschaft, ein früheres Kombinat bemühen, immer nur einer durch das Ziel gehen kann und danach gefragt wird, wie es sich zugetragen hat. Auch das hängt uns ja aus der Anfangszeit der Treuhandanstalt an.

Und diese Transparenz ist besonders wichtig im Hinblick auf den dritten Gesichtspunkt unserer Arbeit, die Internationalität. Ich glaube, daß wir gegenüber dem Ausland, gegenüber der Europäischen Kommission verpflichtet sind, auf eine Durchsichtigkeit und Nachvollziehbarkeit unserer Arbeit besonderen Wert zu legen. Und ich möchte hier auch noch einmal betonen, wie sehr es uns darauf ankommt, daß auch ausländische Investoren hier in der DDR investieren, sich niederlassen und Arbeitsplätze schaffen.

Die Objektivität unserer Arbeit steht ganz obenan, und meine Kollegen und ich selbst – das möchte ich hier auch einmal sagen – sind über jeden Verdacht erhaben, daß wir in irgendeiner Weise uns affine Interessen in die Arbeit der Treuhandanstalt einbringen. Das gilt für mich, der ich ja auch noch einen bürgerlichen Beruf nebenbei habe und eine Firma, der ich angehöre, und das gilt auch für meine Kollegen. Und wir sind in diesem Punkt ein bißchen empfindlich. Aber ich möchte Ihnen hier versichern, daß Motive anderer Art als die, wie sie sich aus den Aufgaben, die uns aufgetragen sind, ergeben, uns vollkommen fremd sind.

Ein Wort zur Organisation jetzt, zur Treuhandanstalt. Meine Damen und Herren, die Organisation am Alexanderplatz schreitet fort. Es gibt mittlerweile neun Vorstandsressorts, die überwiegend besetzt sind. Ich nehme an, daß alle Besetzungen spätestens am Dienstag erfolgen. Und damit ist die Organisation der Zentrale vorläufig abgeschlossen.

Ein zweiter Punkt ist die bisher noch nicht vollzogene Gründung der Treuhand-Aktiengesellschaften, die uns das Treuhand-Gesetz aufgegeben hat. Rundheraus gesagt, meine Damen und Herren: Ich habe diesen Gedanken eingeführt, Abstand zu nehmen – jedenfalls zunächst einmal – von der Bildung dieser Treuhand-Aktiengesellschaften, weil mir klargeworden ist, daß die Entwicklung in der DDR darüber hinweggegangen ist. Wir hätten nach meiner Auffassung einen Fehler gemacht, wenn wir uns jetzt daran begeben hätten, diese Treuhand-Aktiengesellschaften in den kommenden Ländern der DDR zu gründen; denn die ersten Sitzungen des Verwaltungsrates, Herr Dr. Steinecke, haben ja gezeigt, wie groß die Fülle der Abgrenzungsschwierigkeiten zwischen Treuhandanstalt und Treuhand-Aktiengesellschaften war, welche Koordinierungsschwierigkeiten auf uns zugekommen wären und wie unendlich schwer es geworden wäre, diese sehr, sehr großen Treuhand-Aktiengesellschaften personell zu besetzen. Ich bin also der Überzeugung, daß wir mit dem Aufbau dieser vorgesehenen Aktiengesellschaften Monate gebraucht hätten, die uns von der eigentlichen Arbeit, unserer eigentlichen Aufgabe, abgezogen hätten. Und ich bekenne mich also zu der Nichterfüllung des Gesetzes und vertraue mich Ihrer Weisheit an, wie dieses Problem rektifiziert, korrigiert und in Ordnung gebracht werden kann.

Ich habe neulich etwas lax gesagt: Erst kommt das Leben und dann die Paragraphen. Ich entschuldige mich vor dem Gesetzgeber für dieses Wort, aber es ist vielleicht nicht ganz falsch. Jedenfalls ermöglicht es uns, nun im Interesse der Betriebe und der Arbeitnehmer in der DDR so schnell wie möglich voranzugehen.

(Beifall bei CDU/DA und DSU)

Meine Damen und Herren, vor diesem Hintergrund wird natürlich die Errichtung der Außenstellen der Treuhand ganz besonders wichtig. Wir wollen ja nicht im Elfenbeinturm sitzen, sondern wir wollen in einer vernünftigen regionalen Vorortverantwortung unsere Arbeit tun. Und das bedeutet, daß wir die Außenstellen – oder, wie wir gern in Anlehnung an Großbankjargon sagen: die Niederlassungen – sehr pflegen, ausbauen, durchpusten, uns angucken, prüfen, personell neu besetzen und aus diesen Außenstellen wirklich vor Ort das machen, was die Wirtschaft erwartet.

Es ist so, daß jede dieser Außenstellen etwa 250 oder 300 kleine oder mittelständische Betriebe führen wird. Das wird ihnen anvertraut werden. Sie werden einen Entscheidungsrahmen haben; sie werden also etwa arbeiten wie Filialen einer westdeutschen Großbank, innerhalb eines Kompetenzrahmens also, und sie werden zu privatisieren und zu liquidieren haben, wo es nötig ist. Sie werden mitzuwirken haben bei der Reprivatisierung der 72er Betriebe. Sie haben Kontakt zu halten und effizient zu sein im Kontakt mit den Kommunen. Sie werden die Möglichkeit haben, Kredite und Bürgschaften bis zu einer festgelegten Größenordnung eigenständig auszureichen. Sie brauchen also nicht jedesmal in Berlin anzufragen, also volle Ausschöpfung eines Kompetenzrahmens. Sie werden eine bedeutende Rolle spielen bei der Verwertung von nicht mehr betrieblich genutzten Immobilien oder Mobilien und Gewerberäumen, möglichst im Rahmen von Industrie- und Gewerbsansiedlungen. Es wird im übrigen ein Vorstandsressort allein für die Betreuung dieser Niederlassungen geben.

Wir möchten gern durch die Außenstellen, durch die Niederlassungen bei der Konzipierung und Initiierung von lokalen und regionalen Wirtschaftsförderungsprogrammen mitwirken. Wir möchten eine Rolle spielen können bei Industrieansiedlungskonzepten. Das und anderes mehr soll also nun in die wesentlich veränderten, verstärkten, personell nach Möglichkeit erstklassig ausgestatteten Niederlassungen gelegt werden. Und wir glauben, daß wir mit dieser Dualität einer starken, sich zentral verstehenden Hauptverwaltung hier am Alexanderplatz und über diese Treuhand-Niederlassungen das Instrument haben, mit dem wir am besten unseren gesetzlichen Auftrag erfüllen können.

Meine Schlußbemerkung, meine Damen und Herren: Ich möchte Ihnen die Versicherung geben, daß in der Treuhandanstalt von allen Damen und Herren, die dort arbeiten, auf das härteste Leistung erbracht wird. Es ist eine Aufgabe von nahezu furchterregender Dimension. Ich habe hier jetzt nur von den Industrieunternehmen, von den gewerblichen Unternehmen gesprochen, die uns anvertraut sind. Es kommen ja andere Vermögenskomplexe hinzu, wie Sie wissen, die auch geführt, privatisiert und einer vernünftigen Verwendung zugeführt werden müssen. Und nun ist es natürlich billig oder, besser gesagt, unbillig, der Treuhandanstalt Verantwortung für alles zuzuschieben, was nicht klappt in den Betrieben oder was es an Ungereimtheiten gibt in der Wirtschaftspolitik, in der Finanzpolitik, in der Strukturpolitik, in allem, was noch nicht zusammengefügt und noch nicht stimmig ist.

Aber ich möchte Ihnen die Versicherung geben, daß die Treuhandanstalt in vollem Aufbau ist. Es geht natürlich immer langsamer, als man hofft, aber es kommen jeden Tag neue, tüchtige Leute zu uns, die für diese Aufgabe begeistert und engagiert sind...

2. Oktober 1990

Im Brennpunkt: Pentacon, erste Liquidation der Treuhand

Die im zweijährigen Rhythmus stattfindende Weltmesse des Bildes, die »photokina« '90, ist gerade in Köln eröffnet. Die Pentacon Dresden GmbH beteiligt sich mit ihrer »Practica« an der Messe, und mitten hinein platzt die Meldung der Treuhand: Der Vorstand der Treuhand hat die Liquidation von Pentacon beschlossen. Was war geschehen, was hat zu dieser Entscheidung geführt?

Die Treuhand veranlaßt nach eingehenden Prüfungen am 2. Oktober 1990 die Einstellung der Kameraproduktion bei Pentacon. Stillegungspläne für das Unternehmen und eine sozial verträgliche Lösung für die 5700 Arbeitnehmer müssen erarbeitet werden. Gleichzeitig erhält die Geschäftsführung den Auftrag, Vorschläge auszuarbeiten, ob und wie ein Kern des vorhandenen technischen und personellen Potentials anderweitig industriell genutzt werden kann.

1989 produzierte das Unternehmen 290 000 Kameras; 225 000 davon wurden gegen Devisen auf dem Weltmarkt verkauft. Fünf Prozent des Umsatzes gingen in die Alt-Bundesländer, der Anteil des Unternehmens am Kamera-Weltmarkt betrug 10 Prozent.

Zum Zeitpunkt der Entscheidung arbeiten bereits 80 Prozent der Mitarbeiter bei Pentacon kurz. Es ist übrigens die erste Entscheidung der noch jungen Treuhand zur Schließung eines Betriebs. Pentacon wird damit auch für die Treuhand zum »Modellfall« für weitere Liquidationen und vor allem für den Beginn, für das Greifen von arbeitsmarktpolitischen Maßnahmen in den neuen Bundesländern.

Drei Monate lang hat eine Arbeitsgruppe die betriebswirtschaftliche Situation, das betriebswirtschaftliche Fundament, auf dem das Unternehmen ruht, analysiert. Der Arbeitsgruppe gehören Vertreter der Treuhand, der Belegschaft, der Arbeitsverwaltung der Stadt Dresden, der künftigen Landesregierung Sachsen sowie Unternehmensberater aus München an. Chancen und Wettbewerbsfähigkeit der Kamera auf dem nationalen, vor allem aber auf dem internationalen Markt werden in umfangreichen Recherchen geprüft. Das Ergebnis ist niederschmetternd: Eine kostendeckende Produktion und Vermarktung ist gegenüber der überwältigenden Konkurrenz vor allem aus Ostasien auch nach längerer Zeit und bei Einsatz erheblicher Mittel nicht möglich.

Die Erlöse aus den Kameraverkäufen decken bei weitem nicht die Herstellungskosten. 1000 DM Aufwand stehen einem Verkaufspreis von etwa 200 DM gegenüber. Diese hohen Kosten ergeben sich unter anderem aus der Fertigungstiefe von 90 Prozent aller Bestände der Apparate. In 17 Fertigungsstätten werden Kameras produziert. Hinzu kommen 41 Lager und Verwaltungsgebäude. Die Betriebsstätten liegen mitunter Hunderte von Kilometern auseinander. Lange Transportwege sind teuer. Eine solche Zersplitterung verkraftet auf Dauer kein Unternehmen.

Doch die Geschäftsleitung und die Mitarbeiter des Unternehmens geben so schnell nicht auf. Sie unterbreiten der Treuhand den Vorschlag, mit einer Kernbelegschaft von rund 1000 Mitarbeitern eine völlig neue Kamera der mittleren Preisklasse zu entwickeln, zu produzieren und zu vermarkten. Aber diese Idee bleibt im Herbst 1990 eine Idee. Die Marktchancen auch für dieses Produkt, das noch nicht einmal der Entwicklungsphase entschlüpft ist, sind zu gering. Kosten und Risiken, so errechnen neutrale Unternehmensberater, seien für die Projektrealisierung zu groß.

30. November 1990

Umschulungsprojekt Pentacon –
der erste Schritt in Richtung einer ABS,

Alexander Koch, zuständiger Personalvorstand der Treuhand, startet gemeinsam mit dem Ministerpräsidenten des Landes Sachsen, Kurt Biedenkopf, und dem Präsidenten der Bundesanstalt für Arbeit, Heinrich Franke, auf einer Pressekonferenz in Berlin den »Vorläufer« der späteren ABS, das erste regionale »Qualifizierungszentrum Pentacon«. Ziel dieser Modelleinrichtung ist es, für die Arbeitnehmer der Pentacon-Werke neue berufliche Perspektiven zu eröffnen.

Bundesanstalt für Arbeit, Unternehmer, Bildungsträger aus der westlichen Hälfte Deutschlands und die Treuhand schaffen damit die Voraussetzungen, daß die Pentacon-Arbeitnehmer sich in vertrauter Umgebung ihres Betriebs bedarfsgerecht qualifizieren können. 45 Millionen DM stellt die Bundesanstalt für Arbeit für das Pilotprojekt bereit. Weitere 10 Millionen DM sind notwendig für die Einrichtung und Ausstattung der Schulungsräume. 2300 Ausbildungsplätze stehen den Arbeitnehmern zur Verfügung. Durch einen revolvierenden Ausbildungsplan erhalten nahezu 6000 Arbeitnehmer ein umfassendes Beratungs- und Qualifizierungsangebot. Das Ausbildungszentrum wird als überbetriebliche Lehrwerkstatt für 500 junge Leute, die sich in der Berufsausbildung befinden, erhalten.

Einer Vision des Ministerpräsidenten Biedenkopf – Brücken bauen für die Zeit, in der alle Arbeitsplätze schneller zusammenbrechen als neue entstehen – wird damit Leben eingehaucht. Und die Treuhandanstalt will das Bildungsmodell auch bei anderen »Brennpunkten«, wie in Eisenach oder in Zwickau, anwenden.

Zur Realisierung des Vorhabens gründet die Treuhandanstalt eigens die Projekt-Management-Gesellschaft. Sie soll als Koordinator alle für den Arbeitsmarkt und die Sozialpolitik verantwortlichen Einrichtungen unterstützen, sich abzeichnende Arbeitslosigkeit in den einzelnen Regionen und die sich daraus ergebenden Probleme für die Weiterbildung und Umschulung erkennen und geeignete Maßnahmen ergreifen. 2810 Arbeitnehmer nehmen an vierwöchigen Orientierungsseminaren teil. Anschließend, am 31. August 1991, gehen von diesen Arbeitnehmern 1380 in Maßnahmen der Fortbildung und Schulung über.

Ein Liquidator beginnt den Turn around bei Pentacon

Am 2. Oktober 1990 wird Jobst Wellensiek, Rechtsanwalt aus Heidelberg, als Liquidator bei Pentacon bestellt. Sein Credo ist nicht das »Plattmachen«, das »Hinterlassen einer industriellen Wüste«. Ziel der Treuhand und damit sein Ziel ist, einen neuen Investor für das zarte Pflänzchen »Kameraproduktion« zu finden und darüber hinaus auf dem Gelände neue mittelständische Unternehmen anzusiedeln. Folgende Maßnahmen werden von Wellensiek festgelegt:

- geordnete Fortführung des auslaufenden Produktionsbetriebes zur Erfüllung des vorliegenden Auftragsbestandes, damit Schadensersatzansprüche wegen Nichterfüllung von Verträgen vermieden werden;
- Verarbeitung der noch vorhandenen Vorräte zur Vermeidung der Zerschlagung wirtschaftlicher Werte; 62 545 Kameras, 18 Mikrofilmaufnahmekameras werden unter Einhaltung der Qualitätsstandards noch bis Januar 1991 gefertigt;
- Klärung der Frage, ob und inwieweit das Unternehmen zumindest in Teilbereichen im Wege der Ausgliederung erhalten bzw. übertragen werden kann. Neben der Kameraproduktion existierten ein Betriebsteil Röntgenfilmentwicklung in Berlin, Mikrofilmtechnik, Werkzeugbau, Automatendreherei, Sandgießerei sowie Präzisionsgerätebau. Betriebsteile gab es auch in Cottbus und Liebstadt;
- Abschluß eines Sozialplans, Erarbeitung von Modellen für die sozial verträgliche Gestaltung des Personalabbaus;

– Organisation und Durchführung von Qualifizierungs-, Umschulungs- und Betreuungsmaßnahmen für Mitarbeiter.

Die Zahl der Mitarbeiter der Pentacon GmbH schrumpft:

30. Juni 1990	5456
31. Dezember 1990	4112
30. Juni 1991	3331
1. Juli 1991	232
31. März 1992	99
30. Juni 1992	66

Entsprechend dem Auftrag der Treuhand, zu überprüfen, ob und inwieweit ein Kern des vorhandenen technologischen und personellen Potentials anderweitig industriell genutzt werden kann, führt Wellensiek ständig Verhandlungen. Sein Sozius, Rechtsanwalt Gordon Rapp, steht ihm dabei zur Seite. Bald steht fest: Die Übernahme des Unternehmens als Ganzes durch einen Investor wird es nicht geben. Berechnungen zeigen, daß eine kostendeckende Kameraproduktion in den vorhandenen, wenn auch abgespeckten Strukturen und mit den vorliegenden Produkten nicht möglich ist. Die Verhandlungen werden in zwei Richtungen geführt: Suche nach einem Übernehmer für den Kamerakernbereich und Suche nach Käufern von Betriebsteilen, die eine Chance haben, als eigenständige Unternehmen fortbestehen zu können. Nach monatelangem Suchen hat Wellensiek seinen »kleinen weißen Elefanten« – wie er den Übernehmer für den Kamerakernbereich zu bezeichnen pflegt – gefunden: Mit Heinrich Mandermann, Nestor der deutschen Fotoindustrie, Eigentümer der Beroflex AG, Berlin, Inhaber der Rollei, Schneider Optische Werke Bad Kreuznach, ist ein Interessent gefunden, der den Kamerakernbereich fortführen will. Am 23. November 1990 unterzeichnet er mit der Treuhandanstalt einen Letter of Intent. Im März 1991 übernimmt Mandermann den modernsten, erst 1988 in Betrieb genommenen Teil der Kamerawerke in Dresden.

Mandermanns Konzept überzeugt Wellensiek. Es garantiert im Kern die Fortführung der über 150jährigen Kameratradition. Es sieht vor:

– bis Sommer 1991 die Produktion von fotografisch-wissenschaftlichen Geräten aufzunehmen und
– ab 1993 die Aufnahme einer neuen Produktionslinie für die Herstellung einer noch zu entwickelnden Kleinbild-Spiegelreflexkamera mit einer Losgröße von 40 000 Stück im Bereich der oberen Preisklasse (1000 bis 3000 DM).

10 Millionen DM will Mandermann in das neue, unter Feinwerktechnik GmbH & Co.KG Schneider firmierende Unternehmen investieren und zunächst 200 Mitarbeiter beschäftigen. Bis 1996 soll die Anzahl der Mitarbeiter auf 600 steigen.

Neuerliche Marktanalysen im Zusammenhang mit der allgemeinen Konjunktur auf dem Fotogebiet machen eine Anpassung des Kamerakonzepts erforderlich. Die Spiegelreflexkamera-Produktion wird 1991 wie geplant aufgenommen. Seit April 1992 produziert das Unternehmen für den Markt die neue Praktica BX 20S.

Die begonnene Entwicklung einer Kleinbild-Spiegelreflexkamera im Hochpreisbereich wird aufgrund der Konjunkturentwicklung wieder aufgegeben. Statt dessen wird die Weiterentwicklung der Praktica BX 20S entschieden, mit deren Produktionseinführung im Verlauf des Jahres 1994 gerechnet werden kann.

Der aktuellen Marktsituation im Bereich der digitalen Bildtechnik Rechnung tragend, wird eine Line-Scankamera für den Markennamen »Praktica« entwickelt. Zusammen mit weiteren vorliegenden Entwicklungsergebnissen ist die Produktionseinführung für 1993 vorbereitet.

Als zweite Produktionslinie wird in das Unternehmenskonzept ein Geräteprogramm für die gewerbliche Anwendung im Druckwesen aufgenommen. Ein Druckplattenbelichter zur direkten Umsetzung digitaler Text- und Bildvorlagen für den Farboffsetdruck ist bereits in einer Vorserie gefertigt. Die planmäßige Serienfertigung wird 1993 beginnen.

Für Mandermann ist Pentacon eine »Kameralegende«, und diese Legende will er weiterleben lassen. Mit Pentacon verbindet Mandermann eine über vierzigjährige Tradition. Sein Unternehmen hat vier Jahrzehnte lang den Vertrieb der Kameras aus der ehemaligen DDR auf den westlichen Märkten organisiert.

Der Restitutionsanspruch

Im Mai 1990 machen die Brüder John und George Noble als Erben von Charles A. Noble Rückübertragungsansprüche an den Kamerawerken Niedersedlitz geltend.

Charles A. Noble war bis zur Enteignung im Jahr 1948 Geschäftsinhaber der Firma Kamerawerke Ch. A. Noble mit Sitz in Niedersedlitz und produzierte Kameras der Marke »Praktiflex«. Das Betriebsvermögen wurde 1946–48 besatzungsrechtlich beschlagnahmt und enteignet. In der Folgezeit wurde der Betrieb mehrfach umstrukturiert und umfirmiert. Die Treuhand, der der Restitutionsanspruch bekannt ist, verhandelt mit John Noble und stellt kostenlos Räume, Personal und Maschinen für eine Produktionsaufnahme zur Verfügung. Eine beantragte vorläufige Einweisung der Antragsteller erfolgt aber durch das Landesamt zur Regelung von offenen Vermögensfragen in Dresden nicht. Daraufhin vereinbart die Treuhand mit Noble den Kauf der Grundstücke.

Nach Abschluß des Kaufvertrags erfolgt die vorläufige Einweisung durch das Sächsische Landesamt für offene Vermögensfragen.

Am 30. September 1992 erläßt das gleiche Landesamt den Rückübertragungsbescheid. Die Restitution erfolgt danach rückwirkend zum 1. August 1991. Vom Rückübertragungsbescheid nicht erfaßt sind die Warenzeichenrechte. Die Treuhandanstalt hat vor Veräußerung der Warenzeichenrechte drei Rechtsgutachten eingeholt. Alle drei Gutachten verneinen einen Rückübertragungsanspruch auf diese Warenzeichen. Auf dieser Basis erfolgte durch die Treuhandanstalt ein Verkauf der Warenzeichen.

Oktober 1992 – Bilanz nach zwei Jahren Liquidation

Zwei Jahre nach Einleitung der Liquidation ist es Wellensiek gelungen, neben der Ansiedlung von Mandermann und der Kamera-Werke Noble GmbH, 23 Käufer für die Pentacon Dresden GmbH i.L. zu finden. Die neuen Eigentümer haben sich verpflichtet, 709 Arbeitsplätze zu schaffen. Obwohl sich die neuen Betriebe erst in der Aufbauphase befinden, haben bisher rund 410 ehemalige Arbeitnehmer von Pentacon und aus anderen Dresdner Betrieben einen neuen Arbeitsplatz gefunden.

Auf dem ehemaligen Betriebsgelände sollen in den nächsten Jahren neue Arbeitsplätze für etwa 1200 Beschäftigte der verschiedensten Branchen geschaffen werden. Durch den Verkauf von Maschinen und Ausrüstungen wurden andere Firmengründungen ermöglicht.

Historische Entwicklung des Unternehmens Pentacon Dresden GmbH

1926	entstand aus den Ika AG, Dresden, Heinrich Ernemann AG, Dresden, Kontessa Nettel AG, Stuttgart, Optische Anstalt Goerz AG, Berlin, die Zeiss Ikon AG, Dresden.
1945-50	70 Prozent der Zeiss Ikon AG werden durch den Krieg zerstört, durch Enteignungsbeschluß der SMAD als VEB Mechanik Zeiss Ikon Dresden weitergeführt. Die Kamera-Werkstätten Niedersedlitz, Ch. A.

	Noble werden ebenfalls enteignet und als VEB Kamera-Werke Niedersedlitz im Jahr 1950 weitergeführt.
1950-65	Weitergehende Konzentration der Foto-Industrie; aus den Betrieben VEB Zeiss Ikon Dresden, VEB Kamera-Werke Niedersedlitz und den inzwischen als VEB deklarierten Betrieben: VEB Belca Werk, VEB Altissa Kamera Werk, VEB Welta Werk Freital, VEB Aspektar, VEB DEFA Gerätewerk Friedrichshafen entstand
1964	VEB Pentacon Dresden Kamera- und Kinowerke.
1968–80	Aus den Hauptbetrieben VEB Pentacon Dresden, Ihagee Kamera Werk AG, VEB Feinoptisches Werk Görlitz entstand 1968 das Kombinat VEB Pentacon Dresden.
1985	Eingliederung des Kombinats in das Großkombinat VEB Carl Zeiss Jena mit der Zielstellung: Verbesserung und Beschleunigung der wissenschaftlich-technischen, technologischen und produktionstechnischen Arbeit.
29. Juni 1990	Ausgliederung aus dem Kombinat Carl Zeiss Jena und Bildung der Pentacon Dresden GmbH.

4. Oktober 1990

THA-Niederlassung Cottbus

Der neue Leiter der Niederlassung Cottbus, Günter Lühmann, trifft bei seiner Amtsübernahme 22 Ost-Mitarbeiter an. Voller Erwartung sehen sie dem neuen Chef entgegen: Was mag er wohl in diese »Veranstaltung« der Treuhandanstalt einbringen? Die Mitarbeiter sind total verunsichert; sie empfinden sich als Spielball aller möglichen Interessen. Die Außenstelle Cottbus hat seit ihrer Gründung im Mai 1990 ausschließlich Reprivatisierungen verwaltungsmäßig sauber abgearbeitet. Die Wirtschaftsprüfer, die Lühmann begleiten, bestätigen dies.

Bei aller Unübersichtlichkeit der relevanten Vorgänge und bei allen Anfragen, die auf die Niederlassung einstürmen, gilt es Prioritäten zu setzen und »Brände« unterschiedlicher Herkunft zu löschen. So droht bereits zu diesem Zeitpunkt Unternehmen der Untergang. Streitereien zwischen Geschäftsleitung und Betriebsräten bestimmen die Szene, kommunale Einmischungen gehören zum Alltag, Investoren-Interessen müssen kanalisiert und in realen Bezug gesetzt werden.

Wegen der intensiven Pressearbeit in Berlin und nach dem Hinweis auf die Neubesetzung der Niederlassungsleitung kommen so viele Gesprächsanfragen von Presse, Betriebsräten, Geschäftsleitungen, Investoren, Politikern und Gewerkschaften, daß sie nur schwer in angemessenen Zeiträumen bewältigt werden können. Der Arbeitstag folgt einem groben Schema:

7 bis 8 Uhr	Interne Schulung der Mitarbeiter an aktuellen Vorgängen,
8 bis 20 Uhr	Durchgehende Besprechungen mit externen Gesprächspartnern,
20 bis 24 Uhr	»Papier« abarbeiten,
00.00 bis 2 Uhr	Versuch der Kommunikation mit westlichen Interessenten über Verbindungsbüros.

Da sich weitere West-Unterstützung nicht gewinnen läßt, hält der Zustand bis zum Januar 1991 an. Jene Monate könnte man als extremes Training bezeichnen, den Zeitaufwand für Essen und Schlafen zu reduzieren. Die Gesprächsuchenden verfolgen den Niederlassungsleiter bis ins Hotelzimmer.

Tatsache ist zu diesem Zeitpunkt, daß der Niederlassung von den zu verwaltenden Unternehmen lediglich Namen und Adresse bekannt sind. Trotz der enormen Belastung der Mitarbeiter muß ein Außendiensttag angesetzt werden, um die Unternehmen kennenzulernen. Die Aufgabe lautet, die Betriebe anzusehen, Produktionsprogramme zu ermitteln und Betriebsausstattungen zu erkennen sowie über Gespräche mit der Geschäftsleitung und dem Betriebsrat die aktuelle Situation des Unternehmens zu erforschen. Das Erkennen von Standortbesonderheiten ist sozusagen ein Nebenprodukt dieser Maßnahme. Eine wesentliche Erkenntnis ist, daß eine »Ausschlachtung« von Unternehmen unterbunden werden muß. So bestimmt man, daß kein Unternehmen verkauft werden darf, das nicht vorher besucht worden ist.

Nach den ersten Tagen wird als Devise und Forderung allen Mitarbeitern nahegelegt, Engagement zu zeigen und dabei Erschöpfungsgrenzen abzutasten, zu jeder Zeit die Nerven zu behalten, mit jedem Vorwurf sensibel umzugehen und sich auf keinen Fall provozieren zu lassen. Keine Frage, daß diese Ansprüche nicht leicht zu realisieren sind.

Eine hohe Arbeitsleistung ist gefordert; man sollte auch bei Besuchern um Verständnis wegen der hohen Belastung werben, grundsätzlich nur solche Zusagen machen, die eingehalten werden können, und bei aller Belastung den Privatisierungsauftrag nicht vergessen.

Für den Niederlassungsleiter erhöht sich mit jedem persönlichen Kontakt der Druck, da sich Wünsche nach Anhörung durch Schneeballeffekt im Umfeld der Niederlassung ausbreiten. Das hat zur Folge, daß binnen kürzester Zeit kein Terminplan mehr eingehalten werden kann und manchmal gleichzeitig drei bis vier Gesprächsfordernde im Vorzimmer warten. Die erste Phase ist geprägt von Improvisationen und hohen Ansprüchen an die Flexibilität. In dieser Situation beginnt im Dezember 1990 die Aktion zur Privatisierung des Handels, womit alles noch erheblich schlimmer wird: Die Treuhandanstalt trifft offenbar den Nerv aller Bürger der neuen Bundesländer. In einer Regionalzeitung lautet die Schlagzeile auf der ersten Seite: »Mit der Treuhand ins Unglück.«

Während der Ausschreibungsfrist werden wir von allen Seiten diffamiert, beschimpft und mit Unterstellungen bedrängt, vor allem von den Kommunen. Das führt in Cottbus zu der Entscheidung, daß der Niederlassungsleiter selbst dem Vergabeausschuß vorsitzt und alle relevanten Personen aus den Kommunen zu den Vergaben eingeladen werden. In einer Mammutveranstaltung werden in drei Tagen 370 Handelsobjekte vergeben, Kommunalvertreter zu jedem einzelnen Objekt angehört, Aufklärungen gegeben zu aktuellen Situationen und zukünftigen Veränderungen. Das Ergebnis nach drei Tagen: totale Erschöpfung, aber exzellente Kontakte zu allen Kommunalvertretern, die die Entscheidungsgrundlagen verstanden und in 98 Prozent aller Fälle auch akzeptiert haben. Aus der Kontaktvertiefung resultieren zusätzliche Belastungen. Kommunale Besuche und Anfragen nehmen zu, wobei sich viele Probleme beseitigen lassen.

Für die Niederlassung Cottbus beginnt die nächste Etappe, als sie im Februar 1991 die erste Ausschreibung der Treuhandanstalt durchführt. Auch diese Maßnahme führt zu Aufregungen, da man damit diejenigen getroffen hatte, die an einer Beschleunigung der Privatisierung nicht interessiert waren. Durch intensives Informieren lassen sich die meisten Verärgerungen und Mißverständnisse abbauen, so daß die Ausschreibung schließlich für die Region Cottbus zu einem vollen Erfolg wird. Die darauffolgenden Privatisierungsverhandlungen zeigen sehr schnell, daß die inzwischen von den Mitarbeitern gewonnene Kenntnis der Unternehmen von den Interessenten nur schwer akzeptiert wird.

Ab April 1991 kommt die Niederlassung in ruhigeres Fahrwasser. Die Kenntnisse aller Mitarbeiter haben sich erheblich vertieft, weitere West-Mitarbeiter leisten Unterstützung auf Spezialgebieten. Akzeptiert wird die Linie der Niederlassung, wonach für die Privatisierung konzeptionelle Notwendigkeiten und die Qualität des Interessenten ausschlaggebend sind.

Für die erste Phase läßt sich die Stellung der Treuhandanstalt als »Staatsersatz« bezeichnen. Sie wird für fast alles verantwortlich gemacht und hat für alles Lösungen zu bieten, wobei sich glücklicherweise einige Probleme von selbst lösen. Entscheidungen führen in nicht wenigen Fällen zu persönlichen Angriffen – nicht selten mit unfeinen Mitteln.

Die Mitarbeiter werden gebeten, das Umfeld genau zu sondieren und zu recherchieren, wo sich Handlungsbedarf ergeben könnte, damit agiert statt reagiert werden kann. Es gilt, das massive Mißtrauen gegenüber der Treuhandanstalt abzubauen und Vorurteile zu widerlegen. Jedes persönliche Gespräch kann dabei von Nutzen sein. Einige besonders kritische Vorfälle aus der ersten Zeit lassen die Schwierigkeiten erahnen:

- Bürgermeister setzt Geschäftsführer ab.
- Betriebsversammlung wählt Geschäftsführung ab und wählt neue.
- Berater machen Geschäftsleitung abhängig.
- Das Hotel Lausitz wird durch einen von der Gewerkschaft NGG initiierten Mitarbeiterstreik wegen fehlender Weihnachtsgeldzusage für zehn Stunden lahmgelegt. Durch persönliche Schlichtung kann der Niederlassungsleiter auch »sein« Nachtquartier retten.
- Hoffnungslose Unternehmensfälle können schon in der ersten Phase durch mehrere gezielte Kleinansiedlungen neue Aktivitäten aufnehmen.

Bei aller gebotenen Bescheidenheit – die Mitarbeiter der Niederlassung wissen, daß durch ihre Arbeit Tausende von Arbeitsplätzen verlorengingen und auch Liquidationen sich nicht vermeiden ließen. Sie glauben aber, den Auftrag im Rahmen der

Möglichkeiten zu erfüllen. Eigentlich ist die Aufgabe nicht zu schaffen. Daß in dieser Zeitspanne doch noch Ergebnisse erreicht werden, verdankt die THA-Niederlassung Cottbus vielen unerschrockenen, tatkräftigen und teilweise bis zur Selbstaufgabe kämpfenden Mitstreitern.

8. Oktober 1990

Personal

Der ungewöhnliche Personalbedarf der Treuhandanstalt ist kaum auf herkömmliche Art zu stillen, stellt Anfang Oktober 1990 Alexander Koch fest, das für Personalfragen zuständige Vorstandsmitglied. Er war 1974-81 Vorstandsmitglied der Braun AG und Grundig AG und ist nun aus dem Vorstand der Vereinigten Haftpflicht Versicherung V.a.G. nach Berlin gewechselt. Für die Personalanwerbung gilt, daß der übliche Zeitablauf mit Inserat, Reaktion, Bewerber, Interviews, Auswahl und den üblichen Kündigungsfristen auf keinen Fall eingehalten werden kann. Deshalb beschließt der Vorstand der Treuhandanstalt, vier der Situation angemessene Leitlinien und Kriterien zur Anwendung vorzugeben.

Erstens: Es gibt kein Alterslimit, d. h. die üblichen Pensionierungsgrenzen werden für ungültig bzw. unerheblich erklärt. Gerade die qualifizierten, erfahrenen Geschäftsführer und Vorstände, die entweder noch ein- bis einenhalb Bestellungsperioden vor sich haben, schon im Vorruhestand sind oder sich auf den Ruhestand vorbereiten oder gar bereits pensioniert sind, sollen angesprochen werden. Diese grundsätzliche Entscheidung hat großen Erfolg und bringt in die Treuhandanstalt ein hohes Maß an Erfahrung ein, an Kenntnissen, Urteilsvermögen und Gelassenheit bei der Erfüllung ungewöhnlicher Aufgaben.

Zweitens: Der Bundeskanzler erläßt am 8. Oktober 1990 einen Aufruf an die deutsche Wirtschaft, der Treuhandanstalt erfahrene Führungskräfte auf Zeit zu überlassen. Der Appell führt dazu, daß über 300 hoch- und höchstqualifizierte Führungskräfte freigestellt werden. Es sind in aller Regel sogenannte One-Dollar-Men, die von ihren Unternehmen weiterbezahlt werden und für die die Treuhandanstalt lediglich die Kosten des Sondereinsatzes übernimmt. Die Ausleihzeit beträgt mindestens ein halbes Jahr, in vielen Fällen ist sie länger.

Drittens: Mit dem Argument, daß die Treuhandanstalt die einmalige Chance bietet, Krisenmanagement zu erlernen, werden jüngere qualifizierte Nachwuchskräfte angesprochen. Auch diese Aktion ist erfolgreich, führt allerdings auch dazu, daß zumindest in der aus dem Westen kommenden Belegschaft der Treuhandanstalt entweder ältere oder recht junge Mitarbeiter überwiegen.

Viertens: Sehr rasch wird deutlich, daß aus diesen Hilfsquellen allein der Bedarf nicht zu decken ist und daß sich insbesondere die sehr hohen Qualifikationsanforderungen nicht erfüllen lassen. Die zeitliche Begrenztheit der Anstellung und die vielfältigen Schwierigkeiten der Treuhand-Arbeitsbedingungen wirken offenbar abschreckend. So müssen mit viel Aufwand Berater hinzugezogen werden. Diese Methode ist gerechtfertigt, weil damit zwar teure, aber auch effiziente und sehr qualifizierte Leistungen eingekauft werden.

Allen Beteiligten in der Treuhandanstalt ist klar, daß jeder Tag weiterer Verzögerungen sehr viel Geld kostet – das Geld des Steuerzahlers. Deshalb muß rasch gehandelt werden. Von den gleichen Voraussetzungen und Bedingungen bestimmt sind auch die Gehälter und Nebenleistungen, insbesondere bei den Führungskräften. Die Treuhandanstalt hat die einsehbaren Beschränkungen einer Anstalt des öffentlichen Rechts in Einklang zu bringen mit der Notwendigkeit, am Arbeitsmarkt attraktiv und wettbewerbsfähig zu sein. Der vaterländische Appell allein genügt nicht, um Führungskräfte und Spezialisten von ihren wohlversorgten Posten in die Unzulänglichkeiten der Arbeitsbedingungen Ost-Berlins oder gar der Niederlassungsstädte zu locken. Dennoch entsprechen die Gesamtleistungen nur denen vergleichbarer Positionen in westlichen Unternehmen. Auch Nebenvergünstigungen wie zusätzliche Altersversorgung, Dienstwagen und dergleichen sind notwendig.

Dabei steht von Anfang an jede Einstellung klar und deutlich unter der Vorgabe, daß die Dienstzeit begrenzt ist. Von jedem einzelnen wird erwartet, sich selber durch möglichst qualifizierte und rasche Arbeit bald überflüssig zu machen.

12. Oktober 1990

Koordinierung der Niederlassungen

Norman van Scherpenberg tritt am 10. Oktober 1990 seinen Dienst als Koordinator der 15 Treuhand-Niederlassungen an. Der in Berlin geborene Diplom-Volkswirt hat 1967 in Bonn seine Doktorprüfung abgelegt, war bis 1982 bei Firmen der BASF-Gruppe. Von 1982 bis 1990 arbeitete er als Staatssekretär im niedersächsischen Finanzministerium. Die neuen Niederlassungsleiter hatten fünf Tage zuvor ihre Ämter übernommen. Für sie soll er künftig der Kollege sein, der ihre Interessen in der Zentrale vertritt. Er ist der Mann, der ihnen die Anforderungen der Zentrale nahezubringen hat, der Berater, der als Katalysator für den Erfahrungsaustausch zwischen den Niederlassungen wirken soll, der Mahner, der allzu große Eigenmächtigkeiten bremsen, zugleich aber sinnvolle Initiative fördern und ermöglichen soll. Mit einem Wort – eine Zusammenballung widersprüchlicher Aufgaben.

Zwei Tage später, am 12. Oktober, kommen die neuen Leiter das erste Mal zu einer Niederlassungssitzung am Alexanderplatz zusammen: 15 gestandene Manager, meist mit einem Erfahrungshintergrund aus mittelgroßen Unternehmen, in denen sie eher das Entscheiden in großer Eigenständigkeit gelernt hatten als die in Großunternehmen gewohnte Kooperation und Abstimmung. Und was sie in den knapp vierzehn Tagen an ihren Einsatzorten vorgefunden haben, zeigt ihnen, daß sie einen Pionierauftrag übernommen haben, bei dem ihnen die Zentrale nur wenig helfen kann.

Sie klagen nicht, sie schildern teils belustigt, teils sehr ernsthaft die Verhältnisse, die sie vorfanden: vorsintflutliche Telefonanlagen, meist unzureichende räumliche Unterbringung, ein zusammengewürfeltes Personal von Reformern mit hoher Motivation bis zu Vertretern des alten Apparats, die so weitermachen wollen wie bisher.

Was sie von der Zentrale als Hilfe erhalten, ist zunächst eine Unmenge Papier: gesetzliche Grundlagen der Arbeit, Hinweise, Informationen, Richtlinien – auf jeden Fall mehr, als jemand bewältigen kann, der ohnedies einen 16-Stunden-Tag zu absolvieren hat. Aber jeder hat bereits eine Konzeption, wie er die Aufgabe anpacken will, jeder bereits angefangen, Personal zu rekrutieren. Jeder hat erste Vorstellungen darüber, wie er den unübersichtlichen Bestand an Unternehmen ordnen und unter Kontrolle bekommen, wie er die Aufgabe der Beteiligungsbetreuung und der Privatisierung in Angriff nehmen will.

Alle haben den Wunsch, sobald wie möglich zu einer klaren Zuständigkeitsregelung für die Unternehmen zwischen Niederlassung und Zentrale zu kommen. Denn viele Unternehmensleitungen haben schnell gelernt, die unklare Kompetenzverteilung zu nutzen und Zentrale und Niederlassungen gegeneinander auszuspielen. So ist eines der ersten Ergebnisse der Beratung der Auftrag, sich möglichst schnell einen vollständigen Überblick über alle betreuten Unternehmen zu verschaffen und für jedes einzelne die Zuständigkeit festzulegen. Es dauert noch bis Februar 1991, bis diese Aufgabe gelöst und zumindest im Prinzip für jedes einzelne Unternehmen die Zuständigkeit geklärt ist. Noch ein weiteres halbes Jahr vergeht, bis alle Ungereimtheiten und Fehler, die bei der Zuordnung der Zuständigkeit für etwa 8500 Gesellschaften entstanden waren, korrigiert sind.

Sehr bald zeigt sich, daß der größte personelle Engpaß im Bereich der Unternehmensprivatisierung in den Niederlassungen besteht. Hier muß nicht nur Personal beschafft werden, hier muß auch die Handhabung der Treuhand-Regelungen, der für die Arbeit der Anstalt typischen Verträge mit Arbeitsplatzgarantien und Investitionsverpflichtungen, erst eingeübt werden. Daher beschließt man im Dezember 1990 übereinstimmend, ab Januar 1991 Privatisierungsteams in allen Niederlassungen einzusetzen, die von vier verschiedenen Unternehmensberatungs-Gesellschaften gestellt werden. Ihre Arbeit wird in der Zentrale über einen Koordinierungsausschuß abgestimmt, so daß sich hier ein schneller und effizienter Erfahrungsaustausch ergibt. Die Privatisierungserfolge steigen in den meisten Niederlassungen von Monat zu Monat.

Praktische Hilfe kommt in den ersten Wochen vor allem von Manfred Koebler, der sich um die Ausstattung der Niederlassungen mit Datenverarbeitungsanlagen und mit Telekommunikation kümmert. Er macht alte Sondernetze zugänglich, die für die Kommunikation der Niederlassungen mit der Zentrale genutzt werden können, er findet Möglichkeiten, über Satellit mit den Investoren im Westen zu telefonieren. Um die unberechenbaren Postlaufzeiten in den Griff zu bekommen, wird zwischen Berlin und den Niederlassungen ein eigener Kurierdienst eingerichtet, der später durch das Kuriersystem der Reichsbahn ersetzt wird. So entstehen die Grundvoraussetzungen für die praktische Arbeit, die von Monat zu Monat professioneller wird.

Mit dem fortlaufenden Betrieb nehmen freilich auch die Klagen über unbeantwortete Briefe, nicht eingehaltene Termine, unhöfliches und rüdes Benehmen von Mitarbeitern zu. Mit den erweiterten Arbeitsmöglichkeiten hat auch die Arbeit weiter zugenommen, die Überlastung der Mitarbeiter geht nicht zurück. Da ist die Arbeitsroutine noch nicht eingekehrt, die Nerven sind leicht reizbar und liegen bloß. Dennoch: Nach einem halben Jahr ist die Arbeitsfähigkeit der Niederlassungen im wesentlichen erreicht, haben sie einen Überblick über ihren Beteiligungsbestand.

Auch die Privatisierung wird Routine. Was ein halbes Jahr zuvor wie ein kaum zu bewältigender Berg an Aufgaben aussah, gewinnt nun den Charakter einer Aufgabe, für die vorsichtig der Zeitpunkt ihrer Erfüllung abzuschätzen ist.

15. Oktober 1990

Hilfe aus der »EDV-Hölle«

Die Zeit ist der Hauptgegner, als der Bereich Organisation/EDV in der Treuhandanstalt am 15. Oktober 1990 gegründet wird. Als Leiter dieses Bereichs hatte Manfred Koebler nur zehn Tage zuvor seinen Dienst angetreten – noch ohne Mitarbeiter, Computer oder Infrastruktur. Andererseits äußern die verschiedenen Fachbereiche zahlreiche Wünsche und Anforderungen. Einen Vertrag gibt es für den neuen Leiter nicht. Der Präsident der Treuhandanstalt, Detlev Karsten Rohwedder, meint, dafür genüge der Handschlag. Und er schickt gleich die freundliche Mahnung hinterher, nun gelte es aber, sich zu beeilen.

Ein handgeschriebenes Organisationsschema bekommt Koebler bei dem persönlichen Referenten des Präsidenten, Peter Bachsleitner, gezeigt. Auf die Frage, was die Abteilung Protokoll zu tun habe, deutet der Referent wortlos auf einen Teller mit belegten Brötchen auf seinem von Papieren überladenen Schreibtisch. Vorbereitende Arbeiten hatte allein die Abteilung Dokumentation der Treuhandanstalt unter Rolf Goldschmidt geleistet. Dort sind Informationen für die Datenbank gesammelt worden; ein noch viel zu kleines Rechnersystem mit Kapazitäten für 40 PC-Benutzer ist vorbereitet.

Im Raum 793.3 der siebten Etage des Gebäudes am Alexanderplatz wird die »EDV-Hölle« eingerichtet. 70 Mitarbeiter werden in diesem Raum untergebracht. Aus über 1000 Bewerbungen hat Koebler auswählen können. Insgesamt werden 90 Bewerber eingestellt, alle aus Ost-Berlin und den neuen Bundesländern. Der West-Chef bescheinigt ihnen heute noch hohe Motivation und sehr große Lernbereitschaft. »EDV-Hölle« wird rasch zum Schlagwort für die Lösung von Bedienungsproblemen, für Auskünfte über die Datenbank, die Einweisung in die Bürokommunikation oder für Textverarbeitung.

Drei Tage nach der Gründung des Bereichs Organisation/EDV

kommt es zu einem ersten Treffen mit Vertretern aus den 15 Niederlassungen der Treuhandanstalt. Die notwendige Vernetzung ihrer Arbeitsplätze in der Datenverarbeitung bereitet über Monate hin Sorgen; erst im Januar 1991 ist eine »Notversorgung« in der Datenübertragung der Niederlassungen erreicht. Interventionen von Präsident Rohwedder und seiner Vertreterin Birgit Breuel beim Bundesminister für Post und Telekommunikation sind notwendig.

Das frühere Sondertelefonnetz S 1 der DDR-Regierung wird von der Treuhandanstalt zunehmend genutzt. Keine Woche vergeht, ohne daß weitere Leitungsstrecken dieses geheimen Netzes aufgespürt und in Gebrauch genommen werden. Auf den Dächern von neun besonders schwer zu erreichenden Niederlassungen der Treuhandanstalt werden Satellitenantennen installiert.

In der Berliner THA-Zentrale werden jede Woche sieben Kurse für Datenverarbeitung angeboten. Häufig sitzen dort auch Mitarbeiter der Niederlassungen auf der Schulbank. Die Mitarbeiter des Bereichs Organisation/EDV rotieren, um Fachwissen auf mehreren Gebieten auszubauen.

Nach sechs Monaten Aufbauarbeit sind Datenbanken mit allen verfügbaren Informationen über die 2000 von der Berliner Zentrale betreuten Firmen einschließlich ihrer DM-Eröffnungsbilanzen, Produkte und Grundstücke eingerichtet, daneben weitere Datenbanken über Privatisierungsvorgänge, Sanierungen, Krediterteilung und anderes mehr. Auf der Leipziger Messe vom 17. bis 22. März 1991 führt die EDV-Abteilung der Treuhandanstalt mit einem PC-Rechercheprogramm einige der Datenbestände vor und trifft auf großes Interesse mit entsprechendem Besucherandrang.

In Zusammenarbeit mit dem Hoppenstedt-Verlag in Darmstadt wird Anfang April 1991 das »Offizielle Firmenverzeichnis der Treuhandanstalt« veröffentlich – in Buchform und auf Diskette. Im Vorwort nennt Birgit Breuel, die neue Präsidentin der Treuhandanstalt, als Ziel die Mitwirkung beim Aufbau einer wettbewerbsintensiven, sozialen, offenen und verbraucherfreundlichen Wirtschaftsstruktur mit möglichst vielen kleinen und mittleren Unternehmen.

Im April 1991 erfolgt der Umzug ins frühere Haus der Ministerien der DDR. Elf der 15 Niederlassungen der Treuhandanstalt ziehen im Lauf der Zeit ebenfalls um. Datenschutz und Informationssicherheit werden zu wichtigen Aufgaben.

18. Oktober 1990

Bürgertelefon

Das vereinte Deutschland ist erst wenige Tage alt. Ungezählt jedoch sind die Fragen, die der Prozeß der Vereinigung schon seit dem Sommer 1990 bei Menschen in Ost und West aufwirft. Ansprechpartner war und ist nach Meinung vieler Fragesteller die Treuhandanstalt (THA). Ob zuständig oder nicht, von ihr wird eine sachgerechte Beantwortung verlangt.

Das Resultat: die totale Überlastung der wenigen Telefonanschlüsse im damaligen Sitz der Treuhandanstalt, dem alten Haus der Elektroindustrie am Alexanderplatz 6, vor allem nach dem 1. Juli 1990. Als es der Sekretärin des Präsidenten am Abend des 17. Oktober 1990 nicht mehr gelingt, für ihren Chef eine telefonische Verbindung »mit der Außenwelt« herzustellen, beauftragt Rohwedder seinen persönlichen Referenten Bachsleitner, bis zum Morgen des 18. Oktober 1990 Abhilfe zu schaffen.

So entsteht die Idee, bei der Treuhandanstalt ein »Bürgertelefon« einzurichten. Es soll prüfen, ob die Treuhandanstalt für die jeweiligen Fragen zuständig ist, soll nach Möglichkeit Auskünfte erteilen bzw. die Verantwortlichen in der THA ermitteln und die Anrufe an diese weiterleiten, eventuell auch an zuständige Institutionen außerhalb der Treuhandanstalt verweisen. Kein leichtes Unterfangen, wie sich bald herausstellt, denn die Treuhandanstalt will den Bürgern in Ost und West helfen, sie will Sicherheit auf dem Weg zur deutschen Einheit vermitteln und – nicht zuletzt – ihre Aufgaben erläutern.

Dem Bürgertelefon wird der ehemalige Telexraum in der achten Etage des Hauses der Elektroindustrie zugewiesen. Es ist ein L-förmiger Raum von acht Quadratmetern, der gerade Platz bietet für drei Schreibtische, drei Stühle und einen Aktenschrank. Sehr schnell werden sechs Leitungen dorthin geschaltet, unterschiedlich für Anrufer aus Ost und West. Die Telefonnummern werden in den Zeitungen veröffentlicht.

Aufgrund seiner halbjährigen Tätigkeit in der Grundsatzabteilung der Treuhandanstalt wird Leopold Ullmann angeboten, die Leitung des Bürgertelefons zu übernehmen. »Ich hatte eine halbe Stunde Zeit, mich zu entscheiden«, berichtete er. Am 18. Oktober 1990 um 7.30 Uhr nimmt er seine Tätigkeit auf und versucht, möglichst schnell zwei geeignete Mitarbeiter zu finden, um die Vielzahl von Anrufen beantworten zu können.

Viel Arbeit und Einfallsreichtum erfordert der Aufbau einer Datei mit Ansprechpartnern und Anschriften. Das betrifft sowohl die Treuhandanstalt selbst als auch Institutionen außerhalb der THA. Und es ist noch heute so: Um über die ständigen Veränderungen in der Treuhand und ihren Tochtergesellschaften Auskunft geben zu können, bedarf es fast detektivischer Kleinarbeit.

Sind es in der ersten Zeit Fragen, ja Forderungen von Anrufern aus den Altbundesländern nach schnellstmöglicher Rückgabe verlorenen Eigentums, nach Möglichkeiten, Betriebe, Handelseinrichtungen und Grundstücke zu kaufen, so konzentrieren sich später die Anrufe der Bürger aus den neuen Bundesländern – geprägt von Zukunftsangst – auf die Möglichkeit, die für den Eigenheimbau genutzten Grundstücke zu erwerben, die Nutzungsrechte zu erhalten, Wohnungen zu kaufen, sich vor Mietwucher zu schützen. Sie verlangen Auskünfte über die Chancen ihrer Betriebe in der Marktwirtschaft, über die Sicherheit ihrer Arbeitsplätze. Kommunen erkundigen sich nach dem Stand der Bearbeitung ihrer Anträge auf Überführung verschiedener Einrichtungen in Kommunaleigentum.

Im Laufe der Zeit kommen neue Themen hinzu. Mit dem Erscheinen des Treuhand-Firmenkatalogs nimmt das Interesse am Erwerb von Betrieben sprunghaft zu, so daß auf Anregung des Bürgertelefons im April 1991 die »Unternehmerbörse« geschaffen wird. Damit ist die Möglichkeit gegeben, per Computer gezielt nach Firmen zu suchen, die zum Verkauf stehen.

Viele Beratungsgesellschaften und Unternehmensberater bieten »mit sicheren Konzepten« ihre Dienstleistungen für die Privatisierung und Sanierung an. Das Interesse an der Arbeit der

Treuhandanstalt wächst ständig, viele Anrufer interessieren sich für die Aufgaben der Treuhandanstalt, erbitten Informationsmaterial, allen voran wissenschaftliche Einrichtungen; immer wieder wird nach Material für Diplomarbeiten, Seminarvorträge und Dissertationen gefragt.

Anrufer aus den neuen Bundesländern stellen Fragen nach der Unterstützung beim Aufbau des Mittelstandes. Hauptsächlich interessiert man sich für der jeweiligen Geldbörse angemessene Objekte und ihre Finanzierung. Fragen zur Reprivatisierung von Betrieben und zu Firmenübernahmen im Rahmen eines MBO gehen ebenfalls ein.

Bedingt durch die sich verändernde soziale Lage, werden viele Fragen zur Ausgestaltung der Sozialpläne, zur Zahlung von Abfindungen, zur Rechtmäßigkeit von Kündigungen gestellt. Es werden zunehmend Anschriften von Firmen und Institutionen für die Ausstellung von Lohn- und Gehaltsbescheinigungen – zum Teil für Beschäftigungsverhältnisse, die bis 1949 zurückreichen – verlangt. Wenn es sich einrichten läßt, stehen die Mitarbeiter auch für persönliche Konsultationen zur Verfügung.

Auch Beschwerden über die Arbeitsweise der Treuhandanstalt, ihrer Niederlassungen und der Tochtergesellschaften erreichen das Bürgertelefon. Beschwerdeführer sind nicht immer potentielle Investoren, die den Zuschlag nicht erhalten haben; oft ist es Unmut über unbeantwortete Briefe, oft auch die Art und Weise, wie THA-Mitarbeiter Interessenten arrogant oder auf der Treppe »abgefertigt« haben, was eine Beschwerde motiviert. Klagen über die Tätigkeit der THA, aber auch andere Anliegen von Bürgern aus Ost und West werden vielfach schriftlich direkt an Frau Breuel herangetragen. Beschimpfungen sind nicht selten. Bei der Beantwortung derartiger Schreiben ist das Bürgertelefon behilflich.

Das »A« und »O« des Bürgertelefons besteht darin, ständig aktuell informiert zu sein. Die Teilnahme an den Vorstandsbesprechungen der Präsidentin, die Aufnahme des Bürgertelefons als selbständige Einheit in den Verteiler aller interner Materialien sowie die Installierung von zwei Personalcomputern im April 1991 sind eine große Unterstützung für die Arbeit.

Die Anrufe werden täglich schriftlich erfaßt; rund 50 Prozent betreffen Sachfragen. Wöchentlich wird eine Analyse erarbeitet, um Hinweise zur Arbeit der THA und zur Befindlichkeit der Bürger geben zu können. Die Auskunftsfähigkeit des Bürgertelefons hat sich herumgesprochen; viele Institutionen – von der Telekom bis zur Berliner Kriminalpolizei –, aber auch viele Mitarbeiter »aus dem Haus« beanspruchen dessen Dienste.

20. Oktober 1990

Quartierbeschaffung aus dem Stand

Die personelle Verstärkung der Treuhandanstalt in der Aufbruchszeit seit Herbstbeginn 1990 zwingt dazu, den neuen Mitarbeitern aus den alten und neuen Bundesländern in Berlin ein Dach über dem Kopf zu besorgen. Am 20. Oktober 1990 übernehmen Beate Havemann und ein weiterer Mitarbeiter diese Aufgabe. Organisatorisch sind sie zunächst an den Protokollbereich angeschlossen.

Ohne klare Vorplanung, sozusagen aus dem Stand und auf bloßen Zuruf der neu eintreffenden Mitarbeiter besorgen Frau Havemann und ihr Kollege Hotelzimmer. Dieser Job dauert von 7.30 Uhr am Morgen oft bis 22 Uhr oder länger. Die Zahl der Treuhand-Mitarbeiter wächst von wenigen hundert auf mehrere tausend. Schließlich ist das kleine Team nicht nur in der Zentrale, sondern auch in den 15 Niederlassungen der Treuhandanstalt in den neuen Bundesländern für die Unterbringung zuständig. Allein die mangelhafte Telekommunikation beschäftigt sie bis in die späten Abend- und Nachtstunden: Die Leitungen sind einfach nicht eher frei. Es gehört in diesen Wochen zum Dienst von Beate Havemann, Unterkünfte zu erflehen, zu erbetteln oder zu erkämpfen.

Hotelzimmer waren in der DDR Mangelware, daran ändert sich so schnell nichts. Beate Havemann stößt auf Erstaunen bei den wenigen Hotels in den neuen Bundesländern, als sie auf Preisermäßigung für die Treuhandanstalt bzw. deren Mitarbeiter dringt. Mengenrabatte oder Firmenermäßigungen sind in der Hotelwelt teilweise noch unbekannt. Bei dem großen Arbeitspensum der bei der Treuhandanstalt Beschäftigten ist die Unterbringung in Hotels gleichwohl immer noch die vertretbarste Lösung.

Allmählich werden Preisnachlässe vereinbart. In allen Hotels erreicht die engagierte Quartiermacherin günstige Konditionen

– und in der allergrößten Not immer das eigentlich längst vergebene »letzte Zimmer«. Das gilt auch in den Städten der 15 Treuhand-Niederlassungen, die Beate Havemann Ende 1990 alle selbst aufsucht.

Zwei Ziele bestimmen die Arbeit der Quartiermacher. Niemand soll am Abend seines ersten Arbeitstages auf der Straße stehen. Zweitens müssen alle Buchungen nachprüfbar und belegbar sein. So entwickelt das Team Formulare, erbittet exakte Angaben und Unterschriften. Gelegentlich heißt es, dies sei zuviel Bürokratie. Verzichtet werden kann darauf freilich nicht. Beate Havemann bekommt zu spüren, daß viele Neuankömmlinge Frauen nicht in verantwortungsvollen Positionen erwarten. Manchmal wird sie behandelt, als sei sie – weil eine Frau – nur eine Hilfskraft. Noch sind Frauen in leitenden Funktionen der Treuhandanstalt selten.

Die Quartiersituation entschärft sich im Juli 1991, als ein Rahmenvertrag über Hotelkontingente in Berlin und den Standorten der Niederlassungen zwischen der Treuhandanstalt und der Interhotel AG geschlossen wird. Auf der Basis dieses Vertrages mit guten Konditionen kann allen neu eintreffenden Mitarbeitern ein Hotelzimmer als »Ersatzheim« beschafft werden.

Es bleibt die Suche nach Alternativen. Hotelmüde Mitarbeiter etwa möchten in ein privateres Umfeld ziehen. So kommt es zu ersten Verträgen über Appartements, die deutlich weniger kosten als die Hotels. Diese Unterbringungsmöglichkeit wird zunehmend stärker genutzt. Parallel dazu entsteht eine Wohnungsfürsorge für Mitarbeiter aus den alten Bundesländern, die mit ihren Familien nach Berlin ziehen wollen.

Gespräche werden mit Maklern geführt, mit Wohnungsbaugesellschaften, mit dem Bundesvermögensamt und mit privaten Anbietern. Nach intensiven Verhandlungen erhält die Treuhandanstalt 105 Wohnungen von der Wohnungsbaugesellschaft Mitte. Im Juli 1991 können den Mitarbeitern die ersten Wohnungen angeboten werden.

Die Leiterin der Wohnungsvermittlung und Quartierstelle hat es nicht leicht mit Maklern und privaten Anbietern. Bei einigen herrscht die Meinung vor, Treuhand-Beschäftigte nähmen jede Unterkunft und zahlten jede Miete. Immerhin können über 400 Wohnungen und Häuser vermittelt werden. Fast alle Angehörigen der Treuhandanstalt haben die Dienste der Wohnungsfürsorge und Quartierstelle in Anspruch genommen und sich gut betreut gefühlt.

Ein besonders interessanter Aspekt dieser Arbeit ist das ungeplante Miteinander so vieler Menschen aus allen Regionen des vereinten Deutschlands und des europäischen Auslands, auch das Zusammenkommen von Mitarbeitern der unterschiedlichsten Berufsgruppen. Beate Havemann und ihre Mitstreiter gehen hier mit viel Geschick und psychologischem Einfühlungsvermögen ans Werk.

Oktober 1990

Treuhand in den Anfängen am Alex

Vorletzte Oktoberwoche 1990, Brüssel, Hotelzimmer, Schlafenszeit. Manfred Balz wird von seinem Vorgesetzten, Bundesjustizminister Klaus Kinkel, angerufen: Treuhand-Präsident Rohwedder sucht einen Chefjuristen, er ist morgen im Bonner Maritim-Hotel, kurzes Gespräch wäre möglich. Balz ist lebhaft interessiert. Nächtliches Telefonat mit seiner Frau: Er darf, wenn Rohwedder ihn nehmen will.

Tags darauf in der Lobby des Maritim. Das Gespräch dauert eine halbe Stunde. Balz übergibt einen Lebenslauf, der ein ziemlich abenteuerliches und unstetes Beamtenleben mit Ausflügen ins Politische verrät. Die Aufgabe, sagt Rohwedder, liege an der Schnittstelle von Recht, Wirtschaft und Politik. Die Konditionen seien angemessen (den Vertrag gibt es erst nach vielen Wochen Arbeit), alsbaldiger Dienstantritt unverzichtbar. Näheres wisse Herr Koch, der Personalvorstand.

Die Chemie scheint zu stimmen; Rohwedder und Balz kommen sich näher und vereinbaren: Beginn am 1. November. Vorstellung vor dem Gesamtvorstand am nächsten Dienstag ist unvermeidlich. Aus dem anfahrenden Wagen winkt Rohwedder: »Auf gute Zusammenarbeit.« Das war's. Den Jahresurlaub, während der hektischen Arbeit um den Einigungsvertrag aufgespart für ruhigere Zeiten, kann Balz abschreiben.

Im Empfang der Treuhandanstalt am Alexanderplatz 1 stehen Investoren mit roten Erregungsflecken im Gesicht Schlange, die meisten wollen ein Grundstück – schnell. Im Aufzug zum achten Stock, der Chefetage, duftet es nach Kohl – im Haus wird herzhaft gekocht. Die Sekretärin verweist zum Warten in den Weißen Salon, 4 × 4 Meter groß. Investoren schauen herein und gehen wieder, sie wollen unbedingt ein Schnäppchen machen.

Ein Herr, der ihn »Kollege« nennt, ruft Balz ins Vorstandszimmer – der Pressesprecher, wie er später hört. Der Finanzvorstand Krause merkt die Spannung des Besuchers, sagt ein paar aufmunternde Worte und leiht seinen Kugelschreiber. Keine lange Diskussion, Balz ist wieder draußen. Frau Breuel möchte ihn noch sprechen: Was kann juristisch für die Niederlassungen getan werden? Rohwedder stellt ihn dem Verwaltungsratsvorsitzenden Odewald vor, auch das geht in Minuten.

Dienstantritt am 1. November. Rohwedder meint, Balz solle ins Grand Hotel ziehen, dort sei auch er untergebracht, dann könne man abends ab und zu einen Schoppen Rotwein trinken. Zum Rotwein kommt es nicht, keine Zeit.

Dafür aber morgens gemeinsames Frühstück: der Chef, Corsten, der Interhotel-Vorstand, einige Direktoren, darunter der Abwicklungsdirektor Tränkner, der ein paar harte Eier als Verpflegung einsteckt, ehe er mit wehenden Rockschößen davonstürmt. Bachsleitner, Rohwedders persönlicher Referent, bleibt spröde, liest meist Zeitung. Wenn einer ansetzt: »Ich hab' da ein Problem«, sagt er schon mal: »Dann lösen Sie es schön.« Auch wichtige Gespräche mit ihm müssen im Auto zum Flughafen oder im Aufzug vom achten ins Erdgeschoß stattfinden.

Überraschung im Büro: Es gibt schon einen Leiter der Rechtsabteilung, Dr. Firnhaber, einen pensionierten Landgerichtspräsidenten; er empfängt freundlich. Er bleibt wohl doch noch bis Ende des Jahres.

Herzlicher Empfang auch durch Knapp, den pensionierten Hoesch-Chefsyndikus, der für jeden zu sprechen ist, und – mit Balz vom Schlaf- zum Arbeitsplatz und abends zurück marschiert. Die Erfahrung dieses Mannes ist unbezahlbar, er ist die Seele der Rechtsabteilung, Ratgeber und Beichtvater darüber hinaus.

Ein Einzelzimmer für den neuen Mann, eine große Seltenheit am Alex. Drinnen die üblichen Stahlschränke mit dem Schnürchen und der Knete dran, in die abends das Dienstsiegel mit Hammer und Zirkel gedrückt wurde, Blümchentapete und Möbel aus der Nierentischzeit, an denen man mit dem Anzug hängenbleibt. Ein Telefon, rot, für den Osten, ein weißes für den

Westen, letzteres ein großes Privileg, das den Benutzer als Direktorenanwärter auszeichnet. Wenn man vor halb acht im Büro ist, kommt man manchmal in den Westen durch, erst abends nach neun klappt es dann wieder – dazwischen Funkstille.

In der Rechtsabteilung gibt es noch eine Rechtsabteilung, die früher die einzige war. Ihr Leiter, König, war von Anfang an dabei, als Mitglied des Direktoriums. In Königs Zimmer stehen die Tische noch so, wie man es aus dem Kreml kennt, in der bekannten T-Form, oben am Balken der Chef, längs aufgereiht dann die Mitglieder des Kollektivs; offenbar herrscht ein strenges Regiment. Das Vertrauen der ostdeutschen Mitarbeiter zu erwerben gelingt wider Erwarten schnell. Mit seinen rund zehn Diplomjuristen ist König in rechtlicher Hinsicht das wandelnde Gedächtnis der Anstalt. Brauchbare Akten gab es in der DDR offenbar nicht; mal wurde ein Kohledurchschlag von Briefen – ohne Datum, Abgangsvermerk und Unterschrift – in den Stahlschrank gelegt, mal auch nicht. Zentrale Aktenführung war völlig unbekannt; keiner traute dem anderen. Da zählt die Erinnerung der Ost-Juristen doppelt.

Nach und nach wird in der Briefanrede der »werte Herr« seltener, der »sehr geehrte« üblich – warum eigentlich? Die Sekretärin läßt verschmitzt wissen, daß »Kollektiv« jetzt »Team« heißt. Sie macht wie alle Unmengen von Überstunden und ist nicht nur für Schreibarbeiten zuständig, sondern auch für Butterbrote, Apfelschnitze und allgemein fürs Organisieren (absolut unentbehrlich). Nur ihr hat der neue Chefjurist zu verdanken, daß er bald einen PC hat. Die Damen in der Kanzlei lassen sich zeigen, wie man mit so einem Ding umgeht. Die Angst vor den teuren Apparaten weicht bei den meisten bald dem Spieltrieb und heller Begeisterung.

Unglaublich, was für Entscheidungen durch Zuruf getroffen werden müssen. Wer Rechtsrat braucht, stellt sich so lange ins Zimmer, bis er beschieden ist. Geschrieben wird selten. Das heute übliche Erscheinen der persönlichen Referenten (»Ich brauche eine Unterschrift – und zwar sofort«) – selbst das gab es Ende 1990 kaum.

Eine der ersten Amtshandlungen des Chefjuristen besteht darin, von zwei Türen die Visitenkarten von Anwälten aus großen Sozietäten abzunehmen, die eine Symbiose mit der Treuhand eingegangen sind. Es soll auch Notare geben, die frei im Haus umherschweifen – ohne festen Arbeitsplatz.

Das Direktorat Recht besteht Ende 1990 aus den ostdeutschen Mitarbeitern der Abteilung König und aus einem bunt gemischten Club von jüngeren und älteren Anwälten, einigen Firmensyndici und »One-Dollar-Men« aus Banken und Unternehmen, rund zehn westlich ausgebildeten Juristen insgesamt. Jeder fühlt sich für alles zuständig, jeder läßt sich auf alles ansprechen, jeder hat zu allem seine eigene Meinung. Man braucht »schnell mal einen Juristen«, irgendeinen, nicht die Meinung einer zentralen Rechtsabteilung. Gibt der eine nicht den gewünschten Rechtsrat, geht man zum nächsten. Ost-Direktoren fragen grundsätzlich nur Ost-Juristen. Doppel- und Gegengutachten häufen sich. Nicht Zuständigkeiten, sondern der in Nachtsitzungen bewährte Schulterschluß mit den operativen Bereichen entscheidet darüber, welcher Jurist gesucht ist. Manche Mitarbeiter gehören mehr zum Bereich eines Verkaufsdirektors als zur Rechtsabteilung.

Gelegentlich wird einer der Juristen spontan im Flur angehalten, um als Geschäftsführer einer Treuhand-GmbH einzuspringen. Nicht selten wird die Rechtsabteilung als »Gruppe der Rechtsanwälte« angeschrieben. Wozu brauchen diese Einzelkünstler einen Vorgesetzten?

Eine der ersten Aufgaben muß es sein, den Betrieb zu strukturieren, Verantwortlichkeiten zuzuordnen, ein Mindestmaß an »Linie« sicherzustellen. Strukturen der staatlichen Verwaltung dürfen jedoch nicht ohne weiteres auf die Treuhand übertragen werden. Hierarchie muß sein, aber nur eine flache.

Kreativität und Elan der Mitarbeiter dürfen nicht durch zu strenge Organisation erstickt werden. Telefonate mit den Chefsyndici von Großbanken und Konzernen, die ihre Organigramme übersenden, zeigen Gestaltungsmöglichkeiten. Ein eigenes Organigramm wird entworfen; der Mann der Sekretärin, ein Ingenieur, malt es auf Karton, einstweilen ein reines Wunschbild. Es soll sechs Abteilungen geben; die Grundsatzabteilung behält sich der Direktor vor, damit er auch selber juristisch-handwerklich arbeiten kann. Ein Verwaltungschef und Geschäftsstellenleiter wird eingestellt. Er entwirft die sehr flexible interne Geschäftsordnung – von der »Gruppe der Anwälte« trotzdem lange ironisiert und ignoriert – und Vorarbeiten für einen Aktenplan, lange ehe andere Bereiche an so etwas denken.

Nun heißt es, passende juristische Mitarbeiter zu finden. In rund zwei Monaten wird die Zahl der Juristen auf 40 erhöht, also verdoppelt, obwohl die ersten schon wieder gehen. Das öffentliche Recht ist in der öffentlich-rechtlichen Anstalt noch nicht vertreten; hier wartet viel Arbeit. Ein alter Freund beim Bundesverwaltungsgericht ist bereit, auf seinen vorzüglichen Hilfsrichter zu verzichten. Er kommt, aber ein Streit mit dem Personalleiter folgt, weil dieser für den vielfachen Kindsvater wie auch aus organisatorischen Gründen kein Kindergeld auszahlen kann. Viel gutes Zureden ist nötig, damit der Kandidat bleibt. Ein weiterer Verwaltungsrichter will ebenfalls kommen, aber erst wenn ein Sonderauftrag für die Justizsenatorin abgewickelt ist; das kann noch dauern.

Frühzeitig denkt der Chefjurist daran, daß auch das Strafrecht eine Rolle spielen wird. Die Unordnung in den durch gesetzgeberischen Federstrich umgewandelten Unternehmen und die Umstände der möglichst raschen Privatisierung einer ganzen Volkswirtschaft schaffen Versuchungen, denen manche drinnen und viele draußen erliegen werden. Es muß möglich sein, innerhalb der Treuhandanstalt strafrechtlichen Vorwürfen nachzugehen. Nach außen ist professioneller Umgang mit den Strafverfolgungsorganen nötig.

Für die Organisationseinheit bietet sich der Name »Stabstelle Besondere Aufgaben« an, das wird Respekt wecken. Rohwedder und Knapp hinterfragen den Vorschlag – kein Unternehmen braucht derlei, weshalb also ausgerechnet die Treuhandanstalt?

Wirtschaftsstaatsanwälte sind rar; es bedarf endloser Telefonate, das Bundesjustizministerium vermittelt ans Justizministerium von Baden-Württemberg, das zu guter Letzt den einzig richtigen Mann selbstlos freistellt. Er holt später drei – ebenfalls schwäbische – Kripo-Beamte und eine Justizbeamtin nach. Die Gruppe wird berühmt – für ihre gewaltige Leistung wie für Maultaschen und Kartoffelsalat.

Nach und nach finden sich hochmotivierte junge Anwälte und andere Wirtschaftsjuristen; sie kommen durchweg, ehe die Vertragskonditionen im einzelnen feststehen. Der Leiter der Rechtsabteilung gibt sein Wort, ohne zu wissen, ob er das darf, und tatsächlich – das Wort hält. Die Personalabteilung kommt mit dem Einstellungstempo kaum noch mit.

Ein junger Anwalt erinnert nach zwei Monaten daran, daß er noch keinen Vertrag besitzt und keinen Pfennig Gehalt gesehen hat. Die schwierigen äußeren Umstände (meist Doppelzimmer für erwachsene Anwälte, kaum Unterbau, keine Registratur, 14-Stundentag) fallen jedem schon bei der Vorstellung ins Auge; die Gehaltserwartungen steigen. Nur Qualität hat eine Chance, Gehör zu finden; wer nicht überzeugt, wird abgelehnt. Gute Leute müssen her, auch wenn sie etwas mehr kosten.

Dies auch deswegen, weil sich bald zeigt, daß die Rechtsabteilung im Wettbewerb mit den Juristen stehen wird, die sich die operativen Bereiche aneignen. Auch der Präsident meint, daß alle Juristen, selbst die der Niederlassungen, beim Direktor Recht angebunden sein müßten; die juristischen Autarkiebestrebungen der Bereiche gefallen ihm so wenig wie dem Leiter der Rechtsabteilung. Ändern wird sich bei der explosiven Personalentwicklung und bei dem Wunsch der Direktoren, sich nicht ständig in die Karten schauen zu lassen, aber nichts.

Später, beim Übergang zur Matrixorganisation (alle Vorstände außer Personal und Finanzen erhalten neben Querschnittsfunktionen auch einen Unternehmensbereich, in dem sie für alles – Privatisierung, Beteiligungsführung und Sanierung – zuständig sind), wird die Idee eines allzuständigen, in sich geschlossenen Rechtsbereiches vollends illusorisch. Die nur disziplinarische Verantwortung für die direktoratsfremden Juristen – also für Einstellung, Urlaubsanträge, Gehaltsaufbesserungen und Kündigung – wird vom Leiter der Rechtsabteilung entschieden abgelehnt.

Soll er die Ossis mit den Wessis mischen? Der Chef fragt die Ost-Juristen, was sie möchten; alle wollen noch eine Weile im Kollektiv zusammenbleiben, man teilt Erfahrungen, Sorgen, Arbeitsstil, »Befindlichkeit« mit den alten Kollegen, findet Geborgenheit. Aber am Einzelproblem bilden sich schöne Ost-West-Mischungen heraus; erste Gutachten mit doppelter Autorenangabe kommen in Umlauf.

Manche sind mutiger, manche zurückhaltender, aber das gegenseitige Vertrauen wächst sichtbar. Es fällt auf, daß weniger die positive Rechtskenntnis Ost- und West-Juristen unterscheidet; die erwerben sich aufgeweckte und neugierige Leute schnell. Was am längsten erhalten bleibt, sind verschiedene juristische Argumentationsstile, die vom einzelnen kaum mehr erkannten Spuren der beruflichen Sozialisation, »déformations professionnelles«.

Für die meisten Gebiete finden sich nach und nach Spezialisten. Das Haus muß lernen, Zuständigkeiten zu respektieren und Anfragen an das Direktorat oder an die Abteilungen zu richten. In dem »Aktenkäfig«, einem mit Stahlgitter ausgeschlagenen, früher wahrscheinlich elektrisch gesicherten Geheimschutzraum ohne Tageslicht, finden hitzige Diskussionen statt. Aus Einzelkämpfern wird mit der Zeit ein Team.

Oktober 1990

Ansturm der Wissenschaft

Jahrzehntelang war es sinnvoll und hilfreich, daß Wirtschaftswissenschaftler das ökonomische Alltagsgeschehen analysierten, ordneten, bewerteten und Vorschläge unterbreiteten. Das Phänomen der radikalen Transformation einer nicht mehr wettbewerbsfähigen, zusammenbrechenden Volkswirtschaft traf allerdings auch sie überraschend und weitgehend unvorbereitet.

Die Treuhandanstalt als einer der Hauptakteure des Prozesses zur Überwindung der nicht überlebensfähigen planwirtschaftlichen Strukturen einerseits und zur Herausbildung marktwirtschaftlicher Unternehmenssubstanz andererseits erfährt von Anfang an eine aufmerksame, forschungsseitige Begleitung. Bereits im Oktober 1990 erörtern der Präsident der Treuhand und der Sachverständigenrat zur Begutachtung der gesamtwirtschaftlichen Entwicklung intensiv die vom Gesetz vorgegebene Aufgabenstellung und die aktuellen Probleme dieses Auftrags. Im selben Monat findet auch ein erster Informationsaustausch zwischen führenden deutschen wirtschaftswissenschaftlichen Forschungsinstituten und der Treuhand statt. Fragen des Sachverständigenrates und der Forschungsinstitute und ihre Beantwortung durch die Treuhand sind seitdem alltäglich geworden.

Von Frankreich und Großbritannien, aus den USA, Kanada und Japan, aus Polen, den baltischen Republiken, aus Rußland und China kommen Ökonomen ins Detlev-Rohwedder-Haus, informieren sich und diskutieren mit Treuhand-Mitarbeitern. Fast täglich melden sich Professoren ost- und westdeutscher Hochschulen oder Doktoranden, die Aufgabenstellung und Vorgehen der Treuhand kritisch durchleuchten wollen.

Privatisierung – mit Tempo und Qualität

Zu den frühen Empfehlungen der Wirtschaftswissenschaftler gehörte, das Privatisierungstempo zu erhöhen. Nachdem dies bereits im Frühjahr 1991 geschehen war, wurde in Wissenschaftskreisen die Auffassung laut, das Tempo der Privatisierung werde rasch zurückgehen, und ein beachtlicher Restbestand an Treuhand-Unternehmen bliebe unverkäuflich. Begründet wurde die Annahme vor allem mit der Privatisierungsstrategie der Treuhand, aber auch mit der »Filetstück«-These. Das breite Spektrum der Privatisierungsformen und -wege läßt die Treuhand bis zum heutigen Tage problemorientiert und situationsgerecht reagieren. So wurde 1992 bei hohem Tempo mit Qualität weiter privatisiert. Und 1993 wird bei einem deutlich geringeren Bestand an Treuhand-Unternehmen die Privatisierung zügig fortgesetzt.

Tatsache ist auch, daß durch Entflechtung der Treuhand-Konzerne »maßgeschneiderte Angebote«, insbesondere für mittelständische Erwerbsinteressenten, ermöglicht werden, die »Filetqualität« haben. Fälle, wo durch Entflechtung die Unternehmenssubstanz der Holdings nahezu vollständig getrennt verkauft wurde, bestätigen dies.

In einigen »attraktiven Branchen«, die vor allem im regionalen Markt tätig sind, ist die Privatisierung bereits bis Ende 1992 weitgehend abgeschlossen. Andererseits ist nicht zu übersehen, daß die konjunkturelle und branchenstrukturelle Entwicklung Einfluß auf die Sanierung und Privatisierung hat. Das trifft vor allem auf Branchen zu, in denen der Schrumpfungsprozeß auch in westlichen Volkswirtschaften drastisch ausfällt. Nachdem die Exportmärkte Osteuropas für ostdeutsche Unternehmen weitgehend weggebrochen sind, führt dies zu existentiellen Absatzengpässen, die durch keine Privatisierungs- und Sanierungsstrategie kurzfristig zu beheben sind.

Investitions- und Arbeitsplatzzusagen

Die Strategie der Treuhandanstalt, von den Erwerbern Arbeitsplatz- und Investitionszusagen zu verlangen und diese durch Androhung von Vertragsstrafen (Pönalien) abzusichern, stößt auf wissenschaftliche Skepsis. Die Treuhandanstalt kann ihre Strategie selbstverständlich nur durch Geben (Zugeständnisse z. B. beim Kaufpreis) und Nehmen (vertraglich abgesicherte Zusagen) durchsetzen.

Verkehrt wäre diese Strategie, wenn die Treuhandanstalt Erwerber veranlassen würde, unrentable Betriebe fortzuführen, und sich dadurch deren erforderliche Stillegung deutlich verzögerte. Wer dies befürchtet, überschätzt den Einfluß der Treuhand bei weitem, unterstellt zudem nahezu willenlose Investoren. Dieser Extremfall ist zwar theoretisch möglich, aber praxisfremd. Und außerdem: Vor den Zusagen der Erwerber steht das Unternehmenskonzept. Potentielle Erwerber fallen durch, wenn die Arbeitsplatz- und Investitionszusagen »stimmen«, aber das Unternehmenskonzept keine tragfähige Weiterführung des Unternehmens gewährleistet.

Gerade für die große Zahl der mittelständischen Interessenten ist die Kombination von Unternehmenskonzept und Zusagen der Einstieg für ernsthafte Überlegungen und Kalkulationen. Mittelständische Unternehmen ziehen ihre auf mittlere Frist zugesagten Investitionen regelmäßig vor, um möglichst rasch marktgängige Produkte zu konkurrenzfähigen Kosten produzieren zu können. Dies ist ein deutlicher Hinweis auch dafür, daß z. B. durch Kaufpreiszugeständnisse keine Erhaltungssubventionen gewährt werden, sondern ein Beitrag zur Wettbewerbsfähigkeit geleistet wird.

Kritiker wenden ein: Arbeitsplatz- und Investitionszusagen erfordern eine aufwendige Unternehmenseinzelprüfung und ein mittelfristiges Vertragscontrolling und führen so zu hohen Kosten. Hier wird übersehen, daß »Verkaufen« ohne genaue Kenntnis des Wertes (Preises) des zu verkaufenden Gutes »anti-marktwirtschaftlich« ist.

Neben der ökonomischen Problematik wäre in bestimmten Fällen auch mit zunehmendem sozialem Zündstoff zu rechnen. Wer fordert, »unverkäufliche« Unternehmen sollten selbst im Falle eines negativen Kaufpreises »ohne Rückversicherung« veräußert werden, der ignoriert die soziale Brisanz, die sich einstellt, wenn solche Unternehmen bald nach Übernahme geschlossen würden.

»Viel« Mittelstand

Wirtschaftswissenschaftliche Kritik wird auch laut, wenn die Treuhand »große Einheiten oder mehrere Objekte als Paket zur Privatisierung anbietet«. Zunächst sind diese Verkäufe nicht »typisch Treuhand«. Typisch ist der Verkauf an mittelständische Erwerber:
- 80 Prozent der Erwerber von Treuhand-Unternehmen sind Mittelständler, und
- allein an ostdeutsche leitende Mitarbeiter hat die Treuhand bisher knapp 2000 Betriebe verkauft. Diese Management Buy-Outs (MBO) erfolgen bei mittelständischen Unternehmensstrukturen.

Allerdings wurden auch größere Unternehmenseinheiten – in Einzelfällen sogar fast komplette Kombinate – verkauft. Leuna/Minol beispielsweise wurden auch unter Synergie-Gesichtspunkten gekoppelt. Daneben mag es einige kritische »Großfälle« geben; bei einem Teil wurde immerhin »Größeres« von der Treuhand verhindert. Großverkäufe werden weiterhin die Ausnahme bleiben.

Fazit: Wenn die Wissenschaft die Gefahr sieht, daß die Treuhand »zwischen Baum und Borke« plaziert wird (Horst Kern, Charles F. Sabel: »Between Pillar and Post«), mag das zwar auch heißen, daß ihre Privatisierungs- und Sanierungsstrategien mit wirtschaftstheoretischen Kategorien schwierig einzuordnen sind. Es bedeutet aber nicht, daß die Treuhand-Aktivitäten weniger praktikabel, weniger sozial verträglich und weniger konsensfähig sind als wirtschaftswissenschaftliche Modellüberlegungen.

22. Oktober 1990

Getarntes Stasi-Vermögen

Beim Durchblättern verstaubter Stasi-Akten entdeckt der als Direktor gerade in den Dienst der Treuhandanstalt getretene Heinz Schäfgen einen kurzen Textauszug. Nach einer im Jahre 1986 im Auftrag des Genossen Minister in mehreren Diensteinheiten durchgeführten Überprüfung zur Arbeit mit konspirativen Objekten (KO) sowie zur Arbeit mit hauptamtlichen IM (HIM) sei festgestellt worden, daß zur Abdeckung einer großen Anzahl von KO sowie von Scheinarbeitsverhältnissen die Legende »Versorgungseinrichtung des Ministerrates der DDR« genutzt wurde. Die Tarnung deckte 113 KW, 203 KO, 33 konspirative Dienstobjekte, 17 Wohnobjekte, 16 Naherholungsobjekte und eine große Anzahl von HIM, die beim Ministerrat nur im Ausnahmefall bekannt waren.

Zu Dienstbeginn am 22. Oktober 1990 wird Schäfgen mitgeteilt, das Ministerium für Staatssicherheit habe rund 9000 Objekte genutzt, die nunmehr erfaßt und privatisiert werden müßten. Der Einigungsvertrag und eine Durchführungsverordnung der DDR, die Bundesrecht geworden war, hatten festgelegt, daß das Stasi-Vermögen der Treuhandanstalt zustand.

Es gibt eine wichtige Ausnahme: Alle Objekte, die bereits nach dem 1. Oktober 1989 neuen sozialen oder öffentlichen Zwecken zugeführt wurden, gehen in das Eigentum der begünstigten Dritten, überwiegend Kommunen, über. Das ist zwar ein vernünftiger Zweck, doch scheint es, als habe der Gesetzgeber im Verhältnis zu dem Stasi-Vermögen eine Art Berührungsangst.

Die entscheidende Frage, wem welche konkrete Liegenschaft gehört, konnte niemand beantworten. Dies festzustellen soll nun das Direktorat von Schäfgen übernehmen. Eine Datei des MfS weist 9311 Objekte aus, darunter allein über 5000 konspirative Wohnungen. Im Ergebnis der Ermittlungen sind inzwischen etwa 3900 Objekte aktenkundig belegt. Damit ist die Aufgabe hinreichend bestimmt. Es geht darum, Liegenschaften, bewegliche Sachen und sonstiges Vermögen zu erfassen, die Frage zu klären, welche Immobilien Dritten rechtmäßig zugeführt worden waren, Rückübertragungsansprüche ehemaliger Eigentümer zu beachten und, schließlich, das der Treuhandanstalt übereignete Vermögen möglichst bald zu verkaufen. Dazu gehören auch Schiffe, Autos, Bilder, Briefmarken, Möbel, Küchengeschirr, Bekleidung, Werkzeuge, Büromaterial und vieles mehr.

Das Direktorat mit der wenig aussagekräftigen Bezeichnung »Finanzvermögen« wird Anfang Oktober 1990 eingerichtet. Ende Oktober ist es, einschließlich Direktor und Sekretärin, mit sechs Arbeitskräften besetzt. Der Chef ist der einzige »Wessi«. Alle dienen mit großem Fleiß, wenn auch nicht selten mit steigender Verwirrung. Immerhin gibt es schon ein Telefon, das jedoch über Berlin-Ost hinaus nur selten einen Anschluß ermöglicht. Auf dem Etagenflur stehen ständig Besucher: Bürgermeister, Alteigentümer, Pächter, Kriminalbeamte, Zöllner und viele andere. Sie verlangen Auskünfte, die ihnen die Mitarbeiter meistens nicht erteilen können.

Just am Tage des Dienstaustrittes des Direktors »Finanzvermögen« teilt der Staatssekretär im Bundesministerium des Innern Präsident Rohwedder mit, eine erfolgreiche Aufklärung und Erfassung von Vermögensgegenständen des ehemaligen MfS sei von der Klärung schwieriger tatsächlicher und rechtlicher Fragen abhängig. Der Staatssekretär weist darauf hin, daß Anhaltspunkte für nicht unbedeutsame Vermögensverschiebungen vorliegen, die mit den Bestimmungen des Einigungsvertrags nicht in Einklang zu bringen seien. Bei den Manipulationen sollen auch ehemalige Stasi-Mitarbeiter beteiligt gewesen sein. Der Staatssekretär bietet jedoch auch Hilfe an. Offensichtlich hat er die schwierige Lage erkannt.

Zur Erfassung und Aufklärung des MfS-Vermögens soll im Bereich des Innenministeriums eine Dienststelle »Vermögensabwicklung« geschaffen werden. Diese übernimmt dann auch bis zur Übergabe der notwendigen Unterlagen an die Treuhand die

Sicherung und Verwaltung der Objekte. Die für jedes einzelne Objekt erforderlichen Akten müssen in den meisten Fällen erst rekonstruiert werden. Die mühsame Aufgabe kann bis heute nicht abgeschlossen werden; sie wird mit erheblichem Aufwand nach wie vor von einer Außenstelle Berlin des Bundesverwaltungsamtes wahrgenommen.

Das Ministerium für Staatssicherheit war am 4. Dezember 1989 aufgelöst und in ein Amt für Nationale Sicherheit umgewandelt worden. Bereits am 14. Dezember 1989 wurde auch die Auflösung dieses Amtes beschlossen. Mit der Auflösung waren zunächst Regierungsbeauftragte betraut, die sich der zuständigen Stellen des Amtes bedienten. Seit dem 8. Februar 1990 war das »Komitee zur Auflösung des ehemaligen Amtes für Nationale Sicherheit« zuständig. Das Komitee hat aus Zeitgründen seine Aufgabe nur halbwegs erledigt.

Dabei kann die Aufteilung des MfS-Vermögens zu keinem Zeitpunkt unter Kontrolle gehalten werden. Die unterschiedlichen Motive von mitwirkenden Auflösungsstäben, Bürgermeistern, Runden Tischen und aufgebrachten Bürgern lassen sich längst nicht mehr mit der notwendigen Klarheit trennen.

Anfang Dezember 1990 teilt das Bundesministerium mit, daß die Polizeisportvereinigung nach dem 1. Januar 1991 nicht mehr fortgeführt wird. Es sei nicht Aufgabe des Bundes, Sportvereine zu unterhalten. Die Sportler und Trainer, das Verwaltungs- und Infrastrukturpersonal werden in den Wartestand versetzt. Die Polizeisportvereinigung ist aus der Sportvereinigung Dynamo, einer gemeinsamen Einrichtung des MfS, der Volkspolizei und des Zolls, hervorgegangen, nachdem das MfS aufgelöst worden ist. Die Liegenschaften gehören aber nach wie vor ausnahmslos dem ehemaligen MfS. Nun ist das Direktorat mit einem Schlag für die Unterhaltung und Bewirtschaftung von 120 Sportanlagen und sonstigen Liegenschaften verantwortlich. Bedeutende Sportanlagen wie das Sportforum Berlin, die Rennschlitten- und Bobbahn in Altenberg, das Dynamo-Stadion in Dresden, Trainingszentren in Schwerin, Potsdam und Luckenwalde gehören dazu, aber auch Sportplätze, Sprungschanzen, Eissport- und

Schwimmhallen und anderes. Das Ministerium hat in seinem Schreiben hervorgehoben, es wäre höchst bedauerlich, wenn die Sportstätten infolge mangelnder Pflege bis zur Übergabe an einen neuen Träger irreparable Schäden erlitten.

Nun heißt es, die Nerven zu behalten. Wer ist schon Ende 1990 sofort bereit, eine Sportstätte zu betreiben, den Sportbetrieb für die Allgemeinheit aufrechtzuerhalten, die Durchführung geplanter öffentlicher Sportveranstaltungen zu sichern oder gar mit notariellem Vertrag eine Sportanlage zu kaufen?

In den Kommunen fehlt es nicht an Engagement, wohl aber am nötigen Kleingeld. Das gleiche gilt für das Wissen über die Beschaffenheit der Sportanlagen, deren Größe oder gar Wert. Fragen über Fragen. Den Mitarbeitern der Treuhandanstalt scheint es, die Arche Noah müsse neu gebaut werden. Von Weihnachtsstimmung oder gar ruhigen Festtagen ist keine Rede mehr. Um den Jahreswechsel 1990/91 gelingt es dann doch, die Objekte zunächst in die Obhut der Kommunen zu geben, damit den Verfall der Anlagen aufzuhalten und allmählich den Sportbetrieb wieder aufzunehmen.

Nach einer Durchführungsverordnung der de-Maizière-Regierung ist außer dem MfS-Vermögen auch ein Teil des Vermögens der DDR-Streitkräfte (NVA) an die Treuhand zu übergeben. Es handelt sich um das zwischen dem 30. August und 2. Oktober 1990 ausgesonderte militärische Material. Lange bevor etwas von ausgesonderten Liegenschaften zu hören ist, wird offenkundig, daß das Ministerium für Abrüstung und Verteidigung der DDR nicht unerhebliche Ausrüstungsmengen (keine Waffen), darunter vier Minensuchboote und kleine Transportflugzeuge, offenbar zum Teil unter Preis, an ausländische Firmen veräußert hat. Grundsätzlich hätte dies der Treuhand übertragen werden müssen. Von 140 Millionen ist die Rede.

Ganze Liegenschaften sind überdies von Offizieren lukrativ verpachtet, militärisches Gerät ist verkauft worden. Ein Teil der »Beute« kann sichergestellt werden. Eines Sonntagmorgens wird der Leiter des Direktorats vom Telefon geweckt und aufgefordert, sofort die Bahngebühren für drei Waggons mit Wehrmaterial zu übernehmen, anderenfalls werde die Beschlagnahme aufgehoben. Ein Rückblick auf die Anfänge macht deutlich, daß die Treuhand außer ihrem Privatisierungsauftrag auch in vielfältiger Weise im Vollzug des Einigungsvertrages ordnungspolitische Aufgaben zu vollbringen hatte. Inzwischen sind die organisatorischen Voraussetzungen geschaffen. Und doch ist die Arbeit nicht leichter geworden. Hinter Paragraphen und Vorschriften stehen Menschen, die nach leidvollen Erfahrungen nun um ihre materielle Existenz, ihr früheres Eigentum oder um eine Entschädigung kämpfen.

5. November 1990

Die Vertrauensbevollmächtigten beim Vorstand der Treuhandanstalt

Durch persönliche Initiative des Bundeskanzlers sind Anfang November 1990 bei der Treuhandanstalt insgesamt 17 pensionierte hochrangige Richter und Justizbeamte als Vertrauensbevollmächtigte eingesetzt worden, Albrecht Krieger und Erich Bülow beim Vorstand der Treuhandanstalt mit zusätzlichen Koordinierungsfunktionen und je einer bei jeder der 15 Niederlassungen der Treuhandanstalt. Alle sind als unabhängige Berater tätig, gehören also der Treuhandanstalt nicht an. Sie sind keinerlei Weisungen unterworfen, haben aber infolgedessen auch keinerlei Exekutivbefugnisse.

Ihre Aufgabe besteht ausschließlich darin, Hinweisen auf die politische Vergangenheit von Personen in der Leitung von Treuhand-Unternehmen und damit verbundenen Vorwürfen – etwa Hinweisen auf alte oder neue »Seilschaften« – nachzugehen und gegebenenfalls Empfehlungen für personelle Konsequenzen an den Vorstand der Treuhandanstalt oder, wenn es sich um ein von einer Niederlassung der Treuhandanstalt verwaltetes Unternehmen handelt, an den Leiter der Niederlassung zu richten. Die abschließende Entscheidung über solche Empfehlungen obliegt ausschließlich dem Vorstand oder dem Leiter der jeweiligen Niederlassung der THA.

Wenn einem gerade pensionierten Beamten des Bundesministeriums der Justiz zwei Wochen nach der Wiedervereinigung Deutschlands am 3. Oktober 1990 die Frage gestellt wird, ob er bereit sei, an einer solchen Aufgabe mitzuwirken, kann er kaum ablehnen, meinte Krieger. »Man fühlt sich wie in eine patriotische Pflicht gerufen.«

Am 25. Oktober 1990 findet die erste Vorbesprechung im Bundeskanzleramt statt, an der auch der erste Präsident der Treuhandanstalt, Detlev Karsten Rohwedder, teilnimmt. Am 29.

Oktober finden erste Gespräche mit dem Vorstand der Treuhandanstalt in Berlin statt. Bereits am 5. November kann Staatssekretär Kinkel vom Bundesministerium der Justiz dem Bundeskanzleramt die vorgesehenen, insgesamt 17 hochrangigen ehemaligen Richter und Justizbeamten präsentieren. Nur 30 Minuten dauert es, bis sich alle Beteiligten einvernehmlich auf die Verteilung dieser 17 Personen auf den Vorstand und die 15 Niederlassungen der Treuhandanstalt geeinigt haben, und am 6. November 1990 können alle an ihrem jeweiligen Einsatzort mit Aufgaben beginnen, die es bis dahin noch nie gegeben hatte: ein eindrucksvolles Beispiel für entschlossenes Handeln in einer außergewöhnlichen Situation.

Entscheidungsgrundlage und alleiniges Motiv für die Tätigkeit der Vertrauensbevollmächtigten ist von Anbeginn, den Menschen in den neuen Bundesländern zu helfen, und zwar jenen, die nicht verstehen können, daß sich in diesem Teil Deutschlands noch nicht mehr verändert hat, daß immer noch Funktionäre von gestern unverändert in leitender Position tätig sind, als sei inzwischen nichts geschehen.

Die SED-Mitgliedschaft für sich allein kann kein Kriterium für personelle Konsequenzen sein. Entscheidend ist, ob bei Personen in leitenden Positionen von Treuhand-Unternehmen ein individuell schuldhaftes Verhalten, wenn auch in aller Regel unterhalb der Schwelle des strafrechtlich Faßbaren, festzustellen ist. Wichtig ist auch, ob solche Personen allein aufgrund der Ausübung von Funktionen, in die sie nur bei voller Identifizierung mit dem alten Regime und seinem Unrechtssystem berufen werden konnten (Nomenklatur-Kader) oder in denen sie als Funktionäre der Partei unmittelbar der SED-Diktatur dienten, als objektiv kompromittiert und damit für die Fortführung leitender Funktionen in Treuhand-Unternehmen als disqualifiziert gelten müssen.

Immer kommt es dabei auf die besonderen Umstände des Einzelfalls an. Pauschalregelungen können – selbst wenn es um eine behauptete Zusammenarbeit mit dem Staatssicherheitsdienst geht – schon aus rechtsstaatlichen Gründen nicht in Betracht kommen. Der Begriff der objektiven Kompromittierung scheint jedoch, sofern es sich nicht um Fälle individuell schuldhaften Verhaltens oder um eindeutiges menschliches Versagen handelt, besser als andere Maßstäbe geeignet, den Erwartungen und Hoffnungen der Menschen in diesem Teil Deutschlands nach 40 Jahren Parteidiktatur und Kommandowirtschaft gerecht zu werden. Er ist darauf ausgerichtet, niemandem Unrecht zu tun. Insbesondere hat der vor allem von Stasi-Mitarbeitern fast regelmäßig vorgebrachte Einwand, sie hätten niemandem geschadet, die Vertrauensbevollmächtigten nicht überzeugen können.

»Was wir vom ersten Tage unserer Tätigkeit als Vertrauensbevollmächtigte an täglich in zahllosen Gesprächen und durch Tausende von Eingaben erfahren haben, war immer wieder tief bedrückend und verstärkte von Tag zu Tag den Eindruck, daß wir bei allem Interesse und Engagement für diesen Teil Deutschlands in der Zeit der unseligen Teilung Deutschlands im Grunde keine Ahnung gehabt haben von dem, was 40 Jahre lang die menschenverachtende Realität in diesem Teil Deutschlands war«, stellten Krieger und Bülow fest.

Unter welchen Umständen die Aufgabe geleistet wird, macht ein Einzelfall deutlich, der wenige Tage nach Beginn ihrer Tätigkeit im November 1990 beide Vertrauensbevollmächtigte in Berlin ganz in Anspruch nimmt. Ihnen ist an einem regnerischen Freitagmittag mitgeteilt worden, daß sich vor dem Eingangsbereich der Treuhandanstalt auf dem Alexanderplatz 80 bis 100 Belegschaftsmitglieder eines Teilbetriebs eines großen Kombinats mit Transparenten und Spruchbändern eingefunden hätten und die Bevollmächtigten zu sprechen wünschten.

Annähernd hundert Menschen hatten den Eingangsbereich besetzt. Trotz entschiedener Aufforderungen waren sie nicht bereit, den Eingang freizugeben. Die beiden Bevollmächtigten baten die vier Sprecher der Gruppe, darunter den Betriebsratsvorsitzenden, in ihr damals noch gemeinsames Arbeitszimmer. Es galt zu erfahren, worum es sich handelte.

Der Geschäftsführer des Kombinat-Betriebsteils wollte mit

Zustimmung von Betriebsrat und Belegschaft den Teilbetrieb als GmbH verselbständigen und dann zugunsten eines bereits dringend interessierten belgischen Investors privatisieren. Der durch seine politische Vergangenheit schwer belastete Generaldirektor des noch nicht in eine Aktiengesellschaft umgewandelten Kombinats dagegen bestand, allein aus Gründen der Absicherung seiner Machtposition, auf der Kombinatszugehörigkeit des Betriebs. Er hatte deshalb dem Geschäftsführer des Teilbetriebs kurzerhand gekündigt und ihn mit sofortiger Wirkung beurlaubt. An dessen Stelle hatte der Generaldirektor zwei ihm nahestehende alte SED-Genossen als neue Geschäftsführer mit dem Ziel eingesetzt, die Teilprivatisierung zu verhindern.

Hier lag also ein »Mischtatbestand« politischer und betriebswirtschaftlicher Art vor. Er war noch dadurch wesentlich erschwert, daß zugleich gegen den zuständigen Branchendirektor der Treuhandanstalt, einen ehemaligen stellvertretenden Minister der DDR, wegen seiner politischen Vergangenheit schwere Vorwürfe erhoben wurden. Außerdem behauptete man, zwischen ihm und dem Generaldirektor des Kombinats bestehe eine »alte Seilschaft«.

In dieser Situation konnten die Vertrauensbevollmächtigten mangels jeder Möglichkeit einer sofortigen Überprüfung der Vorwürfe und mangels Zuständigkeit für die betriebswirtschaftliche Frage der Zweckmäßigkeit einer Teilprivatisierung nichts anderes tun, als den vier Sprechern der Belegschaft des Teilbetriebs zu versichern, sie würden versuchen, alle beabsichtigten Maßnahmen zu stoppen, um den Eintritt vollendeter Tatsachen zu verhindern.

Die Sprecher baten nachdrücklich darum, dies den demonstrierenden Belegschaftsmitgliedern selbst mitzuteilen. Es war tief bewegend zu erleben, mit wieviel sichtbarer Dankbarkeit und mit wieviel Vertrauen diese Menschen, zum Teil unter Tränen, den Sprecher anhörten, obwohl er ihnen keine Sachentscheidung mitteilen, sondern nur einen Zwischenbescheid geben konnte. Hier wurde den Vertrauensbevollmächtigten erstmals deutlich, was es für die Menschen bedeutete, auch nur angehört zu werden.

In diesem Augenblick kommt der Personalvorstand der Treuhandanstalt, Alexander Koch, vorbei und fragt scherzhaft, ob die beiden Juristen inzwischen zu Agitationsrednern avanciert seien. Sie bitten ihn um ein sofortiges Gespräch mit dem zuständigen Branchendirektor. Innerhalb von zwei Stunden sind alle Maßnahmen gestoppt, ist der abberufene Geschäftsführer wieder eingesetzt. Als noch am späten Nachmittag jenes Freitags der Betriebsratsvorsitzende unterrichtet wird, bricht er in Tränen aus: Dies sei die beste Nachricht, die er und seine Kollegen seit der Wende erhalten hätten.

Im weiteren Verlauf ist der Teilbetrieb privatisiert worden. Der Generaldirektor des Kombinats und der Branchendirektor der Treuhandanstalt wurden wegen ihrer politischen Vergangenheit von ihren Funktionen entbunden. Einer Empfehlung der Vertrauensbevollmächtigten an den Vorstand der Treuhandanstalt bedurfte es nicht mehr.

So wurden die beiden Juristen gleich zu Beginn ihrer Tätigkeit als Vertrauensbevollmächtigte um eine Erfahrung reicher. Sie verdeutlichte schlagartig den gesamten Bereich der ihnen übertragenen Aufgaben und sollte sich in den folgenden zwei Jahren ihrer Arbeit beim THA-Vorstand in zahllosen Variationen noch oft wiederholen.

12. November 1990

Leihmanager von Bayer

Bundeskanzler Helmut Kohl hat in einer Gesprächsrunde mit Vertretern der deutschen Wirtschaft am 8. Oktober 1990 dringend darum gebeten, der Treuhandanstalt mindestens 100 Manager für einen Zeitraum von drei bis neun Monaten auszuleihen. Im Rahmen der Aktion »Manager-Transfer« beginnt Professor Ernst Schraufstätter zusammen mit sechs Kollegen der Bayer AG seine Tätigkeit am 12. November 1990 bei der Treuhandanstalt in Berlin. Während seine Kollegen für diese Aufgabe aus dem aktiven Dienst freigestellt werden, ist er bereits pensioniert.

Nach längerem Warten sollen die Bayer-Manager als Hilfsberater in ein Großraumbüro abgeschoben werden. Ihre Hilfe beim Aufbau der Treuhandanstalt hatten sie sich aber anders vorgestellt. Zu viert in einem Minikonferenzzimmer von vielleicht zwölf Quadratmetern, beginnen sie zu überlegen, wie man hier am besten konstruktive Arbeit leisten kann.

Die Treuhandanstalt ist Anfang November 1990 am Alexanderplatz 6 in Großraumbüros mit uralten Büromöbeln untergebracht. Die Toiletten sind in einem unglaublichen Zustand. Die Mitarbeiter sind zum größten Teil noch ehemalige Mitarbeiter der früheren Wirtschaftsministerien der DDR. Die Organisation ist relativ diffus, lediglich funktional ausgerichtet, eingeteilt nach Privatisierung, Sanierung, Abwicklung. Die Firmen werden von einem Bereich Wirtschaft unter der Leitung eines alten DDR-Funktionärs betreut. Erste westdeutsche Leihmanager sind erst seit kurzem tätig.

Einerseits herrschen chaotische Zustände: Es gibt nicht genügend Büros (einige sind gerade renoviert worden) und nur wenige West-Telefone, auch sonst fehlt es an allem. Andererseits bringen die Leihmanager Pioniergeist und Leistungswillen, auch nationales Pflichtgefühl mit.

Am zweiten Tag lernen die Bayer-Manager, daß sie mit der Parole »Wir kommen von der Kanzlerrunde« manches erreichen können. Am dritten Tag akquirieren sie zu viert ein eben renoviertes Büro mit einem Sekretariat und bringen ihre Namensschilder an. Das Sekretariat wird noch in der gleichen Woche nach modernsten Maßstäben eingerichtet und mit zwei Sekretärinnen aus dem Schreibpool besetzt. Ein Funktelefon haben die Herren selbst mitgebracht; es funktioniert wegen der Überlastung des Netzes – selten. Die Post aus Westdeutschland ist meist 14 Tage unterwegs. Das »Chemieteam« – auch »Viererbande« genannt – übergibt am Ende der Woche den Vorstandsmitgliedern Schirner und Wild ihre Konzepte über eine sinnvolle Arbeit.

In der zweiten Woche beginnt die Diskussion einer effektiven Organisation. Der Vorschlag, im Chemieteam alle Chemiefirmen zu betreuen und alle Aufgaben von der Privatisierung bis zur Liquidation durchzuführen, wird akzeptiert. Es folgt der erste Besuch bei einer Firma der Großchemie. Zu fünft fahren die Experten bei schon winterlichem Wetter in einem Lada nach Buna. Ein schockierender Gesamteindruck: Wie konnte man Firmen so herunterkommen lassen, ein fast totaler Substanzverzehr.

Intensive Bemühungen, auch von anderen Firmen Leihmanager zu bekommen, haben nach einigen Anlaufschwierigkeiten Erfolg. Am Anfang hat jeder der Experten mehrere Jobs. So dauert es bis März 1991, bis nach und nach alle Funktionen der Branchenorganisation Chemie besetzt werden können.

Bereits Anfang 1991 werden alle kleineren Betriebe zur Betreuung und Privatisierung an die 15 Niederlassungen der Treuhandanstalt abgegeben. In der Chemie sind dies 151 von insgesamt 281 Firmen. Diese Arbeitsteilung hat sich gut bewährt und ist flexibel genug, um im Bedarfsfall die Zuordnung wieder zu ändern.

1991 und 1992 haben die Firmen Bayer, BASF, Freudenberg, Henckel, Hoechst, Siemens, Hüls, Akzo, Dupont, Rhone-Poulenc, Deutsche Bank, Bayerische Vereinsbank, Commerzbank, Bertelsmann, Wasserstein-Perella, Creditanstalt, Financière Indosuez und Robert Fleming Leihmanager für vier bis zwölf Monate zur Verfügung gestellt. Schraufstätters Fazit: Ohne die Unterstützung dieser Firmen und ohne das große Engagement der »Leiharbeiter« wäre es unmöglich gewesen, die ostdeutschen Chemie-Betriebe in so kurzer Zeit zu privatisieren.

21. November 1990

Beschwerden wird nachgegangen

Nach einer Talkshow mit Bundesfinanzminister Waigel am 21. November 1990 bricht eine Flut von Anfragen und Eingaben über die Treuhandanstalt (THA) herein. Der Minister hatte dazu aufgefordert, in konkreten Einzelfragen Kritik nicht nur im privaten Kreis zu üben, sondern ihm in schriftlicher Form zuzusenden. Die umfangreiche Reaktion der Öffentlichkeit auf das Angebot des Bundesfinanzministers macht bei der THA organisatorische Vorkehrungen bei der Bearbeitung notwendig, bis hin zur Einschaltung der Datenverarbeitung.

Weit über 3000 schriftliche Eingaben und Beschwerden werden innerhalb von zwei Jahren an die Treuhandanstalt herangetragen. Trotz des damit verbundenen Zeitaufwands von etwa 50 000 bis 100 000 Arbeitsstunden im Jahr werden diese Eingaben sehr sorgfältig behandelt. Viele Beschwerden über die Arbeit der Treuhandanstalt spiegeln die aus der wirtschaftlichen Situation entstehenden Probleme für die Bürger der neuen Bundesländer wider, aber auch die vielen Zwangslagen, denen die Anstalt bei ihrer Aufgabe ausgesetzt ist. Mittels Datenverarbeitung läßt sich nicht nur die Erledigung aller Beschwerden überwachen, es können auch die Gründe für die Beanstandungen abgerufen werden.

Im Herbst 1991 ergibt eine Auswertung, daß vor allem die Benachteiligung des Mittelstands, ausländischer und ostdeutscher Investoren, die Nichtbeachtung von Angeboten oder Terminen, soziale Fragen wie Abfindungen, Sozialpläne, Betriebsrenten oder Arbeitsbeschaffungsmaßnahmen beanstandet werden. Reprivatisierung und Restitution sowie das angebliche »Verscherbeln wertvollen Volksvermögens« werden ebenfalls häufig kritisiert. Es zeigt sich großes Vertrauen in die Fähigkeit und Bereitschaft politischer Instanzen, zugunsten der Beschwerdeführer einzugreifen.

Beschwerden von Bürgern aus den alten Bundesländern werden häufig weniger als Petitionen denn als taktische Druckmittel bei Vertragsverhandlungen gegenüber der Treuhandanstalt eingesetzt. So wird der Vorwurf einer Vertragsverzögerung oft dann erhoben, wenn ein neuer Konkurrent mit einem besseren Angebot auftritt. Hier soll eine möglichst schnelle Entscheidung zugunsten des Beschwerdeführers erreicht werden. Ein ehrlicher Umgang mit den Betroffenen ist Grundvoraussetzung für den Direktor des in solchen Beschwerdefällen zuerst zuständigen Bereichs, Wolfgang Vehse. Schließlich zeigt sich, daß die Privatisierung von den Bürgern der neuen Bundesländer sehr viel aktiver begleitet wird, als viele Politiker annehmen.

Eine erste Analyse der Beschwerden wird im Oktober 1991 ausgearbeitet. Danach stammt der größte Teil der Eingaben von kaufwilligen Investoren im Vorfeld einer Entscheidung der Treuhandanstalt (46,5 Prozent). Dabei steht das Verfahren der Treuhandanstalt und ihrer Niederlassungen bei der Privatisierung im Vordergrund. Ähnliche Probleme sind auch beim Grundstücks- und Immobilienerwerb zu beobachten (18,4 Prozent).

Klage über mangelnde allgemeine Information zur Geschäftspolitik der Treuhandanstalt erheben 9,2 Prozent der Beschwerdeführer. Dies ist auch ein wesentlicher Punkt bei Steuer- und Unternehmensberatern, von denen andererseits keine Beschwerden über die Arbeitsweise der Treuhandanstalt oder ihrer Mitarbeiter eingehen. Relativ wenig Klagen (zwei Prozent) werden von Investoren erhoben, nachdem sie den Zuschlag für ein Unternehmen erhalten haben. Die übernommenen vertraglichen Verpflichtungen empfindet nur jeder zweite Beschwerdeführer aus dieser Gruppe im nachhinein als zu belastend. Im Zuge der Verschlechterung der wirtschaftlichen Gesamtsituation im Jahr 1992 dürfte sich aber die Zahl derer, die ihre vertragliche Verpflichtung als zu schwer empfinden, erhöht haben. Gelegentlich wird auch die Beteiligungs-Verwaltung der Treuhandanstalt wegen »Dumpings« angegriffen, offensichtlich eine Folge der Konkurrenzsituation.

Gescheiterte Investoren klagen über die Bewertung ihres Angebots oder die Geschäftspolitik der Treuhandanstalt, gelegentlich auch über »alte Seilschaften«. Dies ist der wesentlichste Punkt bei Beschwerden aus dem Jahr 1991 von Arbeitnehmern aus den Treuhand-Betrieben. Auch in allgemeineren Zuschriften von Bürgern wird das Seilschaften-Problem am häufigsten erwähnt.

Abgeordnete aus den Parlamenten treten in erster Linie als Übermittler von Petitionen auf, die von ihren Wählern stammen. Unter ihren eigenen Eingaben bildet das Problem der Kommunalisierung und der Grundstückspreise einen Schwerpunkt. In rund 60 Prozent aller Fälle kann den Beschwerdeführern weitergeholfen werden, etwa durch die Benennung von Ansprechpartnern oder Herstellung von Kontakten. Es kommt auch zum Wiederingangbringen von abgebrochenen Vertragsverhandlungen, zur Klärung einzelner Streitfragen und der nachträglichen Abänderung umstrittener Entscheidungen der Treuhandanstalt. In besonders schwierig gelagerten Fällen werden Problemlösungen an einem Runden Tisch angestrebt, der vom Direktorat PB/Beziehungen zum Bund zusammengerufen wird.

Bei einem Großteil der vorgelegten Eingaben ist es zur Aufklärung des Sachverhalts erforderlich, die Unternehmensbereiche in der Berliner Zentrale oder die Niederlassungen um Unterstützung zu bitten. Über die Datenverarbeitung und ihr automatisiertes Mahnverfahren läßt sich feststellen, daß die Beschwerden durchschnittlich 15,5 Tage in einem der Unternehmensbereiche in Bearbeitung sind sowie 1,5 Tage für Ein- und Ausgang in dem für die zentrale Koordinierung zuständigen Bereich PB.

Ende 1991 klagen Abgeordnete des Deutschen Bundestags aus den neuen Bundesländern über zu langsame und nicht ausreichende Informierung über Privatisierungsvorgänge durch die Treuhandanstalt. Es wird über den Plan einer Clearingstelle in Bonn oder in einem der neuen Bundesländer diskutiert, die für alle Eingaben, Beschwerden und Besorgnisse ostdeutscher Bürger zentral verantwortlich sein soll. Die Treuhandanstalt hält dagegen, daß eine Aufteilung der Verantwortlichkeiten keine Verbesserung bringen würde. Die Betreuung der Anliegen von Abgeordneten in der Treuhandanstalt könne jedoch noch wirkungsvoller organisiert werden.

In einem Brief an die Abgeordneten des Deutschen Bundestags macht die Präsidentin Birgit Breuel noch einmal auf das im Frühjahr 1991 eingerichtete Büro Bonn der Treuhandanstalt aufmerksam, das den Abgeordneten sowohl allgemeine Informationen zur Geschäftspolitik der Treuhand als auch Hilfe und Auskünfte bei konkreten Anfragen geben kann. Als direkter Ansprechpartner und Informationsdienst für die Abgeordneten in Berlin wird das Direktorat »Beziehungen zum Bund/Internationale Beziehungen« tätig. Es bietet einen Expreß-Service, der den Parlamentsabgeordneten kurzfristig Anfragen über konkrete Privatisierungsvorgänge beantworten kann. Damit war ein Instrumentarium geschaffen, das bis heute besteht.

Die Zahl der Eingaben beträgt weiterhin rund 150 im Monat, wobei Akzentverschiebungen erkennbar sind. Lagen die Themen zunächst vor allem bei der Privatisierung von Einzelhandelsgeschäften und wandten sich dann der Übergabe von Industrieunternehmen an aktive Investoren zu, so betreffen sie inzwischen hauptsächlich die Tätigkeit der Bodenverwertungs- und -verwaltungs-GmbH (BVVg) bei ehemals volkseigenen land- und forstwirtschaftlichen Flächen.

Die Aufgabe der Treuhandanstalt ist so komplex, daß es unmöglich ist, alle Beteiligten zufriedenzustellen. Die Beschwerdestelle hofft jedoch, zum Ausgleich oder zumindest zu einer höheren Akzeptanz der Arbeit der Anstalt beizutragen.

22. November 1990

»Wir müssen den Leuten eine Chance geben«

Detlev Karsten Rohwedder spricht vor den Leitern der Wirtschaftsabteilungen an den Deutschen Botschaften im Ausland zu wirtschaftlichen Aspekten der Vereinigung Deutschlands. Zu dem befürchteten großen Unternehmenssterben und der Situation in den TH-Unternehmen befragt, antwortet er: »Ich werde doch keine Tatarenmeldungen von mir geben.« Und er erläutert: Es sind im Moment viel weniger Unternehmen in einer bedrohlichen Situation, als man glaubte. Aber das sei nicht der letzte Stand. Der Abfall der Produktion werde sicherlich noch ein paar Monate andauern, bis tief ins nächste Jahr, ehe er sich verlangsame. Das dicke Ende komme noch.

Die Treuhandanstalt ging ursprünglich davon aus, daß etwa 30 Prozent ihrer Unternehmen zur Spitzengruppe zu rechnen sind, d. h. auf jeden Fall überleben werden. Diese Gruppe ist aus der Sicht vom November wohl eher kleiner. Etwa 30 Prozent werden es wahrscheinlich nicht oder nur unter großen Anstrengungen schaffen. »Der Rest – das sind unsere Schäfchen, um die wir uns sehr kümmern müssen, damit sie erhalten bleiben.« Die Treuhandanstalt hat mit Altlasten zu kämpfen; die Belegschaften sind überall zu groß, die Produkte nicht konkurrenzfähig. »Auch die Damen hier wollen doch nun keine DDR-Seife mehr kaufen, und sie wollen auch lieber italienische Sandaletten tragen.«

Der Vertreter der deutschen Botschaft in Warschau spricht vom Interesse polnischer Politiker und Wirtschaftler an Kontakten zur Treuhandanstalt. Man interessiert sich für die Erfahrungen bei der Privatisierung. Ob die Situation der Treuhand dies bereits zulasse? »Nein, danke«, entgegnet Rohwedder, »wir sind noch im Aufbau. Wir werden eingedeckt mit 1000 Vorgängen. Jeder Abgeordnete kennt einen, der hier nicht so zum Zuge kommt ... Wir bewegen uns im Zwischenstadium zwischen untergehender Staatsgewalt und Aufbau einer Wirtschaftsordnung. Das ist ein großes Feld für Wirtschaftsspekulanten und Betrüger.« Rohwedder betont, daß die Treuhandanstalt in erster Linie die eigenen Aufgaben lösen muß. »Gut, daß uns die starke westdeutsche Wirtschaft zur Seite steht. Wir sprechen die gleiche Sprache. Es gibt ein soziales Netz. Wir prügeln die Sache schon in die richtige Richtung.«

»Kann man sich eigentlich vorstellen, daß ein Unternehmen (die Treuhand), so gut es auch ist, sich wirklich die Last der Sanierung so vieler Unternehmen auferlegt?«, lautet die nächste Frage. Rohwedder: »Sie finden ja niemanden, der kaufen will.« Und er erläutert, daß die Sanierung durch die Unternehmen selbst, durch die Aufsichtsräte besorgt werden muß. Ihre Aufgabe sei es, Sanierungskonzepte nur im Sinne einer schnellen Privatisierung zu unterbreiten. »Die Treuhandanstalt ist nicht befugt, nicht willens und nicht in der Lage, die Sanierungsidee liebevoll zu pflegen. Die Unternehmen erhalten von uns nur so viel Geld, daß sie am Hungertuche nagen, daß sie aber das rettende Ufer erreichen. Ich werde mich nicht zum großen Sanierungsmeister aufspielen.«

Rohwedder schildert die Schwierigkeiten, mit denen die Treuhandanstalt zu kämpfen hat: Die Rechtsabteilung arbeite z. B. in dieser Woche an einer Mitteilung für den Bundeskanzler, die besage, daß die Treuhandanstalt nächstes Jahr am Ende ihrer Möglichkeiten angekommen sein werde, wenn nicht ungeklärte rechtliche Grundlagen aus dem Wege geschafft würden. Größtes Problem im Einigungsvertrag: Jeder bekomme wieder, was ihm einmal gehörte. Es gebe schon Zehntausende von Anträgen, gerichtet an gesonderte Ämter, die erst noch einzurichten sind. Hier gebe es auch Ungereimtheiten. Anträge würden an die Treuhandanstalt oder an Schwierzina (letzter Oberbürgermeister von Ost-Berlin) gerichtet; sie betrafen aber, beispielsweise, eine Papierfabrik in Plauen. Restitutionsansprüche müßten am letzten Wohnort gestellt werden.

Es gebe hier, so Rohwedder, nur eine einzige Schneise, und die heiße: Vorfahrtregelung für den Investor, der Arbeitsplätze schafft, investiert und etwas für die Umwelt tut. Der Eigentümer werde dann entschädigt. Dies gelte aber bisher nur für Grundstücke, nicht für Unternehmen. Das heißt, der Enkel bekomme das Unternehmen seines Großvaters, obwohl er nicht investieren will.

Die Enteignungen zwischen 1945 und 1949 seien gegenwärtig die Aktionsbühne der Treuhandanstalt. »Fragt sich, wie lange, denn die Leute haben damit ihren Frieden nicht gemacht. Immerhin gibt es den Artikel 14 Grundgesetz«, bemerkt Rohwedder. Und: »Sanieren sollen wir nicht, privatisieren können wir nicht, jedenfalls gibt es dabei große Schwierigkeiten. Der Bundestag muß sich dieser Sache zuwenden.«

Im Vergleich dazu scheine die Handhabung des Kommunalvermögensgesetzes relativ einfach. Bis heute seien bei der Treuhandanstalt etwa 800 000 Anträge von Kommunen, Städten, Gemeinden und Landkreisen eingegangen. Das reiche vom Kindergarten bis zur Talsperre. Die Gemeinden würden nach allem greifen, die Folgekosten nicht bedenkend. Der Magistrat von Berlin z. B. wolle die Kinos haben, um Kulturpolitik zu machen, »den Leuten Kultur verpassen«. Leipzig wolle alles haben ...

Rohwedder schildert ein Beispiel: »Vor Wochen war der Präsident der Akademie der Wissenschaften bei mir. Die Institute sollen GmbH werden. Ich frage mich: Wem gehören eigentlich die wissenschaftlichen Einrichtungen der Akademie? Dem Bund? Ist das Verwaltungsvermögen? Finanzvermögen? Das ist unklar. Und dann wundern sich die Leute, warum es nicht schneller geht.«

Ob Journalisten, Politiker, einfache Bürger oder – in diesem Fall – Vertreter der Botschaften, sie alle interessierten sich für die Frage: »Wie ist das mit den alten Genossen Generaldirektoren?« Rohwedder macht sich die Antwort nicht leicht: »In meiner Seele habe ich mehrere Dinge durchgemacht. Ich fand es flach, alles, was nicht klappt, auf die Seilschaften zu schieben. An allem waren die alten Seilschaften schuld. Wie das Ozonloch. Jetzt habe ich wieder eine Umdrehung gemacht. Es gibt große Auswüchse von Wirtschaftskriminalität. Das sind alte und neue Seilschaften. Westdeutsche Geschäftemacher und alte Generaldirektoren. Das geht bis in die höchsten Etagen der deutschen Wirtschaft.« Rohwedder bietet zwei Teilantworten an: Er schildert, daß die Generaldirektoren alle Vorstandsleute geworden sind. Die seien, wie sie seien. Viele Eliteleute seien darunter, alle seien in der SED gewesen. Wer noch tiefer verstrickt war, sei schwer zu eruieren. »Aber nehmen wir nur mal 5000 Firmen, bei denen wir zwei Geschäftsführer austauschen wollten. Das macht 10 000 Geschäftsführer! Woher sollen wir die nehmen? Die Aufsichtsräte sind mit fünf bis sechs Leuten zu besetzen. Dies multipliziert mit 5000 – Wahnsinn!«

Das heißt, die Treuhand muß mit den alten Leuten weiterarbeiten. Und weil natürlich auch die Erfahrung gemacht worden sei, daß diese teilweise weiterhin ihre Leute kujonieren, würden in der Treuhandanstalt sogenannte Ombudsmänner geschaffen. Die seien seitdem Ansprechpartner für alle, die sich unfair behandelt fühlten. »Wir können keine Bartholomäusnacht veranstalten. Wir müssen den Leuten eine Chance geben«, sagt Rohwedder.

Seine zweite Teilantwort betrifft die Mitarbeiter aus der Anfangszeit der Treuhandanstalt, die Leute aus der DDR. Sie kamen aus der Staatlichen Plankommission, den Ministerien, der Hochschule für Ökonomie usw. Rohwedder ist damit nicht restlos glücklich, aber er meint: »Die arbeiten wie die Kümmeltürken und kennen die Industrie gut. Wenn sie gutwillig sind, sollen sie bleiben. Wir werden sehen. Wir sind mit ihnen nicht verheiratet. Raus, raus, raus – kann man nicht machen. Die Zielsetzung unter Modrow war natürlich eine andere . . .«

Obwohl die Treuhand erst im Juli mit der Privatisierung begonnen hat, wird schon die Frage nach der Chance ausländischer Interessenten gestellt. Rohwedder weist darauf hin, daß es bei den bisher 80 verkauften Firmen auch ausländische Käufer gebe. »Die Franzosen sind die Weltmeister. Die Franzosen gehen bei uns ein und aus. Sie sind willkommen.« Eine große italienische Delegation habe sich angekündigt, die Japaner machten von sich reden.

Rohwedder ist sich bewußt, daß die Treuhandanstalt von der Europäischen Kommission aufmerksam beobachtet wird. Er weiß, daß auf jeden Fall Transparenz garantiert, saubere Dokumentationen gewährleistet werden müssen.

Für die Bewerber ist auch die Frage von Interesse, ob auf sowjetischer Seite der Wunsch besteht, sich einzukaufen, etwa bei den ehemaligen »Hoflieferanten«. Soll man das unterstützen? Rohwedder bestätigt ein solches Interesse. »Warum sollen sich die Leute nicht beteiligen, wenn sie an einer Förderung der Unternehmen interessiert sind?« Er verweist jedoch darauf, daß sich in dieser Frage zunächst Bonn äußern müsse.

Zu den Chancen der wirtschaftlichen Entwicklung in Ostdeutschland und den Motiven, hier zu investieren, befragt, antwortet Rohwedder, daß diejenigen, die Kapazitätsprobleme haben, Investitionsmöglichkeiten suchen. Hierzu gehörten zu diesem Zeitpunkt Siemens, Bosch und andere. Außerdem spielten die guten Fachleute eine Rolle bei Investitionsentscheidungen. Ausländer müßten Interesse an Investitionen haben, wenn sie bisher in Deutschland nicht präsent waren. Allgemein gebe es auch die Hoffnung, daß der deutsche Osten ein Sprungbrett zum Osten sein wird.

Rohwedder glaubt an den Investitionsschub. Die Bundesregierung wird seiner Überzeugung nach viel für die Verbesserung der Infrastruktur tun. Die DDR sei ein gigantisches Infrastruktur-Problem, denke man nur an Telefone, Autobahn usw. Infolge dieser Anschubaktivitäten werde es Investitionen geben.

Doch gute marktwirtschaftliche Strukturen kommen nicht von allein. Deshalb bemühe sich die Treuhandanstalt, eine Struktur zu schaffen, die günstig für Investoren sei. »Der Interhotel-Steigenberger-Deal ist allerdings nicht gut gelaufen«, sagte Rohwedder. »Bei der Interflug dachten wir, 80 Millionen Menschen könnten doch zwei Airlines vertragen. Nun werden wir das Klassenziel wohl nicht erreichen, weil – wir müßten der Interflug dann gestatten, Fluggerät zu kaufen, wovor wir zurückzucken. Wir haben außerdem auch keine ernsthaften Kaufinteressenten verspürt. British Airways vielleicht? Ein weiterer

Aspekt ist die Luftverkehrspolitik in Bonn. Am Montag hat mich Herr Zimmermann bestellt ... Das rutscht einfach in die Lufthansa hinein.« Rohwedder bekundet seine Unzufriedenheit über den Stand der Dinge.

Er beklagt, daß die deutsche Wirtschaft die Treuhand nicht als ihr Instrument aufnimmt, als ihre Drehscheibe. »Ich bin doch jetzt kein Fremder geworden!« sagt er. Die Treuhandanstalt wird nicht angenommen als eine Gemeinschaftsoperation der deutschen Wirtschaft. »Die Treuhandanstalt ist ein Unternehmen. In Wirklichkeit sind wir voll auf der Rutsche in eine nachgeordnete Einrichtung. Daß der Staat das macht, das verstehe ich. Daß der Waigel die Hand drauf hat, verstehe ich. Was ich nicht verstehe – daß die Wirtschaft das nicht annimmt. Es gilt als unfein, die Treuhandanstalt zu kritisieren. Es ist peinlich für uns, die Schützlinge des Kanzlers zu sein. Das Mitleid ist schrecklich.«

29. November 1990

Einzug an der Leipziger Straße

Beginn der Renovierungsarbeiten am ehemaligen Haus der Ministerien an der Leipziger Straße 5–7. Das Gebäude war ursprünglich als Stahlskelettbau innerhalb von nur 14 Monaten von Dezember 1934 bis Februar 1936 als Reichsluftfahrtministerium errichtet worden. 1945–48 war es von der sowjetischen Militärverwaltung besetzt. Im großen Festsaal proklamierte Wilhelm Pieck am 7. Oktober 1949 die DDR. Danach diente das Gebäude der Unterbringung mehrerer Industrieministerien sowie der Staatlichen Plankommission – dem eigentlichen Zentrum der DDR-Wirtschaft. Der Treuhandanstalt werden nun vier der sieben Stockwerke zugewiesen.

Die provisorische Zentrale am Alexanderplatz reichte nicht aus, um die Privatisierung oder Sanierung von mehr als 10 000 Unternehmen mit hohem Tempo vorantreiben zu können. Um ihre großen Aufgaben zu bewältigen, brauchte die Treuhandanstalt immer mehr Personal. Präsident Rohwedder hatte deshalb die Verwaltung im Oktober 1990 beauftragt, Vorschläge zur räumlichen Unterbringung von etwa 1000 bis 1200 Mitarbeitern in modernen Büros vorzulegen.

Auf ihre Eignung untersucht werden der ehemalige Sitz des Ministerpräsidenten im Stadthaus an der Klosterstraße, Gebäude des ehemaligen Ministeriums für Staatssicherheit an der Frankfurter Allee, aber auch des Innenministeriums an der Französischen Straße sowie des Ministeriums für Volksbildung an der Ecke Grotewohlstraße/Unter den Linden. Nur das Gebäude an der Leipziger Straße bietet von der Größenordnung und Raumaufteilung her günstige Voraussetzungen.

Der Umzug soll schnell erfolgen. Als Termin wird Ende Februar festgelegt. Das hält die Verwaltung für praktisch kaum möglich. Die Herrichtung der vier Stockwerke für die Treuhandanstalt ist die erste größere Renovierung in dem Gebäude seit

1936. Insgesamt 1050 Büroräume – in der Regel nicht größer als 15 Quadratmeter – müssen neu hergerichtet werden. Das Elektronetz ist völlig neu zu verlegen. Die in der DDR gebräuchlichen Aluminiumleitungen sind einerseits nach den inzwischen gültigen Bauvorschriften nicht mehr zulässig, andererseits aber auch nicht imstande, die durch erweiterte Ausstattung der Büros mit Computern, Fax-Geräten usw. erhöhte Belastung aufzunehmen.

Für das neue Stromnetz werden 60 Kilometer Kabel verlegt und 5370 Steckdosen sowie 3180 Deckenleuchten eingebaut. Die ersten 100 Mitarbeiter können nach einer Bauzeit von nur acht Wochen Anfang März 1991 ihre Büros beziehen, während die Renovierungsarbeiten noch laufen. Anfang Juni folgen ihnen die letzten, der Umzug ist beendet.

Trotz des Zeitdrucks wird sorgfältig darauf geachtet, daß die Arbeit der Treuhandanstalt durch den Umzug nicht beeinträchtigt wird. Das Problem, daß es zum Transport von Möbeln, Akten und Bürogerät nur einen Aufzug gibt, wird durch Improvisation und tatkräftiges Zupacken gelöst. Der Projektleitung gelingt es, die Anordnung durchzusetzen, daß die Mitarbeiter nachmittags ihre Akten in bereitgestellte Kisten verpacken. Nachts wird das Umzugsgut an den neuen Arbeitsplatz transportiert, und am nächsten Morgen können die Mitarbeiter am neuen Schreibtisch weiterarbeiten.

Insgesamt werden rund 90 Prozent aller Aufträge im Rahmen öffentlicher Ausschreibungen an Unternehmen aus den fünf neuen Bundesländern vergeben. So erweitert eine Möbelfabrik bei Chemnitz ihre Belegschaft um fast 200 Mitarbeiter, um das Mobiliar liefern zu können. Bei den Baumaßnahmen werden zugleich denkmalpflegerische Gesichtspunkte berücksichtigt. Die von dem Architekten Ernst Sagebiel zugrunde gelegten klaren Linien, die hellen Farben und der auf Hochglanz geschliffene oberfränkische Muschelkalk in den Fluren und auf den Treppenabsätzen sollen wieder in alter Schönheit hervortreten.

Daß der Umzug schon acht Wochen nach Beginn der Renovierungsarbeiten beginnen kann, ist einem strikten Projektmanagement zu verdanken. Alle Beteiligten verpflichten sich, die Terminvorgaben exakt einzuhalten. Die Arbeiter sind bereit, nicht voraussehbare Mehrarbeiten zu leisten.

Ein neu eingerichtetes Netz für elektronische Datenverarbeitung ermöglicht in allen Arbeitsräumen den Anschluß von Personalcomputern. Dafür werden 180 Kilometer Computerkabel verlegt. Eine Großrechenanlage bildet die Basis für die gesamte Datenbank und die Bürokommunikation der Treuhandanstalt. Außerdem schafft sie Möglichkeiten für interne und externe Serviceleistungen und erlaubt einen Zugriff der Zentrale auf sämtliche Daten und Informationen der 15 Niederlassungen. Auch auf umgekehrtem Wege kann das Datensystem genutzt werden; auf diese Weise ermöglicht es eine dezentrale Verwaltung.

Der Austausch des Mobiliars ergab sich aus der Arbeitsstättenverordnung und anderen Bundesnormen sowie aus ergonomischen Erfordernissen. Die Ausstattung der Räume erfolgte jedoch unter Einhaltung der finanziellen Richtlinien des Bundesrechnungshofs. Die Verwaltungsgruppe unter Conrad Friebel muß dem Vorstand der Treuhandanstalt laufend genaue Angaben über den finanziellen Aufwand vorlegen und darf die bei Bundesbehörden und Großunternehmen gültigen Werte nicht überschreiten.

Von den Gesamtkosten werden jeweils 30 Prozent für Substanzerhalt/Denkmalpflege, technische Installationen und Einrichtung aufgewendet. Die Überholung der sanitären Installationen erfordert die verbleibenden zehn Prozent. Der für die Arbeiten gesetzte kurzfristige Termin hat aber zur Folge, daß nur im Innern des Gebäudes renoviert und umgebaut werden kann. Spätere Untersuchungen ergeben, daß Teile der Muschelkalkfassade gelockert sind – Folgeschäden des Krieges.

6. Dezember 1990

Richtlinien als Grundgesetz

Im November 1990 wird innerhalb weniger Wochen die Privatisierungsrichtlinie ausgearbeitet: im Aktenstudium, in klärenden Gesprächen, bisweilen auch in kontroversen Diskussionen. Wesentlich daran beteiligt sind der Privatisierungs-Direktor Eberhard Sinnecker und Wolfgang Mueller-Stöfen, der als Wirtschaftsanwalt die Formulierung der Richtlinie erarbeitet. Anfang Dezember 1990 beschlossen, wird sie zu einer Art Grundgesetz der Treuhand-Arbeit, das inzwischen mehr als zwei Jahre und fast 12 000 Privatisierungen überdauert hat.

Nicht jede Richtlinie geht so einen geraden Weg. Da gibt es auch die Geschichte von der Sanierungsrichtlinie, bei der sich auf dem mühsamen Weg zur Vollendung nicht nur manches am Gehalt ändert, auch der Name wandelt sich: »Richtlinie zur Aufstellung und Prüfung von Unternehmenskonzepten.« Sie ist die zweite Richtlinien-Hausaufgabe, die vom Vorstand erteilt wird. Sie entsteht unter Federführung von Klaus-Peter Wild und unter Mitwirkung von Birgit Breuel als des für den großen Bereich der Niederlassungen verantwortlichen Vorstandsmitglieds. Frau Breuel delegiert die Mitarbeit an der Richtlinie an Norman van Scherpenberg. Er nimmt die Aufgabe zusammen mit Christoph Schröder wahr, der gerade den Dienst bei der Anstalt antritt. Die Erarbeitung dieser Richtlinie spiegelt das Ringen um das Selbstverständnis der Treuhandanstalt wider.

Nicht immer ausgesprochen, aber letztlich stets als Hintergedanke präsent, geht es um die Frage, ob die Einleitung der Sanierung eines Unternehmens bedeutet, daß die Privatisierung zurückgestellt wird, bis Sanierungserfolge sichtbar werden und damit das Unternehmen einen völlig anderen Marktwert hat. Oder ob es im Zweifel noch besser ist, mit einem unternehmerisch aktiven neuen Eigentümer zusammenzuarbeiten, weil der ein eigenes industrielles Konzept hat, das seinen unternehmerischen Planungen entspricht und damit zusätzliche Synergien gewinnt.

Im Grundsatz sind sich die leitenden Mitarbeiter der Treuhandanstalt einig, aber bis die ganze Richtlinie investorenfreundlich formuliert ist und auch die Maßstäbe zur Sanierung der Unternehmen spruchreif werden, ist manche Nachtsitzung oder ein Sonntag erforderlich. So reift nach der Privatisierungsrichtlinie auch diese Richtlinie zur Handhabung der Unternehmenskonzepte in wenigen Wochen heran. Mit ihrer Verabschiedung durch den Vorstand ist eine weitere Grundentscheidung der Treuhand-Politik getroffen: der Vorrang der Delegation des Sanierungsauftrags an qualifizierte Investoren im Rahmen der Privatisierung, verbunden mit dem Auftrag, für die noch nicht privatisierten Unternehmen Sanierungsmaßnahmen entsprechend dem vereinbarten Unternehmenskonzept nachhaltig zu unterstützen.

7. Dezember 1990

Das Interflug-Trauerspiel – wieso eigentlich?

Die Treuhandanstalt (THA) schreibt alle denkbaren Interessenten an. Wer will die Interflug übernehmen? Käufer sollen sich umgehend melden. Vertraulichkeit ist zugesichert – alle Informationen zur Interflug werden umgehend übermittelt. Bei Liquiditätsengpässen übernimmt die Treuhandanstalt alle Verbindlichkeiten. Deren Büros bleiben über Weihnachten und Neujahr besetzt. Mit sofortiger Reaktion ist zu rechnen.

Bis dahin verfolgte jeder der Beteiligten seine eigenen Ideen. Die Lufthansa hatte im Frühjahr 1990 mit dem DDR-Verkehrsministerium eine Absichtserklärung über die Beteiligung von 26 Prozent an Interflug vereinbart sowie weitere Einzelheiten in bilateralen Gesprächen zwischen den Gesellschaften vertraglich festgelegt. Zwischen Juli und August gab es prompt die Abmahnung des Bundeskartellamtes. Es sah in den Verträgen einen Verstoß gegen das Verbot des Vollzuges einer Fusion vor Freigabe. Es drohte mit einem Bußgeldverfahren. Interflug vertritt den Standpunkt, daß mit der Vereinigung der BRD und der DDR Kartellamtabmahnungen nicht mehr relevant seien. Das Bundeskartellamt beharrt aber auf seiner Auffassung.

Die Lufthansa unterbreitet dem Bundesverkehrsminister Friedrich Zimmermann einen Vorschlag für einen Betriebsführungsvertrag. Ziel soll die Übernahme des Managements der Interflug durch die Lufthansa sein. Die Kosten soll die Treuhandanstalt tragen, das sanierte Unternehmen will die Lufthansa selbst übernehmen.

Treuhandanstalt und Interflug entwickeln zwischen August und Oktober ein Fortführungskonzept. Dieses wird unter anderem vom Bundesluftfahrtamt geprüft. Das Konzept der Interflug sieht Gesamtverluste aus dem laufenden Geschäft von 33,5 Millionen DM zum Jahresende 1991 vor und weitere Verluste von

20 Millionen für das erste Halbjahr 1991. Forderungen an die Treuhandanstalt für Sozialpläne usw. belaufen sich auf 117 Millionen Mark.

Meinungsbildung auf einer Vorstandssitzung der Treuhandanstalt Ende Oktober: Die Treuhandanstalt kann kein Flugunternehmer sein. Interflug muß an potente Interessenten privatisiert werden. Falls das nicht möglich ist, Fusion mit Lufthansa.

Die Treuhandanstalt schickt Briefe nach Bonn. Sie weist wegen der sich verschlechternden Lage der Interflug auf die Notwendigkeit raschen Handelns hin und bittet, die Einwände des Bundeskartellamts erneut zu prüfen. Vertreter der Treuhandanstalt reisen nach Bonn – es bewegt sich nichts.

23. November 1990. Der Vorstand der Treuhandanstalt berät über den unhaltbaren Schwebezustand. Die Sanierungskosten explodieren. Die größte Gefahr bilden die eskalierenden laufenden Kosten. Weiterer Briefverkehr mit Bonn, weitere persönliche Gespäche in Bonn. Der Flugverkehr entwickelt sich nicht. Erneute Bitte um Klarstellung und Hinweis auf Handlungsbedarf an alle Bonner Beteiligten. Am 30. November kommt die entscheidende Antwort: gleichlaufend Verhandlungen mit anderen Interessenten führen. Hinweis auf das Bundeskartellamt. Weiterer Hinweis: Nun müsse es schnell gehen.

Rund 20 Interessenten sind Anfang Januar 1991 im Gespräch, auch die Lufthansa. Am 4. Dezember 1990 bietet die Treuhandanstalt der Lufthansa an, die Gespräche vom November 1990 fortzusetzen. Das Bundeskartellamt überwacht weiterhin die Vorgänge. Interflug ist heiß begehrt, so versteht es die Öffentlichkeit. Mit acht Interessenten werden im Januar Gespräche geführt. Die Interflug flog 1990 über 200 Millionen Mark Defizit ein, seit Anfang Dezember hängt die Fluggesellschaft mit einem täglichen Finanzbedarf von bis zu 500 000 DM am Tropf der Treuhandanstalt.

Einen Tag vor Ablauf der Frist trifft Präsident Rohwedder mit dem damaligen mecklenburgischen Ministerpräsidenten Alfred Gomolka in Schwerin zusammen. Er deutet an, daß nun doch Tendenzen für eine Übernahme der Interflug durch die Lufthansa zu erkennen seien. Das Bundeskartellamt hatte jedoch verlangt, daß vor einer Entscheidung zugunsten der Lufthansa das Interesse anderer Investoren abgeklärt werden müsse.

Geplatzte Runden

Am 8. Januar 1991 findet ein weiteres Gespräch mit British Airways (BA) statt. Aus dem ersten war bekannt, daß BA einen deutschen Partner (51 Prozent) für die Übernahme von Interflug benennen konnte – ein Konsortium seriöser börsennotierter deutscher Aktiengesellschaften. Die Namen der deutschen Partner werden zu der Zeit nicht offengelegt, weil diese im Zusammenhang mit Interflug nicht in der Presse genannt werden wollen. BA bekundet erneut ernsthaftes Interesse. Die Fluggesellschaft macht jedoch weitere Verhandlungen davon abhängig, daß von den zuständigen Bonner Ministerien politische Zusicherungen zur Behandlung einer weiteren deutschen Flugverkehrsgesellschaft mit BA-Beteiligung gegeben werden. Gleiches gilt hinsichtlich der zukünftigen Verkehrspolitik in Berlin (Entwicklungspotential am Flughafen Berlin-Schönefeld).

Am 5. Februar sagt British Airways ab. Außerdem werden mit Naske Air, Berliner Bank AG, Zero Sky International, der Landesbank Berlin (Deutsche Girozentrale/Deutsche Kommunalbank und Sparkasse der Stadt Berlin), Deutsche Handelsbank AG, Berlin, und mit der CGF (Credit Commercial de France) Gespräche geführt – ergebnislos.

Am 6. Februar 1991 teilt die Lufthansa der Treuhandanstalt mit, daß sie die Interflug nicht übernehmen will. Sie betrachtet diese als Liquidationsfall und bietet Hilfestellung an.

Der Treuhand-Vorstand beschließt am 19. Februar, daß die Interflug, obwohl überschuldet, nicht durch ein Gesamtvollstreckungsverfahren, sondern auf dem Wege der Liquidation abgewickelt wird. Anfang März nimmt der Vorstand den Finanzierungsbedarf in Höhe von 39,8 Millionen DM für die Zeit vom 11. bis zum 28. März zur Kenntnis. Bekanntgegeben wird auch die Abberufung der Geschäftsführung der Interflug durch Gesellschafterbeschluß vom 1. März und die Abberufung des Liquidators, Müller-Heydenreich. Neuer Liquidator wird Wellensiek.

Auf der nächsten Sitzung des Verwaltungsrates der Treuhandanstalt informiert Vorstandsmitglied Schirner und geht dabei auf die hitzigen Diskussionen in der Presse ein. Der Vorstand sieht sich veranlaßt, so Schirner, wegen des weiteren Festhaltens der Interflug-Geschäftsführung an einem nicht akzeptablen Konzept in der »Öffentlichkeit ein deutliches Signal zu setzen«. Es werde jedoch weiterhin geprüft, ob es Ansatzpunkte für Gespräche mit denkbaren Investoren gebe. Die Aussichten seien unverändert schlecht. Genaue Angaben zur Weiterbeschäftigung von Interflug-Mitarbeitern könnten erst nach Abschluß der Untersuchungen gemacht werden. Die Treuhandanstalt versuche alles, hier ein Optimum zu erreichen. Der Verwaltungsrat stimmte der Vorlage zu – mit einer Stimmenthaltung.

Alle gegen die Treuhandanstalt

»Treuhandanstalt hat kaputtverhandelt« oder »Treuhand brachte Interflug zum Absturz« lauten die Überschriften in den Zeitungen. Auch der Hauptgeschäftsführer der Interflug, Andreas Kramer, macht die Treuhand verantwortlich. Alle Beteuerungen der Anstalt, man habe sich noch nie so intensiv um eine Lösung bemüht, werden bezweifelt. Es folgen Mahnwachen der Belegschaft der Interflug vor dem Haus der Treuhandanstalt am Alexanderplatz und improvisierte Pressekonferenzen im Eingangsbereich.

Hinweise auf die negative Bilanz der Interflug werden überhört. Die Deutsche Angestelltengesellschaft (DAG) nennt die Liquidation einen Skandal ersten Ranges. Sie wirft den Verantwortlichen in der Treuhandanstalt vor, sie hätten innerhalb eines Jahres »die ehemalige DDR-Fluggesellschaft durch Konzeptionslosigkeit, Kompetenzgerangel und Entscheidungsunfähigkeit kaputtverhandelt«. Der Hinweis, der Golfkrieg sei an der schlechten Auslastung schuld, wird von der DAG als Scheinargument der Treuhandanstalt zurückgewiesen.

Die THA läßt im März in einer Pressemitteilung verlauten, daß nach eingehenden Verhandlungen mit in- und ausländischen Unternehmen eine Privatisierung der Interflug als selbständiges, internationales Unternehmen nicht erreichbar sei. Sie verweist auf die starke Abschwächung der Auslastung schon 1990 und eine weitere dramatische Verschärfung der wirtschaftlichen Rahmenbedingungen durch den Golfkrieg. Die Treuhandanstalt werde sich dafür einsetzen, daß möglichst viele der 2900 Beschäftigten der Interflug anderweitig übernommen werden.

Die Treuhandanstalt hat keine andere Wahl. Die Interflug als selbständiges Unternehmen zu erhalten, ist aus wirtschaftlicher Sicht nicht möglich. Allein die Darlehen in Höhe von 350 Millionen DM, für den Erwerb von drei Airbus-Maschinen aufgenommen, verursachen eine jährliche Zinsbelastung von 25 Millionen DM. Der Mitarbeiterüberschuß, die hohen Betriebskosten der sowjetischen Flugzeuge und die schlechte Auslastung der Flüge sind dafür verantwortlich, daß die Gesellschaft täglich einen Verlust von einer Million DM einfliegt. »Dieser riesige Betrag für eine lächerlich kleine Fluggesellschaft«, so THA-Vorstandsmitglied Schirner, »kann doch nicht ernsthaft dem Steuerzahler zugemutet werden.«

Nicht weniger unseriös ist die Behauptung, es gebe andere Übernahmekandidaten. Einige von ihnen können nicht einmal mit einer ordentlichen Bankreferenz aufwarten. Die Stellungnahmen von Unternehmen, die ausdrücklich auf das Immobilienvermögen der Interflug in Höhe von 1,2 Milliarden DM verweisen, lassen vermuten, daß einige Bewerber ganz andere Interessen verfolgen. Sie ziehen sich schnell aus dem Geschäft zurück, als klar wird, daß der Erwerb der Interflug nicht den Erwerb dieser Immobilien bedeutet.

Wenig stichhaltig ist die Kritik am Verlust der Arbeitsplätze. Jeder Erwerber hätte höchstens 500 der insgesamt 2900 Mitarbeiter übernommen. Sicherlich, so muß auch die Treuhandanstalt einräumen, wäre noch im November 1990 eine andere Lösung möglich gewesen. Damals sind sowohl die Lufthansa als auch British Airways zu einer Übernahme bereit gewesen. Doch zu dieser Zeit hat das Bundeskartellamt den Einstieg der Lufthansa abgelehnt. Das Bundesverkehrsministerium aber lehnte eine Übernahme durch eine ausländische Fluggesellschaft ab.

Die Gesellschaft für Internationalen Flugverkehr mbH hatte bis zum 1. Oktober 1990 nahezu sämtliche Aufgaben der zivilen Luftfahrt in der DDR wahrgenommen. Sie war in folgende Teilbetriebe untergliedert: Verkehrsflug, Agrarflug, Forschungs-, Industrie- und Fernerkundungsflug, Flughäfen und Flugsicherung. Mit der Vereinigung der beiden deutschen Staaten wird es nötig, die zivile Luftfahrt der DDR den Wirtschaftsstrukturen der Bundesrepublik anzupassen. Daher werden die Bereiche der Flugsicherung und die Flughafenbetriebe von dem Luftverkehrsunternehmen Interflug getrennt. Im Interesse einer effektiven Sanierung und überschaubaren Betriebsführung werden zur selben Zeit separate Unternehmensteile ausgegliedert. So gründet die Treuhandanstalt am 17. September 1990 folgende Gesellschaften: Flughafen Berlin-Schönefeld GmbH, Flughafen Dresden GmbH, Flughafen Erfurt GmbH, Flughafen Leipzig GmbH, SFB Flugservice und Development GmbH, Berliner Spezialflug GmbH.

Der Teilbetrieb der Flugsicherung der Interflug wird vom 1. Juni 1990 an betriebswirtschaftlich separat geführt und geht aufgrund der Bestimmungen des Einigungsvertrages mit Wirkung vom 3. Oktober 1990 auf die Bundesrepublik Deutschland und in den Verantwortungsbereich der Bundesanstalt für Flugsicherung über. Damit ist die Interflug GmbH ein reines Verkehrsflugunternehmen geworden.

Inzwischen gründet die Deutsche Lufthansa die GBL Gemeinnützige Berliner Qualifizierungegesellschaft für Berufe im Luftverkehr mbH. 1 338 von den bis dahin 2 968 Mitarbeitern der ehemaligen Interflug beginnen in diesem Rahmen am 1. Juli 1991 ihre Umschulung und Qualifizierung. Die erforderlichen betriebsbedingten Kündigungen werden auf der Grundlage eines mit dem Gesamtbetriebsrat vereinbarten Interessenausgleichs und Sozialplanes ausgesprochen. Im Sommer 1992 sind noch 263 Mitarbeiter im Liquidations-Team mit den eigentlichen Abwicklungsaufgaben befaßt.

Von vier Mitarbeitern der Interflug-IL-18-Staffel wird im Frühjahr 1991 die IL-18-R Cargo Vermittlungs GmbH gegründet. Ziel der Cargo ist der Aufbau einer neuen Fluggesellschaft mit Sitz in Schönefeld, die ihren Flugbetrieb mit vier bzw. fünf Flugzeugen des Typs IL-18 sowie mit etwa 100 ehemaligen Interflug-Mitarbeitern durchführen will. Die Gesellschaft kann am 1. November 1991, nach Namensänderung in »The Berline«, Berlin-Brandenburgisches Luftfahrtunternehmen GmbH, den Betrieb in vollem Umfang aufnehmen. Die Liquidation der Interflug GmbH verläuft im wesentlichen planmäßig. Die Fortführung weiterer Teilbereiche kann im Rahmen von Management Buy-Out-Projekten realisiert werden.

2. Januar 1991

Kein Stuhl für den Verhandlungspartner

Privatisierungsgespräche konnten in der Frühzeit der Treuhandanstalt wie der Verkauf von Nordbrand, Nordhausen, an den westdeutschen Spirituosen-Industriellen Peter Eckes laufen. Die Verhandlung wäre um ein Haar daran gescheitert, daß Eckes kein Stuhl angeboten werden konnte. Der Begriff »Besprechungszimmer« war im Vokabular der Treuhandanstalt noch nicht vorhanden. Die Blumentöpfe wurden von dem Gitter um einen Heizkörper geräumt. Darauf saß dann Eckes, und das Privatisierungs-Team kauerte vor ihm.

Hat die Treuhandanstalt (THA) gut abgeschlossen? Hat sie schlecht abgeschlossen? Keiner weiß es. Vielleicht hat Eckes seinen Verhandlungspartnern leid getan, und sie haben rasch nach- und zugegeben. Vielleicht hat aber das für die Unternehmergesäße unerhört harte und unbequeme Heizungsgitter Eckes seinerseits bewogen, dieser Folter rasch wieder zu entfliehen, und er hat nachgegeben. Das sind Fragen, auf die Jürgen Haag eine Antwort finden möchte. Am 2. Januar 1991 hatte er seine Aufgabe als Branchendirektor Nahrungs- und Genußmittel der Treuhandanstalt in Berlin aufgenommen.

Das Angebot der Treuhandanstalt war präzise, knapp, bündig und entschieden. Dann der Ordnung halber noch ein rasches Interview am Wochenende in Köln mit Bellwied, dem Personaldirektor der Treuhandanstalt, und der dünnste Anstellungsvertrag für eine derartige Position wird unterzeichnet. Von Inhalt und Umfang der Funktion enthält der Vertrag nichts, dafür aber die tarifliche Arbeitszeit. Die Pioniere haben sie dann, wie bekannt, stets überschritten.

Am 2. Januar beginnt »es« dann. Unternehmen zu privatisieren oder zu begleiten und zu sanieren, ist zunächst unmöglich. Für den Pionierdirektor Nahrungs- und Genußmittel war nichts von dem vorbereitet, was man üblicherweise »Arbeitsinfrastruktur« nennt. Erfreulich war, daß das Direktorat zu diesem Zeitpunkt schon aus drei Ost-Mitarbeitern bestand. Und die waren sichtlich froh, aus ihrem Status frei schwebender Einzelkämpfer in eine kleine Organisation überführt zu werden, die jetzt einen leibhaftigen Chef bekommen sollte.

Die Mitarbeiter versorgen ihn mit dem Nötigsten, um die ersten Stunden zu überstehen: Kaffee, ermunterndem und tröstendem Zuspruch, vor allem einem Stuhl. Dann die Frage nach einem Büro. Hier müssen die Mitarbeiter passen. Aber es gibt einen weiterführenden Hinweis, wie ein Pionierdirektor vielleicht zu einem Zimmer kommen könne: In der Hans-Beimler-Straße sei eine neue Etage von der Treuhandanstalt angemietet, er solle doch möglichst umgehend den dortigen Hausmeister aufsuchen. Das neue Gebäude fand man schnell, jedoch nicht den Hausmeister, aber auch das gelingt schließlich. Das erste Wunder geschieht, es sind tatsächlich Zimmer vorhanden und verfügbar, darunter sogar ein »Leiterzimmer«.

Ein Zimmer, in dem der Staub von Jahrhunderten zu nisten scheint, dazu mit einer Möbelausstattung von nostalgisch-historischem Wert. Eindrucksvoll das Telefon: eine gewaltige Masse mit zerborstenen Tasten, erloschenen Leuchtanzeigen, widerspenstigen Einrastungen, aber immerhin ein Apparat, der geruht, nach langen Verzögerungen doch gelegentlich ein Gespräch zustande zu bringen und die Linie manchmal sogar eine volle Minute zu halten.

Der Nahrungs- und Genußmittelpionier glaubt so etwas wie eine Sekretärin, wenigstens doch eine Schreibdame zu benötigen. Wieder gibt es aus dem ersten kleinen Freundeskreis Auskünfte, irgendwo existiere eine Personalabteilung, die sich mit so etwas beschäftige. Erneut irrt der Pionier über die Korridore, findet eine würdige Dame, die Sekretärinnen vermittelt. Er wird schnell belehrt, daß eine »West-Sekretärin« nicht möglich sei und auch warum, und bekommt eine Reihe von Bewerbungen in die Hand gedrückt. Meist Unterlagen von Damen, aus deren Laufzettel man ersehen konnte, daß sie schon vielen Stellen angeboten worden sind.

Aber dann geht am vierten oder fünften Tag bei dem mit dem Staub seines Leiterbüros und mit dem Telefon kämpfenden, der völligen Depression nahen Pionierdirektor die Tür auf. Eine sehr junge, sehr schlanke Dame stakst herein, fragt, ob dies der Dr. Haag sei, was der Pionier matt bejaht. Sie sagt, sie sei die Sina, sie solle für ihn schreiben, und er solle ruhig du zu ihr sagen. Sina sah damals so schmal aus wie die letzte Zeile ihres Lohnzettels. Sie arbeitet bis zum letzten Tag für den inzwischen wegen Erledigung seines Auftrags ausgeschiedenen Chef. Man kann die junge Frau nicht wiedererkennen, sie ist ein selbstbewußt gewordener junger Mensch, der seinen Weg machen wird, meint Haag.

Erste Kontakte, Gespräche, praktische Arbeit mit dem nun vier Menschen starken Mitarbeiterkreis, erste schnelle Hochachtung vor der Intelligenz und dem profunden Wissen der Referenten, dreier Herren, die in der ehemaligen DDR leitende Funktionen innehatten. Die blutjunge Sekretärin besorgt sich Putzlappen und Staubtuch und schafft ruhig und selbstverständlich im Rahmen des Möglichen etwas Sauberkeit. Anschließend »organisiert« sie eine Maschine, und schon mit dem ersten Schriftstück wird die Überlegenheit der Grundausbildung der damaligen DDR gegenüber westlicher Schulung demonstriert: perfekt im Zehnfinger-Blindanschlag, perfekt in Orthographie, perfekt im Schriftbild.

Dann der Kampf um ein »richtiges« Telefon, »West-Leitung« ist das Zauberwort. Aber dies sollte noch dauern. Aber es gibt ja neben den Pionieren die »Urpioniere«. Kollege Rohr hatte schon eine West-Leitung und residierte auch in der Hans-Beimler-Straße. Ein paar Etagen hochlaufen, dort telefonieren zu dürfen, was der urweise, urlistige und urkameradschaftliche Generalbevollmächtigte gern gewährt, ist in den alten Zeiten kein Problem.

Und dann beginnt das eigentliche Geschäft, das Privatisieren, das Sanieren. Die drei ererbten Referenten hatten mit wechselnden West-Leihgaben als Verhandlungsführer bereits damit angefangen. Ein paar gute Abschlüsse waren schon getätigt worden.

Die Erfahrungen mit der Suche nach einem Büro und einer Sekretärin hatten den Pionierdirektor nachhaltig belehrt: Nach einem Einarbeitungsprogramm fragt er nicht mehr. Treuhand-Gesetz, Satzung der Treuhandanstalt, erste Privatisierungsrichtlinie, DM-Eröffnungsbilanzgesetz wurden in Nachtschichten aufgesogen, und los geht's. Die Unsicherheit, unter der die Mitarbeiter der Treuhandanstalt damals noch leiden, kennzeichnet auch die Investoren.

Dann kommen die ersten ganz großen Anfragen: Coca-Cola wünscht, 660 Millionen DM in den neuen Bundesländern zu investieren, will etwa zwölf Getränkestandorte erwerben, möchte aber nicht durch alle Niederlassungen reisen. Ein Vorstandsbeschluß wird formuliert, daß das Coca-Cola-Gesamtpaket durch das zentrale Direktorat Nahrung und Genuß zu verhandeln sei. Proteste der Niederlassungen, ein wenig Intrigenspiel; die damalige Chef-Lobbyistin der Niederlassungen, Birgit Breuel, wird eingeschaltet. Erster telefonischer Kontakt des Pionierdirektors Nahrung und Genuß mit der nachmaligen Präsidentin, spitzer Wortwechsel – einer der wenigen Fälle, wo ein Direktor sich einmal gegen das Niederlassungssystem durchsetzt. Es tut, wie sich später zeigen wird, der Freundschaft keinen Abbruch.

Aber es kommen nicht nur Investoren mit der Noblesse von Coca-Cola. Die unseriösen sind in der Pionierphase einfach zu erkennen. Sie wirken, als seien sie direkt von ihren Hauptquartieren unter der Brücke ausgezogen, um den Osten zu retten. Die, die uns später 110 Millionen DM Mafia- und Kokaingelder unterschieben wollen, sind schon schwerer auszumachen: Sie tragen Kaschmir. Sie kommen mit den besten Empfehlungen eines neuen Bundeslandes. Ihre Behandlung bedarf eines besonderen Instinkts und einer Prüfungsroutine, die man aber bald entwickelt hat.

Die Pioniere lernen die ersten Unternehmen kennen, Geschäftsführer, die Leitenden, die Betriebsräte. Sie erleben die Unsicherheit, die tiefe Kränkung nach der ersten Euphorie, die totale Überforderung, erste Opfer der westlichen Beutegermanen wie Unternehmensberater der dritten und vierten Garnitur.

Aber auch die erste steht der letzten manchmal kaum in etwas nach. Es schlägt auch die Stunde mittelmäßiger Universitätsabsolventen, die für fürstliche Honorare den Osten missionieren dürfen.

Aber das Privatisierungsgeschäft rollt. Die unerwartet große Attraktivität der Nahrungs- und Genußmittelunternehmen führt dazu, daß viele Unternehmen am grünen Tisch in Berlin nach Papier- und Aktenlage, nach DM-Eröffnungsbilanz und nach der Güte des Investorenkonzepts verkauft werden. Man glaubt, eigentlich noch in der Pionierphase zu stecken, und schon sind in rund zwei Jahren die 116 Unternehmen des Bereiches privatisiert. Laut Isud, der Computer-Datei, und den üblichen Bewertungskriterien quantitativ ein ordentlicher Erfolg. Ob die Isud-Datei alles ausdrückt, was zu berücksichtigen wäre? Hier sind Zweifel angebracht. Spätere Historiker sollen Antwort geben.

Die Kernmannschaft eines der kleinsten Branchendirektorate der Treuhand, die Abteilungsleiter und die Privatisierungsreferenten, sind nie mehr als sechs Personen. Einige qualifizierte Spezialisten zur Entlastung werden gesucht. In der »Hochzeit« bestand das Direktorat aus vierzehn Personen, die Sekretärinnen eingeschlossen. Es ist eine gute Mischung aus hochintelligenten, erfahrenen »Ossis« und einer Reihe von reifen, aber auch ein paar jungen »Wessis«. Wir haben das Glück, nur Mitarbeiter mit Takt und Einfühlungsvermögen für die schwierige Seelenlage unserer Ost-Mitarbeiter im Direktorat und der Menschen in unserem Unternehmen zu finden.

Den offiziellen Rekrutierungsversuchen qualifizierter Mitarbeiter ist nur mäßiger Erfolg beschieden. Zu groß ist das Angebot von »Strandgut« aus dem Westen. Dann kommt der Einfall mit der »Schnorrer«-Tour. Der Chef ruft die Großen der Nahrungsmittelindustrie im Westen an – ein wenig kannte man sich aus den Verbänden. Der Standardspruch war rasch eingeübt: »Dies ist die Stunde der nationalen Solidarität, dies ist die Stunde der Herausforderung für jedes westdeutsche Unternehmen, konstruktive Beiträge für den Ausbau im Osten zu leisten, dies ist die Stunde, euren jungen, qualifizierten Nachwuchs mit einer einzigartigen Erfahrung zu bereichern, also lieber Herr X von Henkel, lieber Herr Y von Nestlé, lieber Herr Z von der Schweizerischen Bankgesellschaft, ich brauche Delegierte für mindestens ein halbes Jahr. Es müssen schon etwas erfahrene, aber auch reife junge Leute sein, erprobte Arbeitstiere, und seid bitte auch so freundlich und erwartet nicht mehr als eine reine Kostenerstattung für deren Einsatz.«

Das Rezept hat bestens funktioniert. Die kleine Mannschaft hatte ihre Vorteile. Sie hatten so viel Arbeit, waren so ausgelastet, daß zu Müßiggang und Streiterei keine Zeit blieb.

2. Januar 1991

Dokumentation – Interview der »Welt« mit Rohwedder (Auszug)

WELT: Herr Rohwedder, als Sie noch Hoesch-Chef waren, sagten Sie mir: Wenn ich hier in Dortmund mal aufhöre, gehe ich zum Roten Kreuz. Sind Sie da jetzt angekommen?

Rohwedder (lächelt): Mit der Treuhandanstalt bin ich jedenfalls bei einer Institution angelangt, die einen dem Gemeinwohl verpflichteten Auftrag hat. Die Treuhand versteht sich auch als Einrichtung, die mithelfen will, daß bei dem schwierigen Reformationsprozeß der Wirtschaft in der früheren DDR die Menschen nicht unter die Räder kommen.

WELT: Sie sind Sozialdemokrat. Sie waren Staatssekretär bei Schiller, später bei Schmidt, kurze Zeit bei Graf Lambsdorff ...

Rohwedder: ... und fünf Jahre bei Friderichs. Ich bin ziemlich lange hier in Bonn gewesen ...

WELT: Beinahe zehn Jahre, dann zwölf Jahre bei Hoesch. Wenn Sie Ihre Tätigkeit als Staatssekretär und Unternehmer sehen: Was halten Sie von Industriepolitik?

Rohwedder: Das Fatale an dem Begriff Industriepolitik ist, daß man immer ganz schnell an den Staat denkt, der alimentiert. Wenn die Rahmenbedingungen stimmen und die Wirtschaft floriert, gibt es keinerlei Bedürfnis nach Industriepolitik. Wenn ich jetzt aber die Ex-DDR betrachte, ist es so, daß die Verfassung von ganzen Branchen dort so schlimm ist, daß es ohne behutsame Begleitung des Erholungsprozesses durch den Staat nicht abgehen wird. Was nun die Treuhand betrifft: Sie muß sich in acht nehmen, nicht hineingezogen zu werden in allerhand Zwänge, die der staatlichen Verwaltung oder der Politik aufgetragen sind. Dazu gehört eben die Industriepolitik, dazu gehört die Regionalpolitik, dazu gehört die Gemeinschaftsaufgabe zur Verbesserung der regionalen Wirtschaftsstruktur. Wenn die Treuhandanstalt sich diesen Politikern zuwenden würde, dann würde sie in einen Dauerkonflikt mit dem Bundeswirtschaftsministerium und mit den Wirtschaftsverwaltungen der Bundesländer geraten, nicht nur der neuen, sondern insbesondere auch der alten. Man würde der Treuhandanstalt zu Recht vorwerfen, sich zu einer allumfassenden, allwissenden, alles regeln wollenden Superbehörde erheben zu wollen. Ich bin gewitzt genug, solche Konflikte gar nicht erst entstehen zu lassen.

WELT: Wie wollen Sie das verhindern?

Rohwedder: Deshalb mein Bestreben, die Treuhandanstalt zu reduzieren oder – besser gesagt – zu konzentrieren auf die eigentliche Aufgabe, die der Gesetzgeber ihr aufgetragen hat. Nämlich: dafür zu sorgen, daß der Staat so schnell wie möglich und so total wie möglich aus der gewerblichen Wirtschaft verschwindet. Damit haben wir alle Hände voll zu tun . . .

WELT: Sind Sie Ideologe, Missionar . . ., oder was treibt Sie an? Kommen wir wieder zum Roten Kreuz zurück?

Rohwedder: Ich möchte, daß die Wiedervereinigung der Deutschen sich nach der staatlichen Einheit nun vollziehen möge im geistigen, im kulturellen Bereich, in den Universitäten, den Lehr- und Lern-Inhalten, der Kunst, der Literatur, daß dieses Volk wirklich zusammenfindet, was noch nicht der Fall ist. Ich möchte dazu beitragen, daß für diesen Prozeß des Zueinanderfindens die materielle Grundlage so rasch wie möglich gelegt wird. Das treibt mich um. Ich bin kein Mann des akademischen Bereiches. Ich bin kein Mann des literarischen Betriebes. Ich bin kein Theatermann oder sonst etwas. Ich komme aus der Wirtschaft und möchte, daß die Menschen in der früheren DDR möglichst rasch aus ihrer materiellen Inferiorität herausgeführt werden. Da bedarf es eben – insofern ist die Schaffung dieser Treuhandanstalt wirklich nicht dumm – einer zentralen Agentur, die sich mit einer energischen Kraftentfaltung ausschließlich darum kümmert, daß die Lebensbedingungen, Arbeitsbedingungen, die wirtschaftliche Existenz der Menschen in den früheren DDR-Bezirken möglichst rasch sich unseren Maßstäben, unserem Niveau angleichen. Die Treuhandanstalt ist die zentrale Institution, die unsere wirtschaftspolitischen Erfolgsrezepte und Grundüberzeugungen in die Ex-DDR hineinzutragen und auch für wirtschaftspolitische Strukturen zu sorgen hat, die jedenfalls nicht schlechter sind als das, was wir hier in der alten Bundesrepublik haben.

WELT: Sie sprechen von materieller Inferiorität. Gibt es im Osten auch eine geistige Inferiorität? Sind die »Hirne«, die Denkwerkzeuge beschädigt? Gibt es geistige Deformationen?

Rohwedder: Wenn 40 Jahre lang eine ganze Generation oder anderthalb durch Kindergärten, Grundschulen, weiterführende Schulen, Universitäten und dann durch ein Berufsleben hindurch in einem kommunistischen System gelebt haben, dann sind Dimensionen des normalen Denkens verlorengegangen. Das Wort Deformation bedeutet, daß die Menschen nur verkrüppelt sind in der Weite ihrer Lebenserfahrung. Alles war gefiltert und mußte durch das Nadelöhr des Marxismus-Leninismus. In diesem Sinne glaube ich schon, daß die Menschen erst jetzt tastend anfangen, ganz neue Erfahrungen zu sammeln, insbesondere im geistigen und kulturellen Bereich. Wir haben es hier mit einem Prozeß zu tun, der noch lange andauern wird. Leider habe ich nicht den Eindruck, daß den Westdeutschen die Heranführung der Menschen in der ehemaligen DDR an unsere Denkwelt ein brennendes Anliegen ist. Wenn es um die Wiedervereinigung Bayerns ginge oder um die Wiedervereinigung Württembergs oder Holsteins, wenn da die Teile auseinander wären, würden die zentripetalen Kräfte sehr viel unmittelbarer, sehr viel emotionaler, sehr viel stürmischer und auch leidenschaftlicher sein, als wenn jetzt diese Stämme aufgerufen sind, sich für die Brandenburger zu öffnen, für sie mitzutragen und mit ihnen zu teilen.

Aber vielleicht hat das auch sein Gutes. Das Ausland hat mit einer gewissen Erleichterung den 3. Oktober, was davor und danach war, erlebt. Deshalb ist es ganz gut, daß die Dinge sich sehr stark im rationalen Bereich ansiedeln. Damit sind auch wir wieder im Felde der Politik, der Wirtschaft und des Handwerklichen.

WELT: Weil das so ist und weil unsere Marktwirtschaft durch rationale Privatunternehmer und Privatkapitalisten vorangetrieben wird, wäre es da nicht sinnvoll, den ganzen Ramsch drüben so schnell wie möglich und koste es, was es wolle, zu verscherbeln, zu verschenken, ja sogar noch Geld hinterherzuwerfen?

Rohwedder: Das Tempo, das Sie damit meinen, hat sich die Treuhandanstalt auf die Fahnen geschrieben. Deshalb steht dieser Privatisierungs-, dieser Entstaatlichungsauftrag, ich sage die Kompression des staatlichen Bereichs auf einen unvermeidlichen Kern, an erster Stelle im Treuhandgesetz. Also uneingeschränktes Ja dazu, wobei dann aber doch gesagt werden muß, die Sache mit »koste es, was es wolle« bedarf der Differenzierung. Da muß sich die Treuhandanstalt schon ein bißchen Mühe geben und bei diesem Prozeß der Entstaatlichung zugleich Strukturen schaffen, die marktwirtschaftlich akzeptabel sind. Das einfachste wäre, man würde die zu privatisierenden Unternehmen – wenn es ginge, es geht, glaube ich, nicht – einfach nach einem Windhundverfahren, first come, first serve, oder über Auktionen abstoßen. Dann käme es aber leicht dazu, daß sich marktwirtschaftlich unwillkommene Strukturen herausbilden. Wenn nur kapitalkräftige große Häuser zum Zuge kommen und alle anderen wegbeißen, alle anderen wegboxen, würde ich dieses Verfahren ordnungspolitisch eben nicht in Ordnung finden. Auf der Strecke blieben dann der Mittelstand, das Handwerk, die Ausländer. Man würde zum Schluß mit einer ziemlich monolithischen, unattraktiven, nicht sonderlich kompetitiven Wirtschaftsstruktur dasitzen. Das verstehe ich nicht als Auftrag der Treuhand. Mein Fazit: Wir müssen sehr schnell den Staat zurückdrängen und den Unternehmer mit seinen Investitionen, mit seiner Phantasie, mit seiner Aggressivität im Markt haben. Wir müssen aber den richtigen Unternehmer haben, den interessanten Unternehmer, den Unternehmer, der für Vielfalt im Markt sorgt.

Noch eines: Die Unternehmen im Osten sind in aller Regel nicht in Ordnung – nicht ohne weiteres verkäuflich. Das heißt, die Vermutung eines ordnungsgemäßen Geschäftsgangs besteht nicht. Sondern es besteht die Vermutung, daß es sich um Hülsen handelt, in denen nicht viel steckt. Der Schnelligkeit der Privatisierung stehen übrigens Probleme wie Altschulden, Altlasten, ungeregelte Eigentumsfragen entgegen.

WELT: Herr Rohwedder, die DDR-Wirtschaft – von Honecker als die zehntgrößte der Welt gefeiert – nur eine leere Hülse?

Rohwedder: Eine sozialistische Wirtschaft ist – das weiß jetzt jedermann – nicht in der Lage, im internationalen Wettbewerb zu bestehen. Dafür fehlt es an allen Voraussetzungen: an der Technologie, den Produkten, der Marktkenntnis, der Effizienz des Herstellungsprozesses. Soll und Haben, Aufwendungen und Erträge, Kosten und Erlöse – das waren bis zur Wirtschaftsunion im Juli 1990 alles keine Maßstäbe. Der einzige Maßstab, der galt, war die Erfüllung des Plans. Ein Maßstab, der für den internationalen Wettbewerb ohne Relevanz ist. Das heißt, die Unternehmen liegen per definitionem vollkommen neben dem Fadenkreuz. Das ist das erste Kardinalproblem. Das zweite ist, daß die Unternehmen der ehemaligen DDR damit kämpfen, sich aus ihrer einseitigen Marktorientierung und Einbindung in den RGW-Bereich zu lösen. Übrigens: Es wird in der Ex-DDR enorm gearbeitet. Und ganz große Desaster, der ganz große Einbruch ist bisher nicht eingetreten. Man hat kaum für möglich gehalten, daß sich die Betriebe nun schon ein halbes Jahr lang, wenn auch mit Krämpfen, am Leben halten. Wir sind leider noch nicht am Tiefpunkt der Entwicklung.

WELT: Wie definieren Sie den Tiefpunkt?

Rohwedder: Mit bedeutender Zunahme der Arbeitslosigkeit, mit bedeutender Abnahme der Industrieproduktion, mit bedeutenden branchenmäßigen und regionalen Zuspitzungen der Lage. Ich sage nur mal Werften. Und Stahlindustrie. Aber in einem dreiviertel Jahr haben wir den Haltepunkt erreicht. Bedenken Sie: Bis heute hat sich – von den Anstrengungen beim Telefon einmal abgesehen – überhaupt noch nichts getan in punkto Infrastruktur: Straßenbau, Brückenbau, Häfen, Deponien, Eisenbahn. Aber das wird alles kommen. Wenn ich mir die Sachsen, Thüringer, Berliner, Mecklenburger so angucke, sind das nicht gerade die typischen Mezzogiorno-Bewohner . . .

WELT: Noch einmal, Herr Rohwedder, an Sie und die Treuhand die Aufforderung: Wer schnell hilft, hilft doppelt!

Rohwedder: Gut, Sie sind sehr höflich. Ich höre da ja ganz anderes. Viele Leute schlagen mir die schleppende Arbeitsweise, Unfähigkeit, Unvermögen, Nichtwollen, die alten Seilschaften täglich um die Ohren. Richtig ist, daß der Privatisierungsprozeß, von dem wir gesprochen haben, sich nicht so schnell abspielt, wie er sich abspielen müßte. Aber auch das stürmische Anbieten früherer Kombinate führt nicht gleich zum raschen Kauf, jedenfalls dann nicht, wenn man zwar umsonst etwas kriegt oder noch Geld dazubekommt, dann aber Folgekosten mit der Übernahme eines Werkes verbunden sind, auf denen man als Erwerber sitzenbleibt. Das zweite ist, daß die Treuhandanstalt auch heute noch nicht genug Investmentbanker, Wirtschaftsanwälte und Fachleute hat, die Firmen verkaufen können. Es kommen zwei Dinge hinzu: Das eine, den Wiederaufbauprozeß verzögernde Hauptproblem ist, daß der Aufbau der Staatlichkeit, der Verwaltung in den Bundesländern so äußerst langsam vor sich geht. Hier zeigt sich, daß Marktwirtschaft, daß unternehmerische Betätigung den staatlichen Rahmen dringend braucht. Wo er nicht vorhanden ist, entwickelt sich keine unternehmerische Aktivität. Das zweite ist nicht weniger wichtig: der gesamte Bereich der offenen Vermögens- und Eigentumsfragen in der früheren DDR. Man muß sich vorstellen, daß zu irgendeinem Zeitpunkt alles, was später volkseigen war und dann der Treuhandanstalt zugewiesen wurde, jemandem gehört hat. Und nach dem

Einigungsvertrag bekommen die alten Eigentümer das, was ihnen irgendwann einmal gehört hat, im Prinzip zurück. Das heißt also, jedes Grundstück, jedes Unternehmen hat einen, theoretisch jedenfalls, Anspruchsberechtigten. Das mag eine jüdische Familie sein, die 1936 aus Deutschland vertrieben worden ist und jetzt in Neuseeland sitzt. Das mögen Landwirte sein, die ihre landwirtschaftlichen Flächen wiederhaben wollen. Das mögen Mittelständler sein, die 1972 in der letzten Verstaatlichungswelle ihre Unternehmen verloren haben. Alle diese Leute wollen ihren Grund und Boden, ihr Eigentum wiederhaben. Das ist eine sehr komplizierte Materie, die ich unmittelbar vor Weihnachten dem Kreis der Koalitionspartner vorgetragen habe. Ich habe darauf aufmerksam gemacht, daß es dringenden, zweimal unterstrichen, dringenden Handlungsbedarf der Bundesregierung gibt, um ein größeres Maß an Klarheit in diese offenen Vermögensfragen, in das Restitutionsrecht, in das Reprivatisierungsrecht hineinzutragen, damit die Treuhandanstalt ihre Aufgaben besser erfüllen kann als heute.

WELT: Wie?

Rohwedder: Ich kann mir zwar nicht vorstellen, daß der Grundsatz der Restitution, der Rückgewähr dessen, was den Leuten weggenommen worden ist, jetzt in sein Gegenteil verkehrt wird. Nach dem Motto: Keiner erhält seine Sache zurück, alle bekommen nur eine Entschädigung. Aber es gibt eine ganze Reihe von Verfahren, die vereinfacht werden können. Bisher müssen Anmeldefristen auf Rückgewähr nicht ernst genommen werden. Das muß geändert werden. Oder: Wenn ein Interessent ein Unternehmen eines früheren Kombinats erwerben will und sagt, ich schaffe dort 1000 Arbeitsplätze, dann darf die Treuhandanstalt ihm dieses Unternehmen heute nicht überantworten, wenn gleichzeitig irgendwo eine Erbengemeinschaft sitzt und sagt, das hat unserem Großvater gehört, das wollen wir wiederhaben, aber unternehmerische Pläne haben wir nicht damit. So etwas kann keinen Bestand haben.

WELT: Wie wollen Sie denn im Moment überhaupt privatisieren?

Rohwedder: Ich sage Ihnen doch: Wir sind in unserer Erfahrung stark eingeengt. Aber es gibt eine Fülle von Ansatzpunkten für den Gesetz- oder Verordnungsgeber, breitere Schneisen in das juristische Dickicht zu schlagen. Daran wird in Bonn schon intensiv gearbeitet...

WELT: Und von alten wie neuen Seilschaften reden Sie gar nicht...

Rohwedder: Nun, es ist oft schwer zu erkennen, wer Seilschaft ist. Die Zugehörigkeit allein zur früheren Elite sollte jemanden noch nicht negativ abstempeln. Wir sollten als Westdeutsche, die wir das Glück hatten, nicht in der Bedrückung durch den Kommunismus, in dieser ideologischen Verstrickung und in der Unausweichlichkeit dieser brutalen Ideologie zu leben, uns nicht zu Richtern aufwerfen, sondern wir sollten diesen Leuten eine Chance geben.

Dann ein Wort zu den neuen Seilschaften. Das ist eine besonders unappetitliche Kombination von westlichem Erwerbssinn und östlichem Wissen, wo sich was drehen läßt. Wenn sich also in dieser Weise diese beiden Kräfte kombinieren, entsteht eine explosive Mischung. Wir versuchen dafür zu sorgen, daß in unserem Zuständigkeitsbereich nach Möglichkeit dunklen Figuren, die solches versuchen, das Handwerk gelegt wird.

WELT: Besteht nicht die Gefahr, daß den Belegschaften in den Betrieben die Moral kaputtgeht, wenn die alten auch die neuen Herren sind?

Rohwedder: Natürlich. Es gibt viele, viele Beispiele, wo in der Tat die früheren Bezirksleiter oder Kombinatschefs sich das Geschäftsführermäntelchen umhängen und die Leute drangsalieren oder ihnen die Arbeitsplätze nehmen, um ihre eigenen Kumpane einzusetzen. Die Treuhand weiß davon. Wir haben deshalb so großen Wert darauf gelegt, daß wir die Aufsichtsräte gut besetzen, die darauf achten müssen, daß die Geschäftsführer, die wir vorgefunden haben, im Zaum gehalten werden. Wir haben Vertrauensbevollmächtigte eingesetzt, hohe pensionierte Richter und Justizbeamte, die den jeweiligen Filialen der Treuhandanstalt zur Seite stehen, um Auswüchse zu bekämpfen, um Ansprechpartner zu sein für Betriebsräte, Belegschaftsangehörige, Gewerkschafter, die sich drangsaliert fühlen. Es ist aber ein bißchen so, wie Willy Brandt es von den Russen gesagt hat. Auf die Frage: Wann gehen die Russen?, hat er gesagt: Noch sind sie da. Und eines Tages sind sie weg. So wird das mit den Seilschaften auch sein . . .

WELT: Herr Rohwedder, Sie sind 58 Jahre alt. Ein Berg voller Probleme wartet auf Sie. Wollen Sie nicht doch lieber zum Roten Kreuz?

Rohwedder: Das Rote Kreuz ist jetzt Berlin: Helfen, Wunden heilen, aufbauen, dem Patienten allmählich die Krücken unter den Armen wegziehen können, zusehen, wie er allein läuft, Kraft gewinnt und sich dem normalen Leben zuwendet. Dann zieht man sich als Helfer diskret zurück und betrachtet mit Wohlgefallen, wie alles allmählich seinen gesunden, guten Gang nimmt.

WELT: Sie sind dann vier Jahre älter, 62. Sie können doch nicht wieder Vorstandsvorsitzender von Hoesch werden?

Rohwedder: Nein, natürlich nicht. Eine Managertätigkeit will ich dann nicht mehr ausüben. Ich möchte dann in Berlin, wo wir hoffentlich bald hinziehen, wie vor 30 Jahren mein Schild als Rechtsanwalt an die Tür schrauben . . .

WELT: Haben Sie einen Wunsch für das neue Jahr?

Rohwedder: Ich wünsche mir, daß die so lange durch ein unfähiges, brutales und korruptes System geschundenen Menschen in den östlichen Bundesländern darauf vertrauen, daß ihre Hoffnungen auf ein besseres Leben berechtigt sind, daß sie bei ihren Anstrengungen nicht allein gelassen werden, sondern daß viele Landsleute ihnen zur Seite stehen. Zu diesen Helfern gehört auch die Treuhandanstalt.

11. Februar 1991

Die Organisation der Treuhandanstalt ändert sich

Die Tätigkeit von Eberhard Sinnecker beginnt im November 1990 in der »Besenkammer«, Alexanderplatz, 6. Stock. Der persönliche Referent hat ihn nicht auf der »Rechnung«. Er drückt ihm das soeben erstellte erste Kompendium wesentlicher Richtlinien der Treuhandanstalt in die Hand – damals kaum stärker als ein Managermagazin. Nach einem halben Tag hat der neue Direktor Privatisierung und spätere Leiter des Branchen-Direktorats Dienstleistungen ein Büro.

Am Anfang steht nicht sosehr die Frage, wie und mit wem verhandelt man, sondern: Wer verhandelt wo. Notfalls setzt man sich um die Ascherkugel, gruppiert zwischen den Fahrstuhlschächten – ein Stilleben besonderer Art. Improvisieren ist gefragt. Eine Mannschaft gilt es zu finden und ein Minimum an Handwerkszeug zu organisieren.

Dies passiert in einem Hexenkessel von Terminen ohne oder mit minimaler Vorbereitungszeit, dazwischen neugierige Journalisten. Der Strom der Investoren ist unaufhaltsam. Es bleibt ihnen auch nichts anderes übrig, ist doch das unzureichende Telefonnetz ein wirkungsvoller Schutzschild überbeanspruchter Privatisierer. Schreiben ist auch keine Lösung, können doch die Angesprochenen das eingehende Papier nur noch schwer sortieren, geschweige denn lesen. Man muß direkt durch die Tür kommen.

Wer ist eigentlich für was zuständig? Ein Vorstandsmitglied für die gesamte Privatisierung! Es wird rasch offensichtlich, daß diese von den Anfängen der Treuhandanstalt mit anderen Aufgabenstellungen übernommene Organisation genauso schnell einer Revision bedarf, wie eine Abgrenzung der Zuständigkeiten zwischen Zentrale und Niederlassungen notwendig ist. Die erste Untergliederung der Treuhand war konzipiert als eine Fortsetzung der Branchen-Ministerien mit anderen Mitteln – eine ausgesprochene Fehlkonstruktion. Relativ spät wird auf diese Erkenntnis reagiert. Man glaubt zunächst, das Problem damit in den Griff zu bekommen, daß man die im Treuhand-Gesetz vorgesehenen Branchen-Aktiengesellschaften bewußt nicht gründet, nachdem Rohwedder dieses Thema angesprochen hat. Nicht sofort wird erkannt, daß die Organisation trotzdem nicht zur Erfüllung der Aufgabenstellung der Treuhand geeignet ist, weil sie überholten Organisationsprinzipien folgt.

In den ersten Dezembertagen 1990 kommt es zu offiziellen Überlegungen, wie die organisatorische Gliederung der Treuhandanstalt neu zu gestalten ist. Es gibt bis dahin neun Privatisierungsdirektoren. Eine Untersuchung der Beratungsfirma McKinsey soll feststellen, was an Kaufangeboten für Unternehmen im Haus vorliegt. Ergebnis: Über 1200 Angebote sind zum Teil noch gar nicht in Bearbeitung genommen, ihr Eingang noch nicht bestätigt. Daß diese Zahl von Tag zu Tag steigt und keine Chance besteht, die unbearbeiteten Anfragen auf diese Größenordnung beschränkt zu halten, ist absehbar.

Ein zweiter Punkt ist, daß die funktionale Seite enorm überbetont wird. Die organisatorischen Abläufe beginnt man relativ genau zu regeln, ohne daß die an der Basis zu erledigenden Aufgaben zu schaffen sind. Für die Erledigung des Treuhand-Auftrags stehen immer noch zu wenig Kräfte zur Verfügung.

Das größte Problem ist nicht die Umstellung einer nach funktionellen Abläufen geordneten Gliederung auf eine nach Industriebranchen geordnete Matrix-Organisation, sondern die neue Aufteilung auf schließlich 21 Branchen-Direktorate und gleichzeitig eine sinnvolle Trennung der Aufgaben zwischen der Zentrale und den Niederlassungen der Treuhandanstalt. Letzteres ist nach der Mitarbeiterzahl der Unternehmen – von 1500 an aufwärts sind in der Zentrale zu behandeln – schnell entschieden.

Bei der Ausführung liegt die Tücke in den schon angearbeiteten Fällen und in Branchen, die einer möglichst einheitlichen, zumindest koordinierenden Behandlung bedürfen, wie Verlage, Druckereien und Datenverarbeitungsunternehmen.

Die Investoren beklagen den Kreisverkehr und die Schwierigkeit, einen Ansprechpartner zu finden. Die Bestandsaufnahme der Treuhand-Unternehmen gleicht einem Puzzlespiel. Die Unternehmen bringen fortlaufend neue Unternehmen hervor, die den Investoren zumeist besser bekannt sind als den Privatisierern. Ausreichende Detailinformationen zu beschaffen ist das Hauptproblem, wenn man sich nicht über Nachbewertungs-, Auskehrklauseln und ähnliche Vorsorgen absichern kann. Verständlich, daß die Investoren dies mit allen Mitteln zu verhindern suchen. Die Treuhand hat bei ihrer oft beklagten Vertragspraxis aber gar keine andere Wahl, will sie bei der Vergabe von Mitteln gerecht bleiben.

Mit der Klärung der Zuständigkeiten zwischen Zentrale und Niederlassungen bleiben in der Zentrale für ein Vorstandsmitglied mit neun Direktoren aber immer noch fast 3000 Unternehmen zur Privatisierung, dazu die schwergewichtigen Fälle. Das Gewirr ungeduldiger Investoren mit und ohne massive Unterstützung mehr oder minder wohlmeinender Berater eskaliert.

Die Abgabe an die Niederlassungen kommt zum Teil nur sehr zögerlich voran, da sich manch einer an den Gesellschaften festhält, die er kennt und liebgewonnen hat. Teilweise muß von hinhaltendem Widerstand gesprochen werden. Außerdem gibt es einen Fremdkörper in der Organisation, auf jeden Fall ein nicht in die Organisation eingebundenes Element: die sogenannte Gruppe Liehmann. Mit Branchenexperten aus den neuen Bundesländern aus der Anfangszeit der »Treuhandanstalt I«, die bisher nicht in die »Treuhandanstalt II« integriert werden konnte. Ein wesentlicher Teil der Organisationsumstellung gilt der Einbindung der Gruppe Liehmann mit ihren zwar nicht auf dem Papier, aber in der Praxis feststehenden Zuständigkeiten.

Eine der Arbeitsbelastung entsprechende Aufteilung der Unternehmen aus den Niederlassungen auf die Direktorate zieht sich bis Februar 1991 hin, zum Teil wegen des ständigen Auffindens neuer Gesellschaften. Am 10. Februar 1991 ist die Regelung praktisch abgeschlossen. Im Direktorat Dienstleistungen von Eberhard Sinnecker wird am 11. März 1991 die erste zuverlässige Firmenliste festgestellt.

Mehr Personal? Kein Problem, der Bundeskanzler hatte gerufen. Und man kommt. Der Montag entwickelt sich jeweils zum Überraschungstag, weiß man doch nicht, wie viele kommen, insbesondere wer es ist, was er kann und was er will.

Die Teilnahme an zwei ersten Auswahlrunden, kurz auch »Sklavenmarkt« genannt, verschafft Einblicke. Ein Masseninterview, auf der einen Seite des Tisches rund 30 sogenannte Entsandte, auf der anderen Seite Vorstand und einige Direktoren der Treuhandanstalt. Die Neuankömmlinge stellen sich kurz vor und formulieren ihre Wünsche bzw. Erwartungen, aber auch Einschränkungen. Dann spannende Stille – wer ist interessiert? Schwierig, wenn nahezu alle »hier« rufen, ganz schwierig, wenn keiner »hier« sagt. Manch ein Wunsch – auf beiden Seiten des Tisches – geht nicht in Erfüllung. Mal mit mehr, mal mit weniger Fingerspitzengefühl klappt aber auch das, weil keine andere Wahl bleibt. Dessen ist sich jeder bewußt.

Mit steigender Raumnot weicht man in eine Art »Notaufnahmelager« aus, Großraumbüros mit 10 bis 30 Arbeitsplätzen, mit einem oder zwei Telefonapparaten je Raum, Ost-Anschlüssen, versteht sich. Nach drei Tagen weiß man, wo man hingehört oder hin will oder hin kann. Man lernt sehr schnell, die interne Kommunikation ist nahezu problemlos. Es entwickelt sich ein besonderer Teamgeist nach dem Motto: Da haben wir doch schon ganz andere Sachen geschafft. Man will zeigen, daß es geht. Und es geht.

Die Privatisierung kommt in Gang, zunächst mit den Investoren, die am meisten drängen, weniger nach sachlichen Prioritäten. Solche können auch gar nicht gesetzt werden, da entscheidende Basisinformationen fehlen. Die Erstellung der DM-Eröffnungsbilanzen steckt noch in den Kinderschuhen. Schon sehr bald tritt die überragende Bedeutung der Immobilien hervor, ohne daß es zuverlässige Bewertungsmaßstäbe gibt. So kommen Nachbewertung, Mehrerlösauskehr und ähnliche Antispekulationsklauseln als Hilfskonstruktionen ins Spiel sowie eine konsequente Abtrennung von nicht betriebsnotwendigen Immobilien.

Wirtschaftsprüfer leisten wichtige Starthilfe. Sie sind die fachkundige Begleitung in den Privatisierungsverhandlungen und nehmen Funktionen wahr, die später von den kaufmännischen Direktoraten der Treuhandanstalt übernommen werden. Auch Wirtschaftsprüfer können aber nur bedingt weiterhelfen, fehlt es doch an nahezu allen Grundvoraussetzungen für herkömmliche Unternehmensbewertungen. Man plant, Investmentbanken zu Rate zu ziehen.

Es ging ja schon damals nicht um schlichtes Verkaufen, sondern um Privatisieren mit gewichtigen Zielsetzungen, die Sicherung von Arbeitsplätzen und Investitionen betreffend. Dies wollen die Investoren bei der Preisfindung berücksichtigt wissen. Konsequenz sind die Vertragsstrafeklauseln zu Arbeitsplatz- und Investitionszusagen als Prüfsteine für die Ernsthaftigkeit der Unternehmenskonzepte der Investoren. Hinzu kommen höchst unterschiedliche Auffassungen in den Unternehmen, insbesondere von neu bestellten Aufsichtsräten, wie das Ziel der Privatisierung am besten zu erreichen sei, z. B. ob auf dem Wege von Entflechtungen oder im Großverbund. Die aktive Entflechtung muß vielfach erst intern mühsam »verkauft« werden.

Je mehr Informationen über die Unternehmen verfügbar werden, um so unlösbarer – allein vom Volumen der Fragestellungen her – erscheint die Aufgabe. Überlegungen zu Vertragsmustern oder Vertragsmoduln, die von den Investoren als Einstiegsbasis für maßgeschneiderte Lösungen akzeptiert werden, helfen da auch nicht weiter, ebensowenig die Definition des Standardablaufs eines Privatisierungsverfahrens.

Diese Instrumente sind hilfreich für die Schnelleinweisung der Neuankömmlinge. Im aktuellen Tagesgeschäft gibt es weder einengende Vorgaben noch hilfreiche Controller. Auch diese müssen erst gefunden werden, und sie haben sich zunächst mehr mit der Erfassung und Durchführung der ersten Verträge zu beschäftigen als mit Steuerungsaufgaben. Das Räderwerk muß in Gang gebracht werden, für Verfeinerungen ist keine Zeit. Das scheint selbst dem Bundesrechnungshof einzuleuchten, der nach einer Orientierungsprüfung Anfang 1991 lange Zeit nicht mehr auftritt, jedenfalls nicht in Hinsicht auf Fragestellungen der Grundsätze der Privatisierung.

18. Februar 1991

Berliner Modell für Immobilien

Eine erste Ausschreibung für die Privatisierung von Grundstükken und ihre Vorbereitung in der Berliner Niederlassung der Treuhandanstalt führt zur Entwicklung des »Berliner Modells«. Dies war ein Verfahren zum Grundstücksverkauf unter Beteiligung anderer öffentlicher Stellen in einer gemeinsamen Steuerungsgruppe. Es wurde weiter verfeinert und später als sogenanntes TLG-Modell für die Regelung fast aller Grundstücksverkäufe von der im Oktober 1991 gegründeten Liegenschaftsgesellschaft der Treuhandanstalt mbH in den neuen Bundesländern allgemein angewendet.

Als entliehener Manager für jeweils drei Tage in der Woche hat Günter Himstedt im November 1990 die Arbeit eines Sonderbeauftragten für das Liegenschaftswesen in der Niederlassung Berlin aufgenommen. Die restliche Arbeitszeit kam er weiter seinen Verpflichtungen als Vorstandsvorsitzender der Württembergischen Lebensversicherung nach, zu der er nach Erfüllung des Auftrags in der Berliner Niederlassung Ende Juni 1991 zurückgekehrt ist.

Die Arbeitsteilung mit dem Niederlassungsleiter Helmut Coqui, der einen Monat zuvor seinen Dienst angetreten hatte, ist schnell gefunden. Schwieriger gestaltet sich die Raumfrage, da der beginnende personelle Ausbau der Niederlassung den verfügbaren Raum überfordert. Also richtet man sich im fliegenden Wechsel auf krankheitsbedingt freien Plätzen ein. Logistikprobleme zur Büroausstattung werden durch Hilfslieferungen aus dem West-Unternehmen gelöst; das mitgeführte Funktelefon erweist sich infolge der Netzüberlastung mehr als Folterinstrument denn als Kommunikationsmittel.

Durch Krankheitsausfall und Mitwirkung in drängenden Privatisierungsfragen besteht die Liegenschaftsabteilung zu Beginn aus anderthalb Mitarbeitern, die sich dem Besucherstrom der Interessenten, Beschwerdeführer und Auskunftsuchenden konfrontiert sehen.

Abweisen? Tür verschließen? Merkblätter auslegen? Unmöglich, da nur das Gespräch Beruhigung verspricht. Zehn Besucher kommen durchschnittlich am Tag, ohne daß konkrete Aussagen getroffen oder konkrete Arbeit geleistet werden können. Am Abend beginnt die Sichtung und Beantwortung der Post. Es werden konzeptionelle Wege erprobt, um erste Inseln der Ordnung im Chaos zu errichten.

Ein Grundstück zu verkaufen ist, für sich genommen, kein besonderes Kunststück. Wie aber in einer Umgebung, in der es an den wesentlichen Voraussetzungen fehlt? Ein Markt ist nicht vorhanden, soll erst geschaffen werden. Bauleitplanungen nach westlichem Muster fehlen, die Verfügungsbefugnis ist in den seltensten Fällen, das Eigentum fast immer ungeklärt. Eine verkaufsfertige Akte fehlt, da sämtliche Grunddaten nicht verfügbar sind. Daß häufig auch die Katastersituation Schwierigkeiten bereitet, wird vielfach erst beim Notartermin aufgedeckt. Welche Grundstücke sollen verwertet werden? Natürlich die nicht betriebsnotwendigen. Was versteht man darunter? Ein endloser Streit droht.

Eine zugriffsbereite Liegenschaftsdatei fehlt, also greift man auf die Ermittlungen der Treuhandanstalt zur ersten Bestandsaufnahme zurück. Mit geduldiger Überzeugungsarbeit werden die Geschäftsführer der Ost-Unternehmen dafür gewonnen, ihre Liegenschaften zum Verkauf freizugeben.

Allen Schwierigkeiten zum Trotz gilt es, Antworten zu finden auf die Fragen:

– Wie entgeht man den »Wohltätern der Menschheit«, die das Grundstück »selbstverständlich« nur zu uneigennützigen Zwecken haben wollen?
– Wie schafft man die Vorstufe eines Baurechts, das zur Wertfindung unabdingbar und für ein Stück Investitionssicherheit unerläßlich ist?
– Wer soll das alles ganz rasch abwickeln?

Eines steht fest: Ohne Abstimmung mit der Kommune, in diesem Fall dem Land Berlin und den Besitzern, der Trägerin der Planungshoheit und auch den sonstigen Trägern der öffentlichen Belange passiert letztendlich nichts. Der Gang durch eine erst im Aufbau befindliche Bürokratie verspricht keinen Erfolg, sondern nur die konzertierte Entscheidung.

Warum nicht Anleihen beim Runden Tisch der DDR machen? Es ist der Durchbruch, alle Beteiligten an einen Tisch zu holen. Der Zufall will es, daß bei der Senatsverwaltung, insbesondere bei der Senatsverwaltung für Wirtschaft und Technologie, ähnliche Gedanken erwogen werden, um die Zusammenarbeit mit der THA zu gestalten. Binnen weniger Tage steht das Konzept: Einrichtung einer Steuerungsgruppe, in der alle erforderlichen Beteiligten Nutzung und Ausnutzung der Immobilien zugleich und in kurzer Zeit ausschreibungsreif festlegen.

Dieses »Berliner Modell« beruht auf einer Grundregel: Bevor ein Grundstück auf den Markt kommt, wird mit den Trägern der Planungshoheit und der öffentlichen Belange abgestimmt, was zukünftig damit geschehen soll. Zur Klärung der gesamten Situation des Grundstücks, vom Katasteramt über das Grundbuchamt bis zu den Eigentumsfragen, wird ein gut qualifiziertes Maklerbüro eingesetzt, das auch Vorschläge über die künftige Nutzungsart machen soll.

Bei der gemeinsamen Sitzung wird ein Protokoll angefertigt, das von allen Beteiligten abgezeichnet wird. Darauf folgt die Ausschreibung, bei der die Gebote entweder an ein Ausschreibungsbüro der TLG oder an die Rechtsabteilungen der Niederlassungen gerichtet werden. Nach Kenntnisnahme der Angebote wird ein Vergabespiegel aufgestellt, der die Grundlage für alle weiteren Schritte darstellt. Auf dieser Grundlage entscheidet ein Vergabeausschuß, in dem wiederum die Träger der öffentlichen Belange, Industrie- und Handelskammer sowie Handwerkskammer vertreten sind. So besteht der Vorteil, daß die Kommune bestimmt hat, was aus dem Grundstück werden soll und bei der Vergabe erfährt, ob alles wie vorgesehen erledigt wird.

Ein chaotischer Start. Erst mit der Ausschreibung tritt zutage, was alles ungeklärt ist und geklärt werden muß. Zunächst hat kaum jemand wahrhaben wollen, welche Serien von »Selbstverständlichkeiten« hier nicht vorauszusetzen sind. Von 40 ermittelten Grundstücken bleiben 19 gerade so in der Ausschreibung, deren besondere Schwierigkeiten sich erst beim Notartermin offenbaren. Hiobsbotschaften häufen sich: Das Unternehmen zieht das Objekt zurück, der Restitutionsanmelder droht mit einstweiliger Verfügung. Neuer Grundbuchauszug nicht erreichbar, Wegerecht nicht vorhanden. Überbauungen werden festgestellt. Ein Mietverhältnis mit einer Hausmeisterwitwe wird überraschend gefunden. Der Sonderbeauftragte hat das Grundstück selbst besichtigt und einen Verschlag bemerkt, der wie ein Abstellraum für Gartengeräte aussah. Tatsächlich aber ist es eine Wohnung.

Die erste Ausschreibung Anfang Februar 1991 findet ein überwältigendes Echo an Geboten und Kritik. Die Nachfrage gibt Sicherheit in der Preisfestsetzung, die Kritik zur Verfahrensverbesserung ist hilfreich, an der Kritik zum Grundsatz der Ausschreibung merkt man die Absicht und ist nicht einmal verstimmt. Im Kreuzfeuer der Kritik steht die Maklerauswahl für die Testphase, die lokale »Ansprüche« verletzt und in erster Linie persönlichem Mißtrauen entspringt.

Ein erster Schritt zur Ordnung im Chaos ist getan, ein erstes Stück Transparenz hergestellt. Interessenten, Beschwerdeführer und Bürger, die nur Auskunft wünschen, können nun Antworten erhalten, die konkreter und verbindlicher ausfallen. Die Überzeugung setzt sich durch, auf dem richtigen Wege zu sein, und die Minimannschaft von jetzt 2,5 Mitarbeitern faßt Mut. Aber noch wichtiger ist, daß sich die Niederlassung das Verfahren zu eigen macht.

Die endlose gemeinsame Arbeit bis tief in die Nacht baut das Spannungsverhältnis Ost-West schnell ab. Die Zusammenarbeit ist hervorragend, da jedem die einmalige historische Situation stets bewußt ist. Bedauerlich ist die viel zu geringe Zeit für persönliche Gespräche, die für das gegenseitige Verständnis so wichtig sind. Die Ursprünglichkeit der Begegnung von Menschen, die aus zwei Systemen unterschiedlichster Art kommen, zu einer Aufgabenerfüllung verpflichtet sind, bleibt in guter Erinnerung.

Das Trittfassen darf nicht durch Sonderaktionen gestört werden. Und wenn der Druck auch noch so stark wird, vom Prinzip der Konsensbildung und nachfolgender Ausschreibung darf nicht abgewichen werden. Mißglückte Presseverlautbarungen führen beispielsweise dazu, daß manche glauben, die Grundstücke per Bezugsschein abholen zu können. Das Zusammenbrechen des Telefonnetzes und überfüllte Flure sind die Folge, erst nach zehn Tagen tritt wieder relative Ruhe ein.

Die Ermordung von Detlev Karsten Rohwedder löst bei allen Betroffenheit und Entsetzen aus, läßt aber auch ein starkes Zusammengehörigkeitsgefühl wachsen. Kurz zuvor hatte der Anschlag auf die Berliner Niederlassung in der Schneeglöckchenstraße alle Mitarbeiter den Terror unmittelbar erleben lassen. Der Liegenschaftsbeauftragte war einer der letzten, die am Abend gegangen waren. Die drei Zimmer des Vertrauensbevollmächtigten, des Beteiligungsdirektors und des Leiters der Rechtsabteilung waren durch Türschilder gekennzeichnet. In allen drei Zimmern wurden Brandsätze gezündet, die Räume wirkten hinterher wie schwarze Löcher. Die Räume des Niederlassungsleiters und des Liegenschafts-Sonderbeauftragten entgingen möglicherweise nur deshalb der totalen Verwüstung, weil sie wegen laufender Renovierungen keine Türschilder aufwiesen. Einen Tag später wurde in den unversehrten Räumen wieder gearbeitet. Das Erlebnis wurde verdrängt. Niemand wurde verletzt.

Zum 1. Oktober 1991 kehrt Himstedt in den Dienst der Treuhandanstalt zurück und übernimmt als Leiter der Liegenschaftsgesellschaft (TLG) deren Aufbau. Diese Aufgabe stellt sich in erster Linie als ein organisatorisches Problem zur Bewältigung eines Massengeschäfts mit verhältnismäßig hohem Kompliziertheitsgrad dar, das in dem unausbleiblichen Zielkonflikt einer schnellen Privatisierung und dem von Natur aus eher längerfristig angelegten Liegenschaftsgeschäft steht. Heute noch gilt es, den Mittelweg zu finden zwischen einer raschen Verwertung von Liegenschaften und einer sinnvollen immobilienwirtschaftlichen Angebotspolitik, die zukünftige Entwicklungen nicht behindert und bestehende Werte erhält.

Das TLG-Modell hat sich als Vermarktungsinstrument bewährt. Das Prinzip der Konsensbildung vor dem Start in den Markt schafft Vertrauen bei den Kommunen, die notwendigen Ämterkontakte mit der Verwaltung helfen über die vielfachen Hürden hinweg. Zur Umsetzung müssen Menschen gefunden werden, die bereit sind, für eine gewisse Zeit mit kaum zumutbarer Arbeitsbelastung ihr gewonnenes Immobilien-Know-how zur Verfügung zu stellen.

Schon mit der Gründung sind der TLG Aufgaben gestellt, die erst ein halbwegs funktionierender Apparat leisten kann. Die Aufgabenstellung der THA erlaubt aber kein Ausruhen, um Organisationsarbeit zu leisten, so daß Improvisation und Hilfskonstruktionen stets zum Handwerkszeug gehören werden. Dabei wird häufig vergessen, daß die personellen und organisatorischen Voraussetzungen für die Funktionsfähigkeit der TLG ein Jahr später als bei der THA geschaffen werden.

Wenn der Aufbau der TLG so perfektioniert ist, wie man sich das in der Stunde Null vorgestellt hat, meint Himstedt, dann sei die Aufgabe weitgehend erfüllt. Zum Teil sei das schon jetzt dort der Fall, wo es, wie in der Region Leipzig, funktionierende Grundstücksmärkte gebe.

1. März 1991

MBO-Orientierungsrahmen

Eine Zweidrittelmehrheit der 250 Mitarbeiter des früheren volkseigenen Kreisbaubetriebs in Königs Wusterhausen beschließt, ihr Unternehmen selbst als Eigentümer zu übernehmen. Als einer der ersten in dieser Region südlich von Berlin hatte sich der Betrieb schon am 1. Juni 1990 zur Bau Königs Wusterhausen GmbH umgewandelt.

Die Bildung einer Kapitalbeteiligungsgesellschaft mit Einzahlungen zwischen 5000 und 25 000 DM durch 180 Mitarbeiter ist der zweite Schritt. Die Belegschaft will damit den Erhalt des Betriebs sichern. Den Antrag auf Übernahme des Unternehmens reicht sie an der zuständigen Niederlassung Potsdam vorbei direkt bei der Treuhandanstalt in Berlin ein, weil ihr bewußt ist, daß sie hier einen unüblichen Weg beschreitet. Am Ende steht am 19. März 1991 die Unterzeichnung des Kaufvertrags in der Niederlassung Potsdam. Wegen der Dauer der Verhandlungen tritt der Vertrag rückwirkend zum 1. Juli 1990 in Kraft. »Es ist uns gelungen, den Betrieb aufrechtzuerhalten«, sagt Jörg Neuendorff, der vor Verhandlungsbeginn von der Belegschaft nach einer Wahl vorgeschlagene Geschäftsführer des Unternehmens. Der Vorstand der Treuhandanstalt beschließt am 1. März 1991 den »Orientierungsrahmen zur Veräußerung von Beteiligungsunternehmen an deren leitende Mitarbeiter (MBO)«.

Damit wird auch nach außen hin erkennbar festgestellt, daß diese Art des Verkaufs von Unternehmen der Treuhandanstalt (nach englischer Geschäftsterminologie als Management Buy-Out/MBO bezeichnet) grundsätzlich eine erwünschte Privatisierungsalternative ist. Sie kann den Prozeß zur Bildung eines starken Mittelstands fördern und den Verkauf von Geschäftsanteilen an Belegschaftsmitglieder einleiten. Bei Gleichwertigkeit von MBO-Angeboten mit anderen Kaufanträgen ist die Treuhandanstalt bereit, MBO-Vorhaben vorrangig zu berücksichtigen.

Im Zusammenhang mit dem MBO-Verfahren oder auch unabhängig davon kann auch die Beteiligung eines unternehmensfremden Managers (Management Buy-In/MBI) nach den Verfahrensregeln des Orientierungsrahmens erfolgen. In der Regel kommen nur kleine bis mittelgroße Unternehmen oder Unternehmensteile für ein MBO/MBI-Vorhaben in Frage. Ein überzeugendes und erfolgversprechendes Unternehmenskonzept ist die Grundvoraussetzung. Unter dem Vorrang einer verantwortungsvollen Privatisierung behält sich die Treuhandanstalt eine Überprüfung vor dem Vertragsabschluß vor.

Schon im Herbst 1990 war es vermehrt zu MBO-Anträgen auf den Erwerb von Unternehmen gekommen. Zu einem erheblichen Teil stammen sie in dieser Zeit aus großen Kombinaten, in denen sich Geschäftsführer bzw. Betriebsräte von Tochtergesellschaften in ihrer Tätigkeit zu Unrecht beeinträchtigt fühlen. Paragraph 12 des Treuhand-Gesetzes bietet ausdrücklich die Chance, daß die Geschäftsleitungen solcher Tochtergesellschaften die Abspaltung vom Kombinat verlangen können. Neben einer »von oben« eingeleiteten Abspaltung besteht hier ein Ansatzpunkt für eine Abspaltung »von unten«. Dabei wird von Geschäftsführungen häufig der Wunsch geäußert, das Unternehmen selbst zu erwerben.

Die Treuhandanstalt sieht sich gegenüber dem berechtigten Interesse ostdeutscher Unternehmens- und Betriebsleiter an einem Unternehmenserwerb zunehmend vor der Aufgabe, die Privatisierungsrichtlinie für diese Fälle zu ergänzen. Sie muß kurzfristig eine den unterschiedlichen Interessen gerecht werdende Lösung der vielschichtigen Probleme bei solchen Fällen festlegen. Durch die als MBO bezeichneten Veräußerungen können Bürger der neuen Bundesländer die Führung von Unternehmen in die Hand nehmen. Damit läßt sich ein in Ostdeutschland verankerter Mittelstand begründen. Der Orientierungsrahmen schafft die Bedingungen, unter denen Privatisierungen durchgeführt werden. Es werden zum Beispiel Fälle bekannt, in denen sich Personen aus der Leitungsebene von Unternehmen für einen MBO-Erwerb interessieren, bei denen der begründete Verdacht besteht, daß sie in der Vergangenheit ihre Führungsposition in unzulässiger Weise zu Lasten von Mitarbeitern ausgenutzt haben. In der Öffentlichkeit werden solche Erscheinungen als Machtmißbrauch von »roten Socken« oder »alten Seilschaften« kritisiert.

Der Orientierungsrahmen der Treuhandanstalt legt fest, daß die Realisierbarkeit von MBO in den Fällen »besonders sorgfältig zu prüfen« ist, in denen die Mitarbeiter die Unternehmensleitung aus Gründen ablehnen, »die in nachweislich persönlichem Fehlverhalten in der Vergangenheit liegen«. Damit sind die Privatisierer der Treuhandanstalt gehalten, besonders darauf zu achten, daß die Belegschaft hinter den MBO-Antragstellern steht. Hierin liegt eine zentrale Voraussetzung für den wirtschaftlichen Erfolg eines MBO-Unternehmens. Eine gesonderte Beurteilung früherer politischer Verhältnisse kann die Treuhandanstalt nicht vornehmen.

Beim MBO steigt das Verlustrisiko für Ost-Unternehmenskäufer besonders deshalb, weil sie oft nur eine vergleichsweise geringe Erfahrung in der eigenverantwortlichen Führung von Unternehmen im Wettbewerb mitbringen. Besorgnisse dieser Art sind besonders dort gerechtfertigt, wo Objekte durch MBO erworben werden sollen, die aus Sicht der Treuhandanstalt auch mittel- bis langfristig keine erfolgreiche Entwicklung erwarten lassen oder kurzfristig von der Liquidation bedroht sind.

MBO-Erwerber sind naturgemäß deutlich besser über den wahren Wert des Objekts informiert, als es die Treuhandanstalt als Eigentümer sein kann. Die Möglichkeit, den Wert eines Unternehmens gezielt herunterzufahren, dem Verkäufer unbekannte Reserven erst nach der Übernahme aufzudecken und so einen »billigen« Unternehmenserwerb zu erreichen, gilt es zu verhindern und den tatsächlichen Wert zu finden. Der MBO-Orientierungsrahmen ergänzt zudem die Privatisierungsrichtlinie und stellt sicher, daß die Risiken sowohl für den Erwerber des Unternehmens wie für die Treuhandanstalt möglichst niedrig gehalten werden.

Die sehr eingehenden Diskussionen der stark mit ostdeutschen Kollegen besetzten Arbeitsgruppe für den Orientierungsrahmen werden für Christoph Schröder, Referent für Grundsatzfragen im Direktorat Koordination Niederlassungen (NK), zu einem eindrucksvollen Erlebnis deutsch-deutscher Partnerschaft mit gegenseitiger Anerkennung und persönlichem Respekt. Es gilt dabei einerseits, die durch Diskussionen über die Ausgabe von Volksaktien genährten Hoffnungen ostdeutscher Bürger auf die Bildung persönlichen Eigentums ernst zu nehmen, andererseits die betriebswirtschaftlichen Voraussetzungen zu berücksichtigen und eine verantwortungsvolle Übertragung von ehemaligem Volkseigentum sicherzustellen.

Aufgrund der natürlichen Finanzschwäche vieler MBO-Interessenten wird bei den Niederlassungen der Treuhandanstalt eine Käuferberatung aufgebaut, die von Mitarbeitern der Kreditanstalt für Wiederaufbau (KfW) und anderen Banken wahrgenommen wird. Die Bewerber sollen über die Möglichkeiten zur Finanzierung von Kaufpreis und Investitionen informiert werden. In größeren Niederlassungen werden regelrechte Sprechtage eingerichtet. Diese Beratung ist sehr gefragt. Am 17. Dezember 1992 beschließt der Vorstand der Treuhandanstalt zusätzlich, den MBO/MBI-Kandidaten Zuschüsse bis zu 10 000 DM für die Beratung bei der Erstellung von Unternehmens- und Finanzierungskonzepten zu gewähren. Es hat sich herausgestellt, daß eine solche Unterstützung durch Unternehmensberater, Wirtschaftsprüfer oder Steuerberater notwendig ist, um die zügige Ausarbeitung der Konzepte zu sichern. Auf diese Weise wird den Banken, aber auch der Treuhandanstalt eine beschleunigte Bearbeitung ermöglicht.

Der Bekanntmachung des MBO-Verfahrens dient auch eine erste MBO-Messe, die von der Treuhandanstalt am 23. Mai 1991 in Berlin-Mitte im Haus des Lehrers eröffnet wird. Veranstalter sind die Handelsblatt GmbH, die Arbeitsgemeinschaft zur Förderung der Partnerschaft in der Wirtschaft (AGP) und der Bundesverband Deutscher Unternehmensberater BDU e.V. Zur Eröffnung weist die Präsidentin der Treuhandanstalt, Birgit Breuel, darauf hin, daß die betriebswirtschaftlichen Erfolgsaussichten von MBO-Kandidaten verbessert werden, wenn kaufmännischer und branchenspezifischer Sachverstand durch die Beteiligung weiterer Gesellschafter über ein MBI hinzutreten.

Am 5. Juli wird von der Treuhandanstalt eine ergänzende »Arbeitshilfe zum MBO-Orientierungsrahmen« herausgegeben, die Erleichterungen bei der Finanzierung des Kaufs vorsieht.

Zwei weitere Management-Buy-Out-Kongresse, am 18.-19. März 1992 in Frankfurt/Main und am 8. Oktober 1992 in Berlin, beschäftigen sich ebenfalls mit Fragen der Unternehmensprivatisierung auf diesem Wege und stoßen auf reges Interesse.

Der Anteil der MBO-Fälle unter den Privatisierungen der Treuhandanstalt nimmt im Jahre 1992 stark zu. Bei den Niederlassungen machen die MBO durchschnittlich ein Fünftel aller Privatisierungen aus. Im August stellen sie sogar 30 Prozent aller Unternehmensprivatisierungen. Vom 1. Juli 1990 bis 31. März 1993 veräußert die Treuhandanstalt insgesamt 11 894 Unternehmen und Unternehmensteile an aktive Investoren, darunter sind 2009 MBO.

14. März 1991

Brückenschlag zu den neuen Bundesländern

Für Bundeskanzler Helmut Kohl stehen bei einem Zusammentreffen mit den Ministerpräsidenten der fünf neuen Bundesländer und der Leitung der Treuhandanstalt (THA) am 14. März 1991 Fragen der künftigen Zusammenarbeit im Zentrum der Gespräche. Einigkeit besteht insbesondere über die Notwendigkeit einer »reibungslosen Verzahnung zwischen den Aktivitäten der Treuhandanstalt sowie der staatlichen Regional-, Arbeitsmarkt- und Infrastrukturpolitik«, wie es in einer anschließend abgegebenen Stellungnahme heißt.

Die Teilnehmer stimmen acht Grundsätzen der Zusammenarbeit von Bund, neuen Ländern und Treuhandanstalt für den Aufschwung Ost zu. In diesen Grundsätzen werden Mittel und Möglichkeiten festgelegt, um Spannungen zu überbrücken, die sich seit dem Entstehen der ostdeutschen Länder am 3. Oktober 1990 ergeben hatten. Die nach den Landtagswahlen vom 14. Oktober 1990 gebildeten Landesregierungen vertreten zu Anfang teilweise die Ansicht, die Treuhandanstalt solle in regionale Anstalten aufgegliedert werden, die jeweils für das Gebiet eines neuen Bundeslandes zuständig sind.

Eine erste Rundreise des gesamten Treuhand-Vorstands dient der Aufnahme der Verbindungen zu den Landesregierungen und der Bestandsaufnahme ihrer besonderen Probleme. Dabei gelingt es dem THA-Vorstand auch, die einzelnen Landesregierungen davon zu überzeugen, daß eine Regionalisierung der Treuhandanstalt nicht die beste Lösung sei. Statt dessen verweist die Treuhandanstalt auf den hohen eigenen Verantwortungsbereich der neuen Bundesländer. Ohne eine für alle neuen Länder zuständige Zentrale in Berlin ist schließlich eine einheitliche Privatisierungspraxis der früheren volkseigenen oder staatlichen Unternehmen der DDR nicht möglich.

Bei der Treuhandanstalt wird innerhalb des Vorstandsbereichs der jetzigen Präsidentin Birgit Breuel ein Direktorat Länderfragen gebildet. Es ist in Abteilungen für jedes der neuen Bundesländer gegliedert. Die überwiegende Zahl der Mitarbeiter stammt aus der jeweiligen Region und ist daher landeskundig. Neben der Koordinierung der Aufgaben zwischen den Ländern und der Treuhand bemüht sich dieses Direktorat um einen fairen und partnerschaftlichen Interessenausgleich.

Die Ministerpräsidenten der fünf neuen Bundesländer treten am 18. Dezember 1990 in den Verwaltungsrat der Treuhandanstalt ein, im März 1991 folgt für Berlin dessen Finanzsenator Elmar Pieroth. Nicht zuletzt im Hinblick auf diese Persönlichkeiten heißt es in den in Bonn veröffentlichten Grundsätzen vom 14. März 1991, die Zusammenarbeit der neuen Länder erfolge im Verwaltungsrat der Treuhandanstalt, in den Beiräten der 15 THA-Niederlassungen sowie in unmittelbaren Kontakten der THA und der THA-Niederlassungen.

In den neuen Bundesländern werden im Vollzug der in Bonn vereinbarten Grundsätze außerdem »Treuhand-Wirtschaftskabinette« gebildet. Federführend für ihre Beratungen ist der jeweils für Treuhand-Angelegenheiten zuständige Landeswirtschaftsminister. Weitere Teilnehmer sind insbesondere die mit Finanz-, Arbeitsmarkt- und Umweltfragen befaßten Mitglieder der Landesregierungen sowie Vertreter der Treuhandanstalt.

Die Treuhand-Wirtschaftskabinette arbeiten in den Ländern unterschiedlich. In Brandenburg und Sachsen-Anhalt tagt es unter Leitung des Ministerpräsidenten, in Berlin unter Vorsitz des Senators für Wirtschaft und Technologie, in anderen Ländern ist es der Wirtschaftsminister oder der Wirtschaftsstaatssekretär. Zum Teil werden die Sitzungen der Wirtschaftskabinette mit monatlichen Besprechungen zwischen Vertretern der Landesregierungen und der Treuhandanstalt zu Fachfragen (Monatsgespräche) zusammengelegt. Unter zahlreichen weiteren Kontakten spielen die Branchengespräche eine besondere Rolle, bei denen die jeweiligen Länder über Unternehmen bestimmter Branchen zusammenfassend informiert werden. Dies entspricht der Betreuung in der Zentrale der Treuhandanstalt, die nicht regional, sondern nach Branchen organisiert ist.

In einem der Grundsätze wird ausdrücklich festgelegt, daß die Privatisierung an unternehmerisch aktive Eigentümer Ziel der Treuhandanstalt bleibt. Für die Dauer ihrer Beteiligung an einem Unternehmen trägt sie die »unternehmerische Verantwortung des Eigentümers«. Sie soll die Betriebsführung der Unternehmen verbessern, den Absatz von Produkten fördern, die Einrichtung weltmarktgerechter Produktionslinien unterstützen und Gewerbeansiedlungen durch Bereitstellung von Grundstücken aus dem Eigentum der THA-Gesellschaften fördern. Aufgabe der Länder ist es, im Rahmen ihrer regionalen Strukturpolitik Voraussetzungen für den Aufbau neuer Arbeitsplätze zu schaffen und nachteilige Auswirkungen des wirtschaftlichen Strukturwandels für die Beschäftigten zu verringern. Dabei geht die Treuhandanstalt davon aus, daß die Länder ebenso wie sie selbst in dem jeweiligen Aufgabenbereich der Verantwortung gerecht zu werden suchen.

In der Anwendung der »Grundsätze der Zusammenarbeit« hat sich ein vertrauliches Frühwarnsystem herausgebildet. Sobald sich wesentliche betriebliche Veränderungen bei bedeutenden Treuhand-Unternehmen abzeichnen oder mit Freisetzungen von Arbeitskräften zu rechnen ist, werden die Landesregierungen informiert und so in die Lage versetzt, struktur- und arbeitsmarktpolitische Vorsorge zu treffen.

Bemühungen um einen verstärkten Einfluß einzelner Länder auf die Arbeit der Treuhandanstalt leben gegen Ende des Jahres 1991 wieder auf. Vor allem drängen die Landesregierungen darauf, industrielle Kerne in der Form regional bedeutsamer Unternehmen weitgehend zu erhalten. THA-Präsidentin Birgit Breuel führt zusammen mit ihrem Vizepräsidenten Hero Brahms Gespräche zuerst mit dem sächsischen Wirtschaftsminister Kajo Schommer über ergänzende Elemente der Zusammenarbeit beim Modernisierungsprozeß der ostdeutschen Wirtschaft.

In einem Brief an Ministerpräsident Kurt Biedenkopf vom 27. April 1992 faßt Frau Breuel als Ergebnis zusammen, daß die sächsische Staatsregierung bereit ist, mit ihrem ganzen Instrumentarium, insbesondere mit Mitteln zur Gewerbeansiedlung und mit Bürgschaften, regional bedeutsame Betriebe, die sie definiert, zu unterstützen. Voraussetzung dafür sind von der Treuhandanstalt bestätigte Unternehmenskonzepte, die erkennen lassen, daß eine Wettbewerbsfähigkeit erreichbar ist und Dauerarbeitsplätze erhalten oder neu geschaffen werden. Die Treuhandanstalt ist bereit, dem einzelnen Unternehmen den notwendigen unternehmerischen und finanziellen Spielraum zu gewähren – »auch wenn das Konzept einen mehrjährigen Modernisierungsprozeß erfordert«.

Die THA-Präsidentin unterstreicht besonders die gemeinsame Auffassung, daß auch bei mehrjährigen Modernisierungsprozessen von Unternehmen das Ziel die möglichst frühe Privatisierung bleibt. Auch während des Modernisierungsprozesses wird die Treuhandanstalt das Unternehmen einem privaten Investor, einer Kapitalbeteiligungsgesellschaft oder auch einer Management-KG übertragen.

Die von Frau Breuel am Ende ihres Briefes an Ministerpräsident Biedenkopf erklärte Bereitschaft, derartige Absprachen auch mit anderen Ländern zu treffen, führt zu einer vergleichbaren Regelung mit Mecklenburg-Vorpommern. In den Treuhand-Wirtschaftskabinetten von Berlin und Brandenburg werden Grundsätze für die Zusammenarbeit bei regional bedeutsamen Unternehmen abgesprochen. Thüringen legt zunächst ein Konzept zur Entwicklung industrieller Zentren vor, Sachsen-Anhalt will angesichts einer zufriedenstellenden Zusammenarbeit mit der Treuhandanstalt die Benennung förderungswürdiger Unternehmen noch durch ein Expertenteam überprüfen lassen. Insgesamt ist das Verhältnis der Treuhandanstalt zu den neuen Ländern durch eine intensive und zumeist konstruktive Zusammenarbeit gekennzeichnet.

Detlev Karsten Rohwedders Brief an die Mitarbeiter der Treuhandanstalt am 27. März 1991

Die Treuhand erfüllt ihren Auftrag.

Schnelle Privatisierung – entschlossene Sanierung – behutsame Stillegung

1. Die Entscheidung für die deutsche Einheit war zugleich eine Entscheidung für die Soziale Marktwirtschaft in ganz Deutschland. Das macht einen umfangreichen Umbau der Wirtschaft in den neuen Bundesländern erforderlich. Viele Arbeitsplätze mit unzureichender Produktivität sind dadurch verlorengegangen, andere müssen mit hohem Aufwand an Kapital, Kenntnissen und Erfahrungen umgestaltet werden, neue Arbeitsplätze müssen in Bereichen wie dem Bauwesen, den Dienstleistungen etc. entstehen – auf Gebieten, die in der ehemaligen DDR traditionell unterversorgt waren.

2. Zentrale Aufgabe, die der Gesetzgeber der Treuhandanstalt gestellt hat, ist es, diesen Umbau der Unternehmen herbeizuführen und zu begleiten. Das der Treuhandanstalt gesetzte Ziel ist, die Staatswirtschaft so schnell wie möglich zurückzudrängen und neue, unternehmerisch aktive Eigentümer zu finden.

3. Der Weg zu diesem Ziel ist heute verständlicherweise umstritten. Nachdem die Wirtschaft der neuen Bundesländer voll in den Wettbewerb des Weltmarktes integriert ist, haben viele Arbeitsplätze ihre Wettbewerbsfähigkeit verloren, die sie vorher durch Subventionen und Abschottung vom Weltmarkt scheinbar hatten. Die Entscheidung, diese Arbeitsplätze abzubauen, ist schmerzlich für die Betroffenen, sie aufrechtzuerhalten ist

teuer für die Gesamtheit und verlangsamt den gewollten Umbau der Volkswirtschaft.

4. Der Treuhandanstalt ist die Verantwortung für die Entscheidungen im Einzelfall übertragen worden. Sie darf nicht das Ziel ändern, aber sie hat das Tempo im Einzelfall und insgesamt unter Berücksichtigung der sozialen, wirtschaftlichen und finanziellen Folgen abzuwägen.
Grundlage ihrer Arbeit sind die Prinzipien, die Bundesregierung, Ministerpräsidenten der neuen Länder und Treuhand-Vorstand im 8-Punkte-Programm für den Aufschwung Ost zur gemeinsamen Basis gemacht haben.

5. Priorität wird auch weiterhin die Überführung von Unternehmen in privates Eigentum haben. Dies ist der beste Weg, um mit neuem Wissen, neuem Kapital und neuen strategischen Unternehmenszielen ein Unternehmen und seine Arbeitsplätze zu erhalten und ihm eine neue Zukunft zu geben.
Privatisierung ist die wirksamste Sanierung.

6. Unternehmen, die Zukunftschancen haben, die aber noch nicht privatisiert sind, wird die Treuhandanstalt weiterhin in der unternehmerischen Verantwortung des Eigentümers entschlossen unterstützen, ihre Sanierung ebenso wie ihr Wachstum finanziell absichern und tragen. Sie wird bei der Anpassung an die neue Markt- und Wettbewerbslage die sozialen Belange der Mitarbeiter berücksichtigen, muß jedoch auch darauf achten, daß nicht die Zukunftschancen des Betriebes – und dazu gehört die Privatisierung – gefährdet werden. Hier sind Arbeitsplatzverluste so wenig zu vermeiden wie bei der Privatisierung oder bei der Stillegung.
Sanierung ist ständiger Auftrag der Treuhandanstalt für die Unternehmen auf dem Weg zur Privatisierung.

7. Es gibt in den neuen Bundesländern Betriebe, die keine Chance haben, Wettbewerbsfähigkeit zu erreichen; vielfach sind dies

Fertigungen, die in anderen Teilen Europas schon vor vielen Jahren im Strukturwandel aus dem Markt ausgeschieden sind. In diesen Fällen ist die Stillegung unvermeidlich. Die Treuhandanstalt ist bemüht, diesen Stillegungsprozeß behutsam zu strecken, um Zeit für das Aufwachsen neuer Arbeitsplätze zu gewinnen. Sie wird sich insbesondere dafür einsetzen, daß Gebäude und Infrastruktur für deren zügige Ansiedlung genutzt werden, auch wenn dies nur Übergangslösungen bis zur Fertigstellung von Neubauten sind. Stillegungen sollten zum Kristallisationskern neuer Aktivitäten werden.

8. Die Treuhandanstalt hat einen gesetzlichen Auftrag, und sie leistet ihre Dienste in Erfüllung dieses Auftrages. Sie ist verpflichtet, unternehmerisch zu handeln – aber nicht im Eigeninteresse: Ihre Aufgabe ist Dienstleistung für das ganze Volk.

9. In einem Prozeß, den das ganze deutsche Volk wollte, hat die Treuhandanstalt eine schwere Aufgabe, schmerzliche aber unvermeidliche Umstellungen zu verantworten, die nötig sind, um das gemeinsame Ziel zu erreichen.

10. Vorstand und Mitarbeiter müssen wohl volles Verständnis dafür haben, daß diese Arbeit mit kritischer Aufmerksamkeit begleitet wird. Anfeindungen und Verleumdungen sind aber keine Kritik und können uns daher nicht treffen.

1. April 1991

Rohwedder wird ermordet

»Detlev Karsten Rohwedder hatte eine Aufgabe übernommen, die für uns alle von zentraler Bedeutung ist, und er hat sich ihr mit dem Einsatz seines Lebens gewidmet. Wir können das Leid nicht mindern. Aber unsere Achtung vor diesem verantwortungsbewußten und starken Mann gebietet uns, das Werk nach dem Beispiel fortzuführen, das er uns gegeben hat.« Bundespräsident Richard von Weizsäcker spricht diese Worte bei einem Staatsakt für den Präsidenten der Treuhandanstalt im Berliner Schauspielhaus, zehn Tage nachdem Dr. Detlev Karsten Rohwedder am späten Abend des 1. April 1991 im Arbeitszimmer seines Hauses am Düsseldorfer Rheinufer durch einen Gewehrschuß unbekannter Täter ermordet worden ist.

»Er wußte, daß von seiner Arbeit Entscheidendes für das soziale und menschliche Gelingen der Vereinigung unter den Deutschen abhängt«, sagt der Bundespräsident weiter. »Es war eine einzigartige Verantwortung für das Gemeinwohl, die er trug.« Rohwedder habe nie große Herausforderungen gescheut. In jungen Jahren sei er einem Ruf von Karl Schiller in das Bundeswirtschaftsministerium nach Bonn gefolgt. Nach zehnjähriger Bewährung als ranghöchster Beamter in der Wirtschaftspolitik habe er es mitten in einer Stahlkrise übernommen, das angeschlagene Unternehmen Hoesch zu sanieren. Mit Offenheit und Konsequenz, mit Härte und Verständnis habe er unter den Sozialpartnern und Kommunalpolitikern den »Dortmunder Konsens« erreicht und damit dem Unternehmen wieder eine Zukunft gegeben. »Der Verzicht auf erworbene Sicherheiten und Annehmlichkeiten fiel ihm seiner Natur nach nicht schwer«, fügt der Bundespräsident hinzu. So habe er die gigantische Aufgabe übernommen, als der Bundeskanzler ihn eindringlich bat, die Treuhandanstalt zu führen. »Kaum einer sah von Beginn an die Schwierigkeiten so deutlich wie Rohwedder.«

Am Mittwoch vor den Osterfeiertagen des Jahres 1991 hatte Rohwedder in einem Brief an alle Mitarbeiterinnen und Mitarbeiter in zehn Punkten die Position der Treuhandanstalt umrissen (siehe S. 224 ff.): schnelle Privatisierung – entschlossene Sanierung – behutsame Stillegung. Damit soll das Ziel erreicht werden, die Staatswirtschaft der früheren DDR so schnell wie möglich zurückzudrängen und neue, unternehmerisch aktive Eigentümer zu finden.

Rohwedder wußte aus seinen vor Ort gesammelten Erfahrungen, daß der Weg zu diesem Ziel umstritten war. In einem Prozeß, den das ganze deutsche Volk gewollt habe, falle der Treuhandanstalt die schwere Aufgabe zu, schmerzliche, aber unvermeidbare Umstellungen zu verantworten. »Vorstand und Mitarbeiter müssen wohl volles Verständnis dafür haben, daß diese Aufgabe mit kritischer Aufmerksamkeit begleitet wird. Anfeindungen und Verleumdungen sind aber keine Kritik und können uns daher nicht treffen.«

Vor der Abfassung seines auch zur Motivation der Mitarbeiter bestimmten Osterbriefs hatte Rohwedder in den Zeitungen feststellen müssen, daß die Treuhandanstalt zum »Watschenmann der Nation« geworden war. Dabei hatte er in den Monaten nach seinem Amtsantritt die Organisation der Treuhandanstalt in eine den Aufgaben angepaßte Form gebracht, mit der Fehlerquellen beseitigt und die Leistungsfähigkeit erheblich verbessert wurden. Es war nach den Anfängen der Treuhandanstalt unter Ministerpräsident Modrow und der Arbeitsperiode nach Zuweisung der Privatisierungsaufgabe unter Ministerpräsident de Maizière ihre dritte und entscheidende organisatorische Ausformung.

In der Treuhandanstalt am Alexanderplatz in Berlin hinterläßt der Mord an Rohwedder tiefe Bestürzung. Am Morgen danach gibt es eine kurze Sitzung des Vorstands. Der Zehnpunkte-Brief des toten Präsidenten aus der Vorwoche wird als sein verpflichtendes Vermächtnis bezeichnet. Bundesfinanzminister Theo Waigel nimmt einen Tag später an einer Sitzung des Vorstands der Treuhandanstalt teil. Er betont die Notwendigkeit, die Arbeit im Sinne Rohwedders fortzuführen.

Jens Odewald, der Vorsitzende des THA-Verwaltungsrats und Vorstandsvorsitzender der Kaufhof Holding AG, umreißt am 10. April in Berlin bei dem Staatsakt für Rohwedder noch einmal die Größe der Aufgabe: »Mehr als 8000 Unternehmen mit rund vier Millionen Mitarbeitern, 25 Milliarden Quadratmeter Grund und Boden, das war unter anderem der Bereich, für den Dr. Rohwedder ab Mitte August 1990 als Präsident der Treuhandanstalt Verantwortung trug. Daß allein die Mitarbeiter in den 8000 Unternehmen zahlenmäßig mehr ausmachten als die Arbeitnehmer der 25 größten börsennotierten Unternehmen der USA zusammen, ist oft gesagt worden. Eine derartige Holding, die Produkt einer Übergangsphase ist, hat es in der westlichen Welt bisher nicht gegeben... Dr. Rohwedder hat unter extremem Einsatz seiner geistigen und physischen Möglichkeiten den Aufbau einer schlagkräftigen Organisation der Treuhandanstalt in die Wege geleitet... Wenn sich Schwierigkeiten auftaten, ließ er sich nicht irritieren. Dies galt insbesondere dort, wo die Spannung zwischen der Rechtsnorm und ihren Gerechtigkeitszielen einerseits und den Sachgesetzen der Privatisierung/Sanierung andererseits lähmend zu werden drohten. Früh hat er darauf hingewiesen, daß es ein verhängnisvoller Fehler wäre, dem Buchstaben des Treuhandgesetzes getreu, aber seinem Zweck zuwider die Verantwortung der Anstalt für die ihr anvertrauten Betriebe durch Treuhand-Aktiengesellschaften – gleichermaßen sachferne wie wasserköpfige Zwischenholdings – auszuhöhlen. Er hat den Vollzug des Gesetzesbuchstabens mutig vor der Volkskammer verweigert – heute müssen wir ihm alle recht geben.«

»Sein Vermächtnis zeigt uns noch einmal das, was den beruflichen und politischen Erfolg von Detlev Karsten Rohwedder ausmacht: sein ungeheurer Mut, sich mit einer Aufgabe, zu der er ›ja‹ gesagt hat, voll und konsequent zu identifizieren. Dabei konnten ihn Angriffe, inbesondere wenn sie unsachlicher, persönlicher Natur waren, zwar betroffen machen, nicht aber in der Sache verunsichern und vom Ziel ablenken. Er war unbeirrbar.«

13. April 1991

Gemeinsame Erklärung der Gewerkschaften und der Treuhandanstalt (Auszüge)

... Deutscher Gewerkschaftsbund, Deutsche Angestellten-Gewerkschaft und Treuhandanstalt stimmen darin überein, daß die Erfüllung des gesetzlichen Auftrages der Treuhandanstalt tiefgreifende Strukturänderungen in der Beschäftigungssituation bewirken wird. Sie sind einig, daß die Sicherung von Beschäftigungsmöglichkeiten sowie die Qualifizierung der Arbeitnehmer in den neuen Bundesländern unter Nutzung aller bestehenden Möglichkeiten Vorrang gegenüber Entlassungen und den damit verbundenen Maßnahmen zur sozial verträglichen Abfederung der Folgen haben soll. Die Treuhandanstalt wird dieses Ziel innerhalb der bestehenden Rahmenbedingungen bei der Verwirklichung ihres gesetzlichen Auftrags beachten.

Deutscher Gewerkschaftsbund, Deutsche Angestellten-Gewerkschaft und Treuhandanstalt müssen davon ausgehen, daß trotz dieser Zielsetzung ein erheblicher Arbeitsplatzabbau unvermeidlich sein wird. Sie sind einig, daß auch im Zusammenhang mit betrieblichen Regelungen Maßnahmen in den Vordergrund treten müssen, welche die Chancen der Arbeitnehmer auf dem Arbeitsmarkt verbessern, den Bedarf von Arbeitskräften im Rahmen sozial verträglicher Personalplanung fördern, die vorübergehende soziale Sicherung der Arbeitnehmer verstärken und den eventuellen Übergang in den Ruhestand erleichtern.

Die Treuhandanstalt wird im Rahmen ihres gesetzlichen Auftrages und ihrer Möglichkeiten alle Anstrengungen fördern, die zur Erreichung dieser Ziele geeignet sind. Zu nennen sind Anstrengungen zur Förderung der Berufsausbildung, die berufliche Fortbildung und Umschulung, Maßnahmen der Arbeitsbeschaffung, die Förderung von Existenzgründungen und von Gesellschaften, die

Träger von Qualifizierungs-, Arbeitsbeschaffungs- und anderen geförderten Maßnahmen sind. Dazu gehört beispielsweise die Bereitstellung geeigneter Grundstücke, Gebäude und sonstiger Einrichtungen . . .

13. April 1991

Verleger kennen ihre Macht

Die Ost-Berliner staunen nicht schlecht: Da verteilen im Oktober 1989 drei Herren auf dem Alexanderplatz die Illustrierte »Neue Revue«. Es ist der Chefredakteur Richard Mahkorn, der sich einen Spaß daraus macht, die DDR-Grenzorgane zu foppen. Seine Illustrierte findet reißenden Absatz. Für das Verlagshaus Bauer wie für die anderen deutschen Großverlage ein weiteres Indiz dafür, daß populär aufgemachte Erzeugnisse der sogenannten Yellow-Press im Osten Deutschlands ein glänzendes Geschäft werden dürften. Aber auch die anderen Verlagshäuser sind nicht untätig. Einem Vorstandsvorsitzenden hat die Städtepartnerschaft zwischen der Hansestadt Hamburg und Dresden schon früher günstige Gelegenheit gegeben, mit höchsten SED-Funktionären vertrauliche Gespräche über Zeitungs- und Verlagskooperation zu führen.

Die nächste Gelegenheit bietet sich am 16. Januar 1990, als Hamburgs Bürgermeister Henning Voscherau eine Delegation der Handelskammer nach Dresden führt. Die Verleger schwärmen aus: Auflagen der Tageszeitungen, der SED und ihrer Blockparteien werden geprüft, die Druckereien in Augenschein genommen und den Geschäftsführern Hilfe beim Schritt in die Marktwirtschaft angeboten. Gutenberg selbst sei noch an der Rotation anzutreffen, so mokieren sich die Manager. Aber im stillen verspricht man sich ansehnliche Gewinne im Osten.

Ein Schelm, der etwas Schlechtes dabei denkt, denn hat nicht der Kanzler selbst zur Kooperation und zum Aufbau einer freien Presse in der Noch-DDR aufgerufen? Das Windhundrennen um Zeitungsabonnenten, um Leser der Boulevard-Presse ist eröffnet. Zu diesem Zweck werden über Nacht Millionen lockergemacht, die im Westen für Redaktionen und Druckereien normalerweise erst nach monatelangem Hickhack investiert werden würden. Die Mitarbeiter in den Redaktionen zwischen Rügen und Erzgebirge begrüßen die Verleger aus dem Westen mit offenen Armen, während ihre regimetreuen Chefredakteure grollen. Nach und nach kommt so im Frühjahr 1990 eine Ost-Zeitung nach der anderen unter die Fittiche der West-Verleger. Beim Arbeitsbeginn der Treuhandanstalt scheinen die Würfel gefallen zu sein. In den Branchenblättern wird bereits über die neue Pressekonzentration im Osten debattiert. In den Konzernzentralen in Hamburg, Essen, Mainz und Frankfurt vertraut man darauf, daß die Macht der Tatsachen sich durchsetzt. Als Rohwedder am 21. August 1990 Präsident der Treuhand wird, gibt ihm die Verlagsbranche zu verstehen, er habe die Realitäten zu akzeptieren. Doch Rohwedder ist nicht der Mann, der sich »überfahren« läßt. In vollem Bewußtsein, daß er sich mit den wichtigsten politischen Meinungsmachern in Deutschland anlegt, pocht er ungerührt auf das Treuhand-Gesetz und ordnet ein präzises Ausschreibungsverfahren an.

Der Berliner Verlag mitsamt seinen Illustrierten, der »Berliner Zeitung« und dem »Kurier« ist bereits am 13. September 1990 von der SED/PDS ohne Mitwirkung der Treuhand an das Konsortium Gruner + Jahr/Maxwell Communications, London, gegangen. Die Unabhängige Kommission zur Überprüfung des Vermögens der Parteien und Massenorganisationen hatte dem Geschäft zugestimmt.

Insgesamt waren 1989 in der DDR täglich 9,8 Millionen Exemplare von insgesamt 38 Tageszeitungen verkauft worden. Gut 70 Prozent lieferten Zeitungen der SED, 15 Prozent steuerte die »Junge Welt«, die überregionale Tageszeitung der FDJ (Freie Deutsche Jugend), bei. Der Rest waren Blätter der Blockparteien. Am 13. Januar 1990 hatte sich die Nachfolgepartei der SED, die PDS, von Teilen ihres Vermögens getrennt und ihre Regionalzeitungen in das sogenannte Volkseigentum übergeben. Somit unterliegen auch sie der Umwandlungsverordnung vom 1. März 1990 der Regierung Hans Modrow.

In der Treuhand stehen im Herbst 1990, also zu Beginn ihrer effektiven Tätigkeit, 15 Regionalzeitungen zur Privatisierung zur Verfügung. Quasi als Probelauf privatisiert die Treuhand am

2. Oktober 1990 den Verlag Freie Presse, Chemnitz, an die Medien-Union, Mainz. Die »Mitteldeutsche Zeitung«, Halle, geht im Dezember 1990 an DuMont, Köln. Die Konkurrenz unterstellt prompt Unregelmäßigkeiten in den Vergabepraktiken der Treuhandanstalt und läßt dies umgehend in Millionenauflage verbreiten.

Die Verleger wissen um ihre Macht. Jeder Schritt der Treuhandanstalt wird von nun an argwöhnisch beleuchtet. Unzufriedene Investoren erhalten Dreispalter im Wirtschaftsteil und eine Anreißmeldung auf der Frontseite. Sind wieder »Seilschaften« am Werk? Treiben die Finsterlinge des ehemaligen Ministeriums für Staatssicherheit (MfS) und der KOKO erneut ihre Machenschaften? Nun unter dem Deckmantel einer Treuhandanstalt?

Nachrichtenmagazine vertreten die Version, Bonner Kreise hätten den Treuhand-Vorstand bei den ersten beiden Zeitungsprivatisierungen manipuliert. Otto Gellert, der angesehene Hamburger Wirtschaftsprüfer und stellvertretende Verwaltungsratsvorsitzende der Treuhandanstalt, meldet sich zu Wort. In seiner ungeschminkten Art nennt er das Gerede der West-Presse »infame und bösartige Unterstellung«. Aber es nützt wenig. Die Schiebereien der KOKO, die nun tagtäglich ans Licht kommen, schüren nur weiteren Argwohn beim Bürger.

Es herrscht also ein rauhes Klima, als Karl Schirner, der zuständige Vorstand der Treuhandanstalt, im April 1991 auf einer Pressekonferenz die Kriterien für die Privatisierung der Regionalzeitungen bekanntgibt. Ausschlaggebend für die Entscheidung sind neben Unternehmens- und Akzidenzkonzept Beschäftigungsplanung, die Höhe der beabsichtigten Investitionen und die Bewertung der Abonnements. Das vorherige Engagement der West-Verlage soll berücksichtigt werden.

Die Zeit drängt, denn die überregionalen Tageszeitungen aus dem Westen Deutschlands und die westlichen Regionalzeitungen entlang der ehemaligen Zonengrenze beginnen den ostdeutschen Blättern nachhaltig Konkurrenz zu machen. Sollen die Arbeitsplätze in Redaktionen und Druckereien erhalten bleiben, so müssen die Mitarbeiter der Treuhand und ihre Berater tagtäglich rund um die Uhr aktiv sein. Wen in den westlichen Verlagshäusern interessiert schon, unter welch abenteuerlichen Umständen die Treuhand-Leute am Alexanderplatz schuften müssen?

Der Wettlauf von Has' und Swinegel findet nun am Alexanderplatz statt: Der westdeutsche Verleger ruft wie der Swinegel stets »Ick bün all dor«, denn viele Vertrauensleute sitzen aufgrund der Kooperationsverträge in den Geschäftsführungen der Zeitungen und geben alle wichtigen Informationen erst einmal nach Westen. Die Treuhand hingegen erfährt von den wichtigen unternehmerischen Entscheidungen in Zeitungen und Verlagen nur stückweise oder auf besondere Nachfrage.

Die Information, wie und warum die Treuhand einen bestimmten Investor begünstigt, ist im Frühjahr 1991 den Großverlagen Gold wert. Aber die Mitarbeiter der Treuhand halten dicht. Als der Treuhand-Vorstand im April seine Entscheidung bekanntgibt und der Verwaltungsrat am 13. April zustimmt, ist die Verlagswelt verblüfft. Zehn Regionalzeitungen mit den zugehörigen Druckereien gehen an:

– Lausitzer Rundschau Verlag und Druckerei GmbH, Cottbus, zur Saarbrücker Zeitung,
– Märkische Verlags- und Druckhaus GmbH & Co. KG, Frankfurt (Oder), an Südwest-Presse, Ulm,
– Leipziger Verlags- und Druckerei-Gesellschaft mbH, Leipzig, an Madsack, Hannover, und Springer Verlag AG, Hamburg, zu je 50 Prozent,
– Magdeburger Verlags- und Druckhaus GmbH & Co. KG, Magdeburg, an Bauer Verlag, Hamburg,
– Kurier Verlag und Druck GmbH & Co. KG, Neubrandenburg, an Münchener Merkur-Gruppe, München,
– Märkische Verlags- und Druckgesellschaft mbH, Potsdam, an Frankfurter Allgemeine Zeitung, Frankfurt,
– Ostsee-Zeitung Verlag und Druck GmbH, Rostock, an Lübekker Nachrichten, Lübeck,
– Landesverlags- und Druckgesellschaft mbH Mecklenburg & Co. KG, Schwerin, an Burda Verlag, München,

- Suhler Verlagsgesellschaft mbH, Suhl, an Süddeutscher Verlag, Coburger Neue Presse, Coburg,
- Sächsische Zeitung, Dresden, an Gruner + Jahr (51 Prozent)/ Rheinisch-Bergische Druckerei- und Verlagsgesellschaft und W. Girardet.

Die Entscheidung der Treuhand paßt praktisch keinem westdeutschen Verlagshaus. Es wird lamentiert und unterstellt, aber diesmal nicht in den Zeitungsspalten, sondern hinter vorgehaltener Hand. Nur besonnene Kaufleute erinnern sich in diesen hektischen Stunden daran, daß auch die spätere Überprüfung der Zeitungsprivatisierung durch das Bundeskartellamt von der Treuhand bei ihrer Entscheidung berücksichtigt werden mußte.

Die Rheinisch-Bergische Druckerei- und Verlagsgesellschaft empört sich eigens per Presseerklärung (26. Juni) über die Treuhand: Der »Beschluß und Vorgehensweise der Treuhandanstalt beim Verkauf der Dresdner Sächsischen Zeitung (seien) als pressepolitischer Skandal, marktwirtschaftlich schädlich und rechtlich bedenklich (zu) bewerten«. Die Düsseldorfer Verleger grollen, weil die Treuhand Gruner + Jahr den entscheidenden einprozentigen Mehrheitsanteil zugesprochen hat. Für sie, die Düsseldorfer, bliebe nur die Rolle des stillen Geldgebers.

Es ist wie bei jeder größeren Treuhand-Privatisierung: Der Investor, der sich zu kurz gekommen glaubt, sorgt für Aufregung in der Öffentlichkeit. Tatsache ist, daß die Treuhand in den zurückliegenden Wochen mehrfach den Versuch gemacht hatte, beide Verlage an einen Tisch zu bekommen. Das war wegen der ablehnenden Haltung der »Rheinischen Post« nicht möglich gewesen. Im Endeffekt lehnen die Rheinländer die Übernahme des Minderheitsanteils an der »Sächsischen Zeitung« ab.

Prekär wird die Situation für den »Nordkurier«, dessen Kooperationspartner bislang der Bauer-Verlag gewesen war, als der Investor »Münchner Merkur« am 25. April 1991 völlig überraschend seine Kaufabsichten aufgibt. Der Bauer-Verlag wittert daraufhin wieder Morgenluft. Doch die Treuhand bleibt beim gängigen Bieterverfahren. Den Zuschlag erhält das Konsortium

(»Kieler Nachrichten«, »Augsburger Allgemeine«, »Schwäbische Zeitung«), das auf dem nächsten Platz der Angebotsliste steht.

Aber das sind vergleichsweise kleine Probleme, wenn man bedenkt, daß zwischenzeitlich die Sozialdemokratische Partei Deutschlands (SPD) Restitutionsansprüche auf insgesamt elf der früheren SED-Zeitungen angemeldet hat. Der Treuhand war von Anfang an bewußt, daß sie sich wegen der komplizierten Eigentumsverhältnisse bei den Zeitungstiteln auf sehr dünnem Eis bewegte. Viele dieser Titel hatten seit der Kaiserzeit, der Inflation, der Enteignungen in der Hitler-Ära, der teilweisen Rückgabe 1945 seitens der Sowjetischen Militäradministration (SMAD) und der anschließenden neuerlichen Enteignung durch die SED kaum noch nachvollziehbare Eigentumsverhältnisse. Darum hatte die Treuhand bereits im Dezember 1990 an alle potentiellen Investoren geschrieben: »Die Treuhandanstalt wird den Erwerber bei der Abwehr etwaiger Restitutionsansprüche Dritter in bezug auf den betriebsnotwendigen Grundbesitz unterstützen. Insoweit soll der Erwerber auch von den Entschädigungsansprüchen früherer Eigentümer oder sonstiger Dritter freigestellt werden.«

Was aber ist zu tun, wenn der Restitutionsberechtigte – in diesem Fall die SPD – selbst unternehmerisch tätig werden will? Viele Investoren sind verwirrt, sie wollen endlich mit der Sanierung der Druckereien und den Investitionen beginnen. Und einige erklären ganz offen, daß sie die SPD nicht als Gesellschafter in ihrem Verlag haben wollen. Auch in den Redaktionen macht sich wieder Unsicherheit breit. Die Parole geht um, es sei das beste, in den Westen abzuwandern. Die Treuhand muß befürchten, daß die Redaktionen nach und nach ausbluten und nichts mehr wert sind, wenn das Stadium der unsicheren Rechtsverhältnisse noch lange andauert.

Pressehistoriker werden von der Treuhand gebeten, zur Klärung beizutragen. Ihre Gutachten zeigen, daß die früheren SED-Zeitungen mit den von den Nazis 1933 enteigneten SPD-Zeitungen kaum identisch sind. Eine schier endlose Kette von Prozessen, die sich über alle Instanzen noch Jahre hinschleppen kann, droht. Trotz eines Antrags auf einstweilige Verfügung gegen die Privatisierung vor dem Berliner Verwaltungsgericht hält die Treuhand unbeirrt die Gespräche mit der SPD aufrecht. Für Werner Pfaffenberger, der die Zeitungsprivatisierung koordiniert, sind es Tage äußerster nervlicher Anspannung. Das Verwaltungsgericht vertritt die Auffassung, daß die Treuhand voll berechtigt die Zeitungen privatisiert hat. Aber was nützen solche Etappensiege, wenn der Prozeßgegner bis zum Ende – möglicherweise auch der Zeitungen – durchprozessieren will?

Nach viel öffentlichem Hickhack und hämischen Kommentaren erzielen Treuhand und SPD einen Kompromiß, um die Zukunft der betroffenen Unternehmen und Arbeitsplätze zu sichern. Die SPD erhält für die Rücknahme ihrer Ansprüche auf die Regionalzeitungen und Forderungen in insgesamt 20 gegen die Treuhandanstalt eingeleiteten Rechtsverfahren von der Treuhand 75 Millionen DM, das entspricht etwa sechs Prozent des erwarteten Verkaufserlöses. Gruner + Jahr erklärt sich bereit, die SPD als Gesellschafter mit einem Anteil von 40 Prozent in das Dresdner Druck- und Verlagshaus, Dresden (»Sächsische Zeitung«), aufzunehmen.

In Erfurt und Gera hatten die ehemaligen SED-Bezirkszeitungen wegen anderer rechtlicher Probleme nicht ausgeschrieben werden können. Kooperationspartner war hier die WAZ-Gruppe, Essen, gewesen. Des Wartens leid, waren Manager und Redakteure auf eine pfiffige Idee gekommen: Am Ort wurde ein neuer Titel herausgebracht, unter Zuhilfenahme der Redaktionen der Treuhand-Unternehmen. Die Treuhand reagierte massiv. Gegen die Verantwortlichen Günther Grothkamp und Erich Schumann der WAZ-Investitions-Gesellschaft, Essen, und weitere, wurde Strafanzeige wegen gemeinschaftlicher Untreue, Anstiftung zur Untreue und Geheimnisverrat erstattet.

Doch schließlich löst sich auch dieser Knoten. Die WAZ-Gruppe zahlt. Am 18. September 1991 lädt Werner Pfaffenberger alle Beteiligten zu einem Abschlußfest in das Cabaret »Kartoon« in der Nähe des Gendarmenmarktes ein. Wolf Klinz, der zuständige Treuhand-Vorstand, kann am Ende alle Zwistigkeiten beilegen. Nach dem international angelegten Studium hat er in London, bei VW in USA, in einer Unternehmensberatung, bei den Vereinigten Glaswerken in Aachen und in einer Schweizer Konzernleitung gearbeitet, ehe er im November 1990 in den Vorstand der THA eintrat.

8500 Arbeitsplätze wurden übernommen, Investitionen in Höhe von 1,4 Milliarden DM angeschoben, und die Treuhand erhielt für alle Objekte insgesamt 1,2 Milliarden DM. Pfaffenberger, der in diesem Jahr alle Zügel in der Hand gehalten hatte, geht zurück nach Frankfurt an seinen Arbeitsplatz bei J. P. Morgan. Es war das größte Abenteuer, an dem er je als Unternehmensberater teilgenommen hatte.

Die Zeitungen der Blockparteien CDU, LDPD, NDPD und DBD waren vor Entstehung der Treuhandanstalt mit Zustimmung der Unabhängigen Kommission zur Überprüfung der Parteien und Massenorganisationen der DDR an den FAZ-, Bauer-, DuMont-, Springer- und WAZ-Verlag privatisiert worden.

16. April 1991

Kurshalten im Tohuwabohu um die Werften

Der 16. April 1991 ist kalt und regnerisch. Eine Journalistengruppe, eingeladen von der Treuhand, steht mit nassen Füßen auf dem Berliner Hauptbahnhof. Ein Salonwagen der Deutschen Reichsbahn, angehängt an den Nachmittagszug nach Rostock, soll sie in den Norden bringen.

In dem Wagen, in dem Walter Ulbricht, Erich Honecker und die Genossen des Politbüros früher die »Republik« und die »Bruderstaaten« bereisten, demonstrieren die Herren der Reichsbahn heute, wie bequem man per Eisenbahn die touristischen Ziele im schönen Ostdeutschland erreichen kann. Das dichte Streckennetz der Reichsbahn erstaunt die Journalisten. Nicht per Schiffchen, sondern mit antiker Dampflok sollten die Seen Mecklenburgs besichtigt werden, lautet der Vorschlag eines Spaßvogels. Die Redakteurin aus Köln setzt eins drauf: »Inklusive Besichtigung antiker Werften.« Die Runde der westdeutschen Medien lacht, die Reichsbahner blicken süßsauer.

Mecklenburg-Vorpommern, das ist nicht nur das neue Bundesland der Seen und Wälder, der Boddengewässer, der Kreidefelsen von Rügen, sondern auch die Heimat berühmter Kapitäne und Schiffbauer. Doch was bislang vom »Hamburger Abendblatt« bis zum »Weser-Kurier« über die Werften in Wismar, Rostock, Stralsund und an der Peene zu lesen war, brachte eher Düsterkeit als hoffnungsfrohe Aufbruchstimmung in die Marktwirtschaft. Niemand in der Reisegruppe mag recht daran glauben, daß diese Werften privatisierbar sind. »Das ist der Produktionsstandard der fünfziger Jahre«, bemerkt ein Experte von der Weser, als man über das riesige Areal der Warnow-Werft in Rostock stapft.

Ein Werftmanager in enganliegender schwarzer Lederjacke verkündet voller Stolz, wieviel zigtausend Tonnen zu DDR-Zeiten hier produziert worden seien. Neben ihm steht auf der Anschlagtafel »Werktätiger des Monats«. Die Attitüde des arroganten Besserwessis bricht sich nun in der Gruppe Bahn: »Die Form- und Stahl-Zuschneidemaschinen gehören ins Deutsche Museum.« Jemand ergänzt: »Eine absurde, verschwenderische Lagerhaltung.«

Klaus-Peter Wild, der auch für die Werften zuständige Vorstand der Treuhand, hat später beim Mittagessen in Rostock seine liebe Müh', den Besuchern zu erklären, daß sich möglicherweise doch ein Käufer finden wird. »Wahrscheinlich ein Antiquitätensammler«, mokiert sich jemand leise. Wild überhört es. Eine halbe Milliarde DM werde nunmehr von der Treuhand in die Sanierung der Deutschen Maschinen- und Schiffbau AG (DMS) gesteckt, erläutert er mit strenger Miene, und in dreieinhalb Jahren sei das Unternehmen über den Berg. Wild war Leiter der Industrieabteilung im Bayerischen Staatsministerium für Wirtschaft und Verkehr, bis er 1990 zur THA nach Berlin kam.

Das aktuelle Bild ist so trübe wie der Nachmittag in Warnemünde. 46 000 Mitarbeiter zählt das Nachfolgeunternehmen des Schiffbaukombinats noch, davon 22 000 Kurzarbeiter. Entflochten müsse werden, sagt Wild und erhält von allen Seiten Zustimmung. Sieben von der Sowjetunion geordete Schiffe im Werte von über 200 Millionen DM liegen an der Kette. Sie verursachen Kosten von 125 000 DM. Wann dieses Problem gelöst werde, sei nicht abzusehen.

Die Treuhand, so Wild, müsse jetzt entscheiden, ob weitere von der Sowjetunion geordete Schiffe überhaupt auf Kiel gelegt werden sollten. Jürgen Krackow, der Grand Old Man der Stahl- und Werftindustrie und reaktivierte neue Vorstandsvorsitzende der DMS, saugt sinnend an seiner Pfeife. Gelöst werden müsse das große Problem der Schiffbauaufträge westlicher Reeder. In der Endzeit der DDR seien Aufträge von West-Reedern hereingenommen worden, die der DMS Hunderte von Millionen an Verlusten einbringen würden. Er sei aber auf dem besten Wege, diese Herren aus dem Westen Mores zu lehren, meint Krackow. Er vermittelt Kompetenz. Mit dem Eindruck »Der Krackow wird's schon richten« reist die Gruppe aus Rostock ab.

Doch schon an diesem Tage stellt sich die Frage: Einheitslösung oder Privatisierung in Teilen? Der Sommer 1991 ist erfüllt von öffentlichen Debatten über das Schicksal der fertigen Sowjetschiffe und die Frage nach der Gesamtprivatisierung der DMS. Die Treuhand hält vorerst an dem Konzept einer Paketlösung fest. Im »Spiegel« wettert die Hamburger Werft-Konkurrenz: »Wir können und werden nicht zulassen, daß im Osten ein staatlicher Schiffbaukonzern entsteht, der seine Kunden hochsubventioniert in unseren westlichen Märkten sucht.« Das Kampfwort gegen die DMS lautet »Staats-Koloß«.

Einen Tag vor der Verwaltungsratssitzung demonstrieren die Werftarbeiter vor der Treuhand in Berlin. Es ist nicht leicht für Wild, sich vor den erbosten IG-Metallern Gehör zu verschaffen. Er erinnert an die scharfen Einschnitte, die die Werftindustrie in Schottland, Frankreich, Italien und Spanien schon verkraften mußte. Doch wer von den Betroffenen will das schon hören? Und wer von den Betroffenen mag zur Kenntnis nehmen, daß notwendige Staatssubventionen von über einer halben Milliarde DM der Zustimmung der EG-Kommissare im fernen Brüssel bedürfen? Es fallen böse Worte. Die Treuhand ist wieder der Buhmann der Nation.

Am 13. September 1991 beschäftigt sich der Verwaltungsrat der Treuhand mit der DMS. Nur in Zusammenarbeit mit dem Bund und der EG-Kommission könne der Schiffbau in Mecklenburg-Vorpommern erhalten werden. Gleichzeitig appelliert er dringend an den gesamten deutschen Schiffbau, bei der Privatisierung der DMS zu helfen. Die DMS solle nur noch kostendeckende Aufträge hereinnehmen und müsse ihre Ertragslage verbessern.

Krackow und seine Leute haben ein Gesamtkonzept für die Werften entwickelt. Danach sollen die Standorte von fünf auf vier und die Neubaukapazität von 440 000 auf 300 000 Tonnen gesenkt werden. Daneben die Empfehlung des Leitungsausschusses der Treuhand: Der gesamte Finanzierungsbedarf der DMS bis einschließlich 1993 soll sich auf 3,5 Milliarden DM summieren.

In Politik und Öffentlichkeit nimmt währenddesen die Ungeduld zu. Im März konstituiert sich im Schweriner Landtag ein Untersuchungsausschuß zur Klärung der Werftensituation. Arbeitsminister Norbert Blüm diskutiert ABM-Maßnahmen mit dem Betriebsrat der Neptun-Werft. Wirtschaftsminister Lehment fordert den Rücktritt des Aufsichtsratsvorsitzenden der DMS, Eckhard van Hooven. Am 24. August beschwert sich der DMS-Vorstand öffentlich über das Rationalisierungskonzept des Treuhand-Leitungsausschusses: Das Konzept gefährdet die Existenz der Werften. Ministerpräsident Gomolka wendet sich gegen Überlegungen der Treuhand, die Volkswerft in Stralsund zu einer Reparaturwerft umzuwandeln.

Das Direktorat Schiffbau verhandelt indessen mit Interessenten. Hatte es zu Beginn des Jahres 1991 so ausgesehen, als ob sich kein einziger Investor finden würde, so trägt die Beharrlichkeit der Treuhand nunmehr Früchte. Am 8. November 1991 unterzeichnet die Treuhand mit der Bremer Vulkan AG und Baron Heinrich Thyssen-Bornemisza eine Absichtserklärung zur Übernahme der Mathias-Thesen-Werft in Wismar und der Neptun-Werft in Rostock. Am 15. Januar ist Angebotsschluß für die DMS-Investoren. Tags darauf erklärt die Vulkan AG ihre Absicht, 51 Prozent der DMS-Anteile, also die Mathias-Thesen-Werft, die Neptun-Werft und die Dieselmotorenwerke Rostock, übernehmen zu wollen.

Zwei Wochen später wird zwischen Treuhand und der Bremer Hegemann-Gruppe eine Grundsatzvereinbarung zum Erwerb der Peene-Werft unterzeichnet. In Wismar machen die Werftarbeiter derweil mobil und fordern öffentlich eine Paketlösung. Am 2. März nehmen 10 000 Arbeitnehmer an einer symbolischen Betriebsbesetzung teil. Sie wollen klare Äußerungen der Landesregierung zur Werftenprivatisierung. Die Situation eskaliert, als sich der CDU-Landesvorsitzende Günther Krause auf den Werften für eine Paketlösung stark macht und gleichzeitig den Rücktritt des FDP-Wirtschaftsministers Conrad-Michael Lehment fordert.

Die Treuhand befindet sich in einer vertrackten Lage, denn ungewollt wirkt sie mit jeder Entscheidung über eine der beiden Privatisierungsvarianten auf die Auseinandersetzung in der Landespolitik ein. Am 10. März 1992 entscheidet sich der THA- Vorstand für eine internationale Lösung. Danach soll die Vulkan AG die Wismarer Werft und das Dieselmotorenwerk Rostock erhalten, während die norwegische Kvaerner AS, Oslo, die Führung der Warnow-Werft übernehmen wird. Das Schweriner Koalitionskabinett von CDU und FDP begrüßt dies als »Kompromißpaket und erstes Etappenziel«.

Bei Abwägung aller Gesichtspunkte war entscheidend, daß zwei große Industrieunternehmen für Mecklenburg-Vorpommern gewonnen werden konnten, was zu einer größeren Risikostreuung gegenüber einer Verbundlösung führt. Außerdem verfügen sowohl Vulkan als auch Kvaerner über Erfahrungen in der Sanierung und der notwendigen Produktdiversifizierung. Nicht zu unterschätzender Nebeneffekt einer Zweierlösung ist, daß die EG-Kommission einer öffentlichen Förderung leichter zustimmen kann. Am 17. März 1992 segnet auch der Verwaltungsrat die erzielten Verhandlungsergebnisse ab. Jürgen Krakkow tritt zum 1. April 1992 von seinem Amt als Vorstandsvorsitzender zurück. Die Treuhand spricht ihm ihren aufrichtigen Dank aus.

Die Vertragsverhandlungen, das wohl mühevollste Geschäft der Treuhand, beginnen. Sowohl die Vulkan als auch die Norweger zeigen sich als härteste Verhandlungspartner. Immerhin geht es um dreistellige Millionensummen. Und nicht zuletzt sind noch die Werften in Stralsund, Boizenburg und Roßlau, die Neptun-Werft in Rostock, Maschinenbaubetriebe in Halberstadt, Rechlin und Schwerin, das Rostocker Ingenieurzentrum und die Firma INCOR mit insgesamt 7500 Beschäftigten zu privatisieren.

Aus Norwegen meldet der Schiffbaukonzern Ullveit Moe A/S sein Interesse an der Volkswerft an. Für die Privatisierung an die

Vulkan hat die Treuhand schließlich 686,6 Millionen DM an Cash-Leistungen und weitere 183,4 Millionen DM an Altkredit-Entschuldung zu erbringen. Auch dies bedarf der Zustimmung von Finanziminster Waigel und der EG. Im Mai 1992 rufen die IG-Metaller erneut zu Protest-Aktionen und Straßenbesetzungen auf. 330 000 Tonnen Werft-Kapazität reichen ihrer Meinung nach nicht aus, in den Betrieben die Beschäftigung zu sichern. Daß die EG-Kommission Beihilfen bis zu 36 Prozent der Baukosten für Aufträge, die vor dem 1. Juli 1990 eingegangen waren, gebilligt hatte, geht im öffentlichen Medienstreit völlig unter.

Am 18. September 1992 stimmt der Verwaltungsrat der Treuhand der Übergabe der Warnow-Kapazitäten an Kvaerner zu: 2150 Arbeitsplätze sind gesichert. Kvaerner verpflichtet sich zur Investition von 575 Millionen DM für die Umstrukturierung in eine sogenannte Kompaktwerft für Massengutfrachter, Kühl- und Containerschiffe, Gas- und Öltanker. Die Treuhand beteiligt sich daran mit 456,5 Millionen Mark.

Doch immer noch steckt der Teufel im Detail. Die Liegenschaften des alten Schiffbaukombinats entlang der Warnow müssen aufgeteilt werden. Und dies kostet Zeit und birgt noch manchen Zündstoff.

In der ostdeutschen Presse wird wild über die Kosten der Privatisierung spekuliert. Von 7,3 Milliarden, von Luxus-Privatisierung ist die Rede. In Wirklichkeit handelt es sich bei der internationalen Lösung um eine Summe von zusammen 2,7 Milliarden DM. Und die »Berliner Zeitung«, die zu den heftigsten Spekulanten zählt, überschreibt ihre Artikel mit »Wenig Licht aus dem Norden«. Das »Hamburger Abendblatt« verbreitet die saturierte Wessi-Sicht. »Abendblatt«-Schiffahrtsexperte Jürgen Dobert spricht von »riskanten Finanzmanövern im Osten«. Und Preussag-Vorstandsmitglied Michael Frenzel verkündet: Durch die Hilfen der Ost-Werften werde die westdeutsche Werft-Industrie von Japan und Wismar aus in die Zange genommen. Dem einen ist's zu viel Geld für die Werften, dem anderen zu wenig. Frank Teichmüller, der IG-Metall-Bezirksleiter Küste, wirft dem Bund eine »Politik des Schiffeversenkens vor«.

In diesem Tohuwabohu der Politiker, Unternehmer und Gewerkschafter muß die Treuhand ihren Kurs halten. Und der heißt: So viele Arbeitsplätze wie möglich, so wenig Staatsgelder wie nötig.

22. April 1991

Investitionsgesetz

Der Einigungsvertrag hatte das Vermögensgesetz in Kraft gesetzt und für alle Enteignungen – außer den 1945–49 erfolgten – das Restitutionsprinzip festgeschrieben. Fast alles Treuhand-Vermögen hat einmal irgend jemand anderem gehört, rund 45 Prozent der Masse gehen auf Enteignungen 1945–49 zurück.

Ein Beamter des Bundesjustizministeriums, der zur Erläuterung des Gesetzes eingeladen ist, sagt den Vertretern der Treuhandanstalt: »Sie sind der Hehler.« Die Gesichter versteinern, vor allem die der ostdeutschen Mitarbeiter am Tisch. Man möchte aufstehen, den Stuhl umwerfen, gehen.

Auf Restitution sind die meisten längergedienten THA-Mitarbeiter zunächst nicht eingestellt; sie sind angetreten, um zu privatisieren, Investorenkonzepte zu prüfen, die besten Wirkungen für das Land herbeizuverhandeln, nicht um Unternehmen und Grundstücke an Alteigentümer – manchmal mehr oder weniger gleichgültige Erben und Erbeserben – einfach herauszugeben. Sie müssen lernen, daß nicht nur den Ämtern für offene Vermögensfragen (die es noch eine lange Zeit nicht wirklich gibt oder die Anmeldungen ungeöffnet in den Schrank packen), sondern auch der Treuhand eine neue eigene Aufgabe zugewiesen ist.

Die Rechtsabteilung informiert, der Leiter verbringt bald die Hälfte seines Arbeitstages mit vermögensrechtlichen Fragen; die Abteilung Öffentliches Recht muß dringend aufgebaut werden. Die Riesin Treuhand bewegt sich.

Fehler sind nicht zu vermeiden. Vermögensrechtliche Ansprüche werden gelegentlich nicht ausreichend recherchiert, die Ämter antworten nicht – wie sollten sie auch? Die bündelweise angelieferten, häufig unverständlichen, nicht selten aggressiv formulierten Rückgabeanmeldungen müssen einstweilen bei der Treuhandanstalt erfaßt und geordnet an die Ämter abgegeben werden; die Diplomjuristen der Abteilung König versinken in Papier, schlagen sich mit dem Vorwurf der »Hehlerei« herum. Beanspruchte Grundstücke und Unternehmen dürfen nicht verkauft werden. Soll also der Privatisierungsauftrag ruhen, bis die Ämter funktionsfähig werden und über die Berechtigung der Anmeldungen entscheiden? Das kann so nicht bleiben. Die Politik muß alarmiert werden. Der erste Auftrag von Detlev Karsten Rohwedder an den Leiter der Rechtsabteilung, Manfred Balz, ist ein Papier für das Bundeskanzleramt über die Behinderung der Treuhandanstalt durch die unaufgelöste Spannung zwischen Restitution und Privatisierung; es gerät ihm zu gelehrt, Frau Breuel auch. Hilmar Schmidt aus der Abteilung Grundsätze und Wolfram Brück aus der Abteilung Kommunalvermögen müssen mitformulieren, ehe der Brandbrief abgesandt wird.

In Bonn fängt es an zu gären. Der Rechtsausschuß des Bundestages läßt sich von dem Leiter der Rechtsabteilung – am aufsichtführenden Bundesministerium der Finanzen (MBF) vorbei – die Position der Treuhand erklären, ebenso die Opposition auf einer Konferenz der Länderfraktionsvorsitzenden.

Der Jurist aus der Treuhand-Zentrale spitzt noch etwas zu: Aus seiner Sicht und der seiner Kollegen wäre es am besten, auf Naturalrestitution zu verzichten und die Alteigentümer am Bieterwettbewerb wie außenstehende Investoren zu beteiligen und sie notfalls mit Geld abzufinden; nur so ließen sich die Treuhand-Ziele – rasche Privatisierung, Schaffung und Sicherung von Arbeitsplätzen, Vergabe der Unternehmen an den geeigneten Unternehmer und Schaffung wettbewerblicher Strukturen – mit dem Schutz der Alteigentümerinteressen vereinbaren.

Von Wirtschaftswissenschaftlern kommt überwiegend Zustimmung, von vielen nachdenklichen Juristen auch. Trotzdem: Da war doch wohl ein beurlaubter Beamter des Justizministeriums bei der Treuhandanstalt auf hochpolitischem Eis ausgerutscht; ein wohlmeinender Referent des Finanzministeriums sieht den Stuhl des Direktors Recht wackeln: »Vorsicht, im BMF ist man sehr beunruhigt.«

Entspannung der Lage erst, als Präsident Rohwedder bei der Anhörung im Rechtsausschuß nichts anderes sagt als sein Jurist zuvor. Allgemeine Verblüffung, als Wirtschaftsminister Möllemann und der CDU/CSU-Fraktionsvorsitzende Dregger nun ebenfalls die Restitution in Frage stellen. Der Stuhl wackelt natürlich nicht.

Folgt die Novelle, die erste, zum Vermögensgesetz – das sogenannte Hemmnisbeseitigungsgesetz (der Scherz »Enthemmungsgesetz« wird bald volkstümlich): In der Sache gibt man dem Juristen der Treuhandanstalt recht, aber das Prinzip muß als solches unberührt bleiben. Das heißt, Vorrang, ja angeblich »Supervorfahrt« für Investitionen; Alteigentümer müssen zurücktreten, wenn sich ein besserer außenstehender Investor findet. Aber über das Zurücktreten ist in einem ordentlichen Verwaltungsverfahren zu entscheiden, nach Anhörung des Anmelders, und dann kann in Ruhe prozessiert werden.

Das hat seinen Preis, das kostet Zeit. Ein entschlossener Anmelder kann so lange blockieren, bis die Treuhandanstalt zu einem Vergleich bereit ist; die ersten großen Fälle – etwa der Verkauf der Regionalzeitungen – zeigen es dann. Eine verwaltungsrechtlich handelnde »Stelle nach § 3a VermG« muß aus dem Boden gestampft werden; in einer Art interner Volkshochschule werden die Verkaufsteams mühsam auf die Neuregelung eingestimmt. Manche lernen schneller, andere langsamer.

Wenige Wochen nach dem Inkrafttreten der Novelle fangen die Juristen der Treuhandanstalt an, Stoff für die nächste Novelle zu sammeln.

Sie kommt im Juli 1992.

8. Mai 1991

Konflikt bei der Reprivatisierung

Das Thema Reprivatisierung war Norman van Scherpenberg, ehemaliger Staatssekretär der Landesregierung Niedersachsen, wohlbekannt, als er am 10. Oktober 1990 den Dienst bei der Treuhandanstalt antrat. Während seiner Beratertätigkeit im Wirtschaftsressort beim Regierungsbevollmächtigten für den Bezirk Dresden hatte er hinlänglich praktische Gelegenheit, sich in die Materie einzuarbeiten. Nach dem Einigungsvertrag vom 3. Oktober 1990 bedeutet Reprivatisierung neben der Rückgabe nach 1949 enteigneter Unternehmen auch Ausgleichsleistungen für wesentliche Verschlechterungen der Vermögens- und Ertragslage. Zurückgegeben werden auch rechtswidrig in den Jahren 1933–45 enteignete Unternehmen.

Sehr schnell kann van Scherpenberg erkennen, daß das neue Vermögensgesetz in seinem theoretischen Ansatz die Unternehmensreprivatisierung sehr viel sinnvoller und wirtschaftlich vernünftiger regelt, daß es aber in der Anwendung so kompliziert zu sein droht, daß kaum ein Fall damit rasch zu lösen wäre.

So verbringt van Scherpenberg die zweite Hälfte des Septembers 1990 damit, alle Beteiligten anzutreiben, so viele Reprivatisierungsfälle wie möglich noch nach altem Recht zu erledigen. Ihn treibt die Sorge um, daß es nach neuem Recht Monate dauern würde, bis die Unternehmensreprivatisierung wieder aufgenommen wird.

Zwei Wochen nach Dienstantritt am Alexanderplatz sieht van Scherpenberg sich völlig überraschend mit dem Vorstandsbeschluß konfrontiert, nun auch für die Unternehmensreprivatisierung der Treuhandanstalt zuständig zu sein. Keine 24 Stunden später öffnet sich die Tür, herein tritt der Leiter einer van Scherpenberg zugeordneten Arbeitsgruppe zur Unternehmensreprivatisierung. Dessen Dresdner Vorbildung und ein erstes Gespräch machen bald klar, daß sein Helfer ein guter Kenner der

Materie ist. Er kennt alle Gesetze, er kennt alle Leute, er kennt alle Probleme und die Sorgen in punkto Praktikabilität des neuen Vermögensgesetzes.

Van Scherpenberg und seine Mitarbeiter sind sich schnell einig, was in punkto Reprivatisierung von Unternehmen hätte geregelt sein müssen und nicht geregelt ist – und durch die Treuhandanstalt auch nicht geregelt werden kann.

So bleibt als erstes die Methode »Ausklammern«. Gleich Ende Oktober wird in Abstimmung mit van Scherpenberg eine erste Arbeitsanleitung für die Niederlassungen der Treuhandanstalt zur Fortsetzung der Unternehmensreprivatisierung verfaßt. Sie soll es möglich machen, Unternehmen definitiv zu reprivatisieren, auch ohne daß vorher die Ansprüche auf Ausgleich für Verschlechterung der Ertragslage und der Vermögenslage festgestellt und geregelt sind; denn dafür fehlt das Handwerkszeug.

Die erste Arbeitsanleitung ist im Entwurf schnell fertig und wird dem Direktorat Recht zugeleitet. Van Scherpenberg nimmt den ersten fachlichen Kontakt mit dem damals noch designierten Leiter des Direktorats, Manfred Balz, auf. Dessen Fähigkeit, Probleme nicht nur aufzuzeigen, sondern auch zu lösen, zeigt sich im Verlauf der Diskussion um dieses Papier. So kommt es nach Abstimmung mit den Bonner Ministerien Ende Januar zum Vorstandsbeschluß über die erste Arbeitsanleitung zur Unternehmensreprivatisierung. Damit entsteht das erste Handwerkszeug für die Niederlassungen zur Umsetzung des Vermögensgesetzes.

Natürlich gab es auch vorher Fälle, die so gelagert waren, daß sie nach dem Gesetz geregelt werden konnten. So etwa der Fall eines Thüringer Sanitärherstellers, an dem auch ein französischer Investor Interesse gefunden hatte. Wie vielfach innerhalb der Treuhandanstalt, sind die Zuständigkeiten damals noch nicht klar. Reprivatisierungen sind grundsätzlich Sache der Niederlassungen, Privatisierungen Sache des entsprechenden Privatisierers der Zentrale.

Während die Niederlassung noch über die Reprivatisierung

verhandelt, verkauft die Zentrale das Unternehmen kurzerhand unter Fehlinterpretation einer Äußerung des Reprivatisierungsberechtigten unrechtmäßig, aber rechtswirksam an den französischen Investor. Eine Zeitung entfesselt einen Pressesturm, zusammen mit Herrn Hornef überprüft van Scherpenberg den Fall mit entwaffnend klarem Ergebnis: Der Reprivatisierungs-Berechtigte hat hunderprozentig recht. Eingeräumt werden kann es ihm nicht mehr, weil das Unternehmen verkauft ist. Kurzentschlossen werden die Beteiligten nach Berlin zu einer Besprechung eingeladen. Auf Wunsch des Alteigentümers kommt auch der betreffende Journalist mit, der Sachverhalt wird klargestellt, dem Berechtigten als Schadensersatz die Auskehr des Veräußerungserlöses angeboten. Er nimmt an, und nach viertelstündiger Verhandlung ist der Fall geregelt. Alle sind zufrieden und erleichtert, der Rechtsfrieden ist wiederhergestellt. Nur eine halbe Stunde später sitzt ein bleicher Redakteur bei seinem Chef und kann noch nicht glauben, was er erlebt hat: Der Mann, gegen dessen vermeintliche Unterdrückung und Entrechtung er sich eingesetzt hat, ist innerhalb einer Viertelstunde Millionär geworden.

Dieser Vorfall hat zur Folge, daß in der Treuhandanstalt die Zuständigkeit für die Reprivatisierung geändert wird: Künftig sind die für Unternehmensbetreuung und Privatisierung zuständigen Mitarbeiter auch in eigener Verantwortung für die Reprivatisierung zuständig. So bleibt der Thüringer Fall in der Geschichte der Unternehmensreprivatisierung durch die Treuhandanstalt ein Einzelfall aus der Geschichte der ersten Wochen.

Die Wirksamkeit der ersten Arbeitsanleitung ist nicht allzu groß. Zu viele Fälle sind in ihrer Durchführung davon abhängig, daß die Ausgleichsleistungen nicht nur erwartet, sondern auch gezahlt werden können. So findet das Drängen auf Erlaß der Durchführungsverordnung zum Vermögensgesetz in Bonn Gehör. Im Laufe des Frühjahrs 1991 wird sie unter der tätigen Mithilfe der Treuhandanstalt erarbeitet. Nur zwei Wochen nach ihrem Erlaß im Juli 1991 liegt auch die zweite Arbeitsanleitung der Anstalt für die Unternehmensreprivatisierung vor. Mit ihr kann auch auf diesem Feld die Normalität beginnen. Sie führt dazu, daß Ende 1992 immerhin rund 7000 von 14 000 Ansprüchen erledigt sind.

30. Juni 1991

Auflösung der HO (Handelsorganisation) vollzogen

Der Berliner Notar Hans-Hermann Rönsch fährt am 9. Oktober 1990 in die Zentrale der Treuhandanstalt am Alexanderplatz in Berlin. Dort beurkundet er die Erklärung der beiden Vorstandsmitglieder der Treuhandanstalt, Birgit Breuel und Gunter Halm, über die Gründung einer GPH, Gesellschaft zur Privatisierung des Handels mbH.

Ein Gesetz zur Entflechtung des Handels hatte noch die Regierung de Maizière im Juli des gleichen Jahres durch die Volkskammer verabschieden lassen. Als die GPH ihre Tätigkeit zum 15. Oktober 1990 beginnt, sind 5750 Ladengeschäfte, 3490 Gaststätten und 60 HO-Hotels schon privatisiert oder geschlossen. Die große Masse aber steht noch vor der Entscheidung: 16 230 Ladengeschäfte, 3900 Gaststätten und 360 Hotels.

Der Handel in Ostdeutschland verfügt je Einwohner nur über 30 Prozent der Verkaufsfläche, die in Westdeutschland üblich ist. GPH-Geschäftsführer Wolfgang Bernhardt weist bei der Übernahme seines Amts darauf hin, daß die kleinen HO-Läden auf dem Lande für die Versorgung der Bevölkerung unerläßlich seien; sie sollen vorrangig privatisiert und für Existenzgründungen genutzt werden.

Innerhalb von neuneinhalb Monaten ist die Aufgabe der GPH praktisch erledigt. Die Geschäftstätigkeit der Handelsorganisation (HO) wird zum 30. Juni 1991 eingestellt. Von den insgesamt rund 30 000 HO-Objekten haben rund 22 300 einen neuen, unternehmerisch aktiven Eigentümer gefunden (oder sind an ihre früheren Eigentümer bzw. deren Rechtsnachfolger zurückgegeben worden).

Bei einer ersten Ausschreibung von 12 000 Ladengeschäften und Gaststätten gilt eine Ausschreibungsfrist von nur einer Woche. Daß sich unter diesen Umständen eigentlich nur Interessenten vor Ort bewerben können, ist durchaus Absicht der Treuhandanstalt. 90 Prozent der Läden und Gaststätten gehen an ostdeutsche Käufer. Die GPH arbeitet eng mit den 15 regionalen Niederlassungen der Treuhandanstalt zusammen.

Insgesamt können 120000 Arbeitsplätze erhalten und gesichert werden. Rund 60000 Mitarbeiter der alten HO gehen in den Ruhestand oder kündigen aus eigenem Entschluß. Betriebsbedingte Kündigungen sind nicht zu vermeiden. Das gilt nicht zuletzt für den überbesetzten Verwaltungsbereich der 15 HO-Bezirksdirektionen.

Im November/Dezember 1990 nimmt die GPH Verhandlungen mit den Gewerkschaften Handel, Banken und Versicherungen (HBV) und Nahrung, Genuß, Gaststätten (NGG) auf, um für die Kündigungen eine möglichst sozial verträgliche Form zu finden. Nach eingehenden Verhandlungen werden am 28. Januar 1991 Tarifverträge mit den beiden Gewerkschaften abgeschlossen, die bei den Sozialplänen Schulungs- und Qualifizierungsmaßnahmen den Vorzug vor Abfindungen geben. Die Deutsche Angestellten-Gewerkschaft (DAG) schließt sich diesen Tarifverträgen an.

Die Sozialpartnerschaft mit den Gewerkschaften bewährt sich in einer monatelangen engen Zusammenarbeit. Die Sozialpläne betreffen rund 100000 frühere Mitarbeiter der HO. Die meisten von ihnen absolvieren Qualifizierungskurse. Die Gesamtsumme der Abfindungen beläuft sich auf 440 Millionen DM. Zählt man die Erlöse für die Läden und Gaststätten von rund 340 Millionen mit den Beträgen von mindestens 190 Millionen DM aus den Verkäufen von Hotels zusammen, so decken sie die Kosten der Sozialpläne und der operativen Verluste der Periode 1990/91.

Die Privatisierung der Läden und Gaststätten erfolgt auf der Basis langfristiger Mietverträge. Die Trennung von Betrieb/Geschäft einerseits und Grundstück/Gebäude andererseits ist im Handel der alten Bundesländer die Regel, wird in den neuen Bundesländern aber auch wegen ungeklärter Eigentumsverhältnisse erforderlich. Restitutionsansprüchen oder Anträgen auf Überführung in kommunales Eigentum steht das hohe Beschleunigungsbedürfnis entgegen. Außerdem gilt es, Grundstücksspekulationen zu vermeiden.

Bei Hotels wird die Privatisierung dagegen wegen des sehr hohen Investitionsbedarfs im Zusammenhang mit den Immobilien vorgenommen. Allerdings unterliegen dabei 55 Prozent der Fälle Restitutionsansprüchen. Bei der erheblich größeren Anzahl von Ladengeschäften hätte dort die Einbeziehung von Grundstücksfragen die Privatisierung »torpediert«.

Rund 6000 mögliche Privatisierungen kommen nicht zustande, weil entweder die Gemeinden (3200 Fälle) oder private Hauseigentümer (2850 Fälle) nicht zustimmen. Wegen schlechten Standorts, unwirtschaftlicher Verkaufsflächen oder mangelnden Investoren-Interesses werden 1500 Läden und Gaststätten geschlossen.

Von den zur Privatisierung ausgeschriebenen 360 früheren HO-Hotels werden 141 bis Mitte August 1991 mit vorläufigem Pachtvertrag oder endgültigem Kaufvertrag einem Investor übergeben, 70 gehen aufgrund von Restitutionsansprüchen an frühere Eigentümer oder deren Erben. Zwölf bereits vorher geschlossene Hotels werden von Käufern übernommen.

Von 136 Gesellschaften des Großhandels werden 53 durch die GPH vollständig privatisiert, von den übrigen Gesellschaften werden wesentliche Betriebsteile privaten Investoren übereignet. Restbestände an Ladengeschäften, Großhandelsbetrieben und Hotels werden an Nachfolgeorganisationen der GPH übergeben, ebenso die Verwaltung der Handelsimmobilien.

Am 26. September 1991 laden die GPH-Geschäftsführer Wolfgang Bernhardt und Peter Neubert ihre Mitarbeiter zur Verabschiedung ein. Bernhardt erinnert daran, daß die Arbeit der GPH wegen der großen Zahl der Fälle schwierig war und durch östliche und ost-westliche Seilschaften – einschließlich ihrer famosen Berater aus dem Westen – erschwert worden sei. Diese hätten oft Einzel- und Großhandel mit einem »Selbstbedienungsladen« verwechselt. Die Mitglieder des GPH-Teams, so sagt Bernhardt, sollen auf ihren Erfolg weiterhin stolz sein und Selbstvertrauen gewinnen.

17. Juli 1991

ABS: Beschäftigung im Strukturwandel statt Arbeitslosigkeit

Das frühere Stahlwerk Riesa hatte etwa 8000 Beschäftigte. Als die Schließung nicht mehr zu vermeiden ist, wird es zu einem der ersten Beispiele für Arbeitsbeschaffungsmaßnahmen (ABM), deren Einsatz in der Demontage und Sanierung auf dem ehemaligen Industriegelände die Voraussetzungen für wirtschaftliche Neuansiedlungen schafft. Noch ist die Arbeit nicht abgeschlossen, aber in den neu auf dem Gelände des ehemaligen Stahlwerks tätigen Unternehmen haben bereits 1200 Menschen einen Arbeitsplatz gefunden. Diese Investitionen hätten ohne die vorbereitende Arbeit auf dem alten Stahlwerksgelände für den Standort Riesa nicht gewonnen werden können. Weitere 3000 künftige Arbeitsplätze zeichnen sich ab.

Der wirtschaftliche Strukturwandel nach dem Zusammenschluß beider Teile Deutschlands führt zu gewaltigen Erschütterungen. Die Sozialstrukturen in der früheren DDR verändern sich dramatisch, die Gefahr der Arbeitslosigkeit verändert die Gesellschaft. Die von der zentralistischen Planwirtschaft der DDR verdeckte Arbeitslosigkeit tritt offen zutage, der Zwang zu wettbewerbsfähigen Produktionen bedingt in vielen Unternehmen einen deutlichen Personalabbau.

Im Herbst 1990 fordern Gewerkschaften wie die IG Metall und die IG Bergbau die Gründung von »Beschäftigungsgesellschaften« als ein Instrument, mit dem einer drohenden Massenarbeitslosigkeit entgegengetreten werden soll. Freigesetzte Arbeitskräfte sollen in diesen Gesellschaften umgeschult und vorübergehend beschäftigt werden. »Besser für Beschäftigung, als für Arbeitslosigkeit zahlen«, greift Bundesarbeitsminister Norbert Blüm diese Pläne auf. Im Februar 1991 entwickelt er in einem Zeitungsartikel die Idee eines Aufbauwerks, das Arbeitsbeschaffung zum Beispiel im Bereich der Altlastensanierung und der Weiterführung sozialer Einrichtungen der ostdeutschen Unternehmen verwirklichen könnte.

Die Treuhandanstalt (THA), größte Arbeitgeberin Ostdeutschlands, bekennt sich frühzeitig zur Bildung von Beschäftigungsgesellschaften, jedoch ohne gesellschaftsrechtliche oder arbeitsrechtliche Bindungen für die Unternehmen eingehen zu wollen. Sie sieht sich bald mit Forderungen konfrontiert, solche Beschäftigungsgesellschaften innerhalb ihrer Unternehmen oder zumindest mit deren Beteiligung zu bilden. Der Druck verstärkt sich, als klar wird, daß die Kündigungsschutzabkommen in vielen Branchen von den Arbeitgeberverbänden nicht verlängert werden und Mitte 1991 auslaufen. Demgegenüber weist Peter Gemählich, Direktor Arbeitsmarkt und Soziales der Treuhandanstalt, darauf hin, daß der gesetzliche Auftrag in der Privatisierung der früher staatlichen Wirtschaftsbetriebe der DDR bestehe. »In diesem Zusammenhang haben wir natürlich auch die Aufgabe, eine sozial verträgliche Begleitung der Privatisierung zu ermöglichen.« Gemählich, früher bei der Bundesanstalt für Arbeit in Nürnberg tätig, sieht die Handlungsvollmacht vor allem bei den Ländern, Arbeitsämtern und Bildungsträgern und nicht bei der THA.

Die Diskussionen über mögliche Problemlösungen führen am 13. April 1991 zu einer gemeinsamen Erklärung der Gewerkschaften und der Treuhandanstalt. Darin wird festgelegt, daß ein erheblicher Arbeitsplatzabbau unvermeidlich sein wird und daß Maßnahmen getroffen werden müssen, um die Chancen für die Arbeitnehmer auf dem Arbeitsmarkt zu verbessern und ihre soziale Sicherung zu verstärken. Die Treuhandanstalt will im Rahmen ihres gesetzlichen Auftrags und ihrer Möglichkeiten alle Anstrengungen zur Erreichung dieser Ziele fördern.

In einem Brief vom 7. Juni 1991 weist die Treuhandanstalt alle ihre Unternehmen auf die Notwendigkeit hin, sämtliche Möglichkeiten des Arbeitsförderungsgesetzes zur sozialen Abfederung des durch Privatisierung, Sanierung oder Stillegung in vielen Betrieben unvermeidbaren Beschäftigungsabbaus zu nutzen. Die Unternehmen sollen die Gründung von Gesellschaften zur

Arbeitsförderung, Beschäftigung und Strukturentwicklung (ABS) durch Beratung, Koordinierung sowie Bereitstellung von Sachmitteln und geeigneten Räumlichkeiten unterstützen. Dies geschieht über Kooperationsverträge, die zwischen der THA und den ABS-Gesellschaften abgeschlossen werden. Eine Reihe von Treuhand-Unternehmen war aber bereits an ABS-Gesellschaften beteiligt. Dieses Engagement wird so lange fortgeführt, bis andere sachkundige und leistungsfähige Träger diese Beteiligung übernehmen. Mit wenigen Ausnahmen gibt es inzwischen keine gesellschaftliche beziehungsweise arbeitsrechtliche Beteiligung der Treuhandanstalt mehr.

Der gemeinsamen Erklärung folgt am 17. Juli 1991 eine Rahmenvereinbarung zwischen den Gewerkschaften, den Arbeitgeberverbänden, den neuen Bundesländern und der Treuhandanstalt. Sie ist in ihrer Konzeption von Werner Bayreuther, Direktor in der THA-Personalabteilung, ausgearbeitet und mit den Partnern verhandelt worden. Für die Geschäftsführung der Beschäftigungsgesellschaften (ABS) übernimmt dabei die Treuhandanstalt die Kosten bis zu einem Jahr sowie Leistungen für Verwaltungsaufgaben. Sie stellt außerdem Management- und Beratungshilfen für die Aufbauphase. Die Treuhandanstalt bringt für 163 ABS-Gesellschaften Kosten von insgesamt 120 Millionen DM auf.

»Wir reden heute alle vom Solidarpakt«, meint Peter Gemählich rückblickend. »Dabei waren der Kerngedanke und die Verhandlungen zur Vorbereitung der Rahmenvereinbarung von 1991 über die ABS-Gesellschaften die erste Veranstaltung, bei der alle gemeinsam an einem Tisch saßen und sich auf eine Lösung geeinigt haben. Da waren die Tarifpartner, da waren die neuen Länder, und da war die Treuhandanstalt dabei.« Auch die hohe Akzeptanz in der Öffentlichkeit habe dazu beigetragen, daß die ABS-Gesellschaften relativ problemlos arbeiten können.

Ohne das Instrument der ABS-Gesellschaften als Auffangstationen für Arbeitskräfte wären Privatisierung und Sanierung von Unternehmen durch die Treuhandanstalt sowie die behutsame Schließung nicht sanierungsfähiger Einheiten innerhalb einer

Zeit von rund zwei Jahren nicht so schnell möglich gewesen. Besonders wichtig sind die Arbeitsbeschaffungsmaßnahmen im Bereich der Metallindustrie.

Das »beschäftigungspolitische Instrument Nr. 1« ist und bleibt allerdings die Privatisierung. Häufig wird die Tatsache übersehen, daß die privatisierten Unternehmen 1,4 Millionen Arbeitsplätze garantieren. Die ABS-Gesellschaften tragen aber auch dazu bei, daß Flächen und Betriebsteile im Bestand der Treuhandanstalt mit den Zuschüssen der Bundesanstalt für Arbeit nicht nur kostenneutral, sondern sogar wertsteigernd saniert werden. Bis Ende 1992 wurden insgesamt 120 000 Treuhand-Arbeitnehmer in Arbeitsbeschaffungsmaßnahmen auf Liegenschaften der Treuhandanstalt (einschließlich des Bergbaus) beschäftigt. Zur Sicherung dieser Arbeitsbeschaffungsmaßnahmen übernimmt die THA Bürgschaften und vergibt zinslose Darlehen.

Noch umfangreicher ist der Einsatz bei Arbeiten zur Umweltsanierung im Bereich des Braunkohlenbergbaus, für die rund 15 000 Arbeitnehmer vorgesehen sind, und in der chemischen Industrie, die bis zu 17 000 Arbeitnehmer aufnehmen soll. Federführend für diese Aufgaben ist die Abteilung Umweltschutz/ Altlasten der Treuhandanstalt unter der Leitung von Direktor Heiner Bonnenberg. Die Finanzierung erfolgt aufgrund des Paragraphen 249h im Arbeitsförderungsgesetz. Danach kann die Bundesanstalt für Arbeit – soweit die Gesamtfinanzierung gesichert ist – pro Arbeitnehmer und Arbeitsplatz 15 200 DM im Jahr bezahlen. Die Restfinanzierung wird von Treuhand und Land übernommen, soweit die Maßnahmen zur entsprechenden Wertsteigerung der Treuhand-Flächen beitragen. Der Verteilungsschlüssel für diese Restkosten sieht bei Großprojekten einen Anteil der Treuhandanstalt von 75 Prozent und des Landes von 25 Prozent vor.

Im Juni 1992 richten Horst Föhr, THA-Vorstandsmitglied für Personal, und Gemählich ein Schreiben an alle ABS-Gesellschaften, in dem sie ihre Unterstützung für Existenzgründungen anbieten. Föhr hat den Verantwortungsbereich Personal der THA im Mai 1992 übernommen. Der promovierte Jurist war zuletzt im Vorstand der TAKRAF AG Leipzig, davor Vorstandsmitglied der Aral AG und Justitiar der IG Bergbau und Energie. Vorhandene Konzepte für die Ausgründung von Unternehmen aus ABS-Gesellschaften und zahlreiche Vorschläge von Mitarbeitern in den ABS-Gesellschaften sollen nun dadurch gefördert werden, daß die Treuhand-Zentrale als »zentrale Schaltstelle« auftritt, um geeignete Flächen bzw. Betriebsteile zum Verkehrswert zu beschaffen und so den mühseligen Weg der Beantragung zu vereinfachen. Innerhalb der sechs Monate bis Ende 1992 gibt es 77 Aus- bzw. Existenzgründungen aus 34 ABS-Gesellschaften mit 1100 neuen Arbeitsplätzen.

12. November 1991

Treuhand New York

599, Lexington Avenue, 40. Stock. Ein strahlend schöner, kalter Novembermorgen. Manhattan glänzt in der Morgensonne. In der kleinen Empfangshalle der Investmentbank James D. Wolfensohn drängeln sich amerikanische und deutsche Kamerateams. Hinter den Kulissen werden letzte Vorbereitungen getroffen: In wenigen Minuten wird die Treuhandanstalt in den Räumen der Investmentbank das New York Office eröffnen, das amerikanische Investoren für Ostdeutschland gewinnen soll. Zwei Treuhand-Mitarbeiterinnen spannen vor der Eingangstür ein blau-grünes Band. Jetzt muß noch eine Schere her, die dem Anlaß angemessen ist. Sie findet sich im Büro von Paul Volcker, dem früheren Präsidenten der US-Notenbank: ein Prachtstück mit vergoldeten Griffen, mit der strengen Auflage der Sekretärin, sie nur ja zurückzubringen.

»Hiermit ist das New Yorker Büro der Treuhandanstalt eröffnet.« Die Schere schnappt, das Band teilt sich. Sekt wird gereicht, und Birgit Breuel, Christoph Urban, der Leiter des Büros, und der Referent Christoph Reimnitz stoßen mit ihrem Berater James D. Wolfensohn auf den Erfolg des New Yorker Vorpostens an.

22. November 1991

»Tafelsilber im Treuhandvermögen«

Die Pläne des ermordeten Treuhand-Präsidenten Rohwedder, bei der Privatisierung der Interhotelkette eine bunte Vielfalt zu erreichen, gehen endlich in Erfüllung. Der Verwaltungsrat stimmt der Entscheidung des Vorstands der Treuhandanstalt zu, das Aktienpaket der Deutschen Interhotel AG mit 28 Hotels an die Berliner Investorengruppe Groenke und Guttmann GmbH zu verkaufen. Diese Gruppe erwirbt für 2,2 Milliarden DM die Aktien der Deutschen Interhotel AG für 28 Hotels, den Hauptteil der Hotelkette. Fünf Hotels veräußert die Treuhandanstalt für 346 Mio DM an andere Bewerber: Hilton International erwirbt das Domhotel am Platz der Akademie in Berlin, das Düsseldorfer Familienunternehmen Günnewig erwirbt die Hotels Chemnitzer Hof und Moskau in Chemnitz, das historische Hotel Elephant in Weimar geht über in den Besitz der Comes GmbH aus München, und das Hotel Thüringen Tourist in Suhl findet über ein Management Buy-Out seinen neuen Eigentümer.

Beschwerlich und kräftezehrend war der Weg bis zu einer der größten Privatisierungen in der Geschichte der Treuhandanstalt: Über 2,5 Milliarden DM fließen durch den Verkauf in die nicht allzu üppig gefüllten Kassen der Treuhand, das Dreieinhalbfache der Angebote vom August 1990. Hinzu kommen weitreichende Verpflichtungen der Bieter für die Modernisierung und den Ausbau der Hotels sowie den Erhalt der bestehenden Arbeitsplätze.

Der Kampf um das Tafelsilber beginnt

Das »Tafelsilber« – so bezeichnet Rohwedder die Kette der einstigen Nobelhotels der DDR – ist wirklich eine Perle unter den über 10 000 Unternehmen, die sich im Portfolio der Treuhandanstalt befanden. Der exzellente »Marktwert« der Hotelkette blieb auch den leitenden Managern der Steigenberger Hotel AG in Frankfurt/Main nicht unbekannt. Schon sehr frühzeitig, im April 1990, findet die Umwandlung der Interhotel in eine Aktiengesellschaft statt, und im Sommer geht die Steigenberger Hotel AG eine Kooperation mit der neuen Interhotel AG ein.

Als Managementinstrument wird die eiligst gegründete Betriebsführungsgesellschaft Steigenberger Interhotel GmbH (je 50 Prozent Beteiligung der Steigenberger Hotel AG und der 34 Interhotels) genutzt. Ihr Auftrag: der Betrieb der Interhotels im Rahmen der geschlossenen langfristigen Pachtverträge. Am 24. Juli 1990 schließen in einer Nacht- und Nebelaktion, ohne Wissen der Treuhandanstalt, alle Geschäftsführer der Interhotel AG im Grand Hotel in Berlin Steigenberger-Pachtverträge mit Konditionen ab, die für die Treuhandanstalt nicht akzeptabel sind. Es sollen außerordentlich lange Laufzeiten von 20 Jahren mit Verlängerungsoptionen und einem nicht marktüblichen, viel zu niedrigen Pachtzins gelten. Dem Treuhand-Vorstand steht unter diesen Vertragsbedingungen ein Verlust von über einer Milliarde DM ins Haus. Seine Pläne sahen ganz anders aus: Die Hotels sollten international ausgeschrieben und verkauft werden.

Genau das aber verhindert das Konzept des Interhotel-Chefs Hellmuth Fröhlich. Durch die einseitige Bindung der Interhotels im Rahmen der Pachtverträge an die Steigenberger Hotel AG ist von vornherein jede andere Privatisierungsvariante ausgeschlossen. Ende Juli 1990 besetzen Interhotel-Mitarbeiter, auch aufgrund von Fehlinformationen, in Sorge um ihren Arbeitsplatz die achte Etage der Treuhandanstalt am Alexanderplatz. Rohwedder persönlich erläutert den aufgebrachten Menschen das Konzept der Treuhandanstalt zur Privatisierung der Interhotels.

22. August 1990 – Rohwedder, nunmehr Präsident der Treuhand, kündigt auf einer Pressekonferenz der Steigenberger Hotel AG den Kampf an. Ziel: Die Pachtverträge sind umgehend rückgängig zu machen. »Die Treuhandanstalt wird«, so erklärt Rohwedder, »das Tafelsilber nicht einfach aus dem Fenster werfen.« Ein

Rechtsgutachten zur Klärung der Rechtswirksamkeit der Pachtverträge wird in Auftrag gegeben.

Die Stellungnahme der Wettbewerbshüter wird eingeholt – das Kartellamt sieht nach langer Prüfung im Paketverkauf der Kette wettbewerbsverzerrende Momente. Von nun an verhandeln von der Treuhandanstalt beauftragte Rechtsanwälte pausenlos.

Das Thema Interhotel ist aus den täglichen Schlagzeilen nicht herauszubekommen. Wöchentliche Berichterstattung zur Lage der Interhotels im Vorstand ist angesagt. Rohwedder erklärt die Privatisierung der Interhotels zur eigenen Chefsache. Der von Interessenten angebotene Kaufpreis in Höhe von 450 Millionen DM wird abgelehnt. Der Versuch, 700 Millionen DM über Banken zu finanzieren, gelingt nicht.

10. September 1990 – Der erste Aufsichtsrat der Deutschen Interhotel AG konstituiert sich satzungsgemäß. Ihm gehören neun Arbeitnehmer- und neun Arbeitgebervertreter an. Den Aufsichtsratsvorsitz übernimmt Hans Jakob Kruse, Vorstandssprecher der Hapag Lloyd AG. Auf dieser ersten Sitzung gelingt es nicht, vorgesehene personelle Entscheidungen zur Neubesetzung des Vorstandssitzes zu erreichen. Die erforderliche Zweidrittelmehrheit kommt nicht zustande. Vorstand Hellmuth Fröhlich bleibt noch bis 15. Oktober 1990 im Amt.

Erst dann gelingt es im Aufsichtsrat, als neuen Vorstand den in der internationalen Hotelwelt bekannten und geschätzten Münchner Manager Ralf Corsten zu bestellen. Mit ihm beginnt nun eine positive Phase des Auf- und weiteren Ausbaus der einzelnen Hotels. Corsten gestaltet von Anfang an maßgerecht die künftige Entwicklung der Interhotels.

Die fachlich hochqualifizierten Interhotel-Mitarbeiter gehen voller Begeisterung mit. Auch der schmerzliche Abbau von 12 900 auf 7500 Mitarbeiter erfolgt in Abstimmung mit Betriebsräten und Konzernbetriebsrat, die inzwischen eingerichtet sind. 1991 werden 150 Millionen DM für lange vernachlässigte Reparatur- und Modernisierungsarbeiten aufgewendet; die Hotels werden Schritt für Schritt dem internationalen Standard angepaßt und mit moderner PC-Technik für die Reservierung ausgestattet.

Mit rund 10 500 Zimmern sind die Interhotels in 14 Städten der neuen Bundesländer vertreten. Damit ist die Deutsche Interhotel AG die größte Hotelkette in ganz Deutschland, vor Steigenberger und Maritim. Lokale Schwerpunkte liegen mit acht Hotels in Berlin, sechs in Dresden und fünf Hotels in Leipzig.

Die Hotelkette mausert sich 1991 mit einer durchschnittlichen Bettenauslastungsrate von 71 Prozent zu einem gesunden Unternehmen und präsentiert betriebswirtschaftliche Ergebnisse, die jedem internationalen Vergleich standhalten.

Ende 1991 haben die Interhotels anstelle der ihnen im Juli 1990 prognostizierten 255 Millionen DM Verluste einen Bruttogewinn von 152 Millionen DM erwirtschaftet. Die Zeit für die Entlassung der Hotels in die Marktwirtschaft ist reif.

Treuhand sucht Investoren

Die neue Struktur der Treuhandanstalt, die im Januar 1991 voll zur Wirkung kommt, überträgt Vorstandsmitglied Hans Krämer die Pflichten für die Privatisierung der Interhotel-Kette. Krämer hat nach dem Studium als Kaufmännischer Leiter in der Bauindustrie gearbeitet, anschließend in der Geschäftsleitung der C. Bertelsmann Verlag KG und als Vorstandsvorsitzender des Energieunternehmens STEAG AG. Er beauftragt das internationale Investmentbankhaus S. G. Warburg & Co. Ltd., London, die Hotelkette im Rahmen eines internationalen Bietungsverfahrens weltweit auszuschreiben. Sein Ziel ist, allen Interessenten die gleichen Ausgangsbedingungen zu garantieren und die Verhandlungsmöglichkeiten für die Treuhandanstalt zu optimieren. Der »run« auf die in schwarzen Zahlen arbeitenden Interhotels beginnt.

Anfang Juni erhalten 110 ernsthafte Kaufinteressenten ein umfangreiches Verkaufsmemorandum über die Interhotels, mehrere hundert Seiten stark, in grauem Edelkarton und mit roter Schleife. Sie erhalten Gelegenheit, bis zum 1. Juli 1991 ein unverbindliches Angebot zum Kauf der ganzen Hotelkette oder eines oder mehrerer Hotels abzugeben. 60 Bieter aus Europa, den USA und dem Fernen Osten geben daraufhin 135 Angebote für den Erwerb von Einzelhotels, Hotelgruppen oder für die Kette als Ganzes ab.

Die Prüfung dieser Angebote zeigt, daß der Verkauf der Kette als Ganzes der Treuhand höhere Einnahmen verspricht als ein Einzelverkauf. Damit ist der Weg zur Privatisierung klar: Die Kette wird als Einheit an einen Erwerber veräußert, Bietern für Einzelhotels wird aber ebenfalls eine Chance eingeräumt.

Zweite Bietungsrunde

Die Bieter der zweiten Runde erhalten Gelegenheit, die Hotels zu besuchen und Geschäftsunterlagen einzusehen. Sie erhalten Standardkaufverträge, auf deren Grundlage sie bis zum 27. September 1991 verbindliche Kaufangebote mit Finanzierungsnachweis abgeben müssen. Von sieben Bietern für die gesamte Kette scheiden drei wegen nicht ausreichender Finanzierungsnachweise aus.

Vier Bieter erfüllen die Voraussetzungen für die Berücksichtigung ihres Angebotes. Unter ihnen: der Münchner Autovermieter Sixt, der Heidelberger Roland Ernst, die Berliner KLINGBEIL-Gruppe (Groenke und Guttmann-Investorengruppe) und die Maritim-Hotelgesellschaft. Doch noch ist die Zeit für die endgültige Privatisierung nicht reif. Probleme überschatten die Verhandlung: zahlreiche ungeklärte Eigentumsfragen, der Rechtsstreit mit der Steigenberger Hotel AG wird erst im September 1991 beigelegt.

Ende September drängt der Treuhandvorstand auf Schlußverhandlungen mit zwei Bietern. Das fünfköpfige Verhandlungsteam, darunter zwei Herren der Kanzlei Hengeler/Müller/Weitzel/Wirtz, zwei Herren der Investmentbank Warburg und

Susanne Remes, Juristin bei der THA, erhalten grünes Licht. Sie haben streng vertraulich und ohne daß irgendein Verhandlungsdetail an die Öffentlichkeit dringt, die Verhandlungen in der Reihenfolge mit der Sixt AG und der Investorengruppe Groenke und Guttmann zu führen. Als neutraler Verhandlungsort wird zunächst London, dann beständig Düsseldorf gewählt.

Die Telefone der Pressestelle der Treuhandanstalt stehen in den Monaten Oktober/November 1991 nicht still. Die Spekulationen mehren sich. Gerüchte, daß es bei der Ausschreibung nicht mit rechten Dingen zugegangen sei, machen die Runde. Bonner Politiker sprechen sogar von Unregelmäßigkeiten. Treuhand-Sprecher Wolf Schöde kann alle Vorwürfe zurückweisen und richtigstellen, bis hin zu der Frage, ob Treuhand-Vorstand Hans Krämer vielleicht Patenonkel eines Neffen von Herrn Sixt sei. Krämer dementiert öffentlich, absurdes Theater.

Im November 1991 prüft der Bundesrechnungshof den geplanten Verkauf. Dieser Vorgang ist einmalig, geschieht das doch sonst erst nach Abschluß der Geschäfte. Die Wirksamkeit des Vertragsabschlusses wird dadurch um nahezu 14 Tage verzögert. Außer einigen Interpunktionsfehlern findet der Bundesrechnungshof keine Mängel im Vertragstext. Das Verhandlungsteam hat gute Arbeit geleistet.

20. November 1991 – Sixt erklärt nach hart geführten Verhandlungen seinen Ausstieg. In einer Pressemitteilung nennt Sixt die Gründe: »Leider sind unsere Verhandlungen an nur wenigen Sachfragen, insbesondere an den eigentumsrechtlichen Fragen, gescheitert.« Innerhalb weniger Stunden nimmt die Treuhand die Verhandlungen mit der KLINGBEIL-Gruppe auf. Mit dem Stab der Groenke-Guttmann-Gruppe wird in Düsseldorf bis tief in die Nacht verhandelt. Das Treuhand-Team steht unter unglaublichem physischem und psychischem Druck. Der Termin der Verwaltungsratssitzung am 22. November 1991 steht unausweichlich fest. Am 21. November 1991 um vier Uhr morgens paraphieren die Verhandlungspartner den Vertrag.

Eine Woche später findet die notarielle Vertragsunterzeichnung in Berlin statt, ohne großen protokollarischen Pomp. Die Vertragspartner sind bereits zur Tagesordnung übergegangen.

Ausblick

Anfang November 1992, fast genau ein Jahr später, macht die Deutsche Interhotel-Gruppe erneut auf sich aufmerksam. Am 1. Dezember 1992, so läßt der Deutsche-Interhotel-Geschäftsführer Alfred Weiss mitteilen, wird gemeinsam mit der Deutschen Bank das zukünftige Unternehmenskonzept präsentiert. Im Mittelpunkt des Konzepts steht der Gang an die Börse. Das geplante Investitionsvolumen der Interhotel GmbH wird von einer Milliarde auf drei Milliarden DM in den kommenden drei Jahren erhöht. Vorgesehen sind allein in Ostdeutschland 14 Hotelneubauten und in deren unmittelbarer Nähe Neubau von Kaufhäusern und Büros.

23. November 1991

»Miteinander. Arbeiten für die Soziale Marktwirtschaft«

In der Treuhandanstalt (THA) hat Zusammenarbeit einen hohen Stellenwert. Die »Aufbruchsmentalität« aus der Frühzeit der Anstalt ist Motivations- und Antriebskraft. So lobt zu Beginn des Jahres 1991 Präsident Rohwedder in einem Zeitungsinterview, daß hier wirklich eine Art Wiederbegegnung, ein Wiederzusammenfinden von Menschen der Bundesrepublik und der DDR in der täglichen Arbeit stattfinde. Er betont, daß die Mitarbeiter – ganz gleich, ob sie aus dem Osten oder aus dem Westen Deutschlands stammen – sich mit größtem Eifer, Einsatz und Tüchtigkeit dem Aufbau der neuen Länder der Bundesrepublik verschreiben.

Die Zusammengehörigkeit als »Mannschaft« ist damit Programm der Treuhandanstalt von Anfang an. Was zu Beginn der Arbeit selbstverständlich ist, bedarf Mitte des Jahres 1991 einer zusätzlichen Bestätigung. Dies ergibt sich aus dem raschen Anwachsen der Mitarbeiterzahl, zum anderen aber aus der Wirkung ständiger Vorwürfe in der Öffentlichkeit, die Treuhandanstalt betätige sich nur als »Plattmacher« von Unternehmen, ihre Mitarbeiter mißbrauchten sie als »Selbstbedienungsladen«, oder sie setzten sich aus »roten Socken« zusammen.

Vor allem die oft undifferenzierten Anwürfe wegen früherer politischer Tätigkeiten einiger Mitarbeiter führen zu verstärkter Unruhe, so daß die Treuhandanstalt Mitte November 1991 das eigentlich Selbstverständliche hervorhebt, alle ihre Beschäftigten hätten Anspruch auf faire und loyale Behandlung. Der Vorstand stelle sich vor alle Mitarbeiter, die in der ehemaligen DDR nicht an Unrechtstaten beteiligt waren. Entsprechend den Festlegungen des Einigungsvertrages können aber Personen, die für die Staatssicherheit der DDR (Stasi) tätig waren, nicht Mitarbeiter der Treuhand sein. Das gleiche gilt für ehemalige ZK-Mitglieder oder dem ZK nahestehende Personen. Alle THA-Mitarbeiter müssen versichern, daß sie niemals für den Staatssicherheitsdienst tätig waren. Wo die Unrichtigkeit solcher Angaben festgestellt wird, haben die betreffenden Personen aus dem Dienst der Treuhandanstalt auszuscheiden.

Grundsatzreferat
von Präsidentin Birgit Breuel,
gehalten an den Mitarbeiter-Tagen
23. und 30. November 1991
in Berlin-Wuhlheide (Auszüge)

Ein Jahr harte Arbeit hat unser Selbstverständnis geprägt: Die Treuhand ist Dienstleister. Ich appelliere an jeden einzelnen Mitarbeiter, diesen Auftrag ernst zu nehmen. Wir wollen Dienstleister sein für die Menschen. Das heißt aber nicht: allen zu Diensten sein.

Das gilt allemal für unsere schwierigen und von uns zu verantwortenden Entscheidungen. Aber Entscheidungsfreiräume haben schon immer ihren Preis. Bei unpopulären Entscheidungen steht die Treuhand allein. Gleichzeitig wird die Reihe derjenigen immer bunter, die unsere Entscheidungen aus ihrer eigenen Interessenlage beurteilen. Allerdings wissen wir auch um die Rückendeckung, die wir durch die Bundesregierung erfahren.

Für wen sind wir im einzelnen Dienstleister?

Wir sind Dienstleister für die Belegschaften. Ihre Interessen nehmen wir wahr. Bei der Suche nach neuen privaten Eigentümern, bei der Ausstattung der Beschäftigungsgesellschaften oder bei der Ausgestaltung der Sozialpläne. Wir sind Dienstleister für Investoren. Dafür müssen wir alles ausschöpfen, was an professionellem Know-how für uns von Nutzen ist. Darum sollte zunächst einmal gelten:»Jeder ernsthafte Kaufinteressent, der von der Treuhand schlecht behandelt wird, bedeutet: ein Fehler unsererseits zuviel.« Dienstleister zu sein heißt z. B. auch: höflich sein.

Wir sind auch Dienstleister für Bund, Länder und Kommunen.

Allerdings gilt: Die Verantwortungsbereiche sind klar geschieden, wir kooperieren mit getrennten Rollen. Unser Part ist es, für Ansiedlungen Grundstücke verfügbar zu machen, die Politik kümmert sich um Regionalplanung, Infrastruktur, Industrieansiedlung, Beschäftigungsinitiativen und dergleichen. Dazwischen liegen

Schnittstellen, die wir durch gegenseitige Information und Kooperation mit Leben erfüllen.

Jedes Unternehmen, das wir erfolgreich in die Wettbewerbsfähigkeit führen, festigt die Strukturen der Marktwirtschaft in Ostdeutschland. Hier sind wir Architekt.

Wir sind eine Organisation auf Zeit mit dem Ziel, uns so schnell wie möglich entbehrlich zu machen, indem an unsere Stelle zügig neue und unternehmerisch aktive Eigentümer treten. Wir werden daran gemessen, wie schnell es uns gelingt, in die ostdeutsche Wirtschaft Dynamik hineinzutragen.

Über die privatisierten Unternehmen ist uns das bereits 4000mal gelungen. Damit sind wir der Erfüllung unseres Auftrages um 4000 Unternehmen nähergekommen.

Wir vermarkten zielorientiert Unternehmen und andere Vermögenswerte – nach Entscheidungskriterien, die die wirtschaftliche Neustrukturierung und die Interessenlage der Menschen in Ostdeutschland gleichermaßen berücksichtigen, weil wir Arbeitsplätze und Investitionen in den Vordergrund stellen.

Den Ostdeutschen entgegne ich auf den hin und wieder geäußerten Vorwurf des Ausverkaufs: Wir betreiben keine (Aus-)Verkaufspolitik, sondern eine Einkaufspolitik.

– Wir kaufen ein: unternehmerisches Management, technologisches Know-how, Vertriebswege und letztlich Märkte.
– Wir bringen ein: Bestandszusagen und damit kurzfristig gesicherte und mittelfristig neue Arbeitsplätze.
– Wir fordern ein: Investitionen in die Zukunft.

Die über 90 Milliarden DM Investitionszusagen sind mit Sicherheit das größte Investitionsprogramm, da je in der Geschichte der Bundesrepublik in so kurzer Zeit angestoßen wurde.

Den Westdeutschen antworte ich auf ihre Befürchtung vor zu großen finanziellen Lasten: Die Treuhandanstalt leistet einen gesamtstaatlichen Beitrag, vor allem auch für den Produktionsstandort Deutschland. Dies ist für die Menschen in den neuen, aber auch in den alten Bundesländern von Vorteil.

Wie nachhaltig sich Wachstumsimpulse aus Ostdeutschland in den alten Bundesländern positiv auswirken können, haben wir bereits erfahren. Verbesserung von Wachstum und Ertrag aus dem Osten sollte durch faire Auftragsvergabe westdeutscher Unternehmen erwidert werden. Unsere Unternehmen brauchen vor allem eines: mehr Aufträge.

Unsere Bemühungen um die Internationalisierung der Privatisierung haben Erfolg: Ausländische Investoren haben annähernd 200 Unternehmen oder Beteiligungen erworben. Damit verbunden waren Investitionszusagen von etwa 7 Milliarden DM; das entspricht etwa einem Zehntel der gesamten Zusagen.

Die von ausländischen Investoren gegebenen investiven Zusagen sprechen für sich. Ein Vergleich: In den vergangenen zehn Jahren fanden Direktinvestitionen aus dem Ausland in Höhe von durchschnittlich 3,5 Milliarden DM pro Jahr den Weg in die Bundesrepublik Deutschland.

In einer Phase äußerster Kraftanspannung haben wir das Tempo der Privatisierung rapide gesteigert und inzwischen fast 40 Prozent unseres Beteiligungsvermögens veräußert.

Wir wissen, daß die Unternehmen bestrebt sind, der Treuhand als Eigentümerin und Gläubigerin möglichst hohe Sanierungsbeiträge abzuverlangen. Aber das können wir nicht zulassen. Denn was wir brauchen, ist Hilfe zur Selbsthilfe.

Uns trifft dabei eine doppelte Verantwortung: einmal gegenüber dem einzelnen Unternehmen, denn wir wollen, daß die Sanierung gelingt; aber zum anderen auch gegenüber unserer Volkswirtschaft, denn wir wissen, daß nicht unbegrenzte Mittel zur Verfügung stehen, die letztlich die Steuerzahler – die heutige Generation, aber auch künftige Generationen – aufbringen müssen.

Das heißt für uns, jedes Direktorat und jede Niederlassung ist verantwortlich für die Einhaltung des Budgetrahmens, der mit der Jahresplanung 1992 vorgegeben wird.

Wie nicht anders zu erwarten, verschlingen wenige Unternehmen einen Hauptanteil unserer Finanzmittel. Hier sind schnelle Entscheidungen über Art und Umfang der Begleitung durch die Treuhand erforderlich.

Unternehmen, die auch mittelfristig nicht wettbewerbsfähig sein werden, dürfen nicht auf Kosten privatisierungsfähiger Einheiten unsere knappen Ressourcen binden.

Wir brauchen eine enge Abstimmung mit den Ländern. Mit den Ministerpräsidenten der neuen Länder haben wir ein Informations- und Frühwarnsystem vereinbart. Wir geben den Ländern die notwendigen Basisinformationen über alle wichtigen Unternehmen sowie Detailinformationen in speziellen Branchen- und Regionalgesprächen. Wir unterrichten sie rechtzeitig von unvermeidlichen Stillegungen. Das ist für uns wichtig, damit die Länder diese Entscheidungen mittragen und flankierende Maßnahmen vorbereiten können. Im Grundsatz stoßen wir bei den Ministerpräsidenten auf Verständnis. Aber im Einzelfall wird es noch schwer genug.

Wir werden neben den schnell zu privatisierenden und stillzulegenden Unternehmen im Rahmen der Sanierung zukunftsträchtige Unternehmen besonders aufmerksam begleiten. Welche es sein werden, wird von ihrer eigenen Tüchtigkeit abhängen.

Letztlich müssen unsere Unternehmen ihre Zukunft selbst gestalten. Denn: Träger der Sanierung sind allein die Unternehmen, und die Verantwortung liegt bei Vorständen und Aufsichtsräten.

Unternehmen müssen sich als »mündig« erweisen. Die Treuhand wird sie dabei unterstützen, wo immer es geht und verantwortbar ist; z. B. durch die Entschuldung von Altkrediten und eine in Westdeutschland branchenübliche Eigenkapitalausstattung.

Vom Management vor Ort erwarten wir, daß es im Hinblick auf die Privatisierbarkeit der Betriebe klare Strukturen bildet und sich von jenen Teilen trennt, die mit dem Kerngeschäft nichts zu tun haben. So sind nicht betriebsnotwendige Grundstücke über die TLG zu veräußern, auch um hier den Weg für neue unternehmerische Aktivitäten zu ebnen.

Die Unternehmen selbst müssen ihr Kosten- und Ressourcenmanagement sowie die Qualität der Abläufe drastisch verbessern. Das muß z. B. auch auf die Reduktion der Vorräte wirken und schließt die bessere Handhabung von Zahlungszielen mit ein.

Können wir die Hoffnungen und Erwartungen der Bürger, die damit verbunden sind, erfüllen? Und können wir den Maßstäben, die wir uns selber setzen, gerecht werden? Das gelingt uns am besten, wenn wir in unserer Organisation die wichtigen Dinge so regeln, daß die Schlagkraft im operativen Bereich erhalten bleibt. Handlungsbedarf sehe ich auf allen Gebieten, die eine gute Organisation ausmachen.

Was bei anderen über viele Jahre, gar Jahrzehnte kontinuierlich wächst und reift, muß bei uns in großen, viel zu großen Sprüngen und im Zeitraffertempo ablaufen. Ohne Vorbilder, Muster oder Modelle. Wir sind und bleiben ein Unikat. Pioniergeist kann vieles, aber nicht alles bewirken.

Zeit ist sicherlich die knappste Ressource, die uns zur Verfügung steht. Oder, besser gesagt: die uns regelmäßig nicht zur Verfügung steht.

Wir sind darauf angewiesen, in Rekordschnelle Sachverstand, Intelligenz, Idealismus, Motivation und Tatendrang zielgerichtet einzusetzen. Setzen wir in unserer Arbeit die richtigen Prioritäten! Setzen wir auf unsere Initiative, Kreativität und Einsatzbereitschaft!

Nur so können wir verhindern, daß das Pendel von kreativer Unbekümmertheit in Überbürokratisierung umschlägt! Bürokratische Strukturen sind von Intoleranz und Sicherheitsdenken geprägt. In der Treuhand wird viel zuviel geschrieben. Aus Gründen, die ich mir erspare, heute anzusprechen. Wir müssen dieses Vermerk-Unwesen bekämpfen.

Die Parole lautet:

soviel Information wie nötig,
soviel Dialog wie möglich,
schriftlich nur so viel, wie unvermeidbar.

Der Erfolg der Treuhand bei der Erfüllung ihres Auftrages erfordert ein zielgerichtetes Miteinander aller Mitarbeiter. Die Treuhand bewegt sich in einem vielschichtigen Spannungsfeld. Wir sollten uns die Gemeinsamkeiten unserer Arbeit bewußt machen:

- Der Treuhand ist eine historisch einmalige Aufgabe gestellt worden.
- Die Öffentlichkeit begleitet die Arbeit der Treuhand kritisch und mit einem hohen Maß an Aufmerksamkeit.
- Die Mitarbeiter stehen vor dem Dilemma, durch engagierte Arbeit die »Lebensdauer« der Treuhand zu verkürzen.

Von Anfang an stand die Treuhand an der Schnittstelle zwischen Ost und West, zwischen den Kräften des alten Regimes und der pluralistischen Vielfalt im Westen; zwischen Hoffnungen, Ängsten, Ansprüchen und Forderungen der Bürger in Ost und West. Die Mitarbeiter der Treuhand spüren heute wohl am deutlichsten die großen wirtschaftlichen und gesellschaftlichen Herausforderungen der Einigung.

Bei uns wirken Fachleute aus Ost und West zusammen – unterschiedlich in ihren Interessen, Blickrichtungen und Perspektiven. Niemand kann dem anderen etwas vormachen, dafür ist die tägliche Zusammenarbeit zu dicht und zu intensiv.

Wir in der Treuhand nehmen das Zusammenwachsen von Ost und West vorweg. Dies hat zu einem ausgeprägten »Wir-Gefühl« geführt. Dieses Wir-Gefühl müssen wir uns erhalten.

Gerade die West-Mitarbeiter werden verstehen, wenn ich mich im Namen des Vorstandes an dieser Stelle besonders herzlich für die gute Arbeit der Ost-Mitarbeiter bedanke.

Sie, meine Damen und Herren, sind für uns der beste Beweis, daß die Zukunft Ostdeutschlands bei seinen qualifizierten und hochmotivierten Arbeitnehmern in guten Händen sein wird.

27. November 1991

Riva

Im Raum 4379 der Treuhandanstalt in der Leipziger Straße in Berlin findet sich am Vormittag eine große Runde zusammen. Es geht um die Privatisierung der Stahlwerke in Hennigsdorf und Brandenburg. Die zu diesem Zeitpunkt in der engeren Wahl stehenden Bieter für beide Unternehmen – die Riva-Gruppe aus Italien und ein Konsortium, bestehend aus Thyssen Stahl AG, Badische Stahlwerke AG und Saarstahl AG – stellen sich nacheinander den Betriebsräten und Vertretern der IG Metall mit ihren Konzepten vor.

Anwesend sind insgesamt etwa 30 Personen. An der Stirnseite des Tischovals hat Emilio Riva, Chef der Riva-Gruppe, mit einigen seiner Mitarbeiter Platz genommen. An den Längsseiten sitzen sich die Vertreter des Landes Brandenburg, unter ihnen der Minister für Wirtschaft, Mittelstand und Technologie, Walter Hirche, und der Treuhandanstalt (THA) sowie die Aufsichtsräte, Geschäftsführer, Betriebsräte und der Vertreter der IG Metall gegenüber.

Das Treffen war als Ergebnis eines Gesprächs des THA-Vorstandes mit dem Ministerpräsidenten des Landes Brandenburg, Manfred Stolpe, zwei Tage zuvor vereinbart worden. Stolpe hatte sich dafür eingesetzt, daß die Betriebsräte und Vertreter der IG Metall kurzfristig Einblick in den Stand der Privatisierungsgespräche und zudem die Möglichkeit des direkten Gesprächs mit den Bewerbern erhalten. Es sollte endlich dem Vorwurf begegnet werden, die Treuhand würde ihre Privatisierungsverhandlungen zum Nachteil der Belegschaften führen. Durch den direkten Vergleich der Angebote beider Bieter einschließlich der Möglichkeit, sie nach Einzelheiten zu befragen, haben es die Betriebsräte nun selbst in der Hand, sich ein Bild von den unternehmerischen Konzepten zu machen.

Gesprächsthema ist jedoch nicht allein die Privatisierung beider Stahlwerke. Keine geringe Brisanz in diesem Stadium der Verhandlungen hat die Existenzsicherung für diejenigen Teile der Belegschaften, die von den Erwerbern nicht mit übernommen werden sollen. Das Konsortium hatte in den Wochen zuvor die Sympathien der Belegschaften mit sehr weitgehenden Versprechungen gewonnen. Aber würden diese auch Eingang finden in die mit der THA abzuschließenden Kaufverträge? Die Betriebsräte gehen jedenfalls davon aus. Für die THA und auch das Land Brandenburg zählte nur, wozu die Bewerber sich auch vertraglich zu binden bereit waren.

Die Atmosphäre ist von Anfang an gespannt. Vor allem dem Betriebsrat von Hennigsdorf fällt es schwer, seine Fragen zurückzustellen und Emilio Riva einfach nur zuzuhören. Dieser betont, er freue sich darüber, daß die THA keinen Unterschied zwischen ausländischen und inländischen Investoren mache. Er fühle sich nicht primär als Italiener, sondern als Europäer. Dies käme auch in der Struktur der Riva-Gruppe zum Ausdruck, die außer in Italien auch in Spanien, Frankreich und Belgien vertreten sei. »Für unser Interesse an Investitionen in Deutschland möchte ich drei Gründe nennen: Erstens glaube ich an die Zukunft der neuen Länder und die Professionalität der Stahlwerker, zweitens war der deutsche Markt immer ein wesentlicher Orientierungsmarkt und Absatzmarkt für unsere Gruppe, und drittens, da der Stahl immer ein sehr armes Produkt ist, kann er keine hohen Transportkosten vertragen. Deshalb wollen wir im Zentrum des Verbrauchs präsent sein, um unsere Kunden hier direkt beliefern zu können.«

Emilio Riva setzt sich auch mit den Vorwürfen auseinander, die im Vorfeld an seine Adresse gerichtet worden waren. Er erklärt, er werde alles daransetzen, die Unternehmen konkurrenzfähig zu machen. »Wir wollen doch kein Geld investieren, um die Produktion zu senken oder gar einzustellen!« Den Umfang der beanspruchten Grundstücke erklärt Emilio Riva mit künftigen Planungen für beide Standorte. Er schließt mit der Zusage, das Gelände niemals zu Spekulationszwecken nutzen zu wollen.

Betriebsrat Schulz drängt es zunächst, zu erklären, daß die

Hennigsdorfer nicht ausländerfeindlich gesinnt sind. Dies hätte er brieflich Bundesaußenminister Genscher mitgeteilt. Dann stellt er seine Fragen. Er hat sich gut auf das Gespräch vorbereitet. Man merkt, daß seine ganze Sorge den Hennigsdorfer Stahlwerkern und ihren zukünftigen Arbeitsplätzen gilt:

– Wird die Montan-Mitbestimmung garantiert? Ist Riva bereit, alle Beschäftigten nach § 613a BGB zu übernehmen?

– Ist Riva bereit, mit der IG Metall eine Vereinbarung zu schließen, um Einzelheiten zur Übernahme der Belegschaft auszuhandeln?

– Wie und von wem sollen diejenigen Arbeitnehmer ausgewählt werden, die von Riva übernommen werden?

Für Betriebsrat Orphal vom Stahlwerk Brandenburg ist die Schmerzgrenze in bezug auf den Arbeitsplatzabbau erreicht. Klar ist ihm und der Belegschaft, daß nur über eine Privatisierung die Zukunft für das Werk gesichert werden kann. Kernbereich wird künftig das vorhandene moderne Elektrostahlwerk sein. Die Siemens-Martin-Öfen haben keine Chance mehr. Orphal möchte gerade deshalb gleichzeitig mit dem Verkauf des Elektrostahlwerks »die Zukunft für die nicht übernommenen Kollegen festklopfen«. Seine Vorstellung:

1. Ein zeitlich befristeter Betrieb der Siemens-Martin-Öfen, um die Möglichkeit zu haben, die dortige Belegschaft schrittweise in neu anzusiedelnde Unternehmen überzuleiten.

2. Nutzung aller Möglichkeiten des Arbeitsförderungsgesetzes (AFG), von Betriebsvereinbarungen und einer Gesellschaft zur Arbeitsförderung (ABS). Auch er spricht für den Erhalt der Montan-Mitbestimmung. Ein weiteres Problem: die Finanzierung des Sozialplans durch die THA.

Minister Hirche spannt den Bogen noch ein Stück weiter. Er richtet seine Fragen deshalb nicht allein an den Investor, sondern auch an die THA. Ihm geht es um die Klärung aller Konditionen, die für die Zukunft an beiden Standorten zu erwarten sind, und in welcher Weise über die nicht betriebsnotwendigen Grundstücke verfügt werden kann. Auch er bittet Herrn Riva um eine Aussage, wie er sich die künftige Zusammenarbeit mit den Belegschaften vorstellt.

Im Laufe der Diskussion wird deutlich, daß die aufgeworfenen Fragen nur im Zusammenwirken aller Beteiligten (Land, Bund, EG, THA, Erwerber, Betriebsräte und IG Metall) zu lösen sind. Nicht alle Fragen können an diesem Tag zufriedenstellend beantwortet werden. Emilio Riva erklärt, sich an der Erarbeitung der besten Lösung beteiligen zu wollen. Er ist z. B. bereit, eine Minderheitsbeteiligung an der ABS-Gesellschaft zu übernehmen. Er bekennt sich zur Übernahme der Belegschaft aus den Kernbereichen nach § 613a BGB. Er sei bereit, das Siemens-Martin-Werk in Brandenburg gegen Honorarzahlung fachlich und unternehmerisch zu leiten. Die ABS-Gesellschaft würde er durch Aufträge unterstützen. Zudem würden die von ihm geplanten Investitionen am Standort ausreichend Arbeit für die ABS bieten. Weiteren Arbeitskräftebedarf würde RIVA aus der ABS zu decken versuchen. Riva würde seine Kontakte auch nutzen, um andere italienische Firmen nach Brandenburg zu holen. Die Weiterführung der Montan-Mitbestimmung ergäbe sich aus der Fortführung beider Unternehmen als GmbH sowie aus den gesetzlichen Bestimmungen.

Ein offenes Problem ist auch die Finanzierung der ABS. Könnte dafür ein Teil des nicht betriebsnotwendigen Geländes eingesetzt werden?, fragt ein Vertreter des Landes Brandenburg. Zumindest eine Vorfinanzierung durch die THA auf diese Weise sollte doch überlegt werden. Auch diese Frage kann an diesem Tag nicht geklärt werden. Man hat den Eindruck, als würden die angesprochenen Probleme im Laufe des Gesprächs immer komplizierter und als rücke deren Lösung in immer weitere Ferne.

Am Nachmittag im Raum 4280: Fortsetzung der Gesprächsrunde. Jetzt ist das Thyssen-Konsortium zu Gast. Hans Ringwald, Sprecher dieser Gruppe, beginnt sichtlich erbost, er habe nicht vor, das Konsortium wie in einem Zirkus vorführen zu lassen. Er ist überzeugt, daß die Entscheidung längst endgültig für Riva gefallen sei, die heutige Veranstaltung sei für das Konsortium deshalb sinnlos. Die THA wird von ihm beschuldigt, keine ordentliche Ausschreibung durchgeführt zu haben. Auch Herr Forsmann, der die Saarstahl AG vertritt, äußert seinen Eindruck, daß es sich hier »nur um eine Pflichtübung handelt«.

Treuhand-Vorstand Dr. Krämer stellt klar: Es hat eine korrekte Ausschreibung gegeben. Beide Bieter hatten die Chance, zu einem bestimmten Stichtag vergleichbare Angebote zu unterbreiten. Beide Bieter haben diese Chance auch genutzt. Beide Vertreter des Konsortiums skizzieren anschließend trotz ihrer Einwände die Vorstellungen zur Privatisierung von Hennigsdorf und Brandenburg. Die Angebote von Riva und dem Konsortium sind nicht ohne weiteres vergleichbar. Für die Betriebsräte sind die Arbeitsplätze nach wie vor das brennendste Problem. Das Konsortium bietet kurzfristig zwar mehr, langfristig aber weniger Arbeitsplätze als Riva. Ob es der fortgeschrittenen Stunde und der damit verbundenen Erschöpfung der Beteiligten anzulasten ist oder nicht – Betriebsratsvorsitzender Schulz stellt seine Fragen inzwischen sehr viel ruhiger und freundlicher. Auf die konkrete Frage nach der Übernahme aller Arbeitnehmer von Hennigsdorf antwortet man, daß dann andere Verträge zu schließen seien. Keine Kaufpreiserhöhung über den Weg der zusätzlichen Übernahme von Arbeitskräften ist das Prinzip. Für die Fortgeltung der Montan-Mitbestimmung wird ebenfalls auf die vorhandenen gesetzlichen Grundlagen verwiesen. Für die ABS wird eine finanzielle Beteiligung angeboten. Die Anwesenden nutzen ausgiebig die Möglichkeit, die Vertreter des Thyssen-Konsortiums zu befragen. Am späten Abend wird ihnen für die umfassende Auskunft gedankt.

Wolfgang Tantow, Treuhand-Stahl-Direktor, faßt das Ergebnis des Tages zusammen: Die Gesprächsrunden haben keine für die Entscheidung maßgeblichen Abweichungen der Angebotsbewertung zum Stichtag 25. Oktober 1991 ergeben. Neue und ergänzende Erkenntnisse wurden allerdings bezüglich der Gestaltung der Alt-Gesellschaften für die nicht zu übernehmenden Arbeitnehmer gewonnen. Zur weiteren Klärung dieses Problemkreises werden bereits für den folgenden Tag Gespräche mit den Vertretern der IG Metall verabredet.

Für die Privatisierung bleibt der direkte Angebotsvergleich entscheidend. Hier zeigt sich, daß auch nach der letzten Gesprächsrunde dem Angebot von Riva der Vorzug zu geben ist. Es weist bezüglich des Produktionsumfangs im Kernbereich, des Umfangs der Weiterverarbeitung und der Investitionen am Standort sowie der längerfristigen Beschäftigungszulage Vorteile gegenüber dem Konsortialangebot auf. Das Angebot des Konsortiums enthält Vorteile im Hinblick auf die kurzfristige Mitarbeiterübernahme. Vorteilhaft ist auch die von der Badischen Stahlwerke AG der Hennigsdorfer Belegschaft in Aussicht gestellte Zusage eines monatlichen Zuschusses für die ABS-Gesellschaft im ersten Jahr.

Vom Tag dieser Verhandlung an sollte es noch etwa ein halbes Jahr dauern, bis Emilio Riva Eigentümer der Unternehmen in Hennigsdorf und Brandenburg wird. Am Mittwoch, dem 4. Dezember 1991, und in der Nacht zum folgenden Donnerstag einigen sich Treuhandanstalt, IG Metall, das Land Brandenburg, Geschäftsführung und Betriebsrat der Stahl- und Walzwerk Brandenburg GmbH sowie der Hennigsdorfer Stahl GmbH nach nächtelangen Verhandlungen über Lösungen zur sozialen Absicherung der Arbeitnehmer im Zusammenhang mit der Privatisierung von Teilen beider Unternehmen. Es entsteht auch eine Vereinbarung über das Verhandlungsergebnis zur Fortführung der Hennigsdorfer Stahl GmbH. Alle wesentlichen Probleme scheinen geklärt. IG-Metall-Bezirksleiter Horst Wagner spricht von einer »tragbaren Gesamtlösung«. Der Verwaltungsrat der Treuhandanstalt billigt in einer außerordentlichen Sitzung die Privatisierung beider Stahlwerke.

Am 19. Dezember gibt es jedoch erneut Aufregung. Alles scheint wieder offen. Was ist passiert? In der Vereinbarung vom

4./5. Dezember hatte THA-Vorstand Dr. Krämer zugesichert, sich beim künftigen Eigentümer dafür zu verwenden, daß die Grundstücke verschiedener Betriebsbereiche, in denen vom Erwerber nicht übernommene Arbeitnehmer tätig sind, für die folgenden drei Jahre nicht an den künftigen Investor veräußert werden. Es gelang jedoch nicht, auch den Investor von diesem Punkt der Vereinbarung zwischen Treuhandanstalt, Hennigsdorf, IG Metall und dem Land Brandenburg zu überzeugen. Deshalb entsteht am 18. Dezember eine Zusatzerklärung zur Vereinbarung vom 4./5. Dezember, in der die THA anbietet, die betreffenden Betriebsbereiche von vornherein auf Flächen anzusiedeln, auf denen sie dauerhaft verbleiben können. Die Geschäftsführung der Hennigsdorfer GmbH wird Ersatzgrundstücke anbieten, die Treuhandanstalt trägt die Umsetzungskosten.

Auch dieses Problem wird schließlich gelöst, so daß am 15. Januar 1992 der Vertrag über die Übernahme der Stahlwerke in Hennigsdorf und Brandenburg von der Treuhandanstalt und der Riva-Gruppe unterschrieben werden kann. Riva soll ab 1. März in Brandenburg und am 1. Mai in Hennigsdorf einsteigen. Im April 1992 stimmt die EG-Kommission der Privatisierung zu.

Ende April geht es nochmals heiß her. In Gesprächen zwischen dem Hennigsdorfer Betriebsratsvorsitzenden Schulz und Emilio Riva werden wichtige soziale Aspekte der Übernahme verhandelt. Riva ist am sozialen Frieden sehr interessiert; schließlich will er das Werk in Hennigsdorf sanieren und so schnell wie möglich aus den roten Zahlen herausführen. Dazu braucht er eine Belegschaft, die mitzieht. In der Nacht vom 28. zum 29. April stellt Betriebsrat Schulz jedoch sehr weitgehende Forderungen:

Unter den zu diesem Zeitpunkt noch rund 4000 Mitarbeitern von Hennigsdorf müssen diejenigen ausgewählt werden, die in der von der Riva-Gruppe neu gegründeten H.E.S. (Hennigsdorfer Elektro Stahl GmbH) tätig werden sollen. Der Betriebsrat muß der Auswahl zustimmen. Er weigert sich jedoch zu unterschreiben, weil seiner Meinung nach zunächst weitere Forderungen durch Emilio Riva zu erfüllen sind. Der italienische Stahlunternehmer hat zu diesem Zeitpunkt bereits die Fortgeltung der Montan-Mitbestimmung bis Mitte 1996 schriftlich fixiert, der Wahrnehmung von Rechten durch den derzeitigen Betriebsrat zugestimmt, die Übernahme der Tarifverträge zugesichert. Schulz will mehr herausholen. Riva soll auch die Betriebskrankenkasse übernehmen: Da wird es Emilio Riva »zu bunt«. Er steht auf und verläßt den Verhandlungsraum. »Mit mir nicht!« ruft er. Danach ist er für Stunden nicht auffindbar.

Erst im Laufe des 30. April gelingt es der Treuhandanstalt, die Verhandlungspartner wieder an einen Tisch zu bekommen. Man einigt sich über die Übernahme der Geschäfte in Hennigsdorf durch Riva unter der Bedingung, die noch offenen Fragen innerhalb der nächsten vier Wochen zu klären. THA-Vorstandsmitglied Dr. Hans Krämer hat in diesem Fall viele Hindernisse überwinden müssen; ihm gelingt auch eine Lösung dieses Problems.

10. Dezember 1991

Vom Betriebsferienheim zum Hotel

Unmittelbar hinter den Dünen am weißen Sandstrand von Heringsdorf auf der Ostseeinsel Usedom steht der halbfertige Rohbau des Betriebsferienheims eines Dresdner Unternehmens für Elektroausrüstungen. Im Dezember 1990 zieht Dietmar Bahn mit Frau und Sohn in eine Baracke direkt neben dem Baugrundstück. Als Objektleiter des Ferienheims soll er die Fertigstellung überwachen und lenken.

Im Frühjahr 1991 sind die Baukolonnen aus dem Dresdner Unternehmen mit der Arbeit fertig. Rechtzeitig zur Sommersaison kann Bahn das Haus in eigener Regie übernehmen und eröffnet es als »Hotel Coralle«. Familienangehörige mit Erfahrung in Hotelfach und Küche ergänzen seine Stammannschaft. Das Dresdner Unternehmen ist privatisiert worden und hat keine Verwendung für das Betriebsferienheim mehr. Dietmar Bahn bekommt zunächst einen Pachtvertrag von der Treuhandanstalt (THA) mit der Zusicherung, daß er später sein Hotel kaufen kann. Es ist der erste Vertrag dieser Art ist, Vorstandsmitglied Dr. Hans Krämer unterzeichnet das Dokument noch eigenhändig.

Das jetzige »Hotel Coralle« ist ein Pionierunternehmen. Wegen wirtschaftlicher Schwierigkeiten aufgrund des Zusammenbruchs des zentral gesteuerten Ferientourismus im Gebiet der ehemaligen DDR schließen die meisten Industrieunternehmen ihre Ferienheime. Nur in Einzelfällen kommt es zur Verpachtung an die ehemaligen Objektleiter. So gehen innerhalb kurzer Zeit dem Gastgewerbe und touristischen Markt in den neuen Bundesländern in erheblichem Umfang Kapazitäten verloren. In vielen Orten wird auf diese Weise die einzige Gaststätte geschlossen.

Am 10. Dezember 1991 beauftragt der Vorstand der Treuhandanstalt sein am Beginn jenes Jahres zur Privatisierung von drei Hotelketten mit insgesamt 79 Häusern und zwei Reisebüros gegründetes Direktorat Hotels und Gästehäuser, die Privatisierung der Betriebsferienheime als Dienstleistung für die Unternehmen und in deren Auftrag durchzuführen.

Bereits am 10. September 1991 hatte die Treuhand die Unternehmen aufgefordert, ihre nicht betriebsnotwendigen Grundstücke und auch die Betriebsferienheime umgehend zu melden. Ein Pilotprojekt zur Privatisierung solcher Betriebsferienheime wird durch das Direktorat im Bereich der Niederlassungen Dresden und Chemnitz vorbereitet. In Vollzug des Vorstandsauftrags sind grundsätzlich alle Betriebsferienheime zu erfassen und die erforderlichen Unterlagen für eine Privatisierung zu erstellen. Objekte mit einem Verkehrswert bis zu einer Million DM, die gastgewerblich nutzbar sind, werden im Rahmen eines »Mittelstandsexpreß 2000« privatisiert. Die Vergabe erfolgt jeweils auf Vorschlag eines Empfehlungsausschusses, der aus Vertretern der örtlich und regional zuständigen Gebietskörperschaften und Fachverbände besteht. Bei 72 Prozent der Objekte ist der Vorschlag zugunsten von einheimischen Bewerbern gefallen.

Der gutachterlich ermittelte Verkehrswert wird als Kaufpreis angesetzt. Das jeweils plausibelste Unternehmenskonzept (unter Berücksichtigung von Investitionen und Beschäftigtenzahl) entscheidet über den Zuschlag. Ein Pachtvertrag als Zwischenschritt soll den schnellen Beginn der Bewirtschaftung erleichtern.

Die Endabwicklung des Verkaufs erfolgt durch die Niederlassungen der Treuhandanstalt, in deren Bereich die Objekte liegen. Einheimische Existenzgründer haben auch bei knappem Eigenkapital eine reelle Chance. Objekte mit einem Verkehrswert über einer Million DM werden durch das Direktorat Hotels und Gästehäuser verkauft. Nicht gastgewerblich nutzbare Gebäude und Grundstücke privatisiert die Liegenschaftsgesellschaft der Treuhandanstalt (TLG).

Am 21. März 1992 erscheinen erstmals Angebote von Objekten des »Mittelstandsexpreß 2000« in Anzeigen aller regionalen

Tageszeitungen der neuen Bundesländer. Zusammen mit den Wirtschaftsministerien der neuen Bundesländer führt die Treuhandanstalt Informationsbörsen für Existenzgründer und Unternehmer im Hotel- und Gastgewerbe durch, zunächst in Sachsen und Mecklenburg-Vorpommern, später in Thüringen und Brandenburg. Diese Börsen führen zu einer Steigerung der Bewerberzahlen für die offerierten Objekte und verbessern die Qualität der abgegebenen Bewerbungen.

Die Privatisierungen werden zunächst durch die langsame Bereitstellung der Unterlagen durch die Liegenschaftsämter und die Auskunftserteilung der Vermögensämter über Restitutionsanträge verzögert. Zur Verkürzung der Bearbeitungszeiten werden mit den regional besonders betroffenen Landräten Gespräche über Grundsätze zur Beschleunigung und Prioritätenfestlegung geführt.

Als Privatisierungshemmnis zeichnen sich Finanzierungsschwierigkeiten für einheimische Bewerber mit geringem Eigenkapital und Sicherungsmöglichkeiten ab, auch wenn die Unternehmenskonzepte sich »rechnen«. Zeitweilig lassen vor allem die Großbanken deutliche Zurückhaltung bei Projekten des Gastgewerbes erkennen. Interessenten brauchen zur Klärung der Finanzierungsfrage in der Regel zwischen zwei und vier Monate Zeit. Bei rund 15 Prozent der Objekte können die von den Empfehlungsausschüssen vorgeschlagenen Bewerber bei den Hausbanken keine Finanzierung erreichen, so daß eine Neuvergabe an den nächstplazierten Bewerber und erneute Kaufverhandlungen notwendig werden.

Am 29. September 1992 beschließt der Vorstand der Treuhandanstalt weitere Erleichterungen zur Kaufpreisfinanzierung unter Anlehnung an die Bedingungen der Treuhand-Initiative Mittelstand, intensivere Bemühungen um eine Verpachtung, um die Bewirtschaftung vorzubereiten, und die Anwendung vereinfachter Kaufverträge. Die Abgabefrist für Angebote wird auf sieben bis acht Wochen verlängert, um den Interessenten eingehendere Beratungen mit den zuständigen Industrie- und Handelskammern, den Geschäftsstellen der Landesverbände des

Deutschen Hotel- und Gaststättenverbands (DEHOGA) sowie den Hausbanken zu ermöglichen.

Erfaßt wurden von dem Direktorat Hotels und Gästehäuser der Treuhandanstalt 1749 betriebliche Ferienobjekte. Verkaufsvorbereitungen für 1218 sind bis Ende 1992 abgeschlossen. An Objekten mit einem Wert von jeweils mehr als einer Million DM sind 89 privatisiert worden, bei weiteren 125 Objekten dieser Größe wurden Verkaufsverhandlungen eingeleitet.

Von 618 Ferienheimen, die jeweils bei einem Wert bis zu einer Million DM im Rahmen des »Mittelstandsexpreß 2000« angeboten wurden, sind 243 verkauft oder verpachtet, bei weiteren stehen 1993 die Kaufverhandlungen im abschließenden Stadium.

Bei der Erfassung werden außerdem 463 Einrichtungen als gastgewerblich nicht verwendbar eingestuft und über die Liegenschaftsgesellschaft der Treuhandanstalt vermarktet. Bis zur Saison 1993 soll für alle gastgewerblich nutzbaren Betriebsferienheime die Bewirtschaftung durch neue Eigentümer oder Pächter gesichert sein.

Das Direktorat Hotels und Gästehäuser war im Zuge der Neustrukturierung der Treuhandanstalt am 1. Januar 1991 gegründet worden, um drei Hotelketten (Interhotel, Travel Hotel GmbH, Cicero Reisen GmbH) und zwei Reisebüros zu privatisieren. Die Privatisierung der ehemaligen HO-Hotels erfolgte durch die Gesellschaft zur Privatisierung des Handels (GPH). Das gleiche geschieht mit den Heimen des ehemaligen FDGB-Feriendienstes durch das Direktorat Sondervermögen.

Die Privatisierung der Deutschen Interhotel AG wurde im November 1991 abgeschlossen. Fünf Hotels aus der Gruppe der 35 Travel Hotels sowie eines der Cicero-Gruppe sind früheren Eigentümern bzw. deren Rechtsnachfolgern zurückgegeben worden. Bei den übrigen Hotels ist die abschließende Phase der Privatisierung erreicht. Die beiden Reisebüros mit insgesamt mehr als 200 Filialen konnten ebenfalls privatisiert werden. Die neuen Eigentümer einer größeren Anzahl von Filialen sind ehemalige Mitarbeiter bzw. Existenzgründer.

18. Dezember 1991

Die Idee der Management KG

Ende November 1991 liegt das Konzept der Management Kommanditgesellschaft vor. Nach der Meinungsbildung im Vorstand der Treuhandanstalt und der Information des Verwaltungsrates wird es auf der Jahrespressekonferenz am 18. Dezember 1991 der Öffentlichkeit vorgestellt. Die Idee läßt sich auf einen Nenner bringen: In eine Management KG sollen solche Unternehmen der Treuhandanstalt eingebracht werden, die eine erfolgreiche Zukunft erreichen können, bis dahin aber besonders intensiv betreut werden müssen. Die Aussicht auf eine erfolgreiche Zukunft kann keine Bestandsgarantie für einen bestimmten Umfang oder einen bestimmten Zeitraum sein. Sie ist aber sehr wohl ein deutliches Signal auch an den Markt und die Kunden des Unternehmens, daß die Treuhandanstalt als Eigentümer zu diesem Unternehmen steht und auf seine Entwicklungs- und Sanierungspotentiale setzt.

Die Resonanz ist auf breiter Ebene positiv. Es wird ins Auge gefaßt, mit zwei Pilotprojekten zu starten und bei Bewährung weitere Kommanditgesellschaften zu gründen. Detlev Karsten Rohwedder hatte im Frühjahr 1991 den Auftrag der Treuhandanstalt in einem Leitsatz zusammengefaßt: zügig privatisieren, entschlossen sanieren, behutsam stillegen. Die Treuhandanstalt nimmt nach ihrem Auftrag und ihrer Zielsetzung für die ihr anvertrauten Unternehmen die Rolle eines Zwischeneigentümers wahr. Sobald sich Chancen für eine Privatisierung bieten, kann dies aus der Management KG heraus zu jedem geeigneten Zeitpunkt erfolgen.

Die Wahrnehmung der Eigentümerverantwortung verpflichtet die Treuhandanstalt von Anfang an zur aktiven Begleitung ihrer Unternehmen bei der Sanierung. Sie entwickelte daher ein Instrumentarium, das immer weiter vervollständigt wird. Drei Phasen sind kennzeichnend: In der ersten Phase geht es um die

Informationsgewinnung und Liquiditätssicherung. In der zweiten Phase geht es um die Entwicklung von Unternehmenskonzepten, die Ausstattung mit sanierten DM-Eröffnungsbilanzen und erste grobe Anpassungsschritte, darunter vorrangig Personalabbau und Entflechtung. In der dritten Phase geht es darum, betriebswirtschaftliche Feinarbeit zu leisten und die Unternehmenskonzepte umzusetzen.

Solche Konzepte lassen sich nicht zentralistisch von einem Treuhand-Direktorat aus verwirklichen. Eine erfolgreiche Sanierung bedeutet intensive Arbeit vor Ort und setzt den unbedingten Willen zum Erfolg voraus. Mit der Bildung von Management-Kommanditgesellschaften können auch für noch nicht privatisierte Unternehmen sanierungserfahrene Persönlichkeiten gewonnen werden. Folglich wirkt die Privatisierung als Sanierungsbeschleuniger. Mit der dritten Phase der aktiven Sanierungsbegleitung durch die Treuhandanstalt wird jedoch eine Frage akut: Was geschieht mit den Unternehmen, für die es in absehbarer Zeit keine vertretbaren Privatisierungschancen geben wird, die aber durchaus für sanierungsfähig gehalten werden?

Diese Frage wird zu einer Zeit gestellt, in der öffentliche Forderungen nach einer Neuformulierung des Treuhand-Gesetzes und der längerfristigen Einrichtung einer allmächtigen Sanierungsholding aufkommen. Daß diese Forderungen zu undifferenziert vorgebracht werden und, weil sie alle Unternehmen über einen Kamm scheren, die Sanierungschancen über die Privatisierung gefährden, liegt auf der Hand.

Treuhandintern ist im kleinen Kreis um Frau Breuel und Herrn Brahms längst an einer Lösung zur besonders intensiven Begleitung der zunächst nicht privatisierbaren, sanierungsfähigen Unternehmen gearbeitet worden. Hero Brahms, Vizepräsident der Treuhandanstalt seit 1. Juni 1991, hat sich dieses Themas besonders angenommen. Von 1969 bis 1983 hatte er bei der Hoesch AG im In- und Ausland gearbeitet. Zuletzt war der jetzt 52jährige dort Vorstandsmitglied für Finanzen und Beteiligungen. Die Treuhandanstalt soll »die unternehmerische Tätigkeit des Staates durch Privatisierung so rasch und so weit wie möglich zurückführen« und gleichzeitig »die Wettbewerbsfähigkeit möglichst vieler Unternehmen herstellen und somit Arbeitsplätze sichern und neue schaffen«. Unternehmen, für die diese Ziele nicht in absehbarer Zeit durch eine Privatisierung zu erreichen sind, befinden sich in einer schwierigen Situation. Die Gewinnung von Managementkapazitäten ist für sie überlebenswichtig.

Mit der Bildung von Management KG kann auch für noch nicht privatisierte Unternehmen sanierungserfahrenes, den Treuhandzielen verpflichtetes Management gewonnen und dessen Know-how multipliziert werden. Die unternehmerische Verantwortung wird in private Hände gelegt, noch bevor der Eigentümer wechselt. Die Privatisierung eines wesentlichen Teils der Bewältigung der Sanierungsaufgabe wird sozusagen vorgezogen. Die Verbesserung der Zukunftsperspektiven auf diesem Wege kann zwar keine Bestandsgarantie bieten, ist aber ein deutliches Signal an die Märkte wie an die Mitarbeiter, daß die Treuhandanstalt nachhaltig auf die Sanierungs- und Entwicklungspotentiale eines Unternehmens setzt.

Die Zusammensetzung der Unternehmen in einer Management KG (Portfolio) orientiert sich an mehreren Kriterien:

- Die einzelnen Unternehmen sind sanierungsfähig.
- Sie sollen 200 bis 300 Beschäftigte haben.
- Eine vertretbare Privatisierung ist gegenwärtig nicht absehbar, sollte mittelfristig aber möglich sein.
- Das Portfolio sollte in Summe einen Umsatz von 0,5 bis 1 Milliarde DM repräsentieren.
- Das Portfolio weist wenige Branchenschwerpunkte auf, verleitet aber nicht zur vordergründigen Synergieargumentation und Konzernbildung.

Die tragenden Unternehmerpersönlichkeiten sind Geschäftsführer und zugleich Gesellschafter einer Management GmbH, die wiederum als geschäftsführende Komplementär GmbH Mitgesellschafter einer als GmbH & Co. KG firmierenden Holding-KG ist. Einziger Kommanditist ist die Treuhandanstalt, die in dieser Funktion indirekt weiterhin 100 Prozent der Anteile der übertragenen Beteiligungsunternehmen hält.

Der Anreiz für die Manager und Gesellschafter der Komplementär GmbH besteht in der herausragenden unternehmerischen Aufgabe und in einer Erfolgsbeteiligung bei der späteren Privatisierung. Sie haben dadurch ein unmittelbares Interesse, die Unternehmen zügig wettbewerbsfähig zu machen und durch die erfolgreiche Sanierung und Privatisierung einen Mehrwert zu schaffen.

Das Budget der Management KG und GmbH wird von der Treuhandanstalt finanziert. Diese laufenden Finanzierungsbeiträge sind jedoch nicht tantiemeerhöhend. Es wird im Gegenteil sichergestellt, daß die Management KG größtes Interesse an der Einhaltung vereinbarter Budgets hat. Das Mitspracherecht der Treuhandanstalt bei allen wichtigen Entscheidungen ist ferner durch ihre Vertretung im Beirat und einen Katalog zustimmungspflichtiger Geschäfte sichergestellt.

Die Management KG verbindet privatwirtschaftliche Anreize mit zunächst weiterhin staatlichem Eigentum. Die Konstruktion sichert einen weitgehenden Interessengleichklang zwischen dem Management und der Treuhandanstalt. Das Mitspracherecht der finanzierenden öffentlichen Hand ist bei einem Höchstmaß an Transparenz und Budgetverläßlichkeit gegeben. Den größten Vorteil davon haben jedoch die Beteiligungsunternehmen und deren Mitarbeiter.

Während der ersten Monate des Jahres 1992 arbeitet ein kleines Team des Zentralen Beteiligungscontrolling, des Leitungsausschusses und der Rechtsabteilung an der Verfeinerung des KG-Konzepts und an der Formulierung des Vertragswerks. Es gilt, eine Fülle von Fragen eindeutig zu regeln, beispielsweise die Gestaltung der Schnittstellen zwischen Treuhandanstalt und KGen, die Finanzausstattung der KGen und ihre Kontrolle, die Festlegung von Anreizsystemen, die Behandlung von Restitutionsansprüchen oder die Mitbestimmung der Arbeitnehmer.

Hinzu kommt die Abstimmung mit externen Gremien. Das Vorhaben erweist sich bald komplexer als erwartet, doch angesichts der Tatsache, daß auf seiner Grundlage hohe Vermögenswerte und die Verantwortung für viele Unternehmen und deren Beschäftigte transferiert werden sollten, geht Sorgfalt vor.

Ende April 1992 stimmen Vorstand und Verwaltungsrat der Gründung der ersten beiden Management KGen zu. Mit Horst Plaschna und Horst W. Urban sind zum Glück bereits erfahrene Unternehmerpersönlichkeiten gewonnen, die ihre Teams schnell aufbauen und – an Hektik und notgedrungen manchmal hemdsärmelige Vorgehensweise der Treuhand gewohnt – über manche Schwierigkeiten und Kinderkrankheiten hinwegsehen.

Beide Management KGen übernahmen jeweils rund zehn Unternehmen. Sie müssen jetzt vor allem Aufträge akquirieren, das Controlling verbessern, ein straffes Berichtswesen einführen und die Management-Kapazitäten verstärken.

Einige Aufsichtsräte, Geschäftsführer bzw. Vorstände und Betriebsräte stehen der Übertragung ihrer Unternehmen an eine Management KG anfangs äußerst skeptisch gegenüber. Mit Unterstützung der Medien und der Politik versuchen sie zum Teil, die Entscheidung der Treuhandanstalt rückgängig zu machen. Nach kurzer Zeit wächst das Interesse: Trotz der Härten im Sanierungsprozeß und der Verweigerung einer Bestandsgarantie fühlen sich die Beteiligungsunternehmen der Management KGen auf der sicheren Seite. Sie spüren, daß es vorwärtsgeht, und treten selbstbewußt als KG-Unternehmen am Markt auf.

Noch vor der Bildung der Management KGen zeigt sich ein positiver Zusatzeffekt, der so ausgeprägt gar nicht erwartet wurde. Sowohl von den Privatisierern der Treuhandanstalt als auch von potentiellen Investoren wird die Management KG häufig als Wettbewerber betrachtet, dem es zuvorzukommen gilt. Manch ein Branchendirektorat setzt nochmals seine ganze Kraft daran zu beweisen, daß es zur Erschließung vertretbarer Privatisierungschancen keiner neuen Verantwortlichkeit bedarf. Und zögerliche oder taktierende Interessenten, die sich sonst nicht entscheiden konnten, überbieten sich plötzlich selbst, was Verhandlungsbereitschaft und -geschwindigkeit anbelangt.

Die Erfahrungen mit den ersten beiden Management-Kommanditgesellschaften sind grundsätzlich positiv. Den Managern und ihren Teams gelang es in relativ kurzer Zeit, mit den Gesellschaften in einen fruchtbaren Dialog zu kommen. Sie entwickelten die bestehenden Unternehmenskonzepte weiter und unterstützten die Unternehmen bei ihrer Umsetzung. Anfang 1993 folgt die Gründung von drei weiteren Management-Kommanditgesellschaften. Insgesamt führen sie nun 61 Unternehmen der verschiedenen Branchen mit rund 28 000 Beschäftigten.

8. Januar 1992

Abwicklung – ein Wort des Jahres

An einem strahlend blauen Augusttag besucht Ludwig M. Tränkner, Leiter des Direktorats Abwicklung, zum ersten Mal das Unternehmen dkk-Scharfenstein. Enge grüne Täler mit Einsprengseln von kleinen Orten und Fabriken, die wegen der Wasserkraft zur Zeit der Industrialisierung hier angesiedelt wurden. Eine Idylle im Erzgebirge. Als Tränkner die grüne Allee zum Werk hinauffährt, kommt ihm ein Lastwagen entgegen, und er muß anhalten, um ihn durchzulassen. Gesucht wird eine zukunftsträchtige Lösung zum Erhalt wenigstens des Kerns dieses planwirtschaftlich dekretierten Fabrikmonsters.

1888 Arbeitsplätze, also die gesamte Kühlschrank- und Generatorenfertigung der Ex-DDR, kann hier niemand erhalten – ganz zu schweigen von dem knochenharten Wettbewerb, der von der Haushaltsgeräte-Industrie aus Westeuropa droht. Das Direktorat Abwicklung soll nach anderthalb Jahren vergeblichen Verhandelns wieder einmal Retter in der Not sein.

Eine Herausforderung: In manchen aussichtslos erscheinenden Situationen hat die Abwicklung letztlich doch noch eine akzeptable Lösung gefunden.

Beim ersten Gespräch mit der Geschäftsführung ist der Widerwillen der Mitarbeiter gegen die Vertreter der Treuhand fast greifbar. Die Menschen hier sind voller Ärger und Wut, ihre Arbeitsplätze sind bedroht und damit ihre Familien, ihr ganzes bisheriges Leben. Eine Stunde vergeht, zwei Stunden. Dann die Abstimmung. Der Vorschlag der Treuhandanstalt für den Versuch einer Weiterführung des Unternehmens und die Einschaltung von Arbeitsbeschaffungsmaßnahmen für einen Teil der Mitarbeiter wird einstimmig angenommen. Trotzdem, als Tränkner dann vom Hof geht, hat er nicht das Gefühl, daß den Leuten wohler ist.

Was kann ein Direktorat erwarten, das den zweideutigen Namen Abwicklung trägt? Seit Frühjahr 1990 verbreiteten die deutschen Medien nur Spott und Häme über dies Wort. »Und weil die Menschen bei Abwicklung eher an die Massenentlassung als an die neue Struktur denken, die manchmal ja auch in der Liquidation entsteht, hält Tränkner seine Berufsbezeichnung inzwischen für das häßlichste Wort der Welt«, schreibt die »tageszeitung« am 8. Januar 1992.

Tränkner bietet spaßeshalber 500 Mark für denjenigen, der eine bessere Bezeichnung findet. Durch Zufall hat davon ein Redakteur der »Berliner Zeitung« erfahren und die Nachricht veröffentlicht. Presse, Rundfunk und Fernsehen reagieren positiv. Nur ein Tagesschau-Moderator und das »Neue Deutschland« bringen einen negativen Unterton in die Meldung.

Überrascht ist das Direktorat Abwicklung über die Reaktion im Lande. Briefe und Postkarten laufen körbeweise ein, die Schreiber schlagen generell positive Begriffe vor: Vermögens-Recycling, Abbauregulierung, Refusion, Wertschätzung, Neutralisation, Neukonzeption, Neustrukturierung. Eine Anruferin aus Holland empfiehlt der Treuhand gar, nicht nur das Direktorat Abwicklung, sondern gleich die Anstalt umzubenennen. Ihr Tip: statt Treuhand künftig Neuhand.

Eine Gruppe Berliner Wirtschaftsjournalisten entscheidet sich nach eingehender Debatte schließlich für den Begriff »Rekonstruktion«, den eine Leipziger Kauffrau eingesandt hat. »Rekonstruktion« setzt sich letztlich nicht durch, weil das Wort Abwicklung tatsächlich keineswegs das häßlichste Wort der Welt ist, wie der Chef der Abteilung meint.

Schon im Januar 1992 kann das Direktorat Abwicklung mit seinen damals 84 Mitarbeitern nachweisen, daß in den bis dahin abgeschlossenen 60 Liquidationen 22 000 von 55 000 Arbeitsplätzen erhalten worden sind. Die Leitlinie des ermordeten Präsidenten der Treuhandanstalt, Detlev Karsten Rohwedder: »Wenn die Treuhandanstalt Betriebe in den neuen Bundesländern stillegen muß, dann soll dies vornehmlich auf dem Wege der übertragenen Sanierung, sprich Liquidation erfolgen«, hat sich schon nach 15 Monaten Tätigkeit als absolut richtig erwiesen.

Die Liquidation hat gegenüber dem Konkursverfahren den entscheidenden Vorteil, daß die Treuhand als Gesellschafterin weiterhin direkten Einfluß auf das Schicksal des Unternehmens nehmen kann, um einzelne, lebensfähige Betriebe auszugründen, mit anderen zu fusionieren und völlig neuartige Unternehmen zu schaffen. Damit sind alle Gläubiger befriedigt, alle Forderungen einbezogen, die Arbeitnehmer versorgt, das Unternehmen teilprivatisiert, es entsteht etwas Neues, und die Wirtschaft wird angekurbelt.

»Wir haben es bei der Abwicklung nicht in erster Linie mit Immobilien oder Betrieben zu tun, sondern mit Menschen, die derzeit auf ihre wesentlichen Rechte, auf Arbeit und Selbstachtung, verzichten müssen.« Diesen Satz hämmerte Tränkner seinen Mitarbeitern bei jedem »Wochengebet« am Montagmorgen ein. Nichts erregt ihn mehr als bürokratischer Formalismus, hinter dem er mangelnde Kreativität, Faulheit, Stumpfsinn und Inhumanität vermutet. Am schlimmsten war die Zeit, nachdem »Der Spiegel« einen angeblichen Skandal veröffentlicht hatte.

Jedermann bemühte sich, sein Handeln bürokratisch abzusichern: gegen die innere Revision, den Rechnungshof, parteiliche Untersuchungsausschüsse und gegen eine besserwisserische Presse. In Görings bombastischem Arbeitszimmer, in dem gelbverschossene Stores vor zugigen Fenstern hängen, und im Schein der Deckenlüster nach dem Geschmack Erich Honeckers und Günter Mittags läßt sich kein kreativer Gedanke entwickeln. So treffen sich Tränkners Mitarbeiter jeden Montagmorgen nicht in dem großen Raum, sondern im kleinen türkisfarbenen Verhandlungszimmer. Hier werden Informationen auf kürzestem Wege transportiert. »Wir müssen uns ständig selbst motivieren, denn von außen ist Lob so rar wie Salvator-Bier in der Wüste«, sagt Tränkner.

Inzwischen kommt Lob aus der Politik. Verschiedene Bundestagsabgeordnete, auch die brandenburgische Sozialministerin Regine Hildebrandt, lernen nach anfänglichem offenem Mißtrauen die Arbeit des Ressorts Abwicklung schätzen.

Seit einem parlamentarischen Abend Ende 1991 in Bonn, als

alle eingeladen wurden, an Gesprächen mit den Betrieben teilzunehmen, verstummte die Kritik. Tränkner hat seine Karten offen auf den Tisch gelegt. Heute ziehen die Abgeordneten mit seiner Abteilung an einem Strick, weil sie wissen, daß gute Arbeit geleistet wird. Im nachhinein ist Tränkners Entscheidung segensreich, alle Arbeitsabläufe und finanziellen Leistungen EDV-mäßig jederzeit transparent zu machen. Auch die ausgefallensten Nachfragen der Politiker lassen sich noch am gleichen Tage beantworten. Anfängliche Klagen der Abwickler über das Berichtswesen sind einer allgemeinen Erleichterung gewichen, die das Selbstbewußtsein des Direktorats nachhaltig gestärkt hat. Die Erfolge sind jederzeit überprüfbar. Statistisch gesehen können bis zur Jahreswende 1992/93 genau 29,98 Prozent (82 744 Arbeitsplätze) der ursprünglich betroffenen 283 045 Arbeitsplätze der in Liquidation befindlichen Betriebe erhalten werden. Die betreffenden Investitionen belaufen sich zu dem Zeitpunkt auf fast zwei Milliarden DM.

Besonders stolz sind die Abwickler darauf, daß 123 Betriebe an die Mitarbeiter bzw. das Management (MBO) übergeben werden können. Weitere 363 Betriebe sind an Klein- und Mittelständler privatisiert, die pro Betrieb zwischen fünf und 200 Mitarbeiter beschäftigen.

In Fürstenwalde bei der Pneumant GmbH ist man inzwischen sogar stolz darauf, ein »Abwicklungsbetrieb« zu sein. Als am 27. September 1991 in der Werkshalle die Abwicklung des einstigen Reifenmonopolisten der DDR verkündet wird, schrillen Thomas Naujoks, dem Abwicklungsreferenten, dem Rechtsanwalt und Liquidator Gordon Rapp und dem Treuhand-Pressesprecher Franz Wauschkuhn nur wütende Pfiffe entgegen.

»Lügner«, »Schlächter«, »Plattmacher« sind noch die glimpflichsten Worte, mit denen Rapp und Wauschkuhn immer wieder unterbrochen werden. Dank der Gewerkschaftsfunktionäre der IG Chemie und des Betriebsrats kann die Diskussion in geordnete Bahnen gelenkt werden. Den Pneumant-Werkern verschlägt es die Stimme, als der IG-Chemie-Bezirksleiter ganz offen bekennt: »Ich vertraue der Abwicklung der Treuhand, weil ich an vielen Beispielen die Erfahrung machen konnte, daß hier mit Herz und Professionalität gearbeitet wird.« Als Treuhand-Präsidentin Birgit Breuel den Stammbetrieb in Fürstenwalde am 9. Juli 1992 besichtigt, ist von Eierwerfern und Pfeifkonzerten keine Rede mehr. Rapp, die Geschäftsführung und der Betriebsrat berichteten den sichtlich erstaunten Journalisten von den Erfolgen am schwer umkämpften Reifenmarkt und von ehrgeizigen Zukunftsplänen.

Als Rapp gefragt wird, wie es zu diesem Stimmungsumschwung komme, antwortet der Frankfurter Rechtsanwalt: »Statt Tele-Faxe zu wechseln, wie sonst beim Umbau der Wirtschaft in Ostdeutschland leider allzu üblich, haben wir von Anfang an miteinander geredet.« Rapp ist ganz nach dem Geschmack der Abwicklung. Er kann, wie sein jovialer Frankfurter Kollege Wilhelm Schaaf, mit Menschen umgehen, ganz besonders mit den psychisch angegriffenen Ostdeutschen, die es satt haben, sich herumkommandieren zu lassen.

Apparatschiks sind bei der Treuhandanstalt fehl am Platze. Nach Tränkners Grundsätzen fliegt achtkantig raus, wer nur Geld machen will. Deshalb werden die Rechtsanwälte, die als Liquidatoren tätig werden sollen, handverlesen und sorgfältig geschult, sie halten ständig Kontakt zum Direktorat. Das Abwicklungs-Credo lautet: Nur im Team können Liquidator und Abwicklungsreferent mit Geschäftsführung und Betriebsrat das Beste für die Arbeitnehmer herausholen.

Die Abwicklung bei der Treuhandanstalt hat noch ein anderes Geheimrezept, das die Mitarbeiter motiviert und die Arbeit so erfolgreich macht: Gemeinsam geht's zum Kölner Karneval, gemeinsam zum Oktoberfest, und gemeinsam setzten sich die Mitarbeiter aus Ost und West in ein Boot, um den Segelschein zu machen. Treuhand-Nachwuchskräfte aus anderen Direktoraten, die es erst 1993 aus dem Westen nach Berlin verschlägt, rümpfen ihre Nasen über den »Freizeit-Kommunismus« der Abwickler. Doch Tränkners Truppe ficht dies nicht an. Läßt solche Kritik nicht auf Neid schließen, auf Bedauern, nicht dieser Truppe anzugehören? Tränkner reibt sich grübelnd den sorgsam gestutzten Drei-Tage-Bart und schaut durch sein Fenster auf den grauen Innenhof des Rohwedder-Hauses: »Wenn wir uns nicht mehr gegenseitig aufbauen können und solidarisch für den Erhalt der Arbeitsplätze kämpfen, was passiert dann draußen in den Betrieben?«

20. Januar 1992

Unternehmensbörse

Die Unternehmensbörse der Treuhandanstalt wird am 20. Januar 1992 im Detlev-Rohwedder-Haus eröffnet. Sie ist eine der vielen Möglichkeiten, Interessenten für das Engagement in Treuhand-Firmen zu gewinnen. Die Treuhand-Unternehmensbörse ist an Werktagen durchgängig von 8 Uhr bis 18.30 Uhr für jedermann zugänglich. Jede Beratung, ob persönlich, telefonisch oder schriftlich, ist kostenlos. Die Börse verfügt über eine Datenbank, in der die Unternehmen verzeichnet sind, für die die Treuhandanstalt Kaufinteressenten sucht. Die Datenbank ist nach einem Branchenschlüssel geordnet. Für jede Firma ist ein Kurzprofil mit den wichtigen Angaben enthalten.

Besonders viele Auskünfte der Unternehmensbörse werden anläßlich Briefaktionen und Veröffentlichungen in Fachpresse oder Tageszeitungen angefordert. So werden bei einer großangelegten Aktion in einem Zeitraum von rund zwei Monaten von der Börse 5500 Anfragen mit Auskünften über Firmen beantwortet. Daneben werden monatlich etwa 1700 Telefonanfragen bearbeitet und durchschnittlich täglich 25 Besucher betreut.

Die Tätigkeit in der Unternehmensbörse beschränkt sich nicht auf den deutschsprachigen Raum. Informationen zu den Unternehmen werden auch in englischer, französischer, italienischer und griechischer Sprache und darüber hinaus von den Auslandsreferenten der Abteilung Investor Services auch in Spanisch und für Interessenten aus dem asiatischen Raum in Japanisch erteilt.

Im Laufe ihrer Tätigkeit wurde die Unternehmensbörse durch viele neue Ideen bereichert, effektiver gestaltet – angefangen mit der Benachrichtigung der Privatisierer über die Briefe, die Interessenten mit den Firmenprofilen zugegangen sind, bis hin zu dem Aufbau einer Interessentendatei. Mit dieser Datei ist der

Unternehmensbörse die Möglichkeit gegeben, in umgekehrter Richtung zu recherchieren und damit dem Privatisierer bei der Suche nach möglichen Interessenten für eine bestimmte Firma behilflich zu sein.

Die laufende Aktualisierung der Datenbank durch die Unternehmensbörse ermöglicht es, den Interessenten auch solche Firmen bekannt zu machen, die erst jetzt durch Abspaltung von größeren Unternehmen als selbständige Unternehmen entstehen.

Natürlich gibt es auch Anfragen, die die Börse nicht beantworten kann. Dazu gehören solche, die eindeutig Grundstücke und damit die Treuhand-Liegenschaftsgesellschaft betreffen. Diese und ähnliche Anfragen werden schnell an den zuständigen Bearbeiter weitergereicht, um dort kompetent erledigt zu werden. Für die Vermarktung nicht mehr benötigter Maschinen und Anlagen steht als weiterer Service seit Dezember 1992 das Treuhand-Tochterunternehmen Maschinenhandel Techno Commerz GmbH (Maschinenbörse) bereit.

Durch die Tätigkeit der Unternehmensbörse und ihre weltweite Nutzbarkeit hat die Treuhandanstalt erreicht, daß die Privatisierung für jeden Interessenten transparent ist und Auskünfte über die zur Privatisierung anstehenden Unternehmen potentiellen Investoren und der Öffentlichkeit zugänglich sind.

30. Januar 1992

Elefant im Schuldgefängnis – oder die Treuhand in der Zirkuskuppel ratlos

»Elefant gepfändet: Berliner Zirkus in Not« lautet am 30. Januar 1992 die Schlagzeile des »Berliner Kurier«. Darunter das Bild eines stämmigen Tierpflegers, der den Pfändungsbescheid der Deutschen Angestellten-Krankenkasse (DAK) vor den Rüssel des Elefanten Indra (28) hält. Die Antwort der Treuhand: »Elefant Indra kommt nicht in den Schuldturm« – die offenen Krankenversicherungsbeiträge werden beglichen.

Doch so possierlich die Meldung, so ernst ist der Hintergrund. Wieder einmal erfährt die Treuhand erst aus der Zeitung, welche Schulden die Teilunternehmen des ehemaligen DDR-Staatszirkus während des »wilden« Jahrs 1990 aufgehäuft haben. Erst nach und nach gelingt es dem zuständigen Direktorat Dienstleistungen, in Erfahrung zu bringen, was sich so alles zwischen Manege und Zirkuskuppel abspielte.

Irgendwann im Frühjahr 1990 war im damaligen Ministerium für Kultur der DDR die Idee aufgekommen, den Staatszirkus bis zum 30. Juni 90 aufzulösen. Der DDR-Kulturminister war damit einen teuren Kostgänger los, denn 70 bis 80 Prozent der Betriebskosten des Staatszirkus waren über Jahrzehnte aus dem DDR-Staatshaushalt subventioniert worden. Devisenbringende Dressurnummern waren regelmäßig ins westliche Ausland entsandt worden. Ob sie allerdings jemals einen Gewinn eingespielt haben, muß bezweifelt werden.

Frei nach Grimms Märchen »Von einem, der auszog, das Fürchten zu lernen« begaben sich unter den Namen Zirkus Berolina GmbH, Cirkus Busch GmbH, Cirkus Commerz und Zirkus Aeros GmbH nunmehr vier Töchter des ehemaligen DDR-Staatszirkus auf die Wanderschaft. Sechs Monate Unabhängigkeit von lästiger Buchführung, von Zahlung der Kranken- und Sozialabgaben – ein halbes Jahr scheinbaren Glücks, in dem sämtliche

Einnahmen aus den Vorstellungen als Netto behandelt wurden. Doch zur Jahreswende 1990/91 trat in den Kassen der vier Zirkusse absolute Ebbe ein. Reumütig kehrten die Zirkusse nach dem mißlungenen Ausflug in die Selbständigkeit ins Winterquartier nach Hoppegarten zurück.

So wird die Treuhandanstalt bzw. der deutsche Steuerzahler nun auch noch glücklicher Eigentümer von vier Zirkussen mit über 1000 Tieren. Das heißt erst einmal Wiederherstellung der Liquidität durch Kredite und Bürgschaften an die Berliner Circus Union GmbH (BCU), damit wenigstens die Löhne und das Futter für Elefanten, Eisbären, Dromedare, Meerkatzen gezahlt werden können. Im nachhinein stellen die Juristen fest, daß aus dem ehemaligen VEB Staatszirkus nur ein einziger Betrieb, nämlich die Berliner Circus Union GmbH (BCU), entstehen kann. Welche Rechtsgeschäfte aber haben die vier vermeintlich selbständigen Zirkusse während der Periode ihrer kleinen Freiheit getätigt oder unterlassen? Die Nachweise darüber sind, gelinde gesagt, rudimentär.

Eberhard Sinnecker, Direktor für den Bereich Dienstleistungen in der Berliner Treuhand, gibt die Devise aus: Ordnung schaffen. Denn ohne nachvollziehbare Buchführung läßt sich schwerlich ein Betrieb privatisieren. Gleichzeitig geht er daran, einen versierten Geschäftsführer zu suchen, der kaufmännische Erfahrung aus der Marktwirtschaft und persönliches Engagement für einen Zirkusbetrieb einbringen kann. Doch die sonst so pfiffige Personalberaterzunft hebt bald mutlos die Arme: Trotz guten Gehaltes läßt sich kein Kandidat finden.

Erfreulicher lassen sich die Privatisierungsbemühungen an: Woche um Woche meldet sich telefonisch oder schriftlich ein neuer Interessent zur Übernahme der BCU. Regelmäßig nach dem ersten Gespräch mit der Treuhand aber verflüchtigt sich der Enthusiasmus der Investoren für Zirkus pur. Denn die BCU muß nach Überzeugung der THA ohne das teure, zwölf Hektar große Gelände in der Gemeinde Dahlwitz-Hoppegarten an einen neuen Eigentümer veräußert werden, zumal nur der geringste Teil des Areals für die BCU betriebsnotwendig ist. Das vorgeblich rege Interesse am Zirkusalltag ist eben ausnahmslos schlichtes Gewinnstreben von Immobilienspekulanten. So bleibt nach allen Gesprächen von der Spreu kein Weizen übrig.

Vor dem Weihnachtsfest 1991 gastiert der Betriebsteil Busch-Berolina auf dem Potsdamer Platz in der Mitte Berlins. Die Treuhand nutzt die Gelegenheit, den Betrieb renommierten europäischen Zirkusleuten zu präsentieren. Gleichzeitig informieren sich namhafte Tiermediziner über Zustand und Alter der wichtigsten Dressurtiere. Leider ist das Gastspiel am Potsdamer Platz nur von mäßigem Erfolg gekrönt. Das Presseecho besteht in mitleidig flauer Kritik an den Darbietungen und mündet neuerlich in ein wildes Fabulieren und Rätselraten, wer das sogenannte »Filetstück am Hoppegarten« von der Treuhand zugeschustert bekommen soll.

Daraufhin stilisieren deutsche Fernsehstationen den Zirkus zum brandaktuellen Thema, unter dem zugkräftigen Motto: Diabolische Treuhand – armer Zirkusclown. Von Stefan Aust (»Spiegel TV«) bis zum ZDF läßt sich keiner das Thema entgehen, so daß der Ex-Staatszirkus heute einer der meistgefilmten Betriebe der Treuhand ist.

Im Januar 1992 unterbreiten einzelne Mitarbeiter Unternehmenskonzepte. Doch wie man diese Planungen auch beurteilt, es fehlt entweder an einer langfristigen Finanzierung oder die persönlichen Umstände der MBO-Kandidaten verbieten es der Treuhand, ihnen den Betrieb anzuvertrauen. Im März 1992 sind die inneren Verhältnisse in der BCU – dank hoher Treuhand-Bürgschaften, einem Millionenzuschuß des Bundesinnenministers und von der Treuhand eingestellter Leihmanager – soweit stabilisiert, daß der fahrende Zirkusteil Busch-Berolina eine Tournee in Leipzig beginnen kann. Andere Dressurgruppen gastieren in Spanien beim Grand Circo Mundial oder in einem belgischen Zirkus. Sechzehn indische Löwen werden an den Safari-Park Stukenbrock abgegeben.

Im Frühjahr 1992 zeigt der wohl innovativste und ideenreichste deutsche Zirkusmanager überraschend Interesse an der BCU. Hat er dasselbe Motiv wie namhafte Theaterregisseure und die

Ruhrfestspiele Recklinghausen GmbH, an der der DGB und die Stadt Recklinghausen beteiligt sind, sich für den fahrenden Zirkus zu interessieren? Aber das Interesse des Kölners erlischt leider schnell.

Busch-Berolina soll nach Wunsch der Ruhrfestspiele in ein Zirkus-Theaterstück mit dem Titel »Indianer« integriert werden, um nach den Festspielen als Tournee-Zirkus auf Wanderschaft zu gehen. Die Firma Selecta Entertainment GmbH, an der sich nach den Festspielen bekannte Regisseure und Intendanten als Gesellschafter beteiligen wollen, übernimmt am 28. April 1992 Busch-Berolina. Selecta verpflichtet sich vertraglich, 30 Arbeitnehmer mindestens bis zum 31. Dezember 1993 zu beschäftigen, und erhält außer Zelt, Hunderten von Gerätschaften, Tieren und Zugfahrzeugen noch 370 000 DM von der Treuhandanstalt für die Koproduktion mit den Ruhrfestspielen.

Nach den positiven Zeitungskritiken zu urteilen, ist das Überleben des Wanderzirkus nun gesichert. Doch die Mitarbeiter der Treuhand haben sich zu früh gefreut. Eine Hiobsbotschaft jagt im Sommer die andere: Bei den Ruhrfestspielen bleiben die Zuschauer aus, weil auf angemessene Werbung verzichtet wird. Dann brechen die Stangen für das Zirkuszelt, Tiere nehmen Reißaus, und die Tournee führt nicht in die Städte, die vorher als Aufführungsorte vorgesehen waren. Von Berlin aus gesehen scheint es, als ob die Eigentümer und ihre bundesdeutsche Theaterklientel den anfänglichen Enthusiasmus für Busch-Berolina verloren haben.

Ein Eingreifen in den nunmehr privatisierten Wanderzirkus ist der Treuhand verwehrt. Um wenigstens die Bezahlung von Futter zu ermöglichen, kauft sie zwei Elefanten für einen fünfstelligen Betrag zurück und vermietet die Dickhäuter kostenlos zurück (sale and lease back).

Doch das Hangen und Bangen bei Selecta dauert an. In Dahlwitz-Hoppegarten versucht die restliche BCU, für die übriggebliebenen 100 Tiere eine neue, artgerechte Bleibe zu finden – ein blinder Löwe und sein Kollege mit der Blasenschwäche haben ein neues Obdach. Was aber geschieht mit dem privatisierten

Teil? Der geistert indessen durch Norddeutschland und veranlaßt Schlagzeilen über die Treuhand, die angeblich nicht für ihren Zirkus sorgt. Spitzenpolitiker aus Norddeutschland nutzen die Gelegenheit, tränenreich das Leid des Zirkus zu beklagen und sich über die Treuhand zu mokieren.

Frau Breuel entscheidet, daß die Zirkustiere außer kostenloser Logis auch freie Kost in Hoppegarten erhalten. Das Direktorat Abwicklung der Treuhand fragt bei dem Eigentümer der Selecta, dem Steuerberater Eulenbach, an, was er mit dem Zirkus zu tun gedenke: Konkurs, Nachschuß vom Gesellschaftskapital, Zahlung der Verbindlichkeiten? Die Antwort ist dürftig und hilft in der Sache nicht weiter.

Also müssen neue Modelle diskutiert werden: Können die Tiere von Busch-Berolina zurückgenommen, soll möglicherweise in Hoppegarten zusammen mit den Ländern Berlin und Brandenburg ein fester Zirkus wie in München errichtet werden? Denn bietet sich nicht ein Zirkus vor dem Rennbahngelände Hoppegarten als Publikumsmagnet geradezu an? Die Landespolitiker hüllen sich in bequemes Schweigen, die Frage eines Grundstücks für den Zirkus in Berlin ist nicht entschieden.

14. März 1992

Erfolgreiche Landespolitiker oder der Bau-Krimi mit Happy-End

Die Böen aus Nordwest fegen an diesem eisigen 14. März 1992 noch immer mit Windstärke acht bis neun über Rostock hinweg. Die Transparentträger sehen eher aus wie Anfänger im Paragliding denn wie Demonstranten. Die mitmarschierenden Frauen halten ihre Kinder fest, als drohten sie im nächsten Augenblick durch die Luft zu wirbeln. Von der Fischerbastion bewegt sich der Zug am Hotel Warnow vorbei über die Lange Straße bis zum nördlichen Teil des Neuen Markts. Um 10 Uhr vor dem Rathaus angekommen, stoppt die frierende Menge. Auf einem Pritschenanhänger sind Mikrophone aufgebaut. Der Gesamtbetriebsratsvorsitzende der Elbo Bau AG, Manfred Scharon, Oberbürgermeister Manfred Kilimann, Gewerkschafter der IG Bau–Steine–Erden und Politiker haben sich daneben postiert. Günter Rexrodt, der für die Privatisierung der Bauindustrie verantwortliche Treuhand-Vorstand, ist mit Frau und Sohn ebenfalls im Zuge mitgegangen. »Was will der denn hier?« fragt einer der Politiker sichtlich erstaunt.

Fairneß ist keine Tugend der anwesenden Redner. Unerträglich sei die Verzögerungs- und Verschleppungstaktik der Treuhand, sie wolle die Elbo-Unternehmen zerschlagen und »plattmachen«, sie sei Agent der westdeutschen Konkurrenz.

Als Rexrodt das Wort ergreift, gellt ein Pfeifkonzert los. »Wir streben die Gesamt-Privatisierung an, doch das wird schwierig werden«, ruft er der tausendköpfigen Menge zu. Von den gescheiterten Verhandlungen mit der Krahmer-Gruppe, von den vielfältigen juristischen Problemen, die von Heinz Krahmer und seinen Leuten im Endstadium der DDR angehäuft worden sind, will die Mehrheit nichts zur Kenntnis nehmen. Verständnis zeigt nur der moderat sprechende Oberbürgermeister.

Nach seinen in der Politik gesammelten Erfahrungen – bei der

IHK Berlin, der Senatsverwaltung für Wirtschaft und schließlich als Senator für Finanzen – hat Rexrodt Stehvermögen. Vor seiner Mitgliedschaft im Vorstand der Treuhandanstalt war er Vorstandsvorsitzender bei der Citibank AG Frankfurt. Doch der Streit um Elbo hat andere Dimensionen.

»Wir haben wenigstens Flagge gezeigt«, meint Rexrodt, als er frierend vom Anhänger steigt. Vier Tage später werden große Bauplatten vor die Türe der Elbo Bau AG geschoben und das Werk besetzt. Erneut die Forderung: schnelle Gesamtprivatisierung der sechs großen Bauunternehmen in Mecklenburg-Vorpommern und Brandenburg sowie Abfindungen für die bereits Entlassenen.

Die Privatisierung der Bau- und Plattenbauunternehmen in Brandenburg und Mecklenburg-Vorpommern (Elbo Bau AG, Rostock; Mecklenburgische Bau-Union, Neubrandenburg; Norddeutsche Tiefbau- und Umweltschutz GmbH, Rostock; TUSEK Bau GmbH, Neubrandenburg; Märkische Bau-Union, Potsdam; Märkische Landeskultur- und Tiefbau-Union GmbH, Potsdam) ist zu diesem Zeitpunkt völlig verfahren. Weder die Arbeitnehmer noch die Politiker können sich vorstellen, welches Vertragsgeflecht Monate vor Amtsantritt von Treuhand-Präsident Rohwedder zu Lasten des Staates und des Steuerzahlers gesponnen worden war. Wer von den Landespolitikern oder Gewerkschaftern will im Herbst 1991 schon hören, daß ein Heinz Krahmer aus Bremen im Sommer 1990 mit den von der Regierung Hans Modrow eingesetzten Treuhand-Außenstellenleitern fulminante Optionsverträge über den Kauf großer Baugesellschaften geschlossen hatte?

Hans Leyendecker, der Düsseldorfer Korrespondent des »Spiegel«, hat diese Machenschaften unter dem Kapitel »Der jähe Tod von VN 012663. Der Treuhand-Krimi um den größten Baukonzern im wilden Osten« in dem Buch »Mafia im Staat«, Steidl-Verlag, Göttingen 1992, sehr eingängig dargestellt.

Tatsache ist, daß Optionen für vier der ursprünglich acht Gesellschaften des ehemaligen Baukombinats vorliegen, das Management der Gesellschaften massiv von Krahmer und seiner

Gruppe beeinflußt wird, in den wichtigen Aufsichtsräten Krahmer-Vertrauensleute sitzen und Millionensummen für angebliche Beratung seitens der Krahmer-Gruppe aus den Unternehmen abgezogen werden. Gleichzeitig führt Krahmer eine geschickte PR-Kampagne zugunsten einer Übernahme durch sein Konglomerat. Selbst die Spieler des Fußballclubs Hansa Rostock laufen mit dem sogenannten Elbo-Emblem der Krahmer-Gruppe über den Rasen. Das Geld stammt, wie die Revision der Treuhand im nachhinein feststellt, aus den Baufirmen der Treuhand.

Krahmer selbst verfügt über beachtliches Talent in der Selbstdarstellung und auf dem Gebiet der Public Relations. Ihm gelingt es sogar, eine Koalition von Krahmer- und Elbo-Befürwortern von der CDU über die SPD bis hin zu den Gewerkschaften zustande zu bringen. In Bonn hat er für die Elbo eine Lobbyisten-Firma eingerichtet, die mit zehn Mitarbeitern unter Leitung des alten Kombinatsdirektors Propaganda für die Krahmer-Lösung macht. Die Gelder stammen – wie sollte es anders sein – auch aus der Treuhand.

Seit dem Frühjahr 1991 pocht indes die Treuhand darauf, daß Krahmer die notwendige Bürgschaftserklärung einer Bank zum Erwerb der Unternehmen und die anstehenden Investitionen vorlegt. Karl-Heinz Rüsberg, Leiter der Niederlassung Schwerin, bemüht sich um eine Klärung. Wortreich wird die Treuhand über Monate hingehalten. Doch von den Banken kommt nichts Definitives. Indessen hat Hans Börjes Verdacht geschöpft. Was dieser Treuhand-Mitarbeiter allmählich zutage bringt, läßt die Alarmglocken schrillen. Da gibt es in Florida Gerichtsverfahren wegen ungedeckter Schecks, und auch aus der sonst so biederen Hansestadt Bremen erreichen die Treuhand Nachrichten, die an der Bonität dieses Investors zweifeln lassen. Immerhin hat die dortige Staatsanwaltschaft schon mehrfach strafrechtlich gegen ihn ermittelt. Und welche Rolle spielt Krahmers Rechtsanwalt und Notar Stieringer?

Ende des Sommers 1991 bricht die Treuhand die Privatisierungsverhandlung mit Krahmer endgültig ab. Denn weiteres

Zuwarten behindert die notwendigen Sanierungsbemühungen und gefährdet die Existenz der Unternehmen. Krahmers PR-Arbeit tut aber nun ihre Wirkung. Einhellig heißt es in der Presse: Die Treuhand will die Entstehung eines eigenständigen Baukonzerns in Ostdeutschland verhindern. Die Treuhand sei der Agent der westlichen Bauindustrie, die jede selbständige Konkurrenz im Osten im Keim ersticken wolle. In den Kommentaren der Zeitungen erscheint ein Wust von Unterstellungen und übler Nachrede gegen die Treuhandanstalt. Für die wahren Hintergründe interessieren sich lediglich einige Redakteure der großen überregionalen Zeitungen.

Krahmer fordert indessen über seinen Anwalt die Einhaltung der Optionsverträge. Antwort der Treuhand: Die Optionsverträge sind unwirksam zustande gekommen. Diese Auffassung teilen auch die Gerichte in zwei Instanzen des vorläufigen Rechtsschutzes. Ein Schiedsgerichtsverfahren, das Krahmer ankündigt, wird von ihm nicht eingeleitet, so daß die Ungültigkeit der Optionen nicht endgültig festgestellt werden kann. Der Mann aus Bremen aber hat vorgebaut. In Rostock hat er eine Elbo-Verwaltungs-GmbH gegründet, die mit den Bauunternehmen der Treuhand millionenschwere Berater- und Serviceverträge abgeschlossen hat. Über diesen Kanal leitet er weiterhin Treuhand-Geld in seine Kassen und behindert obendrein die Privatisierung an andere Investoren. Denn wer will schon Unternehmen kaufen, die langfristig hohe Summen an Fremdgesellschaften abführen?

So bleibt der Treuhand nichts anderes übrig, als ihm diese Gesellschaft abzukaufen. Am 8. Januar 1992 verstirbt Heinz Krahmer 46jährig im Gleneagle-Krankenhaus im Stadtstaat Singapur. Eine Lebensversicherung über 14 Millionen DM wird fällig. Am 25. Februar 1992 holt sich die Treuhand per Pfändungsbeschluß davon 11 Millionen DM zurück, die ihr die Krahmer-Gruppe aufgrund verschiedener Manipulationen schuldet. Doch das Kapitel Krahmer ist noch längst nicht abgeschlossen. Die Staatsanwaltschaft ermittelt weiter, ein Rechtsanwalt geht in Untersuchungshaft, und die Hauptverhandlung steht noch aus.

Politiker und Lokalpresse bleiben aber unbeirrt bei der Forderung, die Bauunternehmen müßten im Paket privatisiert werden. Günter Rexrodt unterstreicht immer wieder den guten Willen der Treuhand und die Schwierigkeiten einer Verwirklichung der Forderungen. Tatsächlich gibt es eine kleine Chance für die Paketlösung. Der französische Bau- und Mischkonzern Bouygues, seit langem mit der Treuhand in Kontakt, will sich in Ostdeutschland ansiedeln.

Bouygues gehört zu den fünfzehn Interessenten, die sich auf die internationale Ausschreibung der brandenburgischen und mecklenburg-vorpommerschen Bauunternehmen bei der Treuhand melden. Am 16. Juni 1992 schließlich unterrichten die Franzosen die Treuhand davon, daß kein Interesse mehr an dieser Investition besteht. Die sechs Unternehmen seien viel zu groß. In der Öffentlichkeit wird unterstellt, die Treuhand habe die Franzosen vergrault.

Nach eingehenden Vorgesprächen mit den Investoren, die für die Übernahme der mecklenburg-vorpommerschen Vierergruppe oder einzelne Unternehmen Interesse bekundet hatten, werden elf zu Besuchen eingeladen. Vom 28. September 1992 an wird noch mit sechs Investoren aufgrund konkreter Angebote verhandelt. Sowohl die Bremer Hegemann-Gruppe, die bereits den Zuschlag für den Erwerb der Peene-Werft erhalten hatte, als auch die britische Baugruppe Mowlem gehen in die Endphase der Verhandlungen zur Übernahme der vier mecklenburg-vorpommerschen Gesellschaften. Rexrodt hatte die Privatisierung zur Jahreswende 1992/93 versprochen. Der Termin kann eingehalten werden. Hegemann erwarb die norddeutschen Vier, STRABAG die Märkische Bauunion GmbH. Die Märkische Landeskultur- und Tiefbau-Union GmbH wurde an die französische CGE privatisiert. Insgesamt konnten damit 5170 von ursprünglich 14735 Arbeitsplätzen (31. Dezember 1990) gerettet werden. Die Käufer verpflichteten sich zu Investitionen in Höhe von 160 Millionen DM.

Die Treuhand kaufte vorher alle nicht betriebsnotwendigen

Grundstücke zum Verkehrswert aus den Unternehmen heraus. Diese Erträge flossen in die Unternehmen zurück. In der Baubranche hatte kein Experte mehr mit der Rettung der Betriebe gerechnet. Die Zeitungen in Mecklenburg-Vorpommern berichteten über die gelunge Privatisierung nur noch mit Kurzmeldungen, manche Politiker schrieben sich den Erfolg auf ihre Fahne.

27. März 1992

Der Privatisierungskongreß

Nach und nach gehen die Lichter aus in den Konferenzräumen des Hotels Schweizerhof in Berlin. Die letzten Gäste besteigen ihre Busse Richtung Flughafen. Drei Tage lang ist diskutiert worden, sind viele Fragen auf die Treuhand-Mitarbeiter eingestürmt. »Miteinander – Privatisieren für die Soziale Marktwirtschaft«, unter diesem Motto hatte die Treuhand in enger Zusammenarbeit mit dem Ost-Ausschuß der Deutschen Wirtschaft 300 Gäste aus den mittel- und osteuropäischen Reformstaaten eingeladen. Das Interesse war groß: Von Tallinn bis Tirana, von Prag bis Alma-Ata reisten die Privatisierer nach Berlin. Die weiteste Reise hatte wohl Yondonoidov Gerelchuluun hinter sich, Sekretär der staatlichen Privatisierungskommission in Ulan-Bator.

Praxisbezug ist die Leitlinie der Gastgeber. Nicht Debatten über die Privatisierungsphilosophie stehen auf der Tagesordnung, sondern das trockene Brot der wirtschaftlichen Umgestaltung: die vielen kleinen Details von der Entflechtung der Kombinate über die Unternehmensbewertung und die Erstellung einer Eröffnungsbilanz, das Privatisierungsmarketing, die Ausarbeitung eines Unternehmenskonzepts bis hin zu Arbeitsmarktfragen und zum Problem des Management-Transfers.

»Der größte Teil Europas, die Völker zwischen Baltikum und Schwarzem Meer, zwischen Adria und Pazifik sind im Aufbruch. Vor allem die Schlußakte von Helsinki gab Hoffnung und Orientierung all jenen Kräften, die nach Reformen, nach Freiheit, nach Selbstbestimmung strebten. Heute sind es diese Kräfte, die gefordert sind, in Osteuropa parlamentarische Demokratie und Marktwirtschaft zu entwickeln. Die Verwirklichung läßt sich nicht von heute auf morgen per Dekret oder Gesetz anordnen, sie muß wachsen. Die Risiken sind zwar groß, aber die Chancen sind es ganz gewiß nicht minder.« Mit diesen Worten eröffnete Birgit Breuel den Kongreß. Damit Marktwirtschaft greifen könne, müßten möglichst zügig neue, unternehmerisch aktive Eigentümer gefunden werden. Diese setzen ihr Managementwissen und ihre Unternehmenskonzepte ein, um mit Kapital- und Technologietransfer den Unternehmen und den dort beschäftigten Menschen eine Zukunftschance zu geben. Deshalb fordere die Treuhandanstalt von den Kaufinteressenten kreative Ideen, betriebswirtschaftliches Know-how und Investitionszusagen, die das Überleben und Wachsen in der Sozialen Marktwirtschaft ermöglichten.

Die Treuhandanstalt kann und will kein Modell für die Reformen in den Staaten des früheren Comecon sein. Darüber herrscht Einigkeit. Aber sie kann und will vieles von dem Wissen weiterreichen, das seit Mitte 1990 bei der Privatisierung in den fünf neuen Ländern erworben worden ist. Otto Wolff von Amerongen, der Vorsitzende des Ost-Ausschusses der Deutschen Wirtschaft, bringt es auf den Punkt: »Keineswegs will die Treuhandanstalt ein Patentrezept verkaufen, aber das, was dort an Wissen vorhanden ist, kann für die Bemühungen der osteuropäischen Länder von hohem Interesse sein.«

Schließlich gibt es kein Lehrbuch für die Umgestaltung von der Plan- zur Marktwirtschaft. Anstrengende Lernprozesse mußten durchlaufen werden, Fehler wurden gemacht, die in den anderen Ländern unter Umständen vermieden werden können. Um das in Zukunft systematisch fortzuführen, ist in dieser letzten Märzwoche in Berlin eine weitere Tochtergesellschaft aus der Taufe gehoben worden: die Treuhand-Osteuropa-Beratungsgesellschaft mbH (TOB). Sie bietet künftig das vollständige Privatisierungs-Know-how der Treuhandanstalt an.

Daß die Treuhandanstalt von manchen Privatisierern in Osteuropa als Modell angesehen wird, bestätigt der polnische Minister für Privatisierung, Tomasz Gruszecki, in einem Diskussionsbeitrag: »Die Treuhandanstalt scheint vor anderen Lösungsmöglichkeiten ein nachahmenswertes Modell für die osteuropäischen postkommunistischen Länder zu sein. Ich bin sehr an den deutschen Erfahrungen interessiert.« Gruszeckis Beurteilung, verglichen mit dem noch amateurhaft arbeitenden polnischen Ministerium funktioniere die Treuhandanstalt wie ein »großes Kombinat«, ließ die Gastgeber zusammenzucken. Doch seine weiteren Ausführungen klärten das semantische Verwirrspiel: Wenn die Privatisierung schnell und in großem Umfang vorangehen solle, so Gruszecki, dann sei die Konzentration der Eigentumsrechte in einer Hand notwendig.

An den Teilnehmerzahlen der Workshops war ablesbar, wo es den Privatisierern in Osteuropa am meisten unter den Nägeln brennt: Bewertungsfragen, Bilanzierung, Marketing. Eine Schwierigkeit, mit der die Treuhand seit 1990 kämpft, ist in den meisten Reformländern bislang noch nicht in ihrer Tragweite erkannt worden: der Transfer von Management-Wissen von West nach Ost. Die Referenten, die über den »Krisenmanager und sein Umfeld« oder den »Einsatz von Senior-Experten« berichteten, sehen sich fast leeren Stuhlreihen gegenüber. Renner des Kongresses aber ist der Text des Treuhand-Gesetzes; immer wieder werden frische Kopien herangeschafft und den Kurieren gleich am Eingang aus den Händen gerissen.

Drei Tage lang ist hier in Berlin über »Privatisierung« diskutiert worden, über »Privatization«, über »Privatisazija«. Das Wort geht so einfach über die Lippen. Die Konzepte und Ideen, die dahinterstehen, sind längst nicht so homogen wie die Aussprache des Wortes in aller Welt. Am deutlichsten machte es wohl Volodomir Priadko, der Leiter des staatlichen Privatisierungsfonds der Ukraine: »Wir wollen privatisieren, das ist klar. Aber nichts, was Gott geschaffen hat, nicht die Erde, nicht das Wasser und nicht die Luft, darf jemals in private Hände übergehen.«

2. April 1992

Aufbau nach der Reprivatisierung

Der Eingang zur Strickwarenfabrik W. Krumbein auf der Hauptstraße Nr. 19 in der Kleinstadt Heyerode im Obereichsfeld ist unauffällig. Mit 88 Arbeitskräften ist das Unternehmen der größte Arbeitgeber am Ort. Kurz vor den Osterfeiertagen 1992 können die Inhaber, Dietrich und Margarete Krumbein, aufatmen, denn sie haben endlich die Genehmigung der beantragten Kredite für ihr Unternehmen bekommen.

Das Ehepaar hatte die 1972 enteignete Strickwarenfabrik von der Treuhandanstalt schon am 1. Oktober 1990 zurückerhalten. Mit 27 Arbeitskräften nimmt es die Fertigung auf. Durch anfänglich risikoreiche Finanzierungsmethoden bringt es das 1910 als Familienbetrieb gegründete Unternehmen wieder in Schwung.

Die Krumbeins holen Aufträge herein. Inzwischen ist die Belegschaft verdreifacht, stehen in den Produktionshallen neben den anderen Maschinen zwölf neue Strickautomaten zum Stückpreis von jeweils einer Viertelmillion Mark. Die Heizung und die Dampferzeugung für die Endfertigung sind modernisiert. 4,2 Millionen Mark sind investiert worden, das Unternehmen hat sich als Lieferant einer sehr bekannten Münchner Modefirma durchgesetzt, fertigt aber auch für andere Handelsunternehmen und liefert nicht zuletzt Herrenpullover für den nordwestdeutschen Bereich.

Der Alteigentümer Hubert Krumbein war von September 1945 bis Januar 1950 im Lager Buchenwald interniert. Die Belegschaft vereitelte in dieser Zeit den ersten Versuch, das Unternehmen zu enteignen. In der großen Welle der Verstaatlichung mittelständischer Unternehmen 1972 verloren die Krumbeins den Betrieb dann doch.

Die Strickwarenfabrik in Heyerode ist eines von insgesamt 7599 Unternehmen oder Teilen von Unternehmen, deren Reprivatisierungsverfahren von der Treuhandanstalt bis zum 31. März 1993 abgeschlossen werden konnte. Nach den Bestimmungen des Vermögensgesetzes wird die Reprivatisierung von den Landesämtern zur Regelung offener Vermögensfragen bearbeitet. In diesem Gesetz ist aber auch festgelegt, daß die Rückerstattung bei Unternehmen einvernehmlich zwischen den Berechtigten und der Treuhandanstalt geregelt werden soll. In der Masse der Fälle geschieht das auch so, und die Landesämter erteilen eine abschließende Bestätigung. Nur wenn keine Einigung möglich ist, müssen die Landesämter den Fall regeln.

Gegenwärtig sind 13 538 Anmeldungen vermögensrechtlicher Ansprüche auf Restitution von Unternehmen erfaßt. Bei der Zentrale der Treuhandanstalt und den regionalen Niederlassungen wird das für die Bearbeitung dieser Aufgaben vorgesehene Personal erheblich aufgestockt. Im Dezember 1991 sind es 108 Mitarbeiter, im April 1992 schon 185 und zum Jahresende 1992 schließlich 260.

Die Rückgabe von noch aktiven Unternehmen und Betrieben hat Vorrang.

6. April 1992

Bürgermeister warnt Treuhand-Mitarbeiter vor Zutritt

Beiderseits der Bundesstraße 4 werden im Kreis Arnstadt Schilder aufgestellt mit der Aufschrift:»Warnung! Mitarbeiter der Treuhandanstalt betreten das Gebiet der Gemeinden Siegelbach, Dosdorf und Espenfeld auf eigene Gefahr.« Der Text ist unterzeichnet:»Köllmer. Bürgermeister.« Mehrere Zeitungen und Rundfunkbeiträge berichten am folgenden Tag über die Schilder, die in ihrem Aussehen den üblichen Ortsschildern angepaßt und in deren Nähe aufgestellt sind.

Christian Köllmer ist Bürgermeister der drei gemeinschaftlich verwalteten Gemeinden. Er sendet der Treuhandanstalt ein Schreiben, in dem er unter Fristsetzung bis zum 31. Mai 1992 die Rückübertragung allen früheren Eigentums der drei Gemeinden an land- und forstwirtschaftlichen Flächen einschließlich Wege und Gräben fordert. Er verlangt außerdem, keine Verfügungen über dieses Eigentum mehr vorzunehmen, Verkäufe rückgängig zu machen (soweit sie noch nicht ins Grundbuch eingetragen sind), alle Pracht- und Kaufverträge sofort anzuzeigen, Finanzbewegungen in diesem Zusammenhang vorzulegen und im übrigen alle umstrittenen Flächen im Gebiet der drei Gemeinden deren treuhänderischer Verwaltung zu übergeben.

Ein Sprecher der Treuhandanstalt in Berlin weist die Aufstellung der Schilder als»reinste Hexenjagd« und rechtswidrig zurück. Der Leiter der Niederlassung Erfurt der Treuhandanstalt, Volker Großmann, informiert den thüringischen Ministerpräsidenten Bernhard Vogel über die Aufstellung der Schilder und über Gespräche mit Bürgermeister Köllmer und dem Landrat des Kreises Arnstadt. Die Unterstützung der Niederlassung Erfurt habe nicht ausgereicht, die Schilder entfernen zu lassen.

Der Leiter der Niederlassung begründet seine Bedenken, daß mit der Aktion des Bürgermeisters nur weitere Emotionen entfacht werden können, obwohl man jederzeit bereit ist, im Rahmen der Möglichkeiten der Treuhandanstalt für die Lösung von konkreten Problemfällen zu sorgen. Ministerpräsident Vogel dankt für das Bemühen der Treuhandanstalt, Streitigkeiten so schnell wie möglich zu klären. Sicher werde es im Verhältnis zur THA auch in Zukunft Probleme geben. Der Innenminister des Landes Thüringen sei über den Brief des Erfurter Niederlassungsleiters informiert und um eine Entfernung der Schilder gebeten worden.

Zu einer Beratung über die Beschwerden und Forderungen des Bürgermeisters kommt es am 19. Mai 1992 in der Gemeindeverwaltung Siegelbach. Sieben Vertreter der Treuhandanstalt aus Berlin und Erfurt sowie Bürgermeister Christian Köllmer und der Landrat von Arnstadt, Dr. Singlaub, nehmen daran teil. Nach der einleitenden Feststellung der Vertreter der Treuhandanstalt, daß an Ort und Stelle ein Gespräch zur Beseitigung von Meinungsverschiedenheiten gesucht werde, aber in jedem Fall rechtsstaatliche Normen im Umgang miteinander zu beachten seien, kommt es zu einer Abklärung der offenen Fragen.

Die geforderte treuhänderische Verwaltung von Liegenschaften durch die Gemeinde ist allerdings wegen entgegenstehender Rechtsvorschriften nicht zulässig. Trotzdem sagt der Bürgermeister am Ende der Beratung zu, die umstrittenen Schilder sofort zu entfernen.

Mai bis September 1992

»Projekt Kleinunternehmen«

Ein Stapel von Briefen – die Treuhand-Mitarbeiter des »Projekts Kleinunternehmen« lesen sie. Die meisten enthalten den Wunsch, einen Handwerksbetrieb, einen kleinen Maschinenhersteller oder einen stillgelegten Betrieb zu erwerben. Gratis. In den Köpfen entstehen die ersten Formulierungen einer standardisierten Antwort: »Sehr geehrte ..., wir bedanken uns für Ihr Schreiben vom ... Es handelt sich hier um ein Mißverständnis; die Treuhandanstalt (THA) wird nicht ab sofort ihre Kleinunternehmen verschenken, sondern über ein vereinfachtes Verfahren privatisieren. Die Merkmale dieses Verfahrens sind ...«

Tatsächlich ist im Juni 1992 in Tageszeitungen zu lesen: »Treuhand verschenkt ihre Kleinunternehmen« und »Kostenlose Abgabe von 3500 Kleinunternehmen«. Solche Schlagzeilen wurden durch die Aussage eines Politikers und Verwaltungsratsmitgliedes der Treuhandanstalt verursacht, die von der Presse als »gefundenes Fressen« begeistert abgedruckt wird. In einer ohnehin schon hektischen Zeit kommt die daraufhin entstehende zusätzliche Arbeit nicht gerade gelegen. Passiert ist passiert, und neben ihrer sonstigen Tätigkeit setzen THA-Mitarbeiter alles daran, die zum Teil verärgerten Interessenten bei guter Laune zu halten und sie für die Interessentenkartei des gerade anlaufenden »vereinfachten Verfahrens zum Verkauf von Kleinunternehmen« zu gewinnen.

Jeder Brief wird gelesen und beantwortet; einige sind recht erstaunlich. Unter den Interessenten für die »zu verschenkenden Betriebe« befinden sich Studenten, die sich einen Ost-Betrieb als »geeignetes Übungsobjekt« für die erste Zeit nach dem Studienabschluß vorstellen, eine Friseuse, die »im Grunde schon immer gewußt hat, daß ihre eigentliche Berufung im Leben das Führen eines Unternehmens sei«, bis hin zu einer Sekte, die in biblischem Jargon mit »Der Tag wird kommen ...« droht.

Anfragen beantworten bildet jedoch zu dieser Zeit einen verschwindend kleinen Teil der Arbeit. Die Vorbereitungen für das vereinfachte Verfahren zum Verkauf von Kleinunternehmen laufen auf Hochtouren: Es gilt, in kürzester Zeit die von Vorstand und Verwaltungsrat beschlossenen Leitlinien des einleitenden Verfahrens mit detaillierterem Inhalt zu füllen, einen verbindlichen Projektplan zu entwerfen und anschließend die verschiedenen Einheiten der Treuhandanstalt dafür zu gewinnen. Dies wird Schwierigkeiten bereiten.

Zurück zum Anfang: Im Rahmen der »Initiative Mittelstand« werden von der Treuhandanstalt konkrete Schritte zur Unterstützung des langsam wieder entstehenden Mittelstandes in den neuen Bundesländern entwickelt. Eine Weile wird überlegt, wie eine noch schnellere und unbürokratischere Privatisierung der Kleinbetriebe ermöglicht werden kann. Im April 1992 wird eine Vorstandsvorlage und anschließend eine Verwaltungsratsvorlage erarbeitet, die ein Verfahren mit folgenden Regeln vorschlägt:

– Unternehmen mit bis zu 50 Mitarbeitern können über das vereinfachte Verfahren privatisiert werden.
– Die Unternehmen werden zu Festpreisen veräußert, die aufgrund von Wirtschaftsprüfergutachten (Substanzwertschätzung) zustande kommen.
– Es besteht die Möglichkeit, das Unternehmen ohne betriebsnotwendige Immobilie zu erwerben und damit den anfänglichen Finanzbedarf zu senken. In diesem Fall kauft die Treuhandanstalt die Immobilie aus dem Unternehmen heraus und verpachtet sie an das Unternehmen zurück (über einen Sale-and-lease-back-Vertrag).
– Es müssen nicht – wie sonst üblich – die Angebote mehrerer Interessenten verglichen werden, sondern der erste kann den Zuschlag erhalten, sofern seine fachlichen Fähigkeiten und seine Bonität zufriedenstellend sind.
– Für den Verkauf kann ein Mustervertrag eingesetzt werden.
– Als »Werbemittel« dient ein zu erstellender Katalog mit Un-

ternehmensprofilen von einer Auswahl anzubietender Unternehmen.

Die Niederlassungen, für den Großteil der Kleinunternehmen zuständig, sind aber anderer Auffassung. Ein Schwall an Irritation, Skepsis und Ablehnung begegnet den Mitarbeitern der Berliner Zentrale bei der ersten Präsentation des Vorhabens. In Anbetracht der knappen Zeitvorgaben für das Projekt müssen sie sich beeilen. Also bleibt ihnen nichts anderes übrig, als schnelle und umfassende Überzeugungsarbeit in allen betroffenen Einheiten der Treuhandanstalt zu leisten. Dabei werden sie auf einige Ungereimtheiten aufmerksam, die unmittelbar zu Änderungen am Verfahren führen.

Als nächstes muß eine Richtlinie zum vereinfachten Verfahren erarbeitet werden. Darin wird festgehalten, wie vorzugehen sei beim Verkauf von Kleinunternehmen.

Während die Vorbereitungen noch laufen, trifft bereits ein Großteil der 55 für das Prüfverfahren bestellten Wirtschaftsprüfer ein. Sie werden zunächst durch »Briefings« in die Spezifika der Treuhand- und insbesondere der Kleinunternehmen eingeführt. Einige sind regelrecht bestürzt, als sie darauf aufmerksam gemacht werden, daß sie nicht damit rechnen dürfen, in den Unternehmen die sonst üblichen Unterlagen – Gewinn- und Verlustrechnung, Bilanzen, aktuelle Buchhaltung – vorzufinden.

Die während des Briefings wachsende Erregung der Prüfer deutet darauf hin, daß das Vorhaben, innerhalb von drei Tagen zu einem geschätzten Substanzwert zu kommen, möglicherweise scheitern wird.

Nach drei Pilotprojekten beginnen die »regulären« Prüfungen. Und zugleich kommen etliche Anrufe von den Wirtschaftsprüfern aus Niederlassungen, direkt aus Unternehmen oder aus Telefonzellen in der Nähe von Unternehmen. Etwa: »An der Tür baumelt ein Schild: ›Betriebsferien...‹.« Jeder folgende Tag bringt neue Überraschungen, einerseits für die Prüfer vor Ort, andererseits für das Projektteam in der Zentrale in Berlin, die beide nach kurzer Zeit gelernt haben, mit Unvorhergesehenem fertigzuwerden. Nahziel ist immer die Einhaltung des Endtermins – das Erscheinungsdatum des Katalogs, in dem sämtliche geprüften Kleinunternehmen mit ihren Preisen dargestellt werden sollen.

Nachdem die Wirtschaftsprüfer ihre Erhebungen in den Unternehmen abgeschlossen haben, werden die Ergebnisse in Bewertungsausschüssen präsentiert. Außer den Repräsentanten der Wirtschaftsprüfungsgesellschaften nehmen die Privatisierer, Beteiligungsführer und die Leitung der Niederlassungen an der Sitzung teil.

Parallel zur Steuerung der Prüfungen vor Ort wird in Berlin der Katalog vorbereitet. Der Zufall will es, daß das Projektteam an einen jungen, tüchtigen Graphiker aus Ost-Berlin gerät, der sich gerne um das Layout, die Beauftragung einer geeigneten Druckerei und den Versand der Kataloge kümmern würde. Begeistert wird der Auftrag bestätigt. In der Hitze des Gefechts wird allerdings die hauseigene Graphikerin Christine Brinksmeier vergessen.

Nach mehreren Artikeln in der Presse und einer breit angelegten Briefaktion, die sich an Innungen, Sparkassen, Handwerkskammern und dergleichen wendet, setzt ein Run auf den Katalog ein. Tausende von Katalogbestellungen binnen weniger Tage überraschen sogar die größten Optimisten im Team. Bald ist ein ganzer Stab damit beschäftigt, Adressen in Dateien einzulesen.

Mit der Ankündigung des Katalogs werden auch die Telefonnummern des Projektteams veröffentlicht. Damit ist Anfragen Tür und Tor geöffnet; über Nacht werden die Mitarbeiter ein »zweites Bürgertelefon«, Investoren-Information, kurzum Anlaufstelle für so gut wie alle Sorgen.

Termingerecht erscheint der Katalog mit den Firmenprofilen Ende August. Innerhalb weniger Tage sind 20 000 Exemplare versandt. Ein Nachdruckauftrag wird eingereicht. Nun beginnen auch die das Projekt begleitenden Informationstage in fünf Niederlassungen. Das Projektteam ist gespannt, wie viele Menschen sich direkt bei den Privatisierern über die im Katalog dargestellten – oder andere – Unternehmen informieren werden.

Vertreter der Treuhand-Liegenschaftsgesellschaft (TLG), der Wirtschaftsförderungsverbände und der Finanzinstitute sollen zu einer abgerundeten Veranstaltung beitragen.

Das Publikum kommt. Einige kommen, um noch am selben Tag konkrete Verkaufsverhandlungen zu führen, andere kommen, um sich über das vereinfachte Verfahren näher zu erkundigen, und schließlich nutzt so mancher die Gelegenheit, Bekanntschaft mit der Treuhand zu machen. Die Vertreter der Unternehmensbörse sind ununterbrochen im Einsatz, um für die Besucher im Katalog nicht aufgeführte Unternehmen herauszusuchen.

Nach wenigen Wochen merkt das Team, daß sich die Anstrengungen des Sommers gelohnt haben. Die am Projekt beteiligten Niederlassungen und Direktorate melden viele Verkäufe und ernsthafte Verhandlungen. Jedes zweite der 140 angebotenen Kleinunternehmen wird ganz oder teilweise privatisiert. Verschiedene Einheiten der THA bekunden Interesse an einer erneuten Durchführung, diesmal nicht nur für Kleinunternehmen, sondern auch für mittelständische Unternehmen bis zu 150 Mitarbeitern.

Nachdem Rücksprache mit allen in Frage kommenden Einheiten der Treuhandanstalt gehalten worden ist, wird eine neue Vorstandsvorlage erarbeitet. Inhalt ist eine leicht geänderte, zweite Durchführung des »Kleinunternehmenprojekts«. Mit der Gewißheit, daß die Vorlage verabschiedet wird, tritt erneut ein Projektteam zusammen. Das glücklicherweise noch freistehende Projektzimmer wird bezogen und das Schild »Projekt Kleinunternehmen 2« an die Tür geklebt. Der zweite Katalog enthält 206 Unternehmen, von denen wiederum fast 50 Prozent Interessenten finden.

19. Mai 1992

Ausschreibung gibt Privatisierung neuen Aufschwung

Eines der größten zusammenhängenden Industriegebiete Europas wird zum Verkauf angeboten. Es liegt bei Stendal im Norden des Landes Sachsen-Anhalt. An 194 Hektar Werksgelände und 222 Hektar Reservefläche fließt der schiffbare Elbestrom vorbei. Ein Hafen ist vorhanden. In Stendal kreuzen sich die Eisenbahnstrecken Hannover–Berlin und Rostock–Leipzig. Die Treuhandanstalt bietet dieses Gelände im Rahmen einer internationalen Ausschreibung zum Verkauf an.

Schlußtermin der Ausschreibung ist der 19. Mai 1992; bis dahin müssen alle Angebote in Berlin eingegangen sein. 64 Interessenten fordern während der Ausschreibungsfrist eine Beschreibung des Objekts an, 26 erbitten danach noch eine Besuchsgenehmigung, um das Gelände näher besichtigen zu können. Am Ende liegen mehrere schriftliche Angebote vor.

Erschlossen wurde das Gelände seit dem Beginn der siebziger Jahre, um den Bau eines Kernkraftwerks einzuleiten. 1991 aber werden die Bauarbeiten eingestellt, weil die Sicherheit der vorgesehenen Reaktoren als unzureichend gilt. In Betrieb ist das Kraftwerk nie gewesen, eine Gefahr durch radioaktive Kontamination besteht also nicht. Aus dem VEB Kernkraftwerk Stendal ist die AIG Altmarkt-Industrie Gesellschaft mbH geworden, die mit Vorbereitungen zur Entwicklung des Industriegebiets beginnt. Vom Verkauf ausgenommen ist jener Teil des Geländes, auf dem nun ein konventionelles Kraftwerk im Bau ist.

Ausschreibungen werden nach einem Beschluß des Vorstands der Treuhandanstalt (THA) vom 19. November 1991 verstärkt zur Beschleunigung der Privatisierung eingesetzt. Neben Großobjekten wie dem Industriegelände bei Stendal sind regionale Ausschreibungen aus dem jeweiligen Gebiet der THA-

Niederlassungen sowie vor allem nach Branchen geordnete Ausschreibungen von kleinen und mittleren Unternehmen üblich. Im Direktorat Investor Services der Treuhandanstalt wird ein Ausschreibungsbüro gebildet, dem Herbert B. Schmidt als Berater zur Verfügung steht. Er hat schon im August 1990 in Dresden bei der Entflechtung von Handelsbetrieben das Instrument der Ausschreibung eingesetzt. Neben der gezielten Mittlertätigkeit von Investmentbanken ermöglicht das Ausschreibungsverfahren die breite Ansprache potentieller Erwerber von Unternehmen. Die in den Anzeigen veröffentlichten Ausschreibungsbedingungen mit Aussagen zu Ausschreibungszeitraum, Entscheidungskriterien und Teilnahmebedingungen bilden für Interessenten eine sichere Vertrauensgrundlage, auf der ein aussagefähiges Angebot abgegeben werden kann und eine Entscheidung binnen 90 Tagen die Regel ist. Außer schriftlichen Unterlagen über die betreffenden Unternehmen können Interessenten auch Besuchsberechtigungen anfordern. Damit ist sichergestellt, daß sie das jeweilige Objekt nicht nur besichtigen, sondern auch Informationen vor Ort erhalten können. Bei der Anforderung von Unterlagen und Besuchsberechtigungen müssen alle Interessenten eine Erklärung abgeben, daß sie die ihnen zugänglich gemachten Informationen vertraulich behandeln.

Rund 3000 bis 4000 mittlere Unternehmen, ehemals bezirksgeleitete Volkseigene Betriebe, können von den THA-Niederlassungen ohnehin in vielen Fällen kaum effektiv betreut werden. Damit haben Geschäftsführer solcher Unternehmen freie Hand, mit dem Risiko wirtschaftlicher Fehlkalkulation oder Eigenmächtigkeit. Die Ausschreibung zwingt potentielle Investoren oder Kooperationspartner, sich ohne längere Verzögerungen zu entscheiden.

Bereits die zweite Branchenausschreibung mit 21 Nicht-Eisen-Metallgießereien wirkt. Nach monatelanger schwacher Verkaufstätigkeit zeigen sechs Vertragsabschlüsse unmittelbar vor Ausschreibungsbeginn, daß dieses Instrument schon im Vorfeld eine »produktive Unruhe« zugunsten der Treuhandanstalt verbreitet. Für die danach noch ausgeschriebenen 20 Unternehmen werden von 1206 Interessenten nähere Informationen angefordert und schließlich 39 Angebote abgegeben. Sämtliche Objekte können von der Treuhandanstalt privatisiert werden.

Die Ergebnisse der seit Anfang 1992 durchgeführten 22 Branchenausschreibungen, vier Ausschreibungen im Gebiet einzelner Niederlassungen sowie einer Reihe von Einzelausschreibungen (insgesamt 811 Objekte) sind sehr positiv. Interessenten fordern 54 077 Beschreibungen der Objekte sowie 13 067 Besuchsberechtigungen an. Daraufhin gehen bei der Treuhandanstalt 2148 Angebote ein, also durchschnittlich 2,65 Angebote für jedes ausgeschriebene Objekt. Das Interesse an den ausgeschriebenen Objekten läßt bis heute nicht nach.

Ein Teil der Ausschreibungen wird international durchgeführt, sei es durch entsprechende Anzeigen in ausländischen Zeitungen, durch Einschaltung der THA-Auslandsvertretungen, durch zwei in mehreren Ländern tätige Unternehmensberaterfirmen oder durch Information von Kammern und nationalen Verbänden. Daraus ergibt sich ein starkes ausländisches Interesse. Es schlägt sich in mehr als einem Drittel aller Anforderungen von Unternehmensprofilen, neun Prozent aller erbetenen Besuchsgenehmigungen sowie 12 Prozent aller eingereichten Gebote nieder.

Das Ausschreibungsbüro setzt die Geschäftsführungen der betroffenen Unternehmen jeweils von der Einbeziehung in das Verfahren in Kenntnis, damit sie sich auf die Besuche von interessierten Investoren vorbereiten können. Für die Laufzeit der Ausschreibung von sechs bis acht Wochen gilt, daß das ausgeschriebene Unternehmen im Interesse der Bieter während dieser Zeit nicht anderweitig privatisiert werden darf. Berücksichtigt werden nur Gebote, denen eine Bankbürgschaft in Höhe von fünf Prozent der gebotenen Summe beiliegt. Wird das Angebot nicht angenommen, erhält der Interessent die eingereichte Bankbürgschaft zurück.

Um 12 Uhr des letzten Ausschreibungstages werden die im Ausschreibungsbüro eingegangenen Gebote geöffnet, in Anwesenheit eines Notars wird ein Protokoll aufgesetzt. Durch ein fachkundiges Bewertungskomitee werden die Gebote unverzüglich mit Empfehlungen über die Aufnahme der Verkaufsverhandlungen versehen und an die dafür zuständigen Branchendirektorate oder Niederlassungen der Treuhandanstalt weitergeleitet.

20. Juni 1992

Mitarbeiter werden »Kapitalisten«

Kriemhild Frank, Betriebsratsvorsitzende der Bau Königs Wusterhausen GmbH, beklagt sich bitter über die schlechte Zahlungsmoral der Westdeutschen, die ihrem Betrieb hart zusetzt. Die Treuhandanstalt hat in Zusammenarbeit mit der Wochenzeitung »Die Wirtschaft« im Berliner Congreß Centrum zu einem Erfahrungsaustausch von Vertretern aus Unternehmen gebeten, die unter der Leitung von eigenen Mitarbeitern privatisiert worden sind (Management Buy-Out/MBO). Frau Frank berichtet über die Entwicklungen nach dem Entschluß fast aller 280 Mitarbeiter des früheren Kreisbauunternehmens in Königs Wusterhausen, mit Beiträgen zwischen 5000 und 25 000 Mark das eigene Unternehmen »selbst zu kaufen«. Tatsächlich war in einer besonderen Kapitalbeteiligungsgesellschaft genügend Geld zusammengekommen, um die Übernahme des Unternehmens bei der Privatisierung ohne Zuhilfenahme von Krediten durchzuführen. Nicht mit eingeplant waren allerdings die Verzögerungen der Zahlungseingänge mancher westdeutscher Auftraggeber.

In der ganz gewiß nicht üppigen Einkommens- und Vermögenssituation der Bürger der neuen Bundesländer verdiene diese Haltung allen Respekt, kommentiert Birgit Breuel vor den mehr als 300 Teilnehmern des Erfahrungsaustauschs. Die Treuhandanstalt wolle im Rahmen ihres gesetzlichen Auftrags ostdeutschen Bürgern verstärkt die Möglichkeit geben, sich unternehmerisch zu betätigen.

Tatsache sei, ergänzt Frau Breuel, daß das Interesse an der Übernahme von Betrieben durch Führungskräfte und Mitarbeiter (MBO) größer ist, als anfangs erwartet. Bei einer Umfrage habe jeder Dritte in Ostdeutschland erklärt, er sei bereit, sich finanziell am eigenen Unternehmen zu beteiligen. Die Verwirklichung von verschiedenen Formen der Mitarbeiterkapitalbeteiligung habe die Voraussagen viele Experten übertroffen. Von den bis zum Juni 1992 insgesamt privatisierten 8175 Unternehmen waren 1475 MBOs. Mehr als zehn Prozent von diesen wiederum sind mit Hilfe einer Kapitalbeteiligung der Mitarbeiter verwirklicht worden. Die Gesamtzahl der Mitarbeiter-Kapitalbeteiligungen ist in den Statistiken der Treuhandanstalt nicht erfaßt, weil diese teilweise in einem zweiten Schritt nach der Privatisierung erfolgten.

Bis zum November 1992 waren 350 Unternehmen mit Mitarbeiter-Kapitalbeteiligung in den neuen Bundesländern bekanntgeworden. Insgesamt aber rechnen Experten mit einer höheren Zahl. In einem Modellfall übernahm der Freistaat Sachsen die Bürgschaft für einen Kredit, mit dem die Übernahme der Anteile durch die Mitarbeiter vorfinanziert wurde.

Die Einzahlungen der Mitarbeiter erfolgen nach dem Fünften Vermögensbildungsgesetz durch steuerfreie monatliche Abzüge vom Bruttolohn einschließlich von Arbeitgeberbeiträgen. Auf diesem Wege sind die Mitarbeiter von dem Risiko befreit, bei einem Scheitern des Unternehmens und Verlust ihres Arbeitsplatzes auch weiterhin zur Bezahlung der übernommenen Unternehmensanteile verpflichtet zu sein.

Die Landesregierung von Sachsen-Anhalt hat inzwischen Richtlinien verabschiedet, nach denen Mitarbeiter-Beteiligungsgesellschaften an Unternehmen mit höchstens 250 Beschäftigten Garantien zur Absicherung von Bankkrediten erhalten können.

Die Landesregierung hofft, daß andere Bundesländer diesem Beispiel folgen und damit ein Durchbruch in vermögenspolitischer Hinsicht erreicht werde. Thüringen plant eine Förderung von Mitarbeiter-Kapitalbeteiligungen, Mecklenburg-Vorpommern erwägt, sich diesen Regelungen anzuschließen.

29. Juni 1992

Poker um die Braunkohle

In der Halle mit den Brikettpressen des Werks Braunsbedra setzt der Trompeter der Bergmannskapelle das Instrument noch einmal an die Lippen. Die eigentliche Stillegungszeremonie ist schon vorbei. Das erzgebirgische Lied vom Feierabend erklingt nun als endgültiger Abgesang nach 80 Jahren Brikettproduktion.

Der Absatz bei der Mitteldeutschen Braunkohlenwerke AG (Mibrag) ist eingebrochen, seit Beginn des Jahres sind 50 Millionen Mark Verlust durch nicht mehr abgenommene Briketts aufgelaufen. Dennoch ist das Unternehmen liquide, hat noch nicht eine Mark von der Treuhand benötigt.

1989 deckt die Braunkohle mit einer Gesamtförderung von 301 Millionen Tonnen rund 70 Prozent des gesamten Bedarfs der DDR an Primärenergie. Doch nach den Vorhersagen von Fachleuten wird sie in den neuen Bundesländern im Jahre 2000 weniger als 40 Prozent zur Gesamtenergieversorgung beitragen. Dann wird die Förderung zwischen 85 bis 95 Millionen Tonnen jährlich betragen. Der Anteil der Braunkohle an der ostdeutschen Stromerzeugung wird von 85 auf etwa 65 Prozent im Jahre 2000 zurückgehen. In den alten Bundesländern kommen jährlich rund 100 Millionen Tonnen dazu.

Ein Unterschied besteht darin, daß gegenwärtig von der Mibrag nur 40 Prozent und von der Lausitzer Braunkohle etwa 66 Prozent in elektrischen Strom umgewandelt werden, während in Westdeutschland das rheinische Revier 86 Prozent und das Revier um Helmstedt fast 100 Prozent in der Verstromung absetzen. Da der Brikettabsatz in Ostdeutschland erheblich zurückgeht, ist die Verringerung der Belegschaften und Abbaukapazitäten notwendig.

Nach der Wende scheint nur die Lausitzer Braunkohle AG (Laubag) eine Überlebenschance zu haben. Ihre Lagerstätten enthalten schwefelärmere Kohle als die Vorkommen der Mitteldeutschen Braunkohlenwerke AG. Die Rheinbraun AG, Tochter des Energieunternehmens RWE, hat sich auf eine Übernahme der Laubag festgelegt. Und das wirkt zunächst wie ein endgültig entscheidendes Wort, denn RWE hat zusammen mit den anderen Energiegesellschaften PreussenElektra und Bayernwerk die Geschäftsbesorgung bei der ostdeutschen Vereinigten Energiewerke AG (VEAG), Berlin, übernommen. Damit ist dieses Konsortium in einer Schlüsselposition für die neuen Bundesländer und für die Braunkohle.

Ein mit der Rheinbraun AG als Kern gebildetes Konsortium legt der Treuhandanstalt schließlich ein Konzept zur Privatisierung der Lausitzer Braunkohle vor. Die Laubag soll mit der Brikettfabrikation der Espag fusioniert werden. Die langfristig überlebensfähigen Teile beider Unternehmen sollen in eine neu zu gründende Aktiengesellschaft Braunkohlenwerke Brandenburg-Sachsen (BBS) eingebracht werden. Die RWE-Tochter Rheinbraun AG würde mit 51 Prozent, PreussenElektra 30 Prozent, Bayernwerk 15 Prozent und RWE Energie mit 4 Prozent an der neuen Aktiengesellschaft beteiligt. Für die übrigen Gesellschafter der VEAG will das Konsortium die Möglichkeit einräumen, sich zusammen mit Rheinbraun und RWE Energie über eine Vorschaltgesellschaft mit bis zu zehn Prozent an der BBS zu beteiligen. Andere Bewerber für die Übernahme der Lausitzer Braunkohle gibt es nicht.

Die BBS soll 15 000 sichere Arbeitsplätze bieten und langfristig rund 70 Millionen Tonnen Braunkohle zur Verstromung und Veredelung liefern. Die notwendigen Investitionen bis 2015 werden auf acht Milliarden DM veranschlagt, davon sechs Milliarden für die Modernisierung des Tagebaus.

Positive Signale auch für die Mitteldeutsche Braunkohle in Sachsen setzt eine Untersuchung, die von der Unternehmensberatung McKinsey & Company Inc. im Dezember 1991 vorgelegt wird. Diese Arbeit befaßt sich mit der künftigen Struktur des Braunkohlenbergbaus in den neuen Bundesländern. Darin wird festgestellt, daß von den insgesamt acht der noch für eine Langzeitnutzung geeigneten Tagebauen die zur Vereinigte Mitteldeutsche Braunkohlenwerke AG (Mibrag) gehörenden Abbaubetriebe Vereinigte Schleenhain und Profen die besten Voraussetzungen für eine Verstromung besitzen, wenn man nicht nur Schwefel- und Aschegehalt, sondern auch den Heizwert berücksichtigt.

Am 4. März 1992 gibt die Treuhand bekannt, daß die Mibrag international zur Privatisierung ausgeschrieben werden soll. Ein Angebot des amerikanischen Konzerns NRG Energy Inc. und seiner britischen Tochtergesellschaft Powergen plc für die Mibrag bringt Bewegung in die Situation. Das amerikanisch-britische Konsortium legt ein detailliertes Betriebskonzept vor. Wenig später geben auch die westdeutschen Energiekonzerne ein Interesse an der Übernahme von zwei der Mibrag-Gruben zu erkennen, legen aber noch kein detailliertes Kaufangebot vor.

Zentraler Punkt im Wettbewerb zwischen Rheinbraun und dem NRG-Konsortium ist die Frage des Stromabsatzes, den beide als entscheidende wirtschaftliche Grundlage des künftigen Braunkohlenabbaus ansehen. In der VEAG, die als das Verbundunternehmen das ostdeutsche Stromnetz verwaltet, treffen die drei westdeutschen Energiekonzerne RWE, PreußenElektra und Bayernwerk die Entscheidungen; sie haben nach den bisher üblichen Branchenregelungen das alleinige Durchleitungsrecht für ihren Strom durch das Leitungsnetz. Im Bundeskartellamt werden freilich Zweifel geäußert, ob das Durchleitungsrecht dem amerikanisch-britischen Unternehmen tatsächlich verweigert werden kann.

In einer Besprechung des Bundeskanzlers mit Vertretern der Wirtschaft und der Gewerkschaften am 28. September 1992 erklären die Ministerpräsidenten von Brandenburg und Sachsen, sie seien an einer baldigen Privatisierung des ostdeutschen Braunkohlenbergbaus weiterhin sehr interessiert, die für einen langfristigen Abbau erforderlichen Genehmigungsverfahren könnten spätestens bis Ende 1993 abgeschlossen werden. Die Konzerngruppe aus den westdeutschen Bundesländern erklärt, daß sie wettbewerbsfähige Teile der mitteldeutschen Gruben (Mibrag) ebenso übernehmen wolle wie den Braunkohlenbergbau in der Lausitz (Laubag). Außerdem versichert die Gruppe, sie sei bereit, mit der amerikanisch-britischen Gruppe in der Stromwirtschaft eine konstruktive Zusammenarbeit anzustreben.

Von den ehemals mehr als 133 000 Beschäftigten im Braunkohlenbergbau werden in den langfristig überlebensfähigen Gruben und Brikettfabriken im Jahre 2000 voraussichtlich nur noch etwa 18 000 Mitarbeiter beschäftigt sein. Die Zahl der Tagebaubetriebe wird von 38 im Jahre 1988 auf sieben im Jahre 2000 zurückgehen.

Eine von der Treuhandanstalt im Januar 1992 mit der Ausarbeitung eines Gutachtens über die jeweiligen Folgen einer kurzfristigen Stillegung oder Aufrechterhaltung des Braunkohlenbergbaus in der Region südlich Leipzig beauftragte Gruppe von Wissenschaftlern legt am 16. September 1992 ihre Ergebnisse vor. Die Wissenschaftler erklären, die Weiterführung des Bergbaus unter wirtschaftlichen Kriterien sei eindeutig die sinnvollere Lösung. Im Vergleich zu einer kurzfristigen Stillegung seien die Folgekosten für die öffentlichen Kassen bei weiterlaufendem Bergbau um mehr als eine Milliarde DM geringer.

Eine langfristige wirtschaftliche Versorgung mit Braunkohle für ein neues Kraftwerk am Standort Lippendorf zur Stromversorgung für den Südraum Leipzig ist nach Ansicht der Wissenschaftler bei Fortführung des Bergbaus gesichert. In einem aus bisher drei Abbaubetrieben zusammengeführten Tagebau »Vereinigte Schleenhain« könne die Kohlenförderung von 1999/2000 an aufgenommen werden. Nach Umrüstung könnten die Abbaubetriebe Zwenkau und Espenhain bis 2000 bzw. 2005 weiterbetrieben werden. Mit dieser Lösung kann zugleich eine weitgehende Sanierung des Braunkohlengebiets südlich von Leipzig erreicht werden.

Im Dezember 1992 legt das englisch-amerikanische Konsortium PowerGen/NRG Energy ein Angebot vor, das nicht nur den höchsten Kaufpreis innerhalb der Ausschreibung, sondern auch Investitionen in Milliardenhöhe und die Weiterführung der Mibrag als selbständiges ostdeutsches Unternehmen vorsieht. Detailverhandlungen werden von der Treuhandanstalt nach Überprüfung in Vorstand und Präsidium aufgenommen. Innerhalb einer Exklusivfrist von sechs Monaten hat dieses Konsortium die Möglichkeit, sein Angebot verbindlich zu präzisieren. Sollte es das Angebot nicht aufrechterhalten, soll das Ausschreibungsverfahren erneut eröffnet werden.

Die Rheinbraun AG erklärt daraufhin, daß der Treuhandanstalt ihr Angebot für die beiden Braunkohlenreviere Laubag und Mibrag zusammen vorliege, das innerhalb einer integrierten Lösung Investitionen von zehn Milliarden DM und einen Personalbestand von 15 000 Beschäftigten vorsehe. Wegen des künftig abnehmenden Braunkohlenbedarfs müßten allerdings die Kosten- und Ertragsrechnungen überprüft werden, so daß noch keine Aussagen über einen Kaufpreis gemacht werden könnten.

Die Unterzeichnung von Lieferverträgen über jährlich bis zu zehn Millionen Tonnen Rohbraunkohle bei einer Laufzeit von 40 Jahren sichert inzwischen die Zukunft der Mibrag. Die Verträge gelten unabhängig von einem Eigentümerwechsel bei dieser Gesellschaft. Für das Konsortium PowerGen/NRG Energy gilt inzwischen, daß ihm für die Abgabe eines spezifizierten Angebots sechs Monate Zeit gewährt werden. Mögliche Auseinandersetzungen über Stromlieferungen des englisch-amerikanischen Konsortiums werden jetzt vermieden, da die Mibrag lediglich als Kohlelieferant auftritt. Vertragspartner der Mibrag sind die Stromkonzerne Bayernwerk, Badenwerk, Energie-Versorgung Schwaben sowie das ostdeutsche Verbundunternehmen VEAG. Mit den Lieferverträgen steht die Entscheidung zum Bau von zwei Braunkohlen-Kraftwerksblöcken mit einer Leistung von jeweils 80 Megawatt bei Lippendorf südlich von Leipzig im Zusammenhang. Für einen Block ist die VEAG zuständig, für den anderen sind es die süddeutschen Elektrizitätsunternehmen.

Der Vertrag über die Braunkohlenlieferungen der Mibrag gilt als Modell für eine ähnliche Lösung bei der Laubag. Der Aufsichtsrat der VEAG hat inzwischen die bisher blockierten Investitionsentscheidungen über 10 Milliarden DM für neue Braunkohlenkraftwerke an den Standorten Boxberg und Schwarze Pumpe freigegeben. Beide sollten mit Laubag-Kohle betrieben werden.

30. Juni 1992

Niederlassung Schwerin vollzieht ihren letzten Unternehmensverkauf

Am 30. Juni 1992 nimmt die Niederlassung Schwerin als erste von 15 Niederlassungen der Treuhandanstalt den Verkauf des letzten Unternehmens in ihrem Bezirk vor. Privatisierung, Reprivatisierung und Kommunalisierung von 344 Unternehmen sowie Teilunternehmen und der Abschluß von insgesamt mehr als 1100 Kauf- und Pachtverträgen – einschließlich der bereits Mitte 1991 abgeschlossenen kleinen Privatisierung im Handels-, Hotel- und Gaststättenbereich – bilden die Bilanz der Niederlassung. Verkaufserlöse in Höhe von mehr als 405 Millionen DM wurden erreicht, mindestens 21 700 Arbeitsplätze und über 1,26 Milliarden DM Investitionen sind notariell abgesichert.

Während der ersten Monate ihrer Tätigkeit im Jahre 1990 hat die Niederlassung Schwerin 362 Unternehmen, davon 41 Güter, eine Legion von Handelseinrichtungen sowie mehrere hunderttausend Hektar land- und forstwirtschaftlicher Flächen im Rahmen der Beteiligungsführung zu betreuen. Jeden Tag sind Hunderte von Besuchern, Investoren, private und kommunale Anspruchsteller, Betriebsräte, ratsuchende Bürger, entlassene Mitarbeiter aus Treuhand-Unternehmen usw. zu beraten.

Die Post geht täglich waschkörbeweise ein. Dafür stehen zunächst zwanzig, im wesentlichen von Parteien entsandte Mitarbeiter und ein kleines, ofenbeheiztes ehemaliges Wohnhaus zur Verfügung, mit völlig unzulänglichen Sanitär- und Telefoneinrichtungen, ohne Telex-, ohne Telefax- und ohne Funkverbindung. Mitarbeiter und Besucher sind in kleine Räume gezwängt, zwischen Gluthitze von »Kachel-Kanonenöfen« und Eiseskälte bei geöffneten Fenstern, ohne die es in der Enge nicht auszuhalten ist.

Stellenweise treten neue West-Ost-Seilschaften auf. So gibt es westliche Unternehmer, die in »aufopfernder Weise bei der Bewertung aller Firmen-Vermögenswerte zur DM-Eröffnungsbilanz helfen«, und Ost-Geschäftsführer, die das zulassen. Oder man trifft auf westliche Unternehmer, die ausgewählte Treuhand-Betriebe mit eingeschleustem Personal regelrecht besetzen, manchmal mit bis zu 60 Mann. Das alles geschieht natürlich ohne jede Vertragsgrundlage und mit dem Ziel, anschließend günstig »einzukaufen«. Dies freilich konnte meist vereitelt werden.

Eines Abends lauert der abberufene Geschäftsführer einer Gesellschaft im Dunkeln dem Niederlassungsleiter Karl-Heinz Rüsberg im Hinterhof auf. Der Fahrer beobachtete den Vorgang; so kann die gefährliche Situation entschärft werden. Belastender waren Morddrohungen gegen Rüsberg, wovon eine im März 1991 bei der »Schweriner Volkszeitung« und eine weitere bei der Polizei auflief.

Das Ende der Unternehmens-Privatisierungstätigkeit der THA-Niederlassung Schwerin bedeutet nicht das Ende der Existenz der Treuhand in Schwerin. Mit der abgeschlossenen Privatisierung verändern sich lediglich die Schwerpunkte der Arbeit:

– Verkauf von Immobilien aller Art und Herkunft außer land- und forstwirtschaftlicher Nutzfläche, für deren Vermarktung die BVVG zuständig ist,
– Reprivatisierung und Kommunalisierung,
– Vermögensbescheid-Zuordnung,
– Investitionsvorrangentscheidung,
– Erteilung von Grundstücksverkehrsgenehmigungen,
– Vertrags-Management (Kontrolle der Vertragserfüllung),
– Dokumentation.

Die Vorbereitungen für die Umwandlung der Niederlassung in eine Geschäftsstelle beginnen im Sommer 1992. Die Dokumentation erfordert nicht nur die lückenlose Aufbewahrung der Akten, die den Verkauf eines Unternehmens betreffen, sondern ebenso die Sicherstellung der Personalunterlagen, die für spätere Rentenzahlungen von Bedeutung sein können.

Über Zeiträume bis zu fünf Jahren gelten Absprachen mit den Investoren über Arbeitsplatzgarantien und Investitionen. Die Ablösung von Krediten und Bürgschaften erstreckt sich meist über einen gewissen Zeitraum, bei Management Buy-Outs sind die Kaufpreiszahlungen oft erst in Raten fällig. Unternehmen, die sich in Liquidation befinden, müssen betreut werden.

Mit besonderen Vertragsklauseln hat sich die Treuhandanstalt die Möglichkeit offengehalten, insbesondere Immobilien und Grundstücke nachzubewerten und unter Umständen die Differenz zum höheren Wert vom Investor nachzufordern. Nur so ist zu verhindern, daß Dritte dank anfänglicher Fehleinschätzungen auf Kosten der Allgemeinheit oder der Altberechtigten Spekulationsgewinne machen. Verkauft der Investor Immobilien oder Unternehmensteile, sind – so schreibt eine Mehrerlösklausel im Kaufvertrag vor – die über den von der Treuhandanstalt erzielten Preis hinausgehenden Einnahmen an diese abzuführen.

Auch die Kommunalisierung von Unternehmen und Grundstücken sowie die Reprivatisierung von Grundstücken sind noch nicht abgeschlossen. So melden Gemeinden Ansprüche auf kommunale Versorgungsbetriebe wie auch auf Immobilien und Gebäude an, die sich zu früheren Zeiten in anderen Rechtsverhältnissen befunden haben. Die Ansprüche müssen geprüft und beschieden werden.

Die Reprivatisierung von Gebäuden, Grundstücken und Unternehmen gestaltet sich vor allem deshalb schwierig, weil auch zwei Jahre nach der Wiedervereinigung die Verwaltungsstrukturen noch im Aufbau sind. Die Ämter für offene Vermögensfragen, insbesondere das Landesamt, sind mit den Anträgen überlastet. Es erfordert häufig viel Eigeninitiative der THA-Mitarbeiter, vor Ort in den Ämtern die tatsächlichen Verhältnisse zu recherchieren.

Eine weitere Aufgabe ist der Treuhandanstalt im Zuge der Novellierung des Vermögensgesetzes zugewachsen. Hier wird jetzt die Grundstücksverkehrsgenehmigung erteilt. Das heißt, daß nun durch die Treuhandanstalt zu prüfen ist, ob ein Grundstück frei ist von Altansprüchen und in diesem Fall die Genehmigung zur Verfügung über dieses Grundstück zu erteilen. Auch hier ist man auf die Ämter für offene Vermögensfragen angewiesen und trifft auf die gleiche Überlastung. Eine fehlende Grundstücksverkehrsgenehmigung macht die Veräußerung eines Grundstücks unmöglich. Damit werden keine Bauinvestitionen getätigt und in vielen Fällen keine neuen Arbeitsplätze geschaffen.

14. Juli 1992

Rückgang des THA-Personalbedarfs: Brief der Präsidentin Birgit Breuel an die Mitarbeiter

Liebe Mitarbeiterinnen,
liebe Mitarbeiter,

in den vergangenen Monaten sind wir bei Sanierung und Privatisierung wieder ein Stück vorangekommen. Unternehmen, die von manchem schon totgesagt waren, gewinnen langsam eine Zukunft. Im Schiffbau, bei der Chemie, beim Stahl oder bei Maschinenbau und Elektrotechnik konnten Investitionen und Arbeitsplätze gesichert werden. Erste Schritte sind getan.

Die hohe Motivation und Einsatzbereitschaft der Mitarbeiter war dafür die Voraussetzung. Dafür möchten insbesondere Herr Dr. Föhr und ich Ihnen allen danken.

Wir stehen dennoch unverändert in der Kritik. Nach wie vor spüren wir wohl am deutlichsten die großen wirtschaftlichen und gesellschaftlichen Herausforderungen der deutschen Einheit. Auf die Treuhand konzentrieren sich Erwartungen und Hoffnungen, Ängste und Protest. Die Belegschaften wollen wissen, wie es in den Unternehmen weitergeht. Die Politik wünscht sich von der Treuhand Entscheidungen, die oft der Quadratur des Kreises gleichkämen.

Ich bin davon überzeugt, daß sich der Erfolg unserer Arbeit trotz einiger Fehler und Fehlschläge durchsetzen wird. Große Investitionsvorhaben werden überall im Land begonnen und realisiert. Die Mitarbeiterinnen und Mitarbeiter, die daran gearbeitet haben, haben dies ja jeden Tag vor Augen.

Aber es ist auch wahr, daß die Geduld der Menschen in Ostdeutschland auf eine harte Probe gestellt wird.

Viele Menschen sehen und verstehen die objektiven Probleme,

die eine Lösung der wirtschaftlichen Probleme bestimmen. Was viele aber fast verbittern und verzweifeln läßt, ist die technokratische Kälte, mit der sich oft der wirtschaftliche und gesellschaftliche Wandel vollzieht. Ich kann dies gut verstehen, weil uns unsere tägliche Arbeit genügend Beispiele dafür liefert. Ich habe deshalb die herzliche Bitte an alle diejenigen von Ihnen, die hier Einfluß nehmen können: Bemühen Sie sich durch Informationen, Erklärungen und insgesamt durch Ihr persönliches Verhalten, sich gegen solche Tendenzen zu stemmen, innerhalb der Treuhand selbst und außerhalb.

Viele Menschen haben auch Sorge, durch die Arbeit der Treuhand würde Ostdeutschland nur eine Filiale des Westens, eine verlängerte Werkbank. Wenn es gelingen soll, den Schiffsbau, den Stahl oder die Chemie zu modernisieren und zu sanieren, dann ist das nur möglich durch das Engagement weltweit aktiver Unternehmen, auch aus dem Ausland. Hierin sollte niemand eine Überfremdung sehen, sondern die Chance der Integration in die weltwirtschaftliche Zusammenarbeit.

Wir müssen dann allerdings auch alles tun, damit die Chancen ostdeutscher Unternehmen und ostdeutscher Bürger etwa im Mittelstand gewahrt bleiben. Deshalb setzen wir uns so engagiert dafür ein, daß die kleinen und mittleren Unternehmen und Liegenschaften vorrangig an ostdeutsche Bürger privatisiert werden und daß die Belegschaften bei der Privatisierung ihre Chancen wahrnehmen können.

Jedesmal, wenn neue Eigentümer die Verantwortung für ein Unternehmen oder eine Liegenschaft übernehmen, wird die Bedeutung der Treuhand ein Stück kleiner. Damit stellt sich zunehmend die Frage nach der Zukunft der Treuhandanstalt.

Wir haben nie einen Hehl daraus gemacht, daß wir uns selber überflüssig machen wollen. Das paßt denen nicht, die sich daran gewöhnt haben, auf die Treuhand die Schuld an allen ungelösten und konfliktreichen Problemen zu schieben. Und das ist für viele Mitarbeiter belastend, weil es ihre Lebensplanung berührt und unsicher macht.

Wenn in diesen Tagen die ersten Niederlassungen die Privatisierung und Sanierung »vor Ort« abschließen werden und in der Zentrale die ersten Branchendirektorate wegfallen, dann ist das für einige ein Signal, sich beruflich neu zu orientieren und die Treuhand zu verlassen. Das ist unvermeidlich, auch wenn es immer schmerzt, wenn gute Teams auseinandergehen.

Die Bereiche Unternehmensprivatisierung und Beteiligungsbetreuung werden also nach und nach entfallen. Gleichzeitig werden die Bereiche Vertragsabwicklung, Abwicklung, Reprivatisierung, Kommunalisierung und Liegenschaften bleiben und werden teilweise sogar umfangreichere Aufgaben wahrnehmen. Je nach der Struktur der einzelnen Niederlassungen werden hierfür weiterhin 50 bis 65 Prozent der bisherigen Mitarbeiterzahlen benötigt. Mit vergleichbaren Relationen rechnen wir auch in der Treuhand-Zentrale in Berlin.

Die Verlagerung der Aufgabenschwerpunkte bedeutet auch die Veränderung der Tätigkeitsanforderungen. In den Mittelpunkt treten Aufgaben, die mehr Kontrolle und Verwaltung verlangen. Sie sollen von treuhanderfahrenen Mitarbeitern wahrgenommen werden. Darin sehen Herr Dr. Föhr und ich eine Chance gerade für unsere Mitarbeiter aus den neuen Ländern, für die wir eine ganz besondere Fürsorgepflicht empfinden.

Wir können heute noch keine exakten Prognosen über die Aufgabenentwicklung der Treuhand und ihren Personalbedarf abgeben. Ich gehe jedoch in etwa von folgendem »Szenarium« aus:

Bis Ende 1993 werden die Aufgaben der Unternehmensprivatisierung und damit auch der Beteiligungsbetreuung im wesentlichen abgeschlossen sein. Dies wird bis Frühjahr 1994 zu einem Rückgang des Personalbedarfs von heute rund 4000 Mitarbeitern auf dann rund 2500 führen. Ich denke, daß gerade die Führungskräfte und der Führungsnachwuchs aus den alten Bundesländern die Chance nutzen wird, nach dem »Härtetest Treuhandanstalt« in allen Teilen Deutschlands, aber auch in den osteuropäischen Ländern neue, ihrer Qualifikation angemessene Aufgaben zu suchen (Ost-Unternehmen/Internationale Organisationen/TOB, Privatisierungen von Dienstleistungen aus der THA heraus.) Wir werden sie intensiv unterstützen.

Mitarbeiter aus den neuen Bundesländern, die vom Abschluß der Privatisierung betroffen sind, werden wir – wenn der Wunsch besteht – vorrangig für die verbleibenden und zum Teil wachsenden Bereiche innerhalb der Treuhand berücksichtigen. Außerdem bitte ich die Führungskräfte, ihrer Verantwortung nachzukommen und denen, die sich nach anderen Aufgaben umsehen, unterstützend zur Seite zu stehen.

Es wird noch stärker als bisher Ausschreibungen innerhalb der Treuhand geben, damit der ganze Prozeß so offen und transparent wie möglich bleibt.

Es bleibt viel zu tun im Rechnungswesen, bei den Liegenschaften, im Umweltbereich oder beim Vertragscontrolling. Deshalb gibt es genügend Chancen für alle . . . (gekürzt).

Konzept für die Tätigkeit nach 1994

Vertragsmanagement, Reprivatisierung und reg. Abwicklungsfälle	Verwaltung und Verwertung von land- und forstwirtschaftlichem Vermögen	Verwaltung und Verwertung von Liegenschaften/Grundstücken
– operative Betreuung der Verträge – kaufmännische Betreuung der Verträge – Wahrnehmung regionaler Abwicklungsaufgaben – Bearbeitung von ökologischen Altlasten – Erlösauskehr im Rahmen von Reprivatisierungsaufgaben	– Verwaltung und Verwertung der Liegenschaften für gewerbliche und Wohnzwecke – Verwaltung und Verwertung landwirtschaftlicher und forstwirtschaftlicher Nutzflächen – operative Betreuung der Verträge – kaufmännische Betreuung der Verträge – Erlösauskehr im Rahmen der Reprivatisierung	– Liegenschaftsverwaltung und -verwertung – Wohnungsverwaltung und -verwertung – Standortentwicklung – operative Betreuung der Verträge – kaufmännische Betreuung der Verträge – Wahrnehmung von Reprivatisierungsaufgaben
880 Mitarbeiter	380 Mitarbeiter	800 Mitarbeiter

Weitere fortzuführende Aufgabenbereiche:

THA-Nachfolge-organisation	Hoheitliche Aufgaben	EDV	Zentrale Abwicklungs-gesellschaft	Weitere Leistungsbereiche		
				Betreuung Einzelfälle + Minderheitsbeteiligungen	Treuhand Osteuropa Beratungsgesellschaft	
				Finanzierung Nachfolgeorganisation		
				Betreuung MKG		sonstige
				Betreuung KoKo-Unt.		
200 Mitarbeiter	280 Mitarbeiter	150 Mitarbeiter	30 Mitarbeiter	50 Mitarbeiter		30 Mitarbeiter

31. Juli 1992

Amerika for Sale

»Financial Times«, Seite 24: Das Sternenbanner flattert im Wind und zieht die Aufmerksamkeit auf sich. Die Liegenschaftsgesellschaft der Treuhandanstalt, Außenstelle Gera, bietet per Anzeige »Amerika for Sale« an – die Immobilie Nr. G-3050 Amerika im Freistaat Sachsen. Eine Offerte, die innerhalb von Stunden weltweit für Schlagzeilen sorgt.

Der Verdacht, die Treuhandanstalt privatisiere jetzt auch US-amerikanische Objekte, kann schnell ausgeräumt werden. Nein, die Anschrift lautet O-9291 Amerika, Federal Republic of Germany. Doch was ist »Amerika«? Ganz sachlich: eine nicht betriebsnotwendige Liegenschaft der Altenburger Wollspinnerei. Das heißt elf Hektar Land mit etwa 40 Wohn-, Geschäfts- und Fabrikationsgebäuden, zum größten Teil Industriearchitektur aus der Mitte des 19. Jahrhunderts. 110 Menschen leben noch dort. Und Amerika hat Bahnanschluß.

Über die Entstehung des Namens, der 1858 erstmals amtlich erwähnt wurde, gibt es zwei Geschichten. Die »offizielle« Version besagt, daß nach dem Bau der Fabrik und des Dorfes ein Name gesucht wurde, der Modernität und Zukunft ausdrückte. Da lag es nahe, »Amerika« zu wählen.

Die zweite Geschichte ist Legende: Die Arbeiterinnen mußten auf ihrem Weg zur Fabrik die Zwickauer Mulde überqueren. Bei Hochwasser kam der Weg zur Arbeit einer Atlantiküberquerung gleich. Die Passage war dann nur mit einem Kahn möglich, der mit Seilzug auf Kurs gehalten wurde. Während der Überfahrt sangen die Frauen: »Ri-ra-rutschika, jetzt fahr'n wir nach Amerika.«

19. August 1992

Die Beauftragten

»Treuhand komt naar Den Haag«, läutet das »NRC Handelsblad« den Besuch von Birgit Breuel ein. Sie ernennt den früheren Vorstandsvorsitzenden der Unilever N. V., J. M. Goudswaard, zum Treuhand-Beauftragten für die Niederlande. »De Nederlandse interesse gaat vooral uit naar de agrarische sector, voedingsmiddelen en grond«, berichtet die Zeitung weiter und zitiert die Versicherung der Treuhand-Präsidentin, daß längst noch nicht alle »Rosinen aus dem Kuchen gepickt« sind.

Goudswaard ist der neunte »Beauftragte«, der für die Treuhandanstalt im europäischen Ausland tätig wird. Ohne viel Aufsehen entsteht da seit Oktober 1991 ein effektives Netzwerk. Namhafte Fachleute mit hervorragenden Kenntnissen der Wirtschaft ihres Heimatlandes und der Verhältnisse in der Bundesrepublik Deutschland engagieren sich als Botschafter für den Standort Ostdeutschland.

Als erster Beauftragter wird im Oktober 1991 der Österreicher Gerd Graenz berufen, ein langjähriges Vorstandsmitglied der Bank für Tirol und Vorarlberg und des Österreichischen Kommunalkredit. Ihm folgen Henri Monod, der frühere Präsident von Hoechst Frankreich, der Aufsichtsratsvorsitzende von Siemens/Italien und Präsident der deutsch-italienischen Handelskammer in Mailand, Raffaele Durante. Die letzte Ernennung im Jahr 1991 betrifft Großbritannien: Lord Peter Walker, seit 1961 Mitglied des Unterhauses und Kabinettsmitglied in allen konservativen Regierungen von 1970–90, kann für die Sache der Treuhandanstalt gewonnen werden.

Im Februar 1992 wird der Industriemanager José Ramón Lecuona als Beauftragter für Spanien ernannt, im März der Bank- und Börsenspezialist Bendt Hansen für Dänemark. Fritz Leutwiler, der frühere Präsident der Schweizer Notenbank, ist seit Juni 1992 für die Treuhand tätig, ebenso Sven Wallgren, der Vorsitzende des Aufsichtsrates des schwedischen Industrieverbandes. Nun gehört auch der Niederländer J. M. Goudswaard zu dieser Gruppe, die ehrenamtlich und mit viel Engagement die Werbetrommel rührt.

Die Männer sind überzeugt von der Sache, für die sie arbeiten. »Schon 1995 wird es große Bewunderung geben für das, was erreicht worden ist«, hat der Brite Walker kürzlich in einem Interview gesagt. Von den Beauftragten gehen viele Impulse aus – auch für die Treuhand. Denn es gilt, auf die Mentalität der Investoren einzugehen, ihre Sprache zu sprechen, ihre Gepflogenheiten zu beachten. Größer könnte der Unterschied kaum sein als zwischen den Franzosen, die offizielle Wege bevorzugen und gern ihre Botschaft einschalten, und den Unternehmen aus den Niederlanden, die sehr individuell vorgehen.

»Die wirksamste Werbung sind die Berichte von Firmen, die in Ostdeutschland investiert haben. Wir müssen die Successstories erzählen«, so Fritz Leutwiler. »Wie hat der Investor die Firma aufgebaut, wie hat sich die Produktivität entwickelt, das ist es doch, was die Leute interessiert.« Leutwiler legt aber auch den Finger in die Wunde: Der Informationsfluß ist immer noch zäh, da muß die Treuhand etwas tun. Und er fügt hinzu: »Die Interessenten brauchen Antworten, auch wenn sie negativ sind!« – Noch eine Lektion für die Treuhänder.

Kein Zweifel: Die Tätigkeit der Beauftragten ist ein wesentlicher Baustein im Auslandsmarketing der Treuhandanstalt. Sie ergänzen und verstärken die Büros der Treuhand in New York und Tokio, die weltweite Ausschreibungskampagne, die Einschaltung von Investmentbanken, Direct Mailing, Teilnahme der Treuhand und ihrer Unternehmen an internationalen Fachmessen. Die Zahlen sprechen für sich: Ende Juni 1991 hatte die Treuhandanstalt 93 ostdeutsche Unternehmen an ausländische Investoren verkauft. Sie hatten Investitionen in Höhe von vier Milliarden DM und den Erhalt von 37 700 Arbeitsplätzen zugesagt. Die Verstärkung des Auslandsmarketings zeigte bald Wirkung: In den nächsten zwölf Monaten erhöhte sich die Zahl der Vertragsabschlüsse mit Ausländern auf 412.

Die Berichte der Beauftragten stimmen optimistisch: Auf den Tisch des Schweden Sven Wallgren flattern pro Woche rund 30 Anfragen. »Es ist manchmal schwierig, die Wünsche zu erfüllen, die optimalen Partner zu finden«, sagt er. Wie seine Kollegen arbeitet auch er eng mit der deutschen Auslandshandelskammer zusammen – offensichtlich erfolgreich. Der Schweizer Leutwiler schließt sich dem Lob an: »Ich bin beeindruckt von den Mitarbeitern der Handelskammer Deutschland-Schweiz. Das sind echte Profis.«

Der neue Beauftragte für die Niederlande geht die Aufgabe dynamisch an und ist offenbar entschlossen, sie zu einer Erfolgsstory zu machen. »Ich sehe nicht ein, warum niederländische Unternehmen die Investitionsmöglichkeiten anderen überlassen sollen«, so J. M. Goudswaard in Den Haag.

21. August 1992

Ein Stück namens DEFA

Der Produzent Dieter Geissler hat sich als erster »Westmieter« auf dem Gelände des DEFA-Studios in Potsdam-Babelsberg niedergelassen. Doch erst zwei Jahre später, im August 1992, kann Eberhard Sinnecker, Direktor Dienstleistungen in der Berliner Zentrale der Treuhand, vorläufig aufatmen: Die Unterschriften unter dem Privatisierungsvertrag zwischen Treuhand und CIP (Compagnie Immobilière Phénix) sind rechtskräftig. Es steht »nur« noch die Zustimmung des Bundesfinanzministers aus.

Sinnecker erinnert sich an die Höhen und Tiefen, an das Trommelfeuer der Medien, die Kritik, das Drängen, an die Pressionen, an die Verzögerungen, die Komplikationen, die die mehr als zweijährige Arbeit begleitet, befördert oder behindert haben. Mehr als 4100 Beschäftigte hatten die DEFA-Spielfilm, die DEFA-Dok., die DEFA-Synchron, die DEFA-Trick, die DEFA-Kopien, der Progreß-Verleih und der Außenhandelsbetrieb der DEFA zum Zeitpunkt der Bestandsaufnahme.

Nach einem Hearing zum Thema DEFA am 28. Februar 1991 wurde am 6. März eine Vorstandsvorlage erstellt. Sinnecker war noch nicht zuständig, aber die Stichworte waren alle schon gefallen – kulturpolitischer Stellenwert, Symbolcharakter, Medienstandort im Großraum Berlin für Film und Fernsehen. Zusammenfassende Richtlinie: Die Treuhand kann die DEFA nicht nur rein kommerziell betrachten, es soll ein medienorientiertes Gesamtkonzept für die DEFA-Gruppe erstellt werden.

Den Entwicklungsauftrag erhält am 24. April 1991 Peter Schiwy, 55 Jahre, bis Januar 1991 Intendant des Norddeutschen Rundfunks. Er hat ein Budget von 1,5 Millionen DM. Der Begriff »Medienstadt Babelsberg« wird geprägt. Am 2. Mai nimmt die Entwicklungsgruppe unter dem kritischen Auge von Öffentlichkeit (schließlich sind wir alle Film- und Fernsehzuschauer), Filmschaffenden und Politikern ihre Arbeit auf. Besuche von

Bundes- und Landesministern – so von Vizekanzler Hans-Dietrich Genscher und Innenminister Wolfgang Schäuble – und Stellungnahmen des Filmbeauftragten des Senats von Berlin, des medienpolitischen Sprechers der FDP-Bundestagsfraktion, des stellvertretenden SPD-Vorsitzenden, des Vorsitzenden der FDP-Fraktion im niedersächsischen Landtag und des engagierten und hilfreichen Kultusministers des Landes Brandenburg sind nur einige Beispiele. Vorschläge von Dieter Geissler und von der Chronos-Film werden aufmerksam gelesen.

Am 21. Mai folgt der erste Statusbericht und der »Verzicht auf eine kurzfristige Lösung«. Im Juli ist klar, daß die Entwicklungsgruppe sich darauf konzentrieren wird, »Vorbereitungsgespräche zur Veräußerung an einen Mehrheitsgesellschafter« zu führen, im Klartext: Eine längerfristige Bindung der Treuhand ist nicht beabsichtigt, es wird privatisiert. Vor 600 geladenen Gästen präsentieren Schiwy und Dr. Jens Odewald, der Vorsitzende des Treuhand-Verwaltungsrats, der Öffentlichkeit am 29. August 1991 die »Entwicklungstrategie«. Ist das Privatisierungskonzept für die DEFA-Studios in Babelsberg – Trennung in eine Besitzgesellschaft und maßgeschneiderte Betreibergesellschaften – realisierbar? Für die anderen sechs DEFA-Unternehmen sind unabhängige Lösungen vorgesehen.

Zu wenig Beachtung findet die Vereinbarung zwischen der Treuhand und der Rundfunkanstalt Brandenburg vom 2. Oktober. Der Sender siedelt sich mit einem Pachtvertrag auf dem Gelände in Babelsberg an, um am 1. Januar 1992 sendefähig zu sein. Als weiteres Ziel schwebt Sinneckers Mitarbeitern vor, Betreibergesellschaften im Sinne eines breitgefächerten Medienkonzepts auf dem Gelände anzusiedeln. Dies gelingt nach und nach mit 40 Fremdfirmen – wie mit dem ZDF-Studio Brandenburg, dem Institut für Medientechnik e. V., der TV-Mobil GmbH, SAT 1, Nord TV Kiel und anderen.

Die »Gerüchteküche« kocht, als wegen der »beträchtlichen Kapitalerfordernisse« die Treuhandanstalt endgültig auf ihre ursprüngliche Absicht verzichtet, die DEFA durch einen beauftragten Berater über einen längeren Zeitraum zu entwickeln und dann erst zu veräußern. Peter Schiwys Auftrag ist beendet, der Beschluß fällt, die Investmentbank Crédit Suisse First Boston (CSFB) mit der Unterstützung der Treuhand bei der Suche nach einem Investor zu beauftragen. Es geht darum, »ein großes Medienunternehmen für die Basisentwicklung zu gewinnen, um dann im Folgeprozeß mittelständische Unternehmen anzusiedeln«.

Berlin und Brandenburg sind natürlich an der Auswahl der Bank beteiligt. US-Medienunternehmen, die angesprochen werden, winken ab – weltweite Überkapazitäten im Studiobereich, europäische Region nicht interessant, so lauten die Begründungen. »Und die augenblickliche finanzielle Schwäche der potentiellen Investoren«, fügt Sinnecker stillschweigend hinzu.

Als die CSFB neun Monate Zeitbedarf anmeldet, heißt es von seiten der kritischen und aufmerksamen Öffentlichkeit, dies sei ja der Gipfel, ein halbes Jahr Schiwy, ein dreiviertel Jahr CSFB, dann sei die DEFA Babelsberg am Ende. Sinnecker muß immer wieder versuchen, Verdächtigungen gebenüber der Treuhand auszuräumen. Sein Vorstand, Wolf Klinz, unterstützt ihn. Außerdem sind fünf Millionen DM Investitionen der Treuhandanstalt in Babelsberg vorgesehen.

Am 13. April 1992, sechs Monate nach Auftragserteilung, kann dem Vorstand ein erstes Ergebnis in Form eines Memorandums vorgelegt werden. 23 Investoren sind angesprochen worden, fünf Angebote eingegangen, zwei sind verblieben: das der Compagnie Immobilière Phénix, einer Tochter der Compagnie Générale des Eaux (CGE), und das der Filmhaus Film und Fernsehproduktion GmbH München.

Die CGE ist der Treuhand schon über eine andere Tochtergesellschaft, die SGE – Société Générale d'Entreprises – als solider Geschäftspartner bekannt. Für den französischen Investor sprechen seine Erfahrung bei der Realisierung von Großprojekten, seine hohe Kapitalkraft. Er ist aber – trotz seines Engagements in Filmstudios in Paris und seiner Beteiligung an zwei TV-Sendern – primär im Immobiliengeschäft tätig und wird daher kritisch unter die Lupe genommen. Andere neigen aus diesen Gründen eher dazu, mit dem zweiten Bieter, dem Filmhaus München, weiterzuverhandeln. Das Filmhaus ist Marktführer in der Werbefilmbranche, würde Aktivitäten aus München nach Babelsberg verlagern. Aber es hat als mittelständisches Unternehmen nicht die gleiche finanzielle Kraft wie die Franzosen. Die Spannung steigt, das Rennen ist nach wie vor unentschieden. Hinter den Kulissen wird taktiert, werden Journalisten »Hintergrund«-Informationen zugespielt. Nur die Treuhand muß sich zurückhalten. Vorstand Wolf Klinz unterzeichnet eine Tischvorlage für die Vorstandssitzung am 27. April, die eine Verbesserung und Annäherung der Vorschläge der Wettbewerber verzeichnet; kein Wunder, Koordinationsgespräche mit Berlin und Brandenburg haben zu »Transparenz« geführt.

Die Crédit Suisse First Boston schlägt vor, dem Filmhaus den Zuschlag zu erteilen, das Direktorat Sinnecker (U4 DL) der CIP. Volker Schlöndorff und Peter Fleischmann, die beiden Regisseure, die der CIP beratend zur Seite stehen, ergreifen die Initiative und verwahren sich in einem offenen Brief gegen »Vorurteile« und »Falschmeldungen«. Und Klinz sieht sich zwischen Szylla und Charybdis – entweder angeblicher Immobilienhai CIP oder die Kritik aus dem Ausland: Wieder mal wird der deutsche Bieter bevorzugt. Schlaflose, durchgearbeitete Nächte, bis schließlich die 52seitige Vorstandsvorlage am 17. Mai vorgelegt wird. Klinz erläutert, die materiellen Bedingungen der Investoren seien einander sehr ähnlich. Er macht auf leichte Vorteile für das Filmhaus beim Kaufpreis und für die CIP bei den pönalisierten (mit Vertragsstrafen abgesicherten) Arbeitsplatzgarantien aufmerksam. Sein Votum für die CIP begründet er nicht nur wirtschaftlich, er spricht von »Akzeptanz im Kreis der Filmschaffenden«, gemeint sind: Wim Wenders, Peter Fleischmann, Volker Schlöndorff und Dieter Geissler, der schon im Dezember 1990 Vorschläge für eine Weiterführung des Filmbetriebs in Babelsberg gemacht hatte.

Gesprochen wird von »europäischem Flair« und »magischer Anziehungskraft« in Babelsberg. Der Geist von Fritz Lang, von Marlene Dietrich, von Billy Wilder scheint über der Vorstandssitzung zu schweben. Europäische Visionen aus den dreißiger Jahren, als der Film »FPI antwortet nicht« in drei verschiedenen Fassungen (in Deutsch mit Hans Albers, in Französisch mit Charles Boyer und in Englisch mit Conrad Veidt) gedreht worden war, könnten wiederbelebt werden. Marlene Dietrichs Schatten entschwindet. Klinz' Stimme wird wieder geschäftsmäßig kühl: Die Kapitalkraft des Investors, seine garantierten Filmfinanzierungsmittel in Höhe von 60 Millionen Mark, sein eigenes Engagement im Film- und Fernsehbereich geben den Ausschlag.

Die Treuhand lädt zur Pressekonferenz ein. Obwohl der Einladung schon die wesentlichen Ergebnisse beigefügt sind, ist das Interesse der Medien groß. Der Kultusminister von Brandenburg, Hinrich Enderlein, verkündet, ihm sei »mit dieser Entscheidung ein Stein vom Herzen gefallen«. Das Land ist mit Berlin und der Stadt Potsdam an der Entwicklungsgesellschaft zu einem Drittel beteiligt.

Es wird eine deutsch-französische Pressekonferenz. Jean-Marc Oury, der Präsident der CIP, ist eigens aus Paris angereist. Er versichert, für die Filmhochschule seien 7800 Quadratmeter vertraglich gesichert; es werden die vertraglichen Zweckbindungen zur Vermeidung von unerwünschten Grundstücksgeschäften betont, das zehnjährige Veräußerungsverbot für das Kerngelände (143 900 m^2). Auf einem ebenso großen Areal, etwa einem Drittel des Geländes, ist »andere Nutzung« (also Hotels, Restaurants, Geschäfte, Büros, Wohnungen) möglich. Zwei Drittel sind für mediennahe Nutzung geplant. Die ORB-Problematik (50 000 m^2 werden gebraucht) ist im Vertrag nicht gelöst: Um welche 50 000 m^2 handelt es sich?

Das Presseecho am nächsten Tag stimmt: Wann haben die Treuhänder je einmal beim Frühstück den Satz lesen können: »Die oft und gern gescholtene Treuhand scheint, auch das gibt es also, das Richtige getan zu haben« (»Tagesspiegel« vom 20. Mai 1992). Auch die »International Herald Tribune« vermeldet »New Life for Babelsberg Studio« (21. Mai 1992). Der französische Stolz auf den errungenen Sieg mischt sich mit der nostalgischen und romantischen Sicht auf die Vergangenheit Babelsbergs. Das unterlegene Filmhaus München beweist Sportsgeist, unterstellt keine Schiebung und findet sich mit dem Ergebnis ab. Beinahe unbemerkt ist Sinnecker und seinem Direktorat im April 1992 die Privatisierung der DEFA-Synchron GmbH in Berlin-Johannisthal und der DEFA-Dok. Berlin an die Kirsch-Gruppe gelungen.

Ende gut, alles gut? Aber nein, die Spannung weicht nicht, den Sommer hindurch scheint der Vertrag mehrfach auf der Kippe zu stehen. Aus Paris hören Klinz und seine Leute, die CIP habe Probleme, die Bilanz-Pressekonferenz sei eine einzige Katastrophe gewesen. Andere Informationen besagen, der alte Herr an der Spitze der CGE, des Mutterkonzerns also, verweigere seine Unterschrift unter diesen »Knebelvertrag«. Der reine Nervenkitzel, auch für die mittlerweile rauhe See gewöhnte Truppe des Direktorats Dienstleistungen.

Am 21. August endlich sind die Verhandlungen abgeschlossen, mit einem neuen Verhandlungspartner auf der französischen Seite: Pierre Couveinhes, der am 24. August anläßlich einer Pressekonferenz in Potsdam als der neue Geschäftsführer der »Babelsberg Studios« und der »Medienstadt Babelsberg« vorgestellt wird. Der Begriff hat überdauert! Die 741 Mitarbeiter werden übernommen, bis zum Jahr 2002 sollen es 3500 werden (Ostdeutscher Rundfunk Brandenburg inbegriffen), bis 2002 ist auch die Zweckbindung Medienstandort vereinbart.

Am 10. Dezember 1992 erteilt Bundesfinanzminister Theo Waigel die wegen des Umfangs der vertraglichen Vereinbarung notwendige Zustimmung.

30. September 1992

Neuer Weg in der Landwirtschaft

Ein sonniger, angenehmer Herbsttag ist der Tag des Abschieds für Hans-Jürgen Rohr. Die zweijährige Tätigkeit des früheren Bonner Staatssekretärs als Generalbevollmächtigter der Treuhandanstalt (THA) für die Land- und Forstwirtschaft in den fünf neuen Bundesländern endet – eine Aufgabe, die ihn oft an den Rand seiner Leistungs- und Organisationsfähigkeit gebracht hat, eine Aufgabe voller interessanter Herausforderungen bei der Umstrukturierung der Landwirtschaft und Neugestaltung des ländlichen Raumes.

Die Unternehmensgruppe Land- und Forstwirtschaft in der Hans-Beimler-Str. 72 in Berlin beginnt im Herbst 1990 als Einmannbetrieb. Einziges Dokument (aber das hatte es in sich!) auf dem Schreibtisch: das Übergabeprotokoll des ehemaligen DDR-Landwirtschaftsministeriums. In dem Protokoll hatte Rohr bestätigt, daß der Treuhandanstalt rund 40 Prozent der Fläche der Ex-DDR, etwa 720 Forstbetriebe, etwa 500 Güter, 414 Verarbeitungsunternehmen sowie etliche tausend Beteiligungen an Zulieferbetrieben übergeben worden waren. Noch 1990 stößt Ekkart Clausen zu der Gruppe. Er kommt vom Bauernverband Schleswig-Holstein, bei dem er als Justitiar tätig war, und übernimmt wesentliche Aufgaben als Stellvertreter und schließlich als Nachfolger von Rohr.

Die der Unternehmensgruppe übertragenen fünf Aufgabengebiete sind kompliziert: zunächst die Betriebe der Ernährungswirtschaft. Nach deren Ordnung und Erfassung blieben in der Unternehmensgruppe rund 320 Betriebe, die zu DDR-Zeiten zentral geleitet wurden und so schnell wie möglich zu privatisieren sind. Alle übrigen Verarbeitungsbetriebe werden an die 14 regionalen Niederlassungen abgegeben.

Die ehemaligen Landwirtschaftlichen Produktionsgenossenschaften (LPG) müssen entschuldet werden. Sie sind zwar keine

Treuhand-Betriebe, gleichwohl ist nach dem Einigungsvertrag auch in dieser Frage die Treuhandanstalt Dienstleister. Bereits im Dezember 1990 wird eine Entschuldungsordnung vorgelegt und danach mit der Realisierung begonnen. Schließlich geht es um die Verwaltung und Verwertung der früheren volkseigenen Güter. Genau 512 an der Zahl, waren sie der Treuhandanstalt mit rund 300 000 Hektar Flächen übergeben worden.

Die Verwaltung der Güter macht enorme Schwierigkeiten. Zum einen, weil sie beispielsweise in Sachen Buchführung, Erstellung von Eröffnungsbilanzen und Betriebskonzepten viel stärkere Unterstützung brauchen als etwa die Betriebe der Ernährungswirtschaft. Zum anderen ergeben sich zusätzliche Probleme. So sind die Güter und die LPGen als Folge der DDR-Agrarpolitik eng verknüpft. Die Entflechtung der Vermögensteile erweist sich als notwendig, aber überaus schwierig. Kompliziert ist auch die rechtliche Einordnung der Staatsgüter.

Nicht zuletzt ist die Verwertung und Verwaltung von rund 1,7 Millionen Hektar Wald und der 1,6 Millionen Hektar Agrarflächen eine Riesenaufgabe. Hier gibt es Überraschungen, zum Beispiel, daß der Bestand – wie eine spätere Waldinventur ergibt – in Wirklichkeit etwa 2 Millionen Hektar Forsten beträgt. Niemand weiß zu der Zeit genau, welche Waldparzellen zur Treuhandanstalt gehören und welche Teile Privateigentum sind.

Aufgesplittert ist auch die Agrarfläche, die bisher von den LPGen kostenlos genutzt wurde. Sie besteht aus etwa 1,5 Millionen Flurstücken, die es ebenfalls in Detektivarbeit aufzufinden und zu erfassen gilt. Noch im Oktober 1990 teilt die Treuhandanstalt sämtlichen rund 4000 LPGen mit, daß sie ein Bodennutzungs-Entgelt zu zahlen haben, und schließt mit ihnen einjährige Pachtverträge ab.

Die Ergebnisse der Arbeit sprechen für sich. So sind im September 1992 bis auf 30 Firmen – bei ihnen stehen die Verkaufsverhandlungen kurz vor Abschluß – sämtliche der THA übergebene Verarbeitungsunternehmen, einschließlich Molkereien, Zuckerrübenfabriken, Fleischverarbeitungsbetriebe und Getreidemühlen, privatisiert. Das vielleicht wichtigste dabei: Durch den Verkauf von Betrieben und Gewerbeflächen können fast 150000 Arbeitsplätze sowie 22,6 Milliarden DM Investitionen vertraglich gesichert werden.

Als der wohl »dickste Brocken« aber erweist sich die Privatisierung der Agrar- und Waldflächen. Das reicht weit in die Geschichte zurück, in die Zeit der Bodenreform, die in der sowjetischen Besatzungszone 1945–49 durchgeführt wurde. »Junkerland in Bauernhand« lautete damals die Losung für diese Aktion, die, so hieß es offiziell, »Wurzeln des Militarismus und der Ausbeutung« beseitigen sollte, real aber auch neues Unrecht und Leid hervorbrachte.

Zum Verständnis einige notwendige Zahlen und Fakten: In der Bodenreform sind rund 3,2 Millionen Hektar Land enteignet worden. Davon wurden 1,5 Millionen Hektar Agrarflächen und 0,4 Millionen Hektar Wälder an Neusiedler verteilt, darunter viele aus den durch den Zweiten Weltkrieg verlorenen Ostgebieten. Sie bekommen das Land mit der Auflage, daß sie es nicht verkaufen und verlassen dürfen. Geschieht dies trotzdem, fällt es an den sogenannten staatlichen Bodenfonds zurück. Auf diese Art wird der vermutlich größere Teil der aufgesiedelten Flächen wieder staatliches Eigentum. Jene Siedler aber, die blieben, sind durch das Volkskammergesetz vom 16. März 1990 Volleigentümer geworden.

Das hat einmal zur Folge, daß es für einen Teil der enteigneten Flächen – im einzelnen Enteignungsfall kann sich das auf 100 Prozent der Flächen belaufen – neue Eigentümer gibt. Zum anderen sind die Rückfallflächen zumeist Streuflächen, das heißt, sie bilden keine zusammenhängenden Areale, sondern liegen irgendwo wie auf einem Flickenteppich zwischen den schätzungsweise insgesamt etwa 7 Millionen landwirtschaftlichen Flurstücken in den fünf neuen Bundesländern.

Um auf diesem unübersichtlichen Gelände überhaupt vorankommen und die Aufgabe der Flächenprivatisierung erfolgreich lösen zu können, müssen die Mitarbeiter der THA sich einen präzisen Überblick verschaffen. Ordentlich geführte Grundbücher stehen nicht zur Verfügung. So beginnt im Forstbereich gemeinsam mit den Landesforstverwaltungen eine Erfassung der Flurstücke und der Eigentumssituation. Diese Waldinventur wird Mitte 1992 erfolgreich abgeschlossen. Sie bildet nunmehr die Grundlage für die Verwertung wie auch die Rückübertragung der Wälder an Bund, Länder und Kommunen.

Wesentlich schwieriger ist die Situation in der Landwirtschaft. Hier wird als erstes ein Immobilien-Informationssystem aufgebaut, in dem die rund 2 Millionen Treuhand-Flurstücke mit etwa 100 Millionen Daten erfaßt werden. Auf dieser Informationsbasis, so lückenhaft sie auch sein mag, beginnt der Versuch, das Verwertungskonzept der THA umzusetzen und die dazu notwendigen Strukturen zu schaffen. Daß dies nur schrittweise vorangehen kann, begleitet von Gesprächen und Erläuterungen mit Vertretern aus Politik, Verwaltungen und Verbänden, versteht sich angesichts der komplizierten rechtlichen und tatsächlichen Lage von selbst.

Rohr und seine Mitarbeiter gehen davon aus, daß die Privatisierung derartig großer landwirtschaftlicher Flächen lange Zeit benötigen wird. Das hat auch seine Ursache darin, daß der Privatisierung – in Abstimmung mit Bund und Ländern – zunächst eine mehrjährige Phase langfristiger Verpachtung vorgeschaltet wird. Dies aber ist notwendig, weil die Lösung des Riesenknäuels von Problemen »in einem Zug« nicht möglich ist. Vielmehr muß Schritt für Schritt vorgegangen werden. Zuerst ist die Frage der Nutzung der Flächen, danach die Frage der Eigentumsverhältnisse zu klären.

Das verlangen auch die Landwirte, die in den beiden zurückliegenden Wirtschaftsjahren lediglich kurzfristige Einjahrespachtverträge erhalten haben. Sie fordern langfristige Vereinbarungen, die den Zugang zu Fördermitteln der Länder und Krediten von den Banken erleichtern. Außerdem gilt es, gegensätzliche Interessen der Alteigentümer, der jetzigen Nutzer wie auch der Neueinrichter anzugleichen. Dazu sind, beispielsweise in der Entschädigungsfrage, Regelungen durch den Gesetzgeber erforderlich.

Immer klarer wird, daß die komplizierte Aufgabe der Flächenverwertung und -verwaltung von einer mit Kompetenz und Sachverstand ausgestatteten eigenen Organisation gelöst werden muß. Deshalb wird am 23. April 1992 die Bodenverwertungs- und Verwaltungs GmbH (BVVG) gegründet. Die Treuhandanstalt, die Deutsche Siedlungs- und Landesrentenbank (Bonn), die Landwirtschaftliche Rentenbank (Frankfurt) und die Landeskreditbank Baden-Württemberg (Karlsruhe) halten jeweils ein Viertel der Anteile. Später stößt noch die Deutsche Girozentrale – Deutsche Kommunalbank als Gesellschafter dazu.

Die Geschäftsführung der BVVG bilden Wolfgang Hanke, der als Vorsitzender von der Landeskreditbank gekommen ist, sowie Dr. Wilhelm Müller als Geschäftsführer. Im Oktober 1992 nimmt Franz Ludwig Graf Stauffenberg, vorher Abgeordneter des Europaparlaments und Vorsitzender des Verbands der Waldbesitzer, als weiterer Geschäftsführer die Arbeit auf. Staatssekretär a. D. Hans-Jürgen Rohr ist Vorsitzender des Aufsichtsrats. Die rund 180 Mitarbeiter in der Berliner BVVG-Zentrale und den zwölf regionalen Vertretungen kommen überwiegend aus Ostdeutschland, aber auch aus dem Management der öffentlich-rechtlichen Banken.

Die Flächenverwertung liegt aber nicht ausschließlich bei der BVVG. Vielmehr muß auch der Treuhand-Betrieb Land- und Forstwirtschaft selbst noch »Hausaufgaben« bei der Privatisierung der ehemaligen volkseigenen Güter erledigen. Anfangs bestanden mit Alteigentümern 176 langjährige Pachtverträge. In einer nächsten Etappe werden dann Güter öffentlich zur Veräußerung ausgeschrieben. Immerhin lasten auf den Gütern rund drei Milliarden DM Schulden, die sich aus 1,3 Milliarden Altschulden sowie 1,7 Milliarden nach der Wirtschafts-, Währungs- und Sozialunion am 1. Juli 1990 entstandenen Schulden zusammensetzen. Anders gerechnet: Jeder Hektar, der zu diesen Gütern gehört, ist mit rund 10 000 DM belastet – ein unglaublicher Schuldenberg. Wenn die Treuhandanstalt die Güter halten wollte, hätte sie – und damit letztlich der Steuerzahler – nicht nur diese Verbindlichkeiten übernehmen, sondern jährlich noch etwa 500 Millionen DM neue Schulden begleichen müssen. Es leuchtet sicher ein, daß angesichts dieser Lage der Verkauf der Güter ab Mitte 1992 forciert wird.

Die öffentliche Diskussion zur Umstrukturierung der ostdeutschen Landwirtschaft unterstellt der Treuhandanstalt häufig, die Ergebnisse der Bodenreform »aushebeln« zu wollen. All das geht an den Tatsachen vorbei. Die Rechtslage ist durch den Einigungsvertrag und das Urteil des Bundesverfassungsgerichts klar vorgegeben. Danach wird die Enteignung nicht rückgängig gemacht. Auch die Treuhandanstalt kann und will daran nichts ändern. Was jedoch bleibt, ist die Verpflichtung zur Entschädigung, wobei der Geschädigte mehrere Wahlmöglichkeiten hat. Auf diese Weise kann etwas von dem in den Jahren 1945–49 entstandenen Unrecht ausgeglichen werden.

Verhältnisse, die sich in den zurückliegenden vier Jahrzehnten entwickelt haben, dürfen nicht außer acht gelassen werden. Da sind, zum Beispiel, die Siedler, die auf den enteigneten Flächen neue Eigentümer geworden sind. Der Großteil der Enteigneten kann jedoch nur einen Teil ihres alten Eigentums, im schlimmsten Fall gar nichts, zurückerhalten. Dagegen würde ein sehr kleiner Teil vermutlich alles zurückbekommen. Hier würde also ein Ungleichgewicht entstehen. Damit aber ist das Problem in seiner Komplexität noch längst nicht erfaßt. Denn ebenso muß man die Situation der einheimischen Bevölkerung in den neuen Bundesländern sehen. Menschen, die 40 Jahre in der DDR gelebt und gearbeitet haben, machen zu Recht ebenfalls Ansprüche geltend.

Das, was in Beratungen und Anhörungen im Bundeskanzleramt im Spätherbst 1992 für die weitere Verwertungspraxis konzeptionell auf den Weg gebracht wurde, könnte eine Lösung darstellen. Danach ist vorgesehen, daß man anstelle einer Entschädigung Land zurückerhalten kann, allerdings wegen der geringen Höhe der Entschädigung nur in bescheidenem Umfang. Auch die Absicht, daß Enteignete und Ortsansässige, die wieder Landwirtschaft betreiben wollen, Land im Siedlungskauf erwerben können, entspricht Forderungen der Landwirtschaftsgruppe in der Treuhandanstalt. Denn insbesondere für ostdeutsche

Landwirte, die in der Regel kapitalschwach sind, eröffnen sich dadurch Perspektiven und Möglichkeiten: Sie müssen die Agrarflächen zwar zum Verkehrswert kaufen, zahlen aber in Raten ab, wobei sich deren Höhe an den Erträgen der Unternehmen ausrichtet. Die Landwirte haben mithin 25 bis 30 Jahre Zeit, ihren Verbindlichkeiten nachzukommen.

Das sind gute Chancen, gesunde, leistungs- und wettbewerbsfähige Unternehmen aufzubauen, ohne frühzeitig der Gefahr ausgesetzt zu sein, von einem Schuldenberg erdrückt zu werden. »Daß dies so auf den Weg gebracht wird, daran hat die Treuhandanstalt einen nicht ganz unbedeutenden Anteil«, meint Hans-Jürgen Rohr.

Bis Ende Mai 1993 hat die BVVG 5300 Pachtverträge mit Landwirten und juristischen Personen (wie Genossenschaften und Kooperationsgruppen) abgeschlossen. Davon sind etwa ein Sechstel Langfrist-Pachten mit Laufzeiten über zwölf Jahre. Die Forstsachverständigen der BVVG begannen im Frühjahr 1993 mit der öffentlichen Ausschreibung von Waldflächen und treffen auf anhaltend großes Interesse potentieller Käufer. Nicht zuletzt kommt auch der Verkauf von Boden für den Bau von Wohnungen, zur Ansiedlung von Gewerbe und für Infrastrukturvorhaben voran. Die Erwerber sagten der BVVG bisher Gesamtinvestitionen in Höhe von 3,4 Milliarden DM und die Schaffung von rund 15 500 Arbeitsplätzen zu.

5. Oktober 1992

Machtsektor Staat

Die Treuhand fordert massive Verstärkung der Bemühungen um öffentliche Aufträge für Unternehmen in den neuen Bundesländern. Zum Auftakt einer Serie von gemeinsamen Veranstaltungen über Behördenmarketing mit Regierungsvertretern aus den neuen Bundesländern wurden alle Teilnehmer deutlich. Der Berliner Senator für Wirtschaft und Verkehr, Norbert Meisner, schildert als negatives Beispiel den bisherigen Behördeneinkauf in seiner Stadt. Die Beschaffungsstelle in West-Berlin hat diese Aufgabe nach der Einigung auch für den Ostteil Berlins mit übernommen. Weil aber die früheren Geschäftsbeziehungen der Beschaffungsstelle unverändert bestehen, haben auch jetzt noch Firmen aus den neuen Bundesländern oder Ost-Berlin kaum eine Chance, Zugang zum Markt zu erhalten.

Die öffentlichen Aufträge in den neuen Bundesländern betragen rund ein Viertel aller gewerblichen Umsätze. Im Baubereich sind es sogar rund 40 Prozent. Ostdeutsche Unternehmen werden daran aber nur in unzureichendem Umfang beteiligt – auch dort, wo sie mit ihren Produkten und Leistungen nach westlichen Standards wettbewerbsfähig sind. Die Präsidentin der Treuhandanstalt fordert mittlere und kleine Unternehmen auf, Arbeitsgemeinschaften zu bilden, um auf diese Weise Gebote auch bei größeren Aufträgen abgeben zu können. Außerdem sollen öffentliche Auftraggeber bei Ausschreibungen kleinere Lose festlegen, damit sich auch ostdeutsche Firmen bewerben können.

Mehr als 400 Teilnehmer der ersten Veranstaltung über Behördenmarketing nutzen die Gelegenheit, sich zu informieren und an Informationsständen öffentlicher Auftraggeber Kontakt aufzunehmen. Wegen der großen Nachfrage von Interessenten kündigt die Berliner Senatsverwaltung eine Wiederholung der Veranstaltung an. Drei Tage später nehmen 350 Interessenten in

Potsdam an einer entsprechenden gemeinsamen Veranstaltung der Treuhandanstalt und der Landesregierung von Brandenburg teil. Einige Zeit später kommen 1000 Teilnehmer in Erfurt zu einem von der Landesregierung und der Treuhandanstalt vorbereiteten Informationstreffen, in Dresden sind es 1500, in Schwerin 900.

Weitere Informationsveranstaltungen über Behördenmarketing auch auf kommunaler Ebene sind vorgesehen, der frühere Hamburger Bürgermeister und Aufsichtsratsvorsitzende der Leipziger TAKRAF AG, Klaus von Dohnanyi, hat die Entwicklung von Modellen für Kontaktveranstaltungen zwischen öffentlichen Auftraggebern in Städten oder Landkreisen und den Unternehmen und Handwerksbetrieben in Angriff genommen. Sein Ziel: 20 Prozent aller öffentlichen Aufträge sollen an ostdeutsche Firmen gegeben werden. Als Sonderbeauftragter der Treuhandanstalt arbeitet er auch auf anderen Wegen an der Auftragsbeschaffung für ostdeutsche Unternehmen. Dazu gehören weiter eine »Treuhand-Tour« mit einem Informationsmobil zur Vorstellung ostdeutscher Liefermöglichkeiten in den alten Bundesländern sowie »Einkäufertage« mit westdeutschen Industriefirmen auf dem Treuhand-Stand der Hannover-Messe.

15. Oktober 1992

»Könnten wir mit einer Gruppe zu einem Informationsbesuch zu Ihnen kommen?«

Am Empfang im Detlev-Rohwedder-Haus werden an einem Herbsttag 1992 die Besucherausweise knapp: Seit 9 Uhr sind 150 Besucher angemeldet worden, zum Teil sind sie noch im Haus, haben ganztägige Seminare. Und die Gruppen, die von Mitgliedern des Deutschen Bundestages angemeldet werden, sind nicht einmal mitgezählt. Sie werden von Claus Happel im eigens dafür hergerichteten Vortragsraum gleich am Eingang empfangen. Um 18 Uhr haben alle Besuchergruppen das Haus verlassen – Berliner Abende und Nächte locken mit Abwechslung. Die Kolleginnen am Empfang bereiten sich auf den morgigen Ansturm vor. Aus den Direktoraten liegen Terminpläne vor, so sind sie informiert über die meisten Anmeldungen. Aus dem Direktorat Presse/Kommunikation verlautet:

16. Oktober 1992
- 8.30 Uhr 50 Personen, Gruppe des Herrn Abgeordneten Dr. Hans-Dietrich Genscher;
- 9.00 Uhr 25 Deutschlehrer aus Bangladesch, Pakistan und Indien, Anmeldung durch das Goethe-Institut;
- 10.00 Uhr zehn Multiplikatoren aus Osteuropa, ebenfalls vom Goethe-Institut angemeldet;
- 12.00 Uhr 25 Studenten der Universität Jena;
- 14.00 Uhr 25 Studenten der Erasmus-Universität Rotterdam;
- 16.00 Uhr 50 Personen, Gruppe des Herrn Abgeordneten Dr. Heinz Riesenhuber;
- 17.30 Uhr 30 Personen, Attaché-Lehrgang des Auswärtigen Amtes.

»Ein ganz normaler Tag also«, faßt eine der Mitarbeiterinnen am Empfang zusammen.

In der Tat, das öffentliche Interesse an der Arbeit der Treuhandanstalt ist überwältigend. Ist es die tägliche Berichterstattung in den Medien? Ist es die Einmaligkeit der Aufgabe? Ist es die Neugier auf das Haus, die Menschen, die dort arbeiten? Manch ein Journalist, der als Gast der Bundesregierung in Berlin ist, kaum ein Fortbildungsseminar, kaum eine Abiturreisegruppe oder Verband möchte bei einer Berlin-Visite auf einen Besuch bei der Treuhand verzichten. So hat Claus Happel, bei den Damen vom Empfang bekannt und beliebt, bis heute schon mit mehr als hundert Gruppen von politisch Interessierten diskutiert, die auf Initiative ihres Bundestagsabgeordneten in Berlin sind. Ob CDU-, CSU-, PDS-, SPD- oder FDP-Abgeordnete, alle legen Wert auf diesen Programmpunkt.

Die Umgestaltung einer ganzen Volkswirtschaft bringt kritische Fragen mit sich: »Warum saniert die Treuhand nicht?«, »Was tut sie zur Erhaltung der Arbeitsplätze?«, auch die Worte »Plattmacher«, »Jobkiller« fallen. Und mag es noch so hoch hergehen während der Diskussion, nach sorgfältiger Information, mit Offenheit und mit einem gehörigen Schuß Humor verlassen die Gruppen das Haus meist nachdenklich.

»Warum kann man uns das alles nicht auch über die Presse oder das Fernsehen vermitteln?« lautet die Frage der Besucher. Ein bis zwei Stunden persönliches Gespräch haben eben mehr Gewicht als eine Reportage von drei Minuten oder ein Zweispalter in der Zeitung. Den Mitarbeitern ist bewußt, wie wichtig diese Aufgabe ist. Deshalb wird alles Menschenmögliche versucht, um Berufsschülern aus Strausberg, Fachhochschülern aus Köpenick und Bielefeld, Feuerwehrleuten aus Berlin oder dem Staatsbürgerinnenverband aus Bonn Gesprächstermine zu vermitteln.

Das Detlev-Rohwedder-Haus in der Leipziger Straße in Berlin hat aber häufig nicht genug Besprechungsräume. So fahren die Mitarbeiter zur Europäischen Akademie in den Grunewald, zum Goethe-Institut in die Hardenbergstraße, zur Hermann-Ehlers-Akademie in die Knesebeckstraße oder zum Tagungshotel der Konrad-Adenauer-Stiftung, bepackt mit Informationsmaterial in den jeweiligen Sprachen. Einladungen zu auswärtigen Vorträgen – von Frankfurt/Main bis Athen – können bedauerlicherweise nur selten angenommen werden.

Die Universitäten Den Haag, Rotterdam und St. Gallen, der Deutsche Akademische Austauschdienst, die Berliner Universitäten mit ausländischen Gaststudenten, der Verein Berliner Austauschschulen nutzen die Semesterferien, selbst die heißen Monate Juli und August, wo bei 33 Grad im Schatten Vortragende und Studenten gemeinsam leiden, aber nicht weniger heftig diskutieren. Berufsschulen, Umschüler, evangelische Sozialarbeiter, Gruppen des DGB wünschen sich Diskussionen mit Treuhand-Leuten vom Fach – auch das wird möglich gemacht.

Nicht nur englische und französische, auch russische Vorträge werden gehalten. Die Damen am Empfang wissen schon: Der Moskauer Stadtsowjet oder auch eine Delegation ukrainischer Gewerkschaften können nur zu Dr. Brigitta Kauers wollen. »Was könnte uns als Beispiel dienen?« »Was für Fehler können wir vermeiden?« wird sie häufig gefragt.

Bei Stipendiaten des Europäischen Parlaments, des GATT, des Berliner Wissenschaftszentrums ist Englisch die gemeinsame Sprache, bei Journalisten aus dem Maghreb oder aus Togo, Benin, Mauretanien Französisch. Was spricht der indische Journalist von Radio Vatikan? Perfekt Deutsch – er hat in Deutschland studiert. Japanische Gäste werden ebenso wie italienische und spanische in ihrer Muttersprache begrüßt.

In allen Sprachen werden die Mitarbeiter immer noch mit den Fragen konfrontiert: »Warum gibt es nicht mehr ausländische Investoren?«, »Hat die Treuhand Deutsche bewußt bevorzugt?«, »Wo bleiben die Japaner?« Gelassen kann auf die Arbeit der Repräsentanten, auf die erfolgreichen ausländischen Investitionen hingewiesen werden.

Auf die Frage nach ausländerfeindlichen Ausschreitungen, nach der rechtsradikalen Szene und ihren Auswirkungen auf das ausländische Investitionsverhalten können Ulrike Grünrock und Irene Liebau noch antworten, bisher habe sich deswegen nach ihrer Kenntnis kein ausländischer Investor zurückgezogen. So wird manchmal mehrsprachig ein wenig geseufzt: »Je weniger Unternehmen die Treuhand noch zu privatisieren hat, desto mehr interessierte Besucher melden sich an.«

16. Oktober 1992

Koordinierungsbüro für Sanierung in Braunkohlegebieten

Der Spreewald ist von einer einschneidenden Veränderung des Wasserhaushalts bedroht. Zur Zeit werden noch mehrere hunderttausend Kubikmeter Wasser im Jahr in die Spree gepumpt. Sie stammen aus dem Lausitzer Braunkohlegebiet, wo durch das Abpumpen der Grundwasserspiegel gesenkt wurde, um die Arbeit im offenen Tagebau zu ermöglichen. Die Wasserversorgung von Berlin hat sich auf diese zusätzlichen Wassermengen eingestellt. Die Einschränkung der Braunkohlengewinnung macht es nun aber überflüssig, soviel Wasser wie bisher abzupumpen. Das gegenwärtige Grundwasserdefizit in der Lausitz wird inzwischen schon auf 12 Milliarden Kubikmeter veranschlagt. Soviel fließt an 75 Tagen bei mittlerem Wasserstand den Rheinstrom herab.

Die Beschneidung des Wasserhaushalts im Spreewald und im Gebiet bis hin nach Berlin ist aber nicht die einzige ökologische Zeitbombe, die wegen der geplanten Verminderung der Abbaumengen in den Braunkohlegebieten droht. Wenn nicht mehr soviel Wasser abgepumpt werden muß, steigt der Grundwasserspiegel in den ehemaligen Abbaugebieten und droht in bisher trockenliegende alte Tagebaue einzudringen. Sie wurden längst als Mülldeponien benutzt – und das auch für Chemieabfälle.

In Berlin gibt Bundesumweltminister Klaus Töpfer am 16. Oktober 1992 bekannt, daß bei der Treuhandanstalt ein Braunkohlesanierungsbüro eingerichtet wird. Schließlich sollen in den nächsten fünf Jahren jeweils rund 15 000 Arbeitskräfte aufgrund des Arbeitsförderungsgesetzes zur Beseitigung ökologischer Altlasten eingesetzt werden. Dafür stehen jährlich eine bis 1,5 Milliarden DM zur Verfügung. Die möglichst effiziente Verwendung dieser von Bundesregierung, Treuhandanstalt, Bundesanstalt für Arbeit und den Ländern für die Braunkohlesanierung bereitgestellten Mittel soll vom Koordinierungsbüro gesteuert werden.

Für die Altlastensanierung hatten die Unternehmen des Braunkohlenbergbaus Aufwendungen in Höhe von 31,6 Milliarden DM veranschlagt. Überprüfungen haben inzwischen ergeben, daß eine Pflicht der Unternehmen zu Rückstellungen von rund 13 Millarden DM besteht. Die notwendigen Ausgaben für die Wasserwirtschaft sind nicht vollständig in diesem Betrag enthalten.

Die Bildung des Koordinierungsbüros ist der vorläufige Schlußpunkt einer schwierigen Entwicklung. Vorausgegangen sind eineinhalbjährige Bemühungen von Treuhand-Vorstandsmitglied Klaus Schucht um eine Übereinkunft mit den von der Braunkohleförderung betroffenen Landesregierungen. Die Gründung eines gemeinsamen Zweckverbandes der Länder und Kommunen ist bisher wegen offener Finanzierungsfragen noch nicht zustande gekommen. Die Akzeptanz des künftigen Braunkohlenabbaus ist aber von der Behandlung des »toten Bergbaus« abhängig.

In den Restlöchern des mitteldeutschen Braunkohlegebiets stehen bisher 694 und im Lausitzer Braunkohlerevier 250 Flächen unter dem Verdacht von Altlasten. Die Idee, sämtliche Deponien auszugraben, scheitert an den astronomischen Kosten. Die Fernhaltung des steigenden Grundwassers durch Spundwände oder eine Kontrolle des Wasserdurchlaufs für mindestens ein halbes Jahrhundert sind mögliche Alternativen.

Die Arbeit des Koordinierungsbüros wird es sein, Planungsaufgaben zu erfüllen und Vorarbeiten für eine länderübergreifende Regelung zu leisten, die wasserwirtschaftliche Aufgaben für eine lange Zeit, mindestens aber für 50 Jahre, steuert. Dabei kann auf Erfahrungen aus anderen Bergbaugebieten zurückgegriffen werden. Daher die Ernennung von Dr. Wolfgang Schröder als Leiter des neuen Koordinierungsbüros. Er war bisher Vorstand der Linksniederrheinischen Entwässerungs-Genossenschaft, die mit ähnlichen Problemen beschäftigt ist.

22. Oktober 1992

Bürgermeister dankt der Treuhand

Ein Dankesbrief des Bürgermeisters der kleinen Stadt Loitz in Mecklenburg-Vorpommern »für die sehr gute Arbeit« der Treuhandanstalt geht im Präsidialbüro ein. In der Menge kritischer Äußerungen setzt Bürgermeister Johannes Winter ein außergewöhnliches Gegenbeispiel mit herzlichem Dank an die beteiligten Vertreter der Treuhandanstalt und der ausdrücklichen »Hochachtung vor Ihrer Leistung«.

Die Dübel- und Holzwerke Loitz bestimmten die Struktur der Stadt. Sie gaben früher über 500 Menschen Arbeit. Nach der Wirtschafts- und Währungsunion gerät das Unternehmen in wachsende Schwierigkeiten. Nach langen Verhandlungen kann die Treuhandanstalt das Unternehmen einem Investor übergeben, der sich verpflichtet, den Betrieb zu retten und bis zu 140 Arbeitsplätze zu erhalten. Einen Teil des Unternehmensgrundstücks kann die Stadt Loitz von der Treuhandanstalt erwerben. Sie richtet darauf eine Beschäftigungsgesellschaft mit mehr als 100 Arbeitsplätzen ein.

»So hat sich das Wort der Treuhand, daß in erster Linie die Arbeitsplätze eine Rolle spielen, in Loitz bewahrheitet, und es sind nicht nur leere Versprechungen«, schreibt der Bürgermeister an die Präsidentin der Treuhandanstalt: »Wir wünschen Ihnen und Ihren Mitarbeitern viel Kraft und Gottes Segen, Ihr kompliziertes Amt durchzustehen.«

22. Oktober 1992

Handlungsrahmen für Altlasten

Der Bundeskanzler und die Ministerpräsidenten der neuen Bundesländer beschließen am 22. Oktober 1992 die »Finanzierungsregelung der ökologischen Altlasten«. Damit wird eine monatelange Auseinandersetzung zwischen dem Bund und den neuen Bundesländern beendet, wer die Kosten der Behandlung der ökologischen Altlasten im Sinne des Umweltrahmengesetzes tragen soll.

Schon kurz nach der Wende im November 1989 wird das Bild einer flächendeckenden Umweltkatastrophe gezeichnet. Viele Untersuchungen, aber auch vergleichende Betrachtungen zur Situation in der Alt-Bundesrepublik machen sehr bald deutlich, daß die Belastungen nicht flächendeckend, sondern sehr punktuell sind. Auch wird deutlich, daß der hohe Sachverstand und das große Improvisationskönnen der ostdeutschen Ingenieure sehr hilfreich waren. Sie mußten unter schwierigen Randbedingungen arbeiten, stellt Heiner Bonnenberg fest, als Direktor in der Treuhandanstalt verantwortlich für die Behandlung von Altlasten bei der Privatisierung von Unternehmen.

Industrie und Bergbau der neuen Bundesländer stehen in der Tradition langer deutscher Industriegeschichte. Bergbau und Erzverhüttung im sächsischen Freiberg gibt es seit dem 12. Jahrhundert. Die mitteldeutschen Industriestandorte bei Bitterfeld, Halle und Merseburg haben bereits zu Anfang dieses Jahrhunderts Weltbedeutung erlangt. Der Bergbau in der Lausitz existierte in großem Umfange bereits Anfang dieses Jahrhunderts. Berlin war vor dem Zweiten Weltkrieg das bedeutendste Industriezentrum Deutschlands. An solchen Standorten wurden von der Industrie, wie überall in der Welt, Umweltschäden verursacht.

Zusätzlich sind die Standorte belastet durch die Folgen einer nach Autarkie strebenden Planwirtschaft der DDR, der Instrumente und Mittel für einen nachhaltigen Umweltschutz fehlten. Bedrückendstes Beispiel dafür ist die Gewinnung und Nutzung der heimischen Braunkohle als Rohstoff für Chemie, Gaserzeugung sowie Treibstoffherstellung und als Brennstoff für Kraftwerke und Hausheizungen. Wichtig ist, zu erkennen – vor allem im Hinblick auf die zukünftige Behandlung der Probleme –, daß es sich in der überwiegenden Mehrzahl der Fälle um lokale Belastungen handelt. Diese müssen beurteilt werden auf dem Hintergrund der oftmals regional vorhandenen natürlichen Grundbelastung sowie weiterer überregionaler Belastungen durch eine hochintensive Ackerbau- und Viehwirtschaft und die vielen militärischen Einrichtungen. Dies ähnelt in vielem der Situation in den traditionellen westdeutschen und westeuropäischen Industriegebieten.

Vor diesem in den Medien teilweise überzeichneten Hintergrund beginnt der Prozeß der Privatisierung durch die Treuhandanstalt. Schon bald ist festzustellen, daß die ökologischen Altlasten ein besonders schweres Privatisierungshemmnis sind. Käufer scheuen das schwer kalkulierbare Risiko.

Diese Hemmnisse werden bereits von der letzten DDR-Regierung erkannt. So verabschiedet die Volkskammer am 29. Juni 1990 das »Umweltrahmengesetz«. Es legt in seinem § 4 Abs. 3 fest: »Erwerber von Altanlagen sind für die durch den Betrieb der Anlagen vor dem 1. Juli 1990 verursachten Schäden nicht verantwortlich, soweit die zuständige Behörde im Einvernehmen mit dem Ministerium für Umwelt, Naturschutz und Reaktorsicherheit sie von der Verantwortlichkeit freistellt. Eine Freistellung kann erfolgen, wenn dies unter Abwägung der Interessen des Erwerbers, der Allgemeinheit und des Umweltschutzes geboten ist. Die Haftung aufgrund privatrechtlicher Ansprüche bleibt unberührt.«

Die Schwächen des Gesetzes werden bei der Privatisierung sehr bald deutlich: Die privatrechtlichen Ansprüche bleiben ausgespart, die Einschaltung eines Bundesministeriums ist nicht verfassungskonform, Grundstücke sind nicht vom Gesetzeswortlaut umfaßt. Die Käufer erkennen diese Schwächen und sind nicht bereit, die gesetzlichen Vorgaben des Umweltrahmengesetzes als Risikoabsicherung zu akzeptieren.

Um ihren Privatisierungsauftrag trotzdem erfüllen zu können, erhält die Treuhandanstalt durch das Bundesministerium der Finanzen im November 1990 und Februar 1991 haushaltsrechtliche Anweisungen, die es ermöglichen, das Kostenrisiko des Käufers bei ökologischen Altlasten zu begrenzen. Die Treuhandanstalt verpflichtet sich zur Übernahme der überwiegenden Kosten. Dies allerdings mit der Maßgabe, daß sich der Käufer fühlbar an den Kosten beteiligt, so daß sogenannte Luxussanierungen soweit wie möglich ausgeschlossen werden können.

Die Treuhandanstalt kann den Käufer nicht von der umweltrechtlichen Haftung freistellen. Dies ist aber von besonderer Bedeutung für den Käufer, werden doch seine Zukunftsvisionen dadurch vor Verwaltungsakten gesichert. Insofern ist die Freistellung als Aufgabe der Länder eine besonders investitionsfördernde Maßnahme, losgelöst von der Frage, wer die Kosten später notwendig werdender Maßnahmen übernimmt.

Die Treuhandanstalt hat, um das Altlastenrisiko bei der Privatisierung transparenter zu machen und soweit als möglich im Rahmen der vertraglichen Vereinbarung zu begrenzen, das Instrument der »Altlastenschätzung« entwickelt. In der ehemaligen DDR waren – auch am Weltmaßstab gemessen – ausgezeichnete geologische und hydrogeologische Kenntnisse vorhanden. Die Produktionsanlagen wurden über längere Zeiträume kaum geändert. Aufgrund geringer Mitarbeiterfluktuation sind heute noch Betriebskenntnisse aus früheren Zeiten verfügbar. Dies alles ermöglicht in vielen Fällen Aussagen über die Kosten für Maßnahmen der Gefahrenabwehr. Insgesamt wurden nach dieser Methodik bislang etwa 700 Schätzungen durchgeführt.

Die Abwicklung der mit den Käufern getroffenen Vereinbarungen zu Altlasten erfolgt durch eine Managementgruppe, die unter Einsatz externer »Projektbegleiter« sicherstellt, daß mit den von der Treuhandanstalt zugesagten öffentlichen Mitteln sachgerecht und sparsam umgegangen wird. Dieses »Vertragsmanagement Altlasten« bearbeitet inzwischen mehrere hundert Verträge und rechnet künftig mit insgesamt mehreren tausend Verträgen. Durch die neue Finanzierungsregelung der ökologischen Altlasten wird festgelegt, daß die Kosten der Behandlung von Altlasten im Falle einer Freistellung im Verhältnis 60 (Treuhandanstalt) zu 40 (Land) geteilt werden. Diese Kosten verringern sich um den Betrag, der zuvor vom Käufer eines Treuhand-Unternehmens übernommen wurde. Für die kommenden zehn Jahre steht jährlich eine Milliarde DM im Rahmen dieser Regelung zur Verfügung. Damit ist der Weg frei für eine beschleunigte Bearbeitung der Freistellungsanträge durch die zuständigen Landesbehörden.

4. November 1992

Auf dem Weg zur kommunalen Selbstverwaltung

Nicht weit vom ehrwürdigen Rathaus zu Erfurt erhebt sich die Festung Petersberg über die Stadt. Auf einem 34 Hektar großen Festungsareal steht die 1147 erbaute romanische Basilika. Sie erhitzt die Gemüter der Stadt Erfurt, der Erfurter Oberfinanzdirektion, der dortigen Treuhand-Niederlassung und des Direktorats Kommunalvermögen der THA-Zentrale in Berlin.

Nicht ganz unschuldig an der Auseinandersetzung ist Napoleon I. Nach seinem Sieg über Preußen 1806 wird die Basilika unter seiner Herrschaft säkularisiert. So nimmt die Geschichte ihren Lauf. Da das Gotteshaus nun schon zum Waffenarsenal geworden war, werden dort zu DDR-Zeiten Sportartikel gelagert. Die Erfurter hatten damals ohnehin wenig von dem kulturhistorisch wertvollen Bauwerk, da ihnen der Spaziergang auf dem Petersberg verwehrt blieb, denn von der Spitze des Berges konnte man durch die Fenster der unterhalb des Petersberges liegenden Gebäude der Staatssicherheit blicken.

Laut Grundbuch ist der Betrieb GHG Technik und Fahrzeug Rechtsträger der Basilika. Dieser Betrieb wird allerdings schon 1970 aus dem Handelsregister gelöscht, sein Nachfolger wird der Betrieb GHG Technik, Kulturwaren und Sportartikel, der aber die Grundbucheintragung versäumt. Dieses Unternehmen wird nach der »Wende« in das Treuhand-Unternehmen Kontaktring GmbH umgewandelt und tritt das Erbe an.

Die Kontaktring GmbH ist aber selbst nicht der Überzeugung, Eigentümerin der umfunktionierten Kirche zu sein. Im Herbst 1991 übergibt sie die Gewerberaumzuweisung der Stadt Erfurt. Diese beginnt sofort mit der Sanierung des Daches. Unterdessen hat die Stadtverwaltung schon einen Antrag auf Kommunalisierung des »Lagers« bei der Treuhandanstalt gestellt. Am 4. November 1992 lehnt die THA den Antrag ab, weil sie der Meinung ist, daß ein Lager nicht in den Bereich der kommunalen Selbstverwaltung fällt. Der zuständige Referent in der Treuhandanstalt weiß nicht, daß es sich bei dem Lager um die alte Basilika handelt. Das Gerücht geht um, die Treuhandanstalt habe die Basilika zum Verkauf ausgeschrieben. Tatsächlich soll das Gelände im Rahmen einer integrierten Standortentwicklung ausgeschrieben werden, um ein städtebauliches Gesamtkonzept für die Innenstadt zu realisieren. Initiatoren sind das Land Thüringen, die Stadt Erfurt und die Treuhandanstalt. Eine Ausschreibung der Petersbasilika wird nie durchgeführt.

Dieses Beispiel verdeutlicht, daß die Aufteilung des sogenannten Volkseigentums viel Kopfzerbrechen bereitet. Welche Vermögenswerte der DDR werden der Treuhandanstalt und welche dem Bund zugeordnet? Welche der zahlreichen sozialen Einrichtungen der Betriebe, angefangen bei der Poliklinik bis zu den Kindertagesstätten und »Kulturpalästen«, müssen aus dem Treuhandvermögen den Gemeinden übertragen bzw. rückübertragen werden, damit die Gemeinden der neuen Bundesländer eine kommunale Infrastruktur ausbauen können?

Freiherr vom Stein formulierte 1808 in seiner Nassauischen Denkschrift den Kerngedanken der kommunalen Selbstverwaltung und griff damit den absolutistischen Wohlfahrtsstaat an. Dieser Gedanke findet sich auch im Grundgesetz wieder. Nach Artikel 28 Abs. 2 GG sind die Gemeinden Träger der kommunalen Selbstverwaltung und können ihre eigenen begrenzten Angelegenheiten selbständig erledigen. Die gleiche Vorschrift verpflichtet jedoch die Gemeinden, auch im Rahmen ihrer wirtschaftlichen Leistungsfähigkeit für die wirtschaftliche, soziale und kulturelle Betreuung ihrer Einwohner zu sorgen und dementsprechende öffentliche Einrichtungen zu schaffen.

Der kritische Zustand in der kommunalen Infrastruktur der DDR veranlaßt zu Beginn des Jahres 1990 eine Verfassungsdiskussion. Zahlreiche Ideen und Konzepte werden entwickelt, um an die Stelle einer bevormundenden obrigkeitsstaatlichen Verwaltung das Prinzip der kommunalen Selbstverwaltung treten zu lassen.

Mit dem Gesetz über die Selbstverwaltung der Gemeinden und Landkreise in der DDR (Kommunalverfassungsgesetz) vom 17. Mai 1990 wird die Autonomie der Gemeinden noch vor der Wiedervereinigung eingeführt. Ein altes Verwaltungsprinzip besagt: Der Aufgabe muß die Ausstattung folgen. Das Kommunalvermögensgesetz vom 6. Juli 1990 trägt dem Rechnung. Das Gesetz sieht vor, volkseigenes Vermögen, das kommunale Dienstleistungen unterstützt, den Gemeinden, Städten und Landkreisen kostenlos zu übertragen.

Die Unterhändler Wolfgang Schäuble und Günther Krause handeln den Einigungsvertrag aus. In letzter Sekunde einigt man sich darauf, das Kommunalvermögensgesetz unter einer Maßgaberegelung entsprechend der Artikel 21 und 22 des Einigungsvertrages bestehen zu lassen. Nach diesen Vorschriften wird das Vermögen der ehemaligen DDR in Bundesvermögen überführt, sofern es nicht nach seiner Zweckbestimmung am 1. Oktober 1990 kommunalen Aufgaben diente.

Nach dem Willen des Einigungsvertrages in Verbindung mit dem Treuhand-Gesetz soll der Treuhandanstalt die Entscheidung über Anträge zur Kommunalisierung von ihr verwalteter Vermögenswerte zustehen. Die Verfahrensvorschriften des Kommunalvermögensgesetzes vom 6. Juli 1990 werden nicht übernommen, weil die Gemeinden sonst selbst ihre eigenen »Kommunalisierer« geworden wären.

Nach dem Einigungsvertrag hängen die zuständigen Stellen der Treuhandanstalt in der Luft. Zwar regelt der Vertrag das »Ob« der Kommunalisierung, aber nicht das »Wie«. Dies zu klären wird in jener bewegten Zeit vergessen. Angesichts der zahlreichen Anträge, die sich täglich im Posteingang der Treuhandanstalt finden, noch bevor überhaupt das zuständige Direktorat »Kommunalvermögen« eingerichtet wird, ist dies eine prekäre Situation. Es kommt zu handstreichartigen Inbesitznahmen. Stadt- und Gemeindeverwaltungen werden sehr ungeduldig, der Bund stellt sich ihnen entgegen und fordert zunächst ein förmliches Gesetz.

Wolfram Brück, Leiter des Treuhand-Direktorats Kommunalvermögen und ehemaliger Oberbürgermeister der Stadt Frankfurt, beschreitet zur Beschleunigung dieses Prozesses unkonventionelle Übertragungswege. Die Messe GmbH Leipzig, die Seehäfen Rostock, Wismar und Stralsund werden zu Musterfällen der Übertragungen. Ohne klar umrissene rechtliche Grundlage werden sie an die Städte und anteilig an die Länder übergeben. Verfügungsbefugnisse über Grundstücke und Gebäude werden ausgestellt.

Kurz vor dem Weihnachtsfest 1990 trägt Wolfram Brück in einer Vorstandssitzung vor, daß Verordnungen zur Sicherheit öffentlicher Einrichtungen weitgehend nicht beachtet werden. Unterdessen häufen sich die Anträge der Gemeinden zu ganzen Papierbergen. Rund 19 000 Anträge, in denen weit über eine Million Vermögensobjekte beansprucht werden, sind noch auf der Grundlage des Kommunalvermögensgesetzes der früheren DDR gestellt worden. Dazu gesellen sich nun weitere Tausende Anträge.

Nach der neuen Vorgehensweise für eine Antragstellung werden Nutzungs- und Eigentumsnachweise erforderlich. Angestellte der Gemeinde begeben sich auf die Suche nach Verwaltungsakten und Haushaltsbüchern. Nicht selten fördern sie aus den Rathauskellern nur Staub und Spinnweben zutage. Die Treuhandanstalt versendet Rundschreiben an alle Bürgermeister, veröffentlicht Broschüren und Informationen, die das Chaos ordnen sollen. Die Gemeinden begehren nicht selten alles, was ihnen begehrenswert erscheint. Niemand weiß so recht, wem was aus dem Vermögen der DDR gehört. Viele verzweifeln am Fachchinesisch der Jurisprudenz.

Am 29. März 1991, ein halbes Jahr ist verstrichen, tritt das Vermögensgesetz in Kraft. Erst jetzt wird die Treuhandanstalt in die Lage versetzt, Zuordnungsbescheide eindeutig und rechtskräftig zu erlassen. Nach § 1 des Gesetzes ist die Treuhandanstalt nur zuständig bei den von ihr verwalteten Kapitalgesellschaften sowie Vermögenswerten der Parteien und Massenorganisationen. Die übrigen Zuständigkeiten liegen bei den Oberfinanzdirektionen. Deshalb werden etwa 80 Prozent der gestellten

Anträge nach Prüfung der Treuhandanstalt den zuständigen Oberfinanzpräsidenten bzw. Bundesvermögensämtern übergeben. Mit Schrecken stellt das Kommunalisierungsteam der Treuhandanstalt fest, daß beinahe jeder zweite eingereichte Antrag nachgebessert werden muß.

Das Direktorat Kommunalvermögen steht nicht selten im Interessenkonflikt mit den Privatisierern der Treuhandanstalt. Die Privatisierer fürchten, daß ihre Betriebe mit jedem Zugriff der Kommunalisierer ärmer werden. Die Bürgermeister, die in strittigen Fällen zu Anhörungen mit den Unternehmern und Vertretern der Treuhandanstalt anreisen, machen immer wieder darauf aufmerksam, wie leer der Gemeinde- oder Stadtsäckel ist. Kommunale Selbstverwaltungsaufgaben verpflichten bei Übernahme zu hohen Kosten. Deswegen wird in den Wirtschaftskreisen diskutiert, ob die westdeutschen Strukturen ohne weiteres übernommen werden sollen. Das institutionelle Kleid der alten Bundesrepublik zwickt die neuen Bundesländer an vielen Stellen.

Ein flüchtiger Blick in das Protokoll einer derartigen Anhörung genügt, um die mühsamen Auseinandersetzungen zu begreifen. Es geht um Wegerechte, Geh- und Fahrrechte, Brücken, Klohäuschen und kleinste Flurstücke. Stockwerkpläne und Bebauungspläne werden auf dem Tisch ausgebreitet. Nur Geübte sind in der Lage, sie zu lesen.

Mit der Novellierung des Vermögenszuordnungsgesetzes im September 1992 wird eine Ausschlußfrist der Antragstellung auf Kommunalisierung bis Ende Juni 1994 festgesetzt. Ferner kann die Treuhandanstalt eine Kommunalisierung nur dann vornehmen, wenn sie noch sämtliche Anteile der von ihr verwalteten Kapitalgesellschaft besitzt.

Anhand dieser mühselig entstandenen Prinzipien ist ein umfangreiches Massengeschäft zu bewältigen. Woche für Woche treffen Hunderte neuer Anträge ein; bis Ende 1992 sind es 165 000. Das Direktorat Kommunalvermögen wird so schnell nicht überflüssig werden.

6. November 1992

»Ein knackiges Stück Heimat«

Das Bundeskartellamt verweist auf den besonders knusprigen Biß von Knäckebrot. Brot ist nicht gleich Brot, besagen die Ermittlungen des Kartellamtes. Knäckebrot ist nicht nur flacher und knackiger, es hat auch weniger Kalorien und ist wesentlich länger haltbar als Frischbrot. Grund genug, Knäckebrot einem eigenen Flachbrotmarkt zuzuordnen und das beabsichtigte Vorhaben der Sandoz Deutschland GmbH, alle Anteile an der Burger Knäcke GmbH zu erwerben, zu untersagen.

In der Bundesrepublik Deutschland gibt es neben Hunderten von industriellen Frischbrotherstellern nur fünf Hersteller von Trockenflachbroten. Mit Burger Knäcke käme die Sandoz AG, zu der als 100prozentige Tochter auch das Unternehmen Wasa Celle gehört, auf einen Marktanteil von zwei Dritteln, lautet das abschlägige Votum. Mit dieser Entscheidung fällt das bisher dritte abschlägige Votum des Bundeskartellamts zu Verkaufsentscheidungen der Treuhandanstalt.

Der älteste Knäckebrotproduzent Deutschlands tritt zwar wieder in eine ungewisse Phase, aber die Liste der neuen Bewerber ist lang. Aus eigener Kraft hatte das Management das Unternehmen auf den Wettbewerb eingestellt. Burger Knäckebrot hat bereits einen Marktanteil von über 50 Prozent in den neuen Bundesländern und rund neun Prozent in Westdeutschland.

Das Unternehmen Geschi Brot Schiesser & Sohn GmbH erwirbt Burger Knäcke GmbH, übernimmt die derzeit 129 Mitarbeiter und sagt Investitionen von 17,6 Millionen Mark zu. Zusätzlich zu Knäckebrot und Zwieback sollen auch Toastbrot und Schwedenbrötchen ins Sortiment aufgenommen werden.

10. November 1992

Ein Fall für die Stabsstelle
»Besondere Aufgaben«

Es »brennt« wieder einmal bei der Stabsstelle »Besondere Aufgaben« im Direktorat Recht der Treuhandanstalt. Der Abteilungsleiter des Vertrags-Controllings im Unternehmensbereich 4, Dr. Wolfgang Froeb, teilt mit, es sei ihm – entgegen seinem ersten Erwarten – nicht gelungen, die Grundschuldbriefe des Unternehmens Agrotechnik GmbH zurückzuerlangen. Es steht zu befürchten, daß die Erwerber der Handelsholding diese Briefe bei Banken »zu Bargeld« machen und mit diesen Geldern ins Ausland fliehen.

In den Einzelheiten ist der Vorgang wirtschaftlich noch komplizierter. Die ehemalige Handelsgesellschaft des DDR-Landmaschinenhandels hatte 14 operative Tochtergesellschaften, die zusammen über eine Million Quadratmeter höchst wertvollen Geländes in den Städten der ehemaligen DDR in ihrem Gesellschaftsvermögen hatten. Die Anteile dieser 14 Gesellschaften waren mit notariellem Vertrag an ein neues Unternehmen Agrotechnik GmbH verkauft worden, hinter dem die Firma Eurata AG mit dem Hauptgesellschafter Dipl.-Kaufmann Volker S. stand. Die Firma und mit ihr verbundene Gesellschaften sind im Immobilienhandel und insbesondere im Bereich des Vertriebs von Bauherrenmodell-Projekten in Hamburg und von Hamburg aus in der ganzen Bundesrepublik tätig.

Die Käufer sollen möglichst bald mit der Erschließung der Immobilien beginnen, um damit Gewerbeparks, Industrieansiedlungen und sonstige Nutzungen zu betreiben und rasch die entsprechenden Investitionen vorzunehmen, die in der Größenordnung von 400 Millionen DM projektiert sind. So sollen neue Arbeitsplätze geschaffen und andere gesichert werden.

Zur Absicherung des Kaufpreises hat die Käufergesellschaft bei Vertragsabschluß Bürgschaften von deutschen Großbanken in der Größenordnung von 40 Millionen DM beizubringen. Die Käufergesellschaft, eine GmbH mit einem Mindesthaftungskapital von 50 000 DM, ist noch mit entsprechendem Kapital auszustatten. Im Kaufvertag sind dafür 50 Millionen DM festgelegt.

Die Treuhandanstalt hat für das Gesamtkombinat Bürgschaften und Garantien in der Größenordnung von über 100 Millionen DM übernommen. Die Käufer sind verpflichtet, diese Bürgschaften zu übernehmen. Damit ist Kapital in der Größenordnung von über 200 Millionen DM gebunden, das der Käufer schon im Vorfeld der Nutzung der Immobilien aufzubringen oder jedenfalls nachzuweisen hat.

Das Vertrags-Controlling der THA stellt im Juni 1992 fest, daß die Käufer keine der vorgenannten Bedingungen des Kaufvertrags erfüllen. Dazu wird nun auch noch bekannt, daß der mit dem notariellen Abschluß beauftragte Mitarbeiter der Treuhandanstalt bald nach Abschluß des Kaufvertrages und nach Übergabe der wirtschaftlichen Herrschaft über die Gesellschaften und damit über deren Immobilien an die Käufer bei der Treuhandanstalt ausgeschieden ist. Er wird Berater bei einer Gesellschaft dieser Käufer.

Bei dem Vertrags-Controlling der Treuhandanstalt lösen diese Feststellungen Alarm aus. Erstes und vordringliches Ziel wird nunmehr, umgehend das den Käufern überlassene wirtschaftliche Vermögen der Treuhandanstalt wieder zu sichern.

Für solche Fälle der mangelnden Vertragserfüllung und des Risikos krimineller Schädigung hält die Treuhandanstalt seit längerer Zeit einen ausgefeilten Plan bereit. Verschiedene Stellen der Treuhand müssen hier Hand in Hand und möglichst rasch zusammenarbeiten. Da ist zunächst das Vertrags-Controlling, das mit Wirtschaftsprüfern oder sonstigen Sachverständigen aus dem betriebswirtschaftlichen Bereich die tatsächlichen Werte, die Kapitalflüsse und die buchhalterischen Vorgänge überprüft und auswertet. Das sind gleichzeitig Ziviljuristen, die die Vertragsgestaltung analysieren. Parallel dazu muß die strafrechtliche Seite abgeklärt werden. Dafür ist zu der Zeit die Stabsstelle »Besondere Aufgaben« unter ihrem Leiter, dem für diese

Aufgaben vorübergehend aus Baden-Württemberg beurlaubten Wirtschaftsstaatsanwalt Dr. Hans Richter, zuständig. Inzwischen hat dessen Fachkollege, Staatsanwalt Daniel Noa, diese Aufgabe übernommen.

Von der für solche Arbeiten zu bildenden »Task Force« werden dann auch gleich die ersten Analysen der vorhandenen Unterlagen herangezogen. Die Erwerber werden kontaktiert. Sie haben – wie meist in solchen Fällen – eine Fülle von Begründungen, weshalb sie den einen und den anderen und schließlich alle Punkte des Vertrages von ihrer Seite nicht erfüllen konnten. Diese Punkte müssen widerlegt werden. Gleichzeitig aber muß die Sicherung der Vermögensmasse vorgenommen werden.

Die Analyse der Vertragsgestaltung ergibt, daß die Treuhandanstalt – da der Kaufpreis nicht bezahlt wurde – unverändert Eigentümer der Gesellschaftsanteile geblieben ist. Es ergibt sich jedoch weiter, daß dem Käufer das Recht eingeräumt worden ist, bereits über die Immobilien der Gesellschaft zu verfügen. Die Überprüfung der beteiligten Grundbuchämter und Banken ergibt, daß die Grundstücke tatsächlich belastet worden sind. Vordringlich ist also, weitere Schäden abzuwenden.

Nun gehen die Vertragsjuristen ans Werk. Die Käufer sind grundsätzlich bereit, alle Sicherungsmaßnahmen zuzulassen. Es werden entsprechende Verträge ausgehandelt und abgeschlossen. Parallel hierzu wird geprüft, ob strafrechtlich relevantes Verhalten vorliegt. Dabei ist zu beachten, daß einerseits das Interesse der Sachverhaltsaufklärung im Strafverfahren nicht beeinträchtigt wird. Vordringlich ist andererseits aber die Sicherung des Vermögens der Treuhandanstalt, das heißt: Schaden vom Steuerzahler abzuwenden.

Die Sicherungsmaßnahmen greifen weitgehend. Das Geschehen in den Unternehmen kann nun aufgearbeitet und daraufhin untersucht werden, ob bereits Schäden eingetreten sind.

Erste Analysen der Buchhaltungen der 14 Gesellschaften ergeben ein komplexes Bild. Inzwischen sind aus den 14 Gesellschaften über 30 geworden – mit Beteiligungen im In- und Ausland. Die Frage ist, wer in solchen Gesellschaften die Mehrheit hält und ob die Treuhand-Gesellschaften dadurch in eine wirtschaftlich schlechte Position geraten sind. All dieses ist auch strafrechtlich relevant, und zwar unter dem Gesichtspunkt der Untreue, denn die Erwerber waren dem Vermögen der ihnen überlassene Gesellschaften treuepflichtig. Die strafrechtliche Würdigung muß aber an fundierte Feststellungen von Wirtschaftsprüfern anknüpfen, die in die Gesellschaften entsandt werden.

Am 10. November 1992 wird festgestellt, daß alle abgeschlossenen Sicherungsverträge und die von der Treuhandanstalt ergriffenen Maßnahmen in den Gesellschaften verhindern konnten, daß aus dem Gesellschaftsvermögen weiteres Kapital abfließt.

Es beginnt nun hektische Arbeit bei deutschen und internationalen Banken, um sicherzustellen, daß etwaige Grundschuldbriefe nicht weiter genutzt werden. Außerdem wird festgestellt, ob bei diesen Banken etwa schon beanstandete Grundschuldbriefe vorliegen. Die Treuhandanstalt hat keine hoheitlichen Rechte wie die Strafverfolgungsbehörden. Sie ist deshalb auf die Zusammenarbeit mit den Banken angewiesen, die ihrerseits den Kunden gegenüber das Bankgeheimnis zu wahren haben. Das erschwert die Feststellungen. Von den Käufern kommen beruhigende Auskünfte. Eine Gefahr sei nicht gegeben.

Ein Indiz für unkorrektes Verhalten – möglicherweise auch strafrechtlich relevant – ist der rasche Übertritt des mit dem Verkauf befaßten Mitarbeiters in eine Firma des Erwerbers in Verbindung mit negativen Verkaufsergebnissen. Voreilige Schlüsse verbieten sich aber, denn über 80 Prozent der Hinweise auf korruptes oder unseriöses Verhalten von Treuhand-Mitarbeitern werden nach Abklärung durch die Stabsstelle als entweder vorsätzlich falsch und zum Nachteil der Treuhandanstalt und ihrer Mitarbeiter erhobene Beschuldigung entlarvt oder aber als ansonsten unrichtige Behauptungen. Im vorliegenden Fall sind die Indizien allerdings gravierend.

Die Stabsstelle hat enge Verbindungen zu der für sie in erster Linie zuständigen Staatsanwaltschaft in Berlin, die über eine der ältesten und umfangreichsten Schwerpunktabteilungen zur Bekämpfung von Wirtschaftsvergehen verfügt. Deren Spezialisten sind jedoch seit über einem Jahr stark überlastet.

Die Anfrage und der Hinweis auf den komplexen und besonders dringlichen Sachverhalt bei dem zuständigen Leiter in Berlin ergibt, daß dort etwa 400 Verfahren der Vereinigungskriminalität – davon etwa 200 aufgrund der Aufdeckung durch die Treuhandanstalt selbst – anhängig sind. In mindestens 80 Fällen kann überhaupt nichts geschehen – sie sind aus Kräftemangel »auf Eis« gelegt.

Für die Treuhandanstalt ergibt sich hier ein Dilemma. Bringt sie diesen Sachverhalt zur Berliner Staatsanwaltschaft, muß sie damit rechnen, daß die notwendigen Maßnahmen nicht oder jedenfalls nicht rechtzeitig vorgenommen werden. Üblicherweise bestehen diese Maßnahmen in einer gleichzeitigen Durchsuchung an vielen Orten, möglicherweise im Erwirken eines Haftbefehls, soweit die Voraussetzungen der Verdunklungs- oder Fluchtgefahr vorliegen. Es wäre zu befürchten, daß alle diese Maßnahmen zu spät kommen und die Beweise und das in den Händen der Täter liegende Vermögen durch die Staatsanwaltschaft nicht gesichert werden können.

In dieser Situation kann die Stabsstelle auf eine – auch auf ihr Betreiben hin zustande gekommene – Vereinbarung der Generalstaatsanwälte der Bundesrepublik aus dem Jahre 1991 zurückgreifen. Darin ist festgelegt, daß bei einer Möglichkeit der prozessualen Zuständigkeit einer Staatsanwaltschaft in den alten Bundesländern diese Staatsanwaltschaft zur Übernahme des Verfahrens verpflichtet ist, auch wenn die Zuständigkeit einer Staatsanwaltschaft der neuen Bundesländer ansonsten vorrangig wäre. In dem vorliegenden Fall ist eine Zuständigkeit der ebenfalls überlasteten Staatsanwaltschaft in Leipzig gegeben, aber auch der Staatsanwaltschaft Hamburg – dort ist der Firmensitz der Käufer.

Die Hamburger Staatsanwälte sind bereit, trotz ihrer erheblichen Belastung die Sache rasch zu prüfen und gegebenenfalls zu übernehmen. Die vorliegenden Ergebnisse der Wirtschaftsprüfer werden in aller Eile zusammengetragen, strafrechtlich gewertet, die notwendigsten Dokumente beigefügt und die entsprechende Strafanzeige erstattet. Dr. Richter, der Leiter der Stabsstelle, fliegt noch am 10. November 1992 nach Hamburg, erläutert die Unterlagen und bietet die weitere Zusammenarbeit der Mitarbeiter der Stabsstelle (Kriminalpolizisten aus dem Bereich der Bekämpfung der Wirtschaftskriminalität des Landes Baden-Württemberg) an. Die Staatsanwaltschaft Hamburg übernimmt das Verfahren und beginnt mit den Ermittlungen.

Noch bevor die Staatsanwaltschaft Hamburg die notwendigen Beweissicherungsmaßnahmen wie Durchsuchungen und Beschlagnahmen durchführen kann, haben Zeitungen den Vorgang aufgegriffen und den angeblichen »500-Millionen-Deal« in aller Breite präsentiert. Das ist für die Strafverfolgungsbehörden bei der Sicherung der Beweismittel hinderlich.

Die Treuhandanstalt ist jetzt gezwungen, der Öffentlichkeit die Fakten vorzulegen und die Sachzusammenhänge zu erläutern. Die erneute Klage in den Zeitungen, es sei unzulänglich geprüft und organisatorische Maßnahmen zur Sicherung gegen Mißbrauch nicht oder nicht ausreichend ergriffen worden, ist zu widerlegen. Es gibt keinen absoluten Schutz vor Betrügern, vor allem dann nicht, wenn Arbeitsplätze schnell gesichert und rasche Investitionen gefördert werden sollen.

Die Sachaufklärung ergibt, daß der Schaden sich – entgegen den reißerischen Meldungen – vermutlich auf 20 bis 30 Millionen DM begrenzen läßt und daß sich auch diese Mittel am Ende wohl weitgehend durch die Maßnahmen des Controllings und der eingerichteten »Task Force« zurückholen lassen.

Die Ermittlungen der Staatsanwaltschaft Hamburg gehen weiter. Erfahrungsgemäß dauern Verfahren in derart großen Fällen zwei bis fünf Jahre. Die Treuhandanstalt wird die zurückgeholten Unternehmen neu strukturieren. Sie hat den aufgebrachten Arbeitnehmern eine Arbeitsplatzzusage gegeben und wird das Unternehmen erneut sanieren bzw. wieder privatisieren.

Der Fall ist beispielhaft für die Rückgewinnung von Vermögen der Treuhandanstalt. In der Öffentlichkeit werden Schäden durch kriminelle Handlungen für die Treuhandanstalt mit rund drei Milliarden DM angegeben. Durch Gegenmaßnahmen und Wiedergutmachung sind jedoch die wirtschaftlichen Schäden bis auf einen Rest von knapp zehn Prozent dieser Summe vermindert worden.

20. November 1992

Die Gretchenfrage

Es müsse »mit dem Teufel« zugehen, wenn die Ausländer zum Zuge kommen, wird Jochen Holzer, Vorstand der Bayernwerk AG, in der »Wirtschaftswoche« zitiert. »Die Ausländer« sind der britische Energiekonzern PowerGen und ihr amerikanischer Partner NRG Energy. Die Beute ist die Mitteldeutsche Braunkohle AG (Mibrag) in Sachsen.
Bahnt sich da wieder ein Testfall für die Trittsicherheit der Treuhand auf internationalem Parkett an? Diplomatie wird gewiß vonnöten sein, wenn die Frage unausweichlich im Raum steht, ob denn unter gewissen Umständen nicht doch ausländische Interessenten diskriminiert werden. Es ist abzusehen, daß eine Neuauflage der Diskussion um die Unternehmenskäufe des Italieners Emilio Riva vom November/Dezember 1991 ins Haus steht. Und das vor dem Hintergrund wachsender Ausländerfeindlichkeit in Deutschland, der zur Zeit die ungeteilte Aufmerksamkeit der internationalen Medien gilt.
Die Diskussion hat die Treuhand von Anfang an begleitet. Auf die Frage, wie es die Treuhand denn mit ausländischen Investoren halte, hatte der damalige Präsident Rohwedder am 23. November 1990 Larry Thorson von der Agentur AP geantwortet: »Es ist ein Prinzip der deutschen Wirtschaftspolitik, für das Ausland offen zu sein. Das verstärkt den Wettbewerb, läßt die Leute härter arbeiten und nützt dem Konsumenten.« Und er ergänzte: »Das Spiel wird in Deutschland gespielt, und darum ist es nur natürlich, daß die Deutschen die größte Rolle spielen.«
Deutsche Investoren wollen zumindest in den klassischen Branchen die Hauptrollen besetzen, auch wenn sie sich anfangs gekonnt zieren. Der Kampf um die Braunkohle und damit um den Energiemarkt in Ostdeutschland, das Nachkarten der deutschen Mineralölwirtschaft im Fall Elf Aquitaine/Minol, der Streit um den Einstieg des italienischen Konzerns Riva in die Stahlpro-

duktion in Hennigsdorf und Brandenburg – das Muster bleibt dasselbe, die deutschen Branchenführer spielen Monopoly.

Der »Fall Riva«, der im November 1991 eskalierte, wurde gleichzeitig zum Testfall für die internationale Glaubwürdigkeit der Treuhandanstalt. Ende Oktober hatten laut Treuhand-Monatsbericht gerade 142 ausländische Unternehmen Betriebe in Ostdeutschland gekauft, 7,7 Milliarden Mark an Investitionen zugesagt und die Beschäftigung von 64 000 Arbeitnehmern zugesichert. Auf verschiedenen Auslandsreisen, u. a. nach Japan und in die USA, hatte die Präsidentin der Treuhandanstalt über den Standort Ostdeutschland informiert. Das neue Direktorat Investor Services forcierte das Auslands-Marketing, und die im Oktober und November eröffneten Büros in Tokio und New York rührten die Werbetrommel. Gleichzeitig wurde in den westeuropäischen Ländern ein Netzwerk von Repräsentantenbüros geknüpft: Treuhand-Beauftragte mit guten Wirtschaftskontakten in ihren Heimatländern und Kenntnissen der Verhältnisse in Deutschland.

»Ostdeutschland braucht nicht nur ausländisches Kapital«, sagt Frau Breuel in Beiträgen für zahlreiche internationale Wirtschaftsmagazine. »Ostdeutschland braucht internationales Know-how, internationale Unternehmenskultur. Jeder ausländische Investor ist herzlich willkommen, und er erhält dieselben Chancen wie jeder deutsche Interessent.«

Und dann Riva: Die beiden Stahlunternehmen, für die der italienische Investor ein Angebot unterbreitet hatte, waren im Frühsommer 1991 international ausgeschrieben worden. Am 25. Oktober war die Treuhand mit dem ihres Erachtens nach besten Bieter in Detailverhandlungen eingetreten. Wenig später ging es zur Sache: Nicht nur die spät erwachte deutsche Konkurrenz, ein Konsortium aus der Badische Stahlwerke AG (BSW), Kehl, der Thyssen AG, Düsseldorf, und der Völklinger Saarstahl AG, polterte in der Öffentlichkeit gegen den italienischen Investor. Die IG Metall schloß sich der Kritik an der Treuhandanstalt an.

»Wir fühlen uns von der Treuhandanstalt ganz schlecht behandelt. Wir haben den Eindruck, daß wir gegenüber der italienischen Konkurrenz Riva ausgebootet werden sollen«, so Horst Weitzmann, Vorstandsvorsitzender der BSW am 20. November 1991 gegenüber dem »Handelsblatt«. Am 22. November besetzten die Hennigsdorfer Stahlarbeiter ihr Werk; die Aktion dauert dreizehn Tage. Die italienische Öffentlichkeit witterte eine antiitalienische Kampagne. Die Wirtschaftszeitung »Il Sole/24 ore« berichtet am 19. November von eine »Kriegserklärung der IG Metall an Emilio Riva«.

Aber auch der französische »Figaro« macht sich Gedanken: »Der Fall Hennigsdorf wirft erneut die Frage auf, ob deutsche und ausländische Investoren in der ehemaligen DDR gleich behandelt werden«, so Jean Paul Picaper am 29. November.

In der Pressestelle der Treuhandanstalt ist in jenen Tagen der Teufel los. Nicht nur Italiener und Franzosen (die Korrespondentin Marika de Feo des »Corriere della Sera« richtet eine Art Standleitung nach Berlin ein), auch Amerikaner und Briten, Skandinavier, Österreicher und Schweizer lassen nicht locker. Pressekonferenzen und Hintergrundgespräche wurden geplant und wieder verworfen, Journalisten ein- und wieder ausgeladen. Die Stahlarbeiter halten das Werk Hennigsdorf besetzt, und hinter verschlossenen Türen laufen Gespräche mit Riva, mit dem Konsortium, mit dem Betriebsrat, mit der brandenburgischen Landesregierung.

Am Nachmittag des 25. November schließlich stellte sich das verantwortliche Mitglied des Treuhand-Vorstandes, Hans Krämer, den Journalisten. Sichtlich angespannt und übermüdet betrat er den überfüllten Pressekonferenzraum im vierten Stock des Detlev-Rohwedder-Hauses: ein Manager, der sich unversehens im Mittelpunkt eines wirtschafts- und sozialpolitischen Machtkampfes mit internationaler Dimension wiederfindet. Doch die Treuhand bleibt bei ihrer Entscheidung für Riva. Verhandlungen über die Detailregelungen der Arbeitsplatzfrage werden folgen.

»La Repubblica« meldet am 26. November: »Riva siegt in Deutschland. Der Weg ist frei für die Übernahme der beiden Stahlwerke.«

Die Treuhand ist ihrem Prinzip der Nichtdiskriminierung treu geblieben. Sie hatte international an Glaubwürdigkeit gewonnen. Die Weichen sind gestellt für intensives Auslandsmarketing. Heute haben 523 ausländische Investoren einen Anteil von zehn Prozent an den Investitions- und von neun Prozent an den Arbeitsplatzzusagen gegenüber der Treuhandanstalt.

Nach Monaten brutaler Angriffe auf Asylantenheime und Gewalt gegen Ausländer, nach einer hilflos geführten Asyldebatte, nach der in den Augen der Weltöffentlichkeit gut gemeinten, aber verunglückten Berliner Großdemonstration stellt sich heute die Frage aber in einem anderen, grelleren Licht.

Investitionsentscheidungen, brennende Asylantenheime und geschändete jüdische Friedhöfe – argumentativ läß sich das natürlich trennen. Aber Deutschland braucht nicht nur im Einzelfall den Zuschlag auf Kalkulationsbasis; Deutschland braucht in dieser schwierigen Zeit Sympathie, braucht letztlich die Nestwärme solidarischer Nachbarschaft. »Das Problem ist, daß euch niemand wirklich mag«, sagt ein indischer Journalist bei einem Besuch in Berlin und lächelt traurig. Er meint nicht allein die Treuhandanstalt.

Dezember 1992

Industrielle Kerne – was wir damit meinen

Es gehört zu den tragischen Irrungen der DDR-Wirtschaftspolitik, daß die Verantwortlichen noch in den achtziger Jahren dem Ideal des internationalen Großunternehmens der dreißiger Jahre nacheiferten. Der Trust ist der »Pate« des Kombinats. Groß, vielfältig verflochten, soziale und regionale Funktionen in die industrielle Tätigkeit integrierend, eine große regionale Bedeutung einnehmend.

Wenn man im Westen früher sagte, daß in Essen keine Straße gebaut wurde, die den Bedürfnissen von Krupp nicht entsprach, so gilt dies für die ganze Stadt Eisenhüttenstadt und das dortige Stahlkombinat ebenso. Das Großunternehmen traditioneller Prägung ist »regional bedeutsam«, es ist industrieller Kristallisationspunkt, Kern einer Wirtschaftsregion. Dies gilt für Thyssen im Raum Duisburg, für Hoesch im Raum Dortmund, für VW in Wolfsburg, für Siemens in München und und und.

Im Westen haben wir schmerzlich zugleich aber auch lernen müssen, daß Strukturwandel auch Betriebsgrößenwandel bedeutet, daß die Symbiose von Großunternehmen und ihren bloß abhängigen Zulieferern sich wandelt zu einem partnerschaftlichen Miteinander von Groß-, Mittel- und Kleinunternehmen, die technologie- und innovationsgetrieben in Wertschöpfungsketten verbunden sind, ohne daß die alten Hegemonien der Großunternehmen weiter dominieren.

Im Strukturwandel der letzten 20 Jahre sind viele neue Begrifflichkeiten in die traditionelle wirtschaftspolitische Sprache hineindiffundiert. Die Technologie- und Innovationspolitik hat häufig mit dem Begriff der »endogenen Entwicklungspotentiale« gearbeitet, andere haben eine »Vor Ort«-Politik beschworen, weil Neues nur aus der Bündelung der Innovationskräfte einer Region wachsen kann. Vieles, was im Westen in den siebziger und achtziger Jahren stattgefunden hat, ist verschämt und manchmal kokett Industriepolitik genannt worden. War es Regional- oder Strukturpolitik, was den Großraum München zu einem Zentrum der Elektronik-, Luft- und Raumfahrtindustrie hat werden lassen oder muß man dies als Ergebnis von Industriepolitik beschreiben? War es überhaupt Ergebnis einer einzigen ausdrücklichen Politik?

Man muß sich dieses Dilemma in Erinnerung rufen, wenn man erklären will, was es eigentlich mit den »Industriellen Kernen in Ostdeutschland« auf sich hat. Der aus heutiger Sicht vergleichsweise sanfte und zeitlich über mehr als zwei Jahrzehnte gestreckte Strukturwandel im Westen hat keine Sprache hervorgebracht, mit der die bruchartigen Phänomene in Ostdeutschland heute so beschrieben werden können, daß niemand schon von der Sprache her in Ohnmacht fällt. Begriffe wie Industriepolitik und auch dieser neue Begriff des »industriellen Kerns« erscheinen deshalb so, als bezeichneten sie neue Phänomene, wo sie doch in Wirklichkeit nichts anderes sind, als neue Begriffe für ein altes Dilemma. Das Dilemma nämlich, daß in einer pluralistischen, dezentralen und heterogenen Wirtschafts- und Gesellschaftsordnung jeder Begriff, der eine Steuer- und Regelbarkeit der Prozesse durch zentrale Instanzen vortäuscht, scheitern muß, weil die Wirklichkeit einfach eine andere ist.

Die Wirklichkeit ist durch das Miteinander von Hunderttausenden mehr oder weniger autonomen Akteuren geprägt, die miteinander kommunizieren, sich gegenseitig beobachten, auch belauern, freundlich miteinander reden, aber beinhart miteinander im Wettbewerb stehen. Wer da vorgibt, an großen Rädern drehen und eine Entwicklung wirklich steuern zu können, der ist naiv. Allerdings wird es immer wieder versucht.

Und manchmal gelingt es auch einigen Zeitgenossen, der bloßen Beschreibung der ablaufenden Prozesse nachträglich den Charakter einer von vornherein steuernden Politik zu geben. Die Treuhandanstalt hat von Anfang an hautnah gespürt, daß der strukturelle Wandel in Wirtschaft und Gesellschaft Ostdeutschlands von säkularer Tiefe und existentieller Bedeutung für die Menschen ist. Es war schnell klar, daß in der alten DDR ein Strukturwandel, wie er sich im Westen seit mehr als drei Jahrzehnten vollzogen hatte, teils künstlich, teils der ostblockbedingten Not gehorchend nicht stattgefunden hatte. Die Wucht, mit der dann nach der Einigung und der Auflösung des RGW der Strukturwandel einsetzte, fordert den handelnden und den betroffenen Menschen ein Höchstmaß an Geduld und Arbeit ab.

In dieser Situation war klar, daß man sich nicht gegen diesen Wandel stemmen kann, man kann gegen den Strukturwandel nicht ansubventionieren, man kann ihn auch nicht beliebig zeitlich strecken. Die Eingriffsmöglichkeiten sind so begrenzt wie die eines Schleusenwärters, dem man das Schleusentor wegsprengt.

Allerdings muß man in solchen Situationen darauf achten, daß nicht fortgerissen wird, was in ruhigeren Zeiten oder bei behutsamerer Entwicklung eine Überlebenschance hätte. Für die Treuhandanstalt bestand daher 1990 die große Aufgabe, einen Weg zu finden, wie die überlebens- und sanierungsfähigen Unternehmen von denen geschieden werden, die in keinem Fall eine Überlebenschance haben. Es wurde ein System entwickelt, Unternehmen zu bewerten, um durch unabhängige Sachverständige und Gutachter in mehreren Stufen Einschätzungen über die Entwicklungspotentiale von Unternehmen zu gewinnen, dabei die Verwerfungen auf den Märkten ebenso im Auge zu behalten wie die Zeitachse. Dabei ergab sich sehr schnell, daß sich die größte Zahl der Kombinate der alten DDR entflechten muß, die Kombinate sich mehr oder weniger auflösen müssen und dabei ihre Belegschaften dem Maß anpassen müssen, das im Wettbewerb mit produktiven Konkurrenten durchgehalten werden kann. Insoweit kommt es schmerzlich, aber unausweichlich zu einer Auflösung des Kombinats-Kosmos, der vom Ferienheim bis zum Kulturhaus, vom eigenen Baubetrieb bis zur Ersatzteilwerkstatt alles unter einem Dach vereinte.

Aber wohin entflechten? Wohin soll diese Umstrukturierung führen, auf welche Märkte und mit welchen Produkten? Fragen dieser Art enthalten die unausgesprochene Vermutung oder Gewißheit, man könne sie – wenn man nur wolle und sich gehörig anstrenge –

schlüssig und für alle Unternehmen in kurzer Zeit beantworten. Die Treuhandanstalt hat dieser Auffassung zu keinem Zeitpunkt angehangen. Sie wußte, daß ganz analog zum Strukturwandel im Westen nur »vor Ort« eine Mobilisierung des endogenen Entwicklungspotentials einen Neuanfang möglich machen würde. Damit verbieten sich aber Antworten »von oben«, gefragt sind Antworten »von unten«. Deshalb war es auch das Ziel der Treuhand, die ihr anvertrauten Unternehmen so schnell wie möglich in den Stand zu versetzen, selbständig zu operieren, eigene Regelkreise und Organe auszubilden, um sich selber durchzukämpfen.

Die Treuhand hat keine Treuhand-Konzernstrategie entwickelt, weil dies diesem Ziel vollständig widersprechen würde. Sie hat in ihrer Sprache dem auch Rechnung getragen. Schon sehr früh hat die Treuhand den Begriff »industrieller Kern« benutzt, um deutlich zu machen, daß der Strukturwandel nicht behindert werden darf, daß das Abschmelzen und die Entflechtung der Kombinate aber auch nicht im freien Fall erfolgen darf. »Industrieller Kern« ist eine Metapher für den Versuch, die zukunftsträchtigen Potentiale in den Unternehmen herauszufinden, ihnen eine faire Entwicklungschance zu geben und letztlich aus diesem Kern heraus wieder Wachstum und Regeneration zu ermöglichen.

Daß sich daraus eine politische Debatte entwickeln würde, war abzusehen. Es gehört zu den fatalen Mißverständnissen in der gegenwärtigen Diskussion, wenn nach diesen Kernen gesucht wird, um anschließend auf Listen die Suchergebnisse festzuhalten, als ob damit die Arbeit getan sei.

Unser Begriff des »industriellen Kerns« ist nicht betriebs- oder volkswirtschaftlich definiert. Er ist kein Patentrezept und kein Etikett oder Gütesiegel. Es geht auch nicht um den Erhalt *der* industriellen Kerne, sondern es geht um den Erhalt *von* industriellen Kernen. Das mag wie eine Sprachspielerei klingen, bezeichnet aber das Hundert-Dollar-Mißverständnis der gegenwärtigen Debatte. Wenn man sich gemeinsam anstrengt, wo immer möglich Entwicklungspotentiale aufzuspüren und diesen Unternehmen oder Unternehmensteilen eine Chance der Bewährung in der Marktsituation einzuräumen, dann bedeutet dies, daß dieses Potential »von unten« Unternehmen für Unternehmen aufgespürt werden muß.

Dabei spielt es keine Rolle, ob man ein solches Unternehmen »braucht« oder ob man überhaupt eine solche industrielle Kapazität »will«, sondern es geht einzig und allein um die Lebens- oder Überlebenschance dieses einen Unternehmens allein aus dessen Perspektive heraus.

Bleibt noch die Frage, wie dies im einzelnen operativ geschehen soll. Die Treuhand-Antwort ist inzwischen schon klassisch: Wir fordern die Unternehmen auf, »vor Ort« Umstrukturierungskonzepte zu entwickeln und umzusetzen. Durch Privatisierung versuchen wir neue Chancen für das Unternehmen einzukaufen, Markt, Knowhow, Technologie, Management, Kapital usw. Soweit und solange eine Privatisierung bei sanierungsfähigen Unternehmen noch nicht erreicht ist, begleitet die Treuhand als Eigentümer fürsorglich den Weg der Umstrukturierung.

Also: individuelle, einzelfallbezogene Entscheidungen und Konzepte.

Bleibt letztlich die Frage, was aus den knapp 1300 Unternehmen wird, für die die Treuhand noch unternehmerisch aktive Eigentümer sucht. Diese Unternehmen sind jetzt fast drei Jahre auf dem Weg, haben inzwischen erhebliche Steigerungen der Leistungsfähigkeit erfahren und wenden sich zunehmend auf neue Märkte.

Es ist beliebt geworden, bei diesen Unternehmen von »dümpeln« zu sprechen und ihnen verächtlich das Etikett des schäbigen Restes anzuhängen. Dies ist ungerecht und falsch, interessengeleitet und egoistisch. Die Treuhandanstalt jedenfalls wird kein Unternehmen fallen lassen, dessen Entwicklungspotential verspricht, langfristig ein Überleben zu sichern. Das mag dem einen oder anderen Wetbewerber nicht gefallen, das mag auch schwierig nachzuvollziehen sein, weil es jeweils das Ergebnis einer Einzelprüfung ist, das ist aber der gesetzliche Auftrag, und von dem weicht die Treuhand auch nicht ab, solange dieser Auftrag besteht.

Die alte DDR war in den Augen des Westens »überindustrialisiert«. Aber eine Rückführung auf einen angeblichen Normalzustand kann und darf nicht der Maßstab des Handelns der Treuhandanstalt sein. Es sei noch einmal gesagt: Die Treuhand muß versuchen, für jedes Unternehmen den Weg zu finden, der diesem Unternehmen und seinen Beschäftigten die individuelle Chance des Überlebens eröffnet. Das meinen wir, wenn wir unser Tun beschreiben als den Versuch, »industrielle Kerne zu erhalten«.

Erstmals veröffentlicht in »Wirtschaftsdienst«, Februar 1993, herausgegeben vom HWWA-Institut für Wirtschaftsforschung, Hamburg.

3.–5. Dezember 1992

Unternehmenskongreß der Treuhandanstalt in Leipzig

Nach drei Monaten voller Improvisationen, aber auch stabsmäßig organisierter Arbeit hat Karl-Heinz Rüsberg, der ehemalige Leiter der THA-Niederlassung Schwerin, seinen Sonderauftrag bewältigt: Mit der Vorstellung der Erzeugnisse von 200 Unternehmen und einem Kongreß auf der Leipziger Messe vom 3. bis 5. Dezember 1992 unterstreicht die Treuhandanstalt ihre Unterstützung der industriellen Kerne in den neuen Bundesländern. Die Unbekanntheit von Ost-Produkten auf den Märkten soll durchbrochen, ein fairer Wettbewerb für die noch der Treuhand unterstehenden Unternehmen auch auf den West-Märkten eingefordert werden.

Bei der Eröffnung der Messe inmitten der Firmenstände in den Ausstellungshallen wird die Grundidee deutlich: Die Industrie Ostdeutschlands braucht Aufträge, nur dadurch kann sie erhalten werden. Die ostdeutschen Unternehmen sind hinsichtlich ihrer Leistungs- und Qualitätsstandards so gut wie zuvor, noch aber fehlen ihnen Absatzmärkte. Der Industriestandort Bundesrepublik werde immerhin auch dadurch abgesichert, daß Qualitätsprodukte aus Ostdeutschland das Leistungsangebot »Made in Germany« bereichern.

Erheblichen Raum in der öffentlichen Berichterstattung nimmt auch eine Kundgebung der IG Metall ein, die am Eröffnungstag vor den Toren der Leipziger Messe gegen die Veranstaltung der Treuhandanstalt protestiert, weil dabei angeblich der Ausverkauf von Unternehmen angestrebt wird. Wenig später marschieren die Demonstranten in einem langen Zug durch die Messehallen. Als Frau Breuel bei ihrer Besichtigung von Ständen der Aussteller auf den Zug der Demonstranten trifft, ruft ihr einer der Demonstranten zu, sie solle für die Sicherheit der Arbeitsplätze sorgen. Die Präsidentin erwidert, dies sei der eigentliche Sinn der Veranstaltung in Leipzig, dafür sei sie selbst gekommen. Schon in ihrer Eröffnungsrede hatte sie erklärt, daß sie die Demonstration der Gewerkschaft als Bestandteil demokratischen Lebens ansehe.

Die Qualität der Präsentation durch die Unternehmen löst Überraschung aus, der Anteil der Fachbesucher unter den rund 10 000 Messegästen ist hoch. An den Ständen der meisten Aussteller sind nicht nur die Marketingleiter und Entwicklungschefs, sondern auch die Geschäftsführer anwesend. Über 90 Prozent der ausstellenden Unternehmen können während der Messetage Gespräche mit potentiellen Kunden führen, drei Viertel von ihnen leiten konkrete Geschäfte ein.

Die Einführung neuer Produkte, Absatzstrategien und technische Weiterentwicklungen stehen im Vordergrund der Diskussionen in acht Fachbereichs-Foren. Sprecher von 50 Unternehmen nehmen eingehend zu ihrer jeweiligen Marketing- und Produktionsstrategie Stellung. Darunter ist der Vorstandsvorsitzende des Fernsehgeräte- und Telekommunikationsunternehmens RFT-Staßfurt AG, Peter W. Hengstmann, der die erfolgreiche neue Werbekonzeption »Ostdeutsch, daher gut« vorstellt. Er schildert auch das Ergebnis der Marketinganalysen, wonach eine volle Auslastung der Unternehmenskapazität von 600 000 Fernsehgeräten in absehbarer Zeit nicht zu erreichen ist. RFT-Staßfurt hat daraufhin die Fertigung anderer Produkte wie Telefongeräte und Anrufbeantworter sowie von Receivern für Satellitenempfang aufgenommen und plant die Herstellung von Induktionsschleifen zur Verkehrslenkung. Daneben soll noch das Recycling von Elektronikschrott aufgenommen werden.

Das auf die Herstellung von Baggern spezialisierte Unternehmen Nobas in Nordhausen hat mit Spezialausführungen neue Wege beschritten, so mit einem Abbruchbagger mit 20 Meter langem Kranarm und Zangengreifer für Mauerteile. Damit und auch mit einem Patent auf veränderliche Spurweiten für Bagger-Fahrgestelle hat Nobas eine aussichtsreiche Marktkonzeption entwickeln können.

Bei einer Podiumsdiskussion im Plenum des Messekongresses unterstreicht VW-Vorstandsmitglied Daniel Goeudevert, die deutsche Wirtschaft brauche die Motivation der Menschen in Ost und West, brauche Verständnis und Hilfsbereitschaft. Weder Fatalismus noch Pessimismus seien angebracht. Heinz Dürr, Präsident der Deutschen Bundesbahn und der Deutschen Reichsbahn, sieht im Abbau der übertriebenen Fertigungstiefe alter Kombinatsbetriebe Chancen für den Aufbau eines leistungsfähigen Mittelstands in den neuen Bundesländern.

Jürgen Conrad, Konzern-Betriebsratsvorsitzender der Deutschen Waggonbau AG, verweist auf die durch steigende Löhne und höhere Kosten in vielen Unternehmen entstehenden Probleme. Personalabbau gelte oft als Lösung, aber auch in den Unternehmen müsse es einen Solidarpakt geben. TAKRAF-Aufsichtsratsvorsitzender Klaus von Dohnanyi ist der Ansicht, daß sich in vielen Betrieben die vereinbarten Lohnsteigerungen nicht in vollem Umfang verwirklichen lassen.

Das gleiche Thema wird am zweiten Messetag in einer Podiumsdiskussion zwischen BDI-Präsident Tyll Necker und der Stellvertretenden DGB-Vorsitzenden Ursula Engelen-Kefer angesprochen. Während der BDI-Präsident eine Begrenzung der Lohnsteigerungen auf die Höhe der Inflationsrate fordert, erklärt die DGB-Sprecherin, daß es bei gesetzlichen Tariföffnungsklauseln keinen Solidarpakt gebe. Necker fordert eine Erhöhung der Bestellungen aus den alten Bundesländern in Ostdeutschland. Wenn das nicht geschehe, gebe es höhere Steuern.

Treuhand-Kalender

1989

9. November 1989	Bei einer Pressekonferenz in Ost-Berlin wird gegen 19 Uhr eine Erklärung abgegeben, die die Bevölkerung als Öffnung der Grenzen interpretiert. Die Bürger der DDR schaffen Fakten: Wenige Stunden nach der Ankündigung fällt die Mauer.
13. November 1989	Wahl von Hans Modrow zum Vorsitzenden des DDR-Ministerrats.
17. November 1989	Modrow kündigt in seiner Regierungserklärung Wirtschaftsreformen an.
1. Dezember 1989	Die »führende Rolle des SED« wird aus der Verfassung der DDR gestrichen.
7. Dezember 1989	Der »Zentrale Runde Tisch« tritt erstmals in Berlin zusammen. An ihm beteiligt sind zwölf Parteien und politische Gruppierungen. Er strebt die Lösung der politischen und wirtschaftlichen Probleme an.
14. Dezember 1989	Christa Luft und Helmut Haussmann, die Wirtschaftsminister beider deutscher Staaten, einigen sich über eine gemeinsame Wirtschaftskommission und ein Kooperationsabkommen.

1990

6. Januar 1990	Der Entwurf eines Joint-venture-Gesetzes wird im DDR-Ministerrat vorgelegt (ausländische Beteiligung max. 49 Prozent).
11. Januar 1990	Das Wirtschaftskomitee des Ministerrats tritt an die Stelle der Plankommission.

24. Januar 1990	SPD Berlin legt ein Sofortprogramm zur Wirtschaftspolitik vor. Ziel ist die Wirtschafts- und Währungsunion bis 1. Januar 1991.
7. Februar 1990	Unter Vorsitz des Bundeskanzlers wird der Kabinettsausschuß »Deutsche Einheit« eingerichtet.
12. Februar 1990	Der Runde Tisch schlägt nach einer Initiative des Bündnis 90 die Bildung einer Treuhandgesellschaft zur Wahrung des Volkseigentums vor.
1. März 1990	Beschluß des DDR-Ministerrats zur Gründung einer Anstalt zur treuhänderischen Verwaltung des Volkseigentums (Treuhandanstalt). Vorsitzender des Direktoriums der Treuhandanstalt wird Dr. Peter Moreth. Verordnung zur Umwandlung von volkseigenen Kombinaten, Betrieben und Einrichtungen in Kapitalgesellschaften.
15. März 1990	Das Statut der Treuhandanstalt (THA) wird vom DDR-Ministerrat beschlossen. Die Treuhandanstalt hat ihren Sitz in Berlin und verfügt über 15 Außenstellen in den Bezirksstädten der DDR. Wolfgang Ullmann, Mitglied des Runden Tisches für »Demokratie jetzt«, auf einer internationalen Pressekonferenz: »Jeder Bürger soll künftig über sogenannte Vermögensurkunden seinen Anspruch auf Volkseigentum verwirklichen können.«
18. März 1990	Erste freie Parlamentswahl der DDR, Stimmergebnis: CDU 40,8%, DSU 6,3%, Demokratischer Aufbruch (DA) 0,9%, SPD 21,9%, PDS 16,4%, Bund Freier Demokraten (BFD) 5,3%, Bündnis 90 2,9%,

	Demokratische Bauernpartei Deutschlands (DBD) 2,2 %, Grüne Partei und Unabhängiger Frauenverband 2 %, Sonstige 1,4 %.
20. März 1990	Die Bundesregierung setzt sich zum Ziel, bis zum Sommer 1990 eine Wirtschafts-, Währungs- und Sozialunion mit der DDR zu erreichen.
26. März 1990	Die Wirtschaftsabteilung der IG Metall macht Vorschläge zur Neuordnung der Wirtschaft der DDR. Keine allgemeine Rückgabe an frühere Besitzer, Belegschaften sollen Eigentümer der Unternehmen werden.
12. April 1990	Lothar de Maizière wird zum Ministerpräsidenten der DDR gewählt.
6. Mai 1990	Erste freie Kommunalwahlen in der DDR.
8. Juni 1990	Ankündigung, daß die Umwandlung der DDR-Unternehmen zu GmbHs oder AGs am 1. Juli durch Gesetz abgeschlossen werden soll.
17. Juni 1990	Volkskammer beschließt Treuhand-Gesetz mit dem Auftrag zur Privatisierung des »volkseigenen Vermögens«.
29. Juni 1990	Lothar de Maizière teilt der Volkskammer mit, daß Hoesch-Vorstandschef Detlev Rohwedder als Verwaltungsratsvorsitzender der THA zur Verfügung steht.
1. Juli 1990	Vertrag über die Wirtschafts- und Währungsunion sowie die Sozialunion tritt in Kraft, die Deutsche Mark wird alleiniges Zahlungsmittel in beiden deutschen Staaten.
4. Juli 1990	Rohwedder wird vom Ministerrat zum Vorsitzenden des THA-Verwaltungsrates ernannt.

5. Juli 1990	Zur Struktur der THA bemerkt Rohwedder, daß es keine fünf Aktiengesellschaften geben wird, auf die alle ehemals volkseigenen Betriebe und Kombinate verteilt werden. Eine Branchengliederung oder regionale Strukturierung der Aktiengesellschaften schließt Rohwedder aus.
15. Juli 1990	Rainer Maria Gohlke tritt als Präsident der THA an die Stelle von Peter Moreth. Der Verwaltungsrat tagt zum ersten Mal.
22. Juli 1990	Die Volkskammer verabschiedet das Ländereinführungsgesetz. Die ehemaligen ostdeutschen Länder werden neu gebildet (bei einigen Grenzkorrekturen).
20. August 1990	THA-Präsident Gohlke tritt zurück; Rohwedder übernimmt die Nachfolge.
22. August 1990	Rohwedder plant, die THA neu zu strukturieren. Die Standorte der 15 Außenstellen bleiben erhalten. Deren Leitungen sollen durch West-Manager ergänzt werden.
29. August 1990	Der Vorstandsvorsitzende der Kaufhof AG, Jens Odewald, wird Vorsitzender des THA-Verwaltungsrats.
13. September 1990	Rohwedder zieht vor der Volkskammer Bilanz: Von 8000 Betrieben sind 7000 in GmbH oder AG umgewandelt worden. Die Treuhandanstalt steht vor einer »Aufgabe von furchterregender Dimension«.
4. Oktober 1990	Die neuen Leiter der 15 Niederlassungen der THA werden ernannt. Die Vollmachten der Außenstellen erlöschen mit diesem Tag. Die Niederlassungen übernehmen die Verantwortung für Unternehmen bis zu 1500 Mitarbeitern.
5. Oktober 1990	Der Vorsitzende der IG Chemie, Hermann

Rappe, wird von der Bundesregierung in den THA-Verwaltungsrat berufen, ebenso Staatssekretär Horst Köhler (Bundesfinanzministerium) und Staatssekretär Dieter von Würzen (Bundeswirtschaftsministerium).
Der erste in Eisenach montierte Opel »Vectra« rollt vom Band.

6. Oktober 1990 Für die Umwandlung der Handelsorganisation (HO) wird als Tochtergesellschaft der THA die Gesellschaft zur Privatisierung des Handels (GPH) gegründet.

9. Oktober 1990 Spitzengespräch beim Bundeskanzler, Aufruf an die westdeutsche Wirtschaft, der THA Manager auf Zeit zur Verfügung zu stellen.

10. Oktober 1990 Mercedes Benz AG, Stuttgart, und die Treuhandanstalt einigen sich über den Einstieg der Daimler-Tochter bei der Ifa – Automobilwerk GmbH, Ludwigsfelde.

14. Oktober 1990 In den fünf neu gebildeten Bundesländern finden die ersten Landtagswahlen statt. Die CDU bzw. CDU und FDP bilden anschließend die Regierungen, nur in Brandenburg entsteht eine von SPD, FDP und Bündnis 90 getragene Koalition.

15. Oktober 1990 BASF übernimmt das Synthesewerk Schwarzheide.

18. Oktober 1990 Eine Grundsatzvereinbarung mit VW über den Ausbau des Werkes in Mosel bei Zwickau wird in Berlin unterzeichnet. VW plant, dort schrittweise ein Produktionsziel von 250 000 »Golf« jährlich zu erreichen.
Das Bürgertelefon der THA wird eingerichtet.

22. Oktober 1990	Das Herbstgutachten der Wirtschaftsforschungsinstitute empfiehlt, die THA von den Sanierungsaufgaben freizustellen, damit sie sich auf die reine Privatisierung konzentrieren könne. Die Staatsanwaltschaft führt Durchsuchung der PDS-Zentrale durch. Der Grund sind zweifelhafte Überweisungsabläufe auf Konten der sowjetischen Firma Putnik, die von einem PDS-Konto herrühren.
24. Oktober 1990	Der THA-Unterausschuß im Bundestag konstituiert sich.
29. Oktober 1990	In Gesprächen mit Unternehmern in Frankreich wirbt Rohwedder für französische Investitionen in Ostdeutschland. In Frankreich herrscht der Eindruck vor, die THA begünstige bei Privatisierungen einseitig westdeutsche Interessenten.
16. November 1990	Der THA-Verwaltungsrat verabschiedet die vom Vorstand formulierten Leitlinien der Geschäftspolitik.
22. November 1990	Rohwedder wird zum Manager des Jahres gewählt. Er fordert bei einem Unternehmergespräch mehr Entscheidungsfreiheit für die THA von Wirtschaftsminister Haussmann.
26. November 1990	In einer ersten Ausschreibung werden 8500 Ladengeschäfte und 2500 Gaststätten der ehemaligen Handelsorganisation (HO) zur Privatisierung angeboten, 6000 weitere folgen später. Rund 11 000 HO-Betriebe waren schon privatisiert oder geschlossen.
28. November 1990	Der Vorsitzende des DGB, Heinz-Werner Meyer, der Vorsitzende der Deutschen

	Angestelltengewerkschaft, Roland Issen, sowie das Vorstandsmitglied der IG Metall Horst Klaus werden von der Bundesregierung in den THA-Verwaltungsrat berufen.
30. November 1990	Ministerstreit um Interflug in Bonn. Das Bundeswirtschaftsministerium wirft Verkehrsminister Friedrich Zimmermann vor, eine Fusion des DDR-Unternehmens mit der Lufthansa durchsetzen zu wollen, statt ausländische Partner zu suchen. Dem Bundesverkehrsministerium erscheinen Alternativen aussichtslos. Es verweist auf den Verzicht von British Airways und All Nippon Airways.
3. Dezember 1990	Henkel kauft Waschmittelwerk Genthin, das ehemals schon zur Unternehmensgruppe gehörte.
18. Dezember 1990	Die Ministerpräsidenten der fünf neuen Bundesländer werden Mitglieder des THA-Verwaltungsrats, für das Land Berlin am 8. März 1991 Finanzsenator Elmar Pieroth.
26. Dezember 1990	THA bietet Regionalzeitungen zum Verkauf an und bittet alle an der Übernahme interessierten Zeitungsverlage um Abgabe von Angeboten, nicht nur die bisherigen Kooperationspartner.

1991

3. Januar 1991	Erste Bilanz der Privatisierungen: Im Jahre 1990 sind rund 500 Unternehmen und Betriebsstätten an private Investoren verkauft worden.

10. Januar 1991	Buchhandlungen werden zur Privatisierung ausgeschrieben.
22. Januar 1991	Die THA beschließt den Stopp der verlustreichen Produktion von »Wartburg«-Automobilen zum 31. Januar 1991. Beschluß des THA-Vorstands zur Gründung der Liegenschaftsgesellschaft der Treuhandanstalt (TLG).
31. Januar 1991	THA genehmigt eine Auslaufproduktion für »Wartburg« bis März.
6. Februar 1991	Diskussionsentwurf zur Änderung von § 3 des Vermögensgesetzes, um Investitionen zu erleichtern. Coca-Cola investiert 660 Millionen DM.
8. Februar 1991	THA übernimmt Liquiditätshilfen von etwa 28 Milliarden DM für ihre Unternehmen. Privatisierung von Interflug ist nicht mehr erreichbar; der Geschäftsbetrieb soll auslaufen, die Lufthansa und andere Fluggesellschaften sollen möglichst viele der noch 2900 Beschäftigten übernehmen.
13. Februar 1991	Demonstration vor der THA gegen die Interflug-Entscheidung.
25. Februar 1991	Bundeswirtschaftsminister Möllemann fordert die Zuständigkeit für die THA. Der THA-Vorstand trifft mit Vorständen von rund 250 Großunternehmen zusammen.
6. März 1991	Treuhand-Präsident Rohwedder und der Ministerpräsident des Bundeslandes Thüringen, Josef Duchac, einigen sich, 80 Prozent der Geschäftsanteile von Zeiss Jena an die Carl-Zeiss-Stiftung Jena zu übertragen und das Unternehmen durch die

	THA zu entschulden. Die Stiftung wird von der Landesregierung verwaltet.
8. März 1991	Das Bundeskabinett verabschiedet das Gemeinschaftswerk »Aufschwung Ost«.
14. März 1991	Beratungsergebnis der Kanzlerrunde: Grundsätze der Zusammenarbeit für den Aufschwung Ost vereinbart. Bundesregierung, fünf neue Bundesländer und THA entscheiden sich u. a. zur Bildung von Treuhand-Wirtschaftskabinetten.
18. März 1991	Vorstandsmitglied Hans Krämer stellt die Treuhand-Liegenschaftsgesellschaft (TLG) vor; der Verkauf von 1000 Grundstücken wird eingeleitet. Der Gründungsvertrag der TLG wird an diesem Tage unterzeichnet.
20. März 1991	Für Unternehmen der Treuhandanstalt werden noch rund 15 000 Aufsichtsräte gesucht.
22. März 1991	Demonstration gegen Massenarbeitslosigkeit vor der Treuhandanstalt in Berlin mit Beteiligung von Betriebsräten aus vielen Städten.
23. März 1991	Bundesarbeitsminister Norbert Blüm unterzeichnet ein Arbeitsmarkt-Sonderprogramm (280 000 ABM-Stellen).
27. März 1991	Osterbrief von Präsident Rohwedder an Mitarbeiter mit 10 Punkten zur Arbeit der Treuhandanstalt: schnelle Privatisierung – entschlossene Sanierung – behutsame Stillegung. THA-Bürgschaften für Liquiditätskredite an Unternehmen werden über ursprünglichen Fristablauf verlängert.
29./30. März 1991	Brandanschlag auf die Niederlassung der THA in der Schneeglöckchenstraße; Be-

	kennerschreiben von »Thomas Münzer's Wildem Haufen«.
31. März 1991	Rohwedder im Gespräch mit der »Frankfurter Allgemeinen Zeitung«: Aufwertung der Sanierungsaufgabe sei keine Überraschung: »Ich habe eine hundertprozentige Privatisierung nie für möglich gehalten.«
	Rohwedder in Pforzheim (IHK): »Wir dürfen nicht aus Furcht vor Montags-Demos den Status quo finanzieren.«
1. April 1991	Detlev Karsten Rohwedder wird gegen Mitternacht im Arbeitszimmer seines Hauses in Düsseldorf ermordet.
3. April 1991	RAF-Bekennerschreiben zum Mord an Rohwedder geht ein.
8. April 1991	Eröffnung der Unternehmerbörse in Berlin.
	THA-Vorstand beschließt Mittelstandskonzept für vereinfachte Privatisierungen, Existenzgründungen und Entflechtung von Unternehmen.
10. April 1991	Das Treuhand-Kabinett für das Land Berlin wird eingesetzt.
13. April 1991	Gemeinsame Erklärung von DGB/DAG und THA zu Sozialplänen.
	Die Privatisierung von zehn Regionalzeitungen wird entschieden und öffentlich dargelegt.
15. April 1991	Birgit Breuel wird vom THA-Verwaltungsrat zur neuen Präsidentin der THA gewählt.
22. April 1991	Die Niederlassung Cottbus schreibt 91 Unternehmen national und international aus.
24. April 1991	GPH: Privatisierung der HO–Hotels bis Ende Juni abgeschlossen.

	SKET Maschinenbau Magdeburg GmbH gründet gemeinsam mit dem Magdeburger Magistrat und der Kreishandwerkschaft eine Beschäftigungsgesellschaft (GISE).
29. April 1991	Auf der ersten Regionalkonferenz (Kongreßhalle/Alex) mit Unternehmensgründern mahnt THA-Präsidentin Birgit Breuel Unternehmenskonzepte und DM-Eröffnungsbilanzen an.
30. April 1991	Der letzte »Trabi« rollt vom Band. Interflug stellt den Betrieb ein.
3. Mai 1991	Bereits 3000 Entschuldungsanträge von Agrarbetrieben bei THA eingegangen.
10. Mai 1991	Bundeskanzler Kohl besucht Bitterfeld. Die Chemie-Standorte der Region sollen erhalten bleiben.
15. Mai 1991	Zweite Sitzung des Wirtschaftskabinetts des Landes Mecklenburg-Vorpommern in Berlin. Auf der Tagesordnung: Sachstandsbericht der THA zu Fragen maritimer Wirtschaft. Schiffe für SU liegen wegen Zahlungsunfähigkeit der Käufer fest. Sowjetaufträge betragen 80 Prozent des Bestellvolumens der Werftbetriebe der Deutschen Maschinen- und Schiffbau AG.
17. Mai 1991	Die THA fordert ihre Unternehmen auf, Einrichtungen der Aus-, Fort- und Weiterbildung nicht zu reduzieren oder abzuschaffen.
23. Mai 1991	Erster MBO-Kongreß der THA. »Unternehmenskauf durch Führungskräfte«.
27. Mai 1991	THA stellt Gebäude und Betriebsgelände ihrer Unternehmen für Ausbildungszwecke zur Verfügung.

31. Mai 1991	Unabhängige Kommission zur Überprüfung des Parteivermögens veröffentlicht den ersten Zwischenbericht.
4. Juni 1991	Treffen der EG-Außenminister in Dresden mit THA-Präsidentin Breuel: EG verspricht Unterstützung für Ostdeutschland.
7. Juni 1991	Die THA fordert in einem Brief ihre Unternehmer auf, Beschäftigungsgesellschaften personelle und sachliche Hilfe zu leisten.
11. Juni 1991	SPD unterliegt im Streit um die Durchsetzung von Alteigentumsansprüchen auf Ost-Zeitungen. Das Berliner Verwaltungsgericht entscheidet: THA darf die umstrittenen Zeitungen verkaufen. Zur Vermeidung weiterer gerichtlicher Auseinandersetzungen schließen THA und SPD einen Vergleich.
4. Juli 1991	Erstes Gesamtkonzept für ostdeutsche Chemie mit den Hauptstandorten Leuna, Buna, Bitterfeld wird vorgelegt.
12. Juli 1991	Das Land Brandenburg fordert die Pferderennbahn Hoppegarten; Schockemöhle verhandelt mit der THA.
16. Juli 1991	Die Treuhandanstalt beginnt eine Prüfung der Qualifikation der Unternehmensleitungen und Aufsichtsräte.
17. Juli 1991	Eine Rahmenvereinbarung über Gesellschaften zur Arbeitsförderung (ABS) wird zwischen den neuen Bundesländern, Gewerkschaften und Arbeitgeberverbänden sowie der Treuhandanstalt abgeschlossen.
30. Juli 1991	Die Privatisierung der ehemals staatlichen Handelsorganisation (HO) ist been-

	det. Von knapp 30 000 Objekten der HO haben 22 300 einen neuen Inhaber.
31. Juli 1991	Die ostdeutsche Lotto-Gruppe wird von der THA für einen symbolischen Kaufpreis an Berlin und die neuen Bundesländer übergeben. Die Treuhandanstalt hatte schon vorher die Einnahmen an die Länder weitergegeben.
1. August 1991	Rund 1400 ostdeutsche Manager sind seit September 1990 entlassen worden. THA- Präsidentin Birgit Breuel gibt als Gründe personelle Überbesetzung der Geschäftsführungen (500), fachliche Inkompetenz (400), politische Belastungen aus der Vergangenheit (400) sowie Veruntreuung oder andere Staftatbestände (100) an.
13. August 1991	Der Vorstand der Treuhandanstalt beschließt Insider-Regeln. Damit wird der Erwerb von THA-Objekten für Mitarbeiter oder deren Verwandte strikten Aufsichtsbestimmungen unterworfen.
16. August 1991	Gespräch des Präsidenten des Deutschen Städtetags, Manfred Rommel, mit THA-Vertretern über die künftige Rolle von Stadtwerken für die leitungsgebundene Energie.
19. September 1991	EG will nur »dicke Brocken« prüfen: Die THA darf mittlere Betriebe ohne Genehmigung veräußern. 15 THA-Mitarbeitern wird aufgrund der Mitteilungen der Gauck-Behörde wegen Stasi-Mitarbeit gekündigt. Elbo-Baubetriebe: THA bricht Privatisierungsverhandlungen mit der Karina-Gruppe ab. Trotz mehrfacher Aufforde-

	rungen legte Karina keinen Nachweis über Finanzierung des Kaufpreises vor.
22. September 1991	Das Hermsdorfer Kreuz von 3000 Tridelta-Beschäftigten besetzt.
24. September 1991	Zweiter MBO-Kongreß in Berlin.
2. Oktober 1991	Verwirrung um die Privatisierung der GRW Teltow. Der zuständige THA-Direktor Harald Lang wird nach Presseveröffentlichungen auf eigenen Wunsch beurlaubt. Eine Sonderprüfung des Bereichs Elektrotechnik/Elektronik wird eingeleitet.
8. Oktober 1991	Die Reifenwerke Pneumant sollen nicht weitergeführt werden, Verkaufsverhandlungen bleiben erfolglos.
11. Oktober 1991	International Tourist Services (ITS) kauft 30 Reisebüros von der früheren Jugendtourist-Organisation, 30 weitere werden von ihren Mitarbeitern als MBO übernommen.
14. Oktober 1991	Der belgische Chemiekonzern Solvay erhält die Sodafabrik Bernburg zurück.
23. Oktober 1991	Der IG-Metall-Vorsitzende Franz Steinkühler schlägt vor, die THA aufzulösen und regional organisierte Industrie-Holdings zu gründen.
29. Oktober 1991	Durchsuchungen bei der Rostocker THA-Niederlassung aufgrund von Vorwürfen anläßlich des Verkaufs der Industrie- und Hafenbau GmbH. Untersuchungen durch die interne THA-Revision ergeben keine Unkorrektheiten. Krupp und Hoogovens haben sehr konkrete Übernahmekonzepte für EKO-Stahlwerke in Eisenhüttenstadt.
30. Oktober 1991	Streit um die Galoprennbahn Hoppe-

garten. Das Land Brandenburg beharrt auf Rückübertragung, die Berechtigung des Anspruchs wird geprüft.
THA-Vorstand führt Gespräche mit den Ministerpräsidenten der neuen Bundesländer. Als Teil der Zusammenarbeit wird den Ländern das Frühwarnsystem über Unternehmensentwicklungen (Stillegungen) zur Verfügung gestellt.

6. November 1991 DM-Eröffnungsbilanzen und Unternehmenskonzepte ausgewertet: Sieben von zehn Unternehmen in den neuen Bundesländern sind sanierungsfähig.

8. November 1991 Das Unternehmen Carl Zeiss Oberkochen übernimmt die unternehmerische Führung der Carl Zeiss Jena GmbH und 51 Prozent der Anteile.

15. November 1991 Die Treuhandanstalt zahlt bis Jahresbeginn Stipendien an ausländische Studenten aus, die auf Einladung der SED in die ehemalige DDR kamen. Die unabhängige Kommission zur Überprüfung des Vermögens der Parteien stimmte zu, nachdem die PDS die Zahlung verweigert hat. Das durchschnittliche Monatsstipendium beträgt rund 650 DM.

21. November 1991 Der Berliner Senat übernimmt von der Treuhandanstalt 7945 Wohnungen, 67 Zwei- und 153 Einfamilienhäuser, die als Dienstwohnungen des DDR-Ministeriums für Staatssicherheit genutzt wurden. Leerstehende Wohnungen werden vom Senat Wohnungssuchenden zur Verfügung gestellt.

22. November 1991 Die Deutsche Interhotel AG wird für rund 2,5 Milliarden DM verkauft.

27. November 1991	Das Rudolf-Harbig-Stadion (Dynamo-Stadion) wird der Stadt Dresden als Kommunaleigentum übergeben. Es hatte sich in der Rechtsträgerschaft des DDR-Ministeriums für Staatssicherheit befunden.
5. Dezember 1991	THA und IG Metall verständigen sich auf einen Kompromiß für Hennigsdorf. Empfehlung: Verkauf an Riva, aber mehr Arbeitsplätze am Standort Brandenburg. Der THA-Verwaltungsrat billigt den Verkauf der beiden Stahlwerke zwei Tage später.
13. Dezember 1991	Arbeitnehmer der Draht- und Seilwerke GmbH Rothenburg demonstrieren vor der THA für eine schnelle Privatisierung ihres Unternehmens.
19. Dezember 1991	70 000 ABM-Kräfte bei Umweltsanierung in THA-Unternehmen tätig.
31. Dezember 1991	Bilanz der Privatisierungen: Bis zum Jahresende 1991 sind von der Treuhandanstalt 5210 Unternehmen an private Investoren übergeben worden. Von der Treuhand-Liegenschaftsgesellschaft (TLG) wurden 6052 Objekte privatisiert, außerdem 8344 Hektar landwirtschaftliche Nutzfläche.

1992

16. Januar 1992	Feierliche Benennung der THA-Zentrale in »Detlev-Rohwedder-Haus« durch Bundeskanzler Helmut Kohl. Er würdigt die geleistete Arbeit: »Unabhängigkeit der Treuhandanstalt muß auf jeden Fall gesichert werden.«

24. Januar 1992	Die Zahl der Mitarbeiter in THA-Unternehmen beträgt noch 1,65 Millionen statt 4,08 Millionen im Jahr 1990. In bereits privatisierten Unternehmen sind eine Million Arbeitsplätze gesichert, rund 640 000 Mitarbeiter wechselten die Beschäftigung, rund 455 000 gingen in Rente oder ABM, rund 336 000 wurden arbeitslos.
29. Januar 1992	Nach Kanzlergespräch in Bonn erklärt Regierungssprecher Dieter Vogel: Die Bundesregierung hat nicht die Absicht, die »Aufgabenstellung und Politik der THA irgendwie zu ändern«.
10. März 1992	Der Verwaltungsrat billigt internationale Lösung bei Werftenprivatisierung. MTW-Schiffswerft GmbH geht an die Bremer Vulkan-Gruppe, Neptun-Warnow-Werft GmbH an die norwegische Kvaerner-Gruppe.
12. März 1992	Das Kosmetikunternehmen Florena in Döbeln, Sachsen, als MBO der drei Geschäftsführer privatisiert.
	THA trennt sich von Andreas Grünebaum, Direktor für Privatisierung bei der Niederlassung Magdeburg. Später erläßt das Kreisgericht Magdeburg Haftbefehl.
18. März 1992	Kongreß zu Fragen des Management Buy-Out (MBO) in Frankfurt/Main: Bei jeder fünften THA-Privatisierung übernahmen eigene Mitarbeiter ihr Unternehmen.
25. März 1992	Birgit Breuel wird vom »Forbes«-Magazin zur »Managerin des Jahres« gewählt. Sie nimmt die Auszeichnung als Ehrung aller bei der THA tätigen Mitarbeiter entgegen.
26. März 1992	Rund 300 Fachleute aus 24 Staaten Mittel-, Ost- und Südosteuropas nehmen an

	einem Privatisierungskongreß der Treuhandanstalt und des Ostausschusses der Deutschen Wirtschaft in Berlin teil. Die Treuhand Osteuropa Beratungs GmbH soll einen Erfahrungsaustausch koordinieren.
24. April 1992	Gründung der Bodenverwertungs- und Verwaltungs-GmbH (BVVG) mit Beteiligung der Treuhandanstalt, Deutsche Siedlungs- und Landesrentenbank Bonn, Landwirtschaftliche Rentenbank Frankfurt und Landeskreditbank Baden-Württemberg, Karlsruhe, zu je einem Viertel.
7. Mai 1992	General Atomics/San Diego kauft ehemaliges Rüstungswerk Spezialtechnik Dresden AG mit neuem Unternehmenskonzept für Umweltsanierung und Munitionsentsorgung. Informationskongreß in der Treuhandanstalt Berlin, Tag der offenen Tür.
19. Mai 1992	Die Privatisierung der DEFA wird entschieden. Käufer ist eine deutsche Tochtergesellschaft der französischen CGE.
21. Mai 1992	Neue Rahmenvereinbarung zwischen THA und Gewerkschaften zu Sozialplänen.
22. Mai 1992	Das Direktorat Küstenindustrie beendet als erster Organisationsteil der THA seine Tätigkeit.
30. Juni 1992	Über 200 Betriebsräte aus Unternehmen in den neuen Bundesländern demonstrieren vor der Treuhandanstalt und verlangen einen sofortigen Entlassungsstopp. THA-Präsidentin Breuel und Vorstandsmitglied Horst Föhr sprechen am 9. Juli 1992 mit Vertretern der Ostdeutschen Be-

	triebs- und Personalrätekonferenz, den Organisatoren der Demonstration. Die Niederlassung Schwerin beendet als erste von 15 Regionalorganisationen der Treuhandanstalt ihre Privatisierungstätigkeit.
3. Juli 1992	Der Deutsche Bundestag beschließt ein Gesetz, das die Kreditaufnahme der THA für die Jahre 1992–94 auf 30 Milliarden DM jährlich begrenzt. Bei unabweisbarem Mehrbedarf kann der Bundesfinanzminister mit Einwilligung des Haushaltsausschusses des Bundestags Überschreitungen bis zu acht Milliarden DM zulassen.
14. Juli 1992	Birgit Breuel schreibt an alle Mitarbeiter der THA, daß bis Ende 1993 die Aufgaben der Unternehmensprivatisierung im wesentlichen beendet sein werden und dies bis Frühjahr 1994 zu einem Rückgang der Personalstärke von rund 4000 auf 2500 führen wird. Vertragsabwicklung und Liegenschaften werden Aufgaben bleiben.
23. Juli 1992	Das TED-Konsortium (Thyssen Handelsunion und Elf) unterzeichnet Vertrag über Privatisierung der Minol und den Bau einer Raffinerie in Leuna und sichert Rohstoffversorgung der ostdeutschen Großchemie.
4. September 1992	Das koreanische Unternehmen Samsung übernimmt das Werk für Fernsehelektronik GmbH (WF) in Berlin-Oberschöneweide.
7. September 1992	Der Treuhand-Vorstand fordert seine Unternehmen auf, in der schwieriger werdenden wirtschaftlichen Situation wichtige Investitionen zu beschleunigen.

18. September 1992	Der Verwaltungsrat der Treuhandanstalt billigt die Privatisierung der Edelstahlwerke Freital. Die sächsische Landesregierung hat zugesagt, jene Kosten zu übernehmen, die den Aufwand einer Liquidation übersteigen.
30. September 1992	THA-Pressekonferenz: Wir werden Treuhand-Unternehmen zur Seite stehen; sie müssen notfalls mit Kampfpreisen um Märkte im Westen kämpfen.
1. Oktober 1992	Das THA-Direktorat Nahrung und Genußmittel beendet seine Privatisierungstätigkeit.
2. Oktober 1992	Den Regierungschefs von Berlin und den neuen Bundesländern bietet die Treuhandanstalt insgesamt 49 Heime zur Unterbringung von Aussiedlern, Asylsuchenden und Flüchtlingen aus den Bürgerkriegsgebieten Jugoslawiens an, die den Kommunen zu einem der Zweckbestimmung entsprechenden Verkehrswert überlassen werden sollen.
5. Oktober 1992	Behörden sollen in den neuen Bundesländern einkaufen: Auftaktveranstaltung zu Behördenmarketing mit THA-Präsidentin Birgit Breuel und Wirtschaftssenator Meisner im Berliner Congreß Centrum.
8. Oktober 1992	»Mode zum Mitmachen« für 1993 präsentieren ostdeutsche Unternehmen in der Berliner Treuhandanstalt. Textil- und Bekleidungsunternehmen stellen sich als leistungsfähige und verläßliche Kooperationspartner dar.
15. Oktober 1992	DM-Eröffnungsbilanz der Treuhandanstalt vorgelegt. Bundesfinanzminister Theo Waigel erklärt, die THA werde ihre

	Aufgabe mit einer Gesamtverschuldung von rund 250 Milliarden DM abschließen. Der Fehlbetrag zeige aber nur einen Teil der finanziellen Erblast der DDR.
22. Oktober 1992	Erfurt bleibt Standort für Mikroelektronik. SI Logic / Hessisch-Thüringische Landesbank werden neue Eigentümer der THESYS Gesellschaft für Mikroelektronik.
26. November 1992	Zweiter Verkaufskatalog von Kleinunternehmen »Treuhand-Initiative Mittelstand« veröffentlicht. THA-Controlling deckt Unregelmäßigkeiten bei der Übernahme der agrotechnik Leipzig GmbH durch westdeutsche Investoren auf.
3.–5. Dezember 1992	THA-Messe und Kongreß »Made in Germany« in Leipzig.
16. Dezember 1992	Das THA-Direktorat Dienstleistungen beendet seine Privatisierungstätigkeit.
31. Dezember 1992	Bilanz der Privatisierungen: Bis zum Ende des Jahres 1992 hat die Treuhandanstalt 11 043 Unternehmen an private Investoren übergeben, außerdem wurden 10 311 Liegenschaften und 27 807 Hektar landwirtschaftliche Nutzfläche veräußert.

Personenregister

Albers, Hans 355
Amerongen, Otto Wolff von 316
Aust, Stefan 306

Bachsleitner, Peter 131, 134, 142
Bahn, Dietmar 286
Balz, Manfred 60, 62, 90, 141 f.,
    248, 251
Bayreuther, Werner 259
Berger, Roland 90
Bergmann-Pohl, Sabine 58
Bernhardt, Wolfgang 254, 256
Biedenkopf, Kurt 114, 222 f.
Blüm, Norbert 243, 257, 411
Bonnenberg, Heiner 260, 373
Börjes, Hans 311
Boyer, Charles 355
Brahms, Hero 23, 222, 291
Brandt, Willy 201
Breuel, Birgit 23, 85, 87, 91, 96,
    132, 136, 142, 168, 178, 190,
    218, 221 ff., 248, 254, 262, 291,
    300, 308, 315, 331, 348, 391,
    400, 412 ff., 419 ff.
Brinksmeier, Christine 325
Brück, Wolfram 248, 379 f.
Bülow, Erich 157, 159

Clausen, Eckart 357
Conrad, Jürgen 402
Coqui, Helmut 209
Corsten, Ralf 142, 265
Couveinhes, Pierre 356

Daßler, Jürgen 96
Dietrich, Marlene 354 f.
Dobert, Jürgen 245
Dohnanyi, Klaus von 365, 402

Döring, Karl 46
Dregger, Alfred 249
Duchac, Josef 410
Durante, Raffaele 348
Dürr, Heinz 402

Eckes, Peter 187
Eilert, Hans 69
Enderlein, Hinrich 355
Engelen-Kefer, Ursula 402
Ernst, Roland 267

Faude, Eugen 103
Feo, Marika de 392
Firnhaber, Ulrich 142
Fleischmann, Peter 354
Fleming, Robert 164
Föhr, Horst 23, 260, 342, 344, 420
Forsmann, Otfried 282
Frank, Kriemhild 331
Franke, Heinrich 114
Frenzel, Michael 245
Friderichs, Hans 193
Friebel, Conrad 43, 177
Froeb, Wolfgang 383
Fröhlich, Hellmuth 264 f.

Gauck, Joachim 86, 415
Geissler, Dieter 351 f.
Gellert, Otto 46, 234
Gemählich, Peter 258 f.
Genscher, Hans-Dietrich 280,
    352, 366
Gerelchuluun, Yondonoidov 315
Goeudevert, Daniel 402
Gohlke, Rainer Maria 46, 89 f.,
    406
Goldschmidt, Rolf 131

Gomolka, Alfred 181, 243
Göring, Hermann 298
Goudswaard, J. M. 348 ff.
Graenz, Gerd 348
Großmann, Volker 320
Grothkamp, Günther 238
Grünebaum, Andreas 419
Grünrock, Ulrike 368
Gruszecki, Tomasz 316 f.

Haag, Jürgen 187, 189
Halm, Gunter 254
Hanke, Wolfgang 361
Hansen, Berndt 348
Happel, Claus 366 f.
Haussmann, Helmut 403, 408
Havemann, Beate 138 ff.
Hengstmann, Peter W. 401
Hildebrandt, Regine 298
Himstedt, Günter 209, 213 f.
Hirche, Walter 278, 281
Holzer, Jochen 390
Honecker, Erich 25, 197, 240, 298
Hooven, Eckhard van 243
Hornef, Heinrich 23, 104, 252

Issen, Roland 409

Junkers, Hugo 74

Kaiser, Joachim 89, 91, 101
Kauers, Brigitta 368
Kern, Horst 151
Kilimann, Manfred 309
Kinkel, Klaus 85, 141, 158
Klaus, Horst 409
Klinz, Wolf 23, 96, 238, 353 ff.
Knapp, Christoph 90, 94, 142, 145
Knauss, Fritz 89
Koch, Alexander 84, 114, 126, 141, 161
Koebler, Manfred 36, 130 f.

Kohl, Helmut 12, 85, 96, 126, 162, 220, 413, 418
Köhler, Horst 407
Köllmer, Christian 320 f.
König, Horst 143 f., 248
Krackow, Jürgen 241 f., 244
Krahmer, Heinz 309 ff.
Kramer, Andreas 183
Krämer, Hans 23, 266, 268, 282, 284 ff., 392, 411
Kraus, Karl 90 f.
Krause, Günther 243, 379
Krause, Wolfram 26, 28, 31, 40 f., 80, 103, 142
Krenz, Egon 25
Krieger, Albrecht 157, 159
Krumbein, Dietrich 318
Krumbein, Hubert 318
Krumbein, Magarete 318
Kruse, Hans Jakob 265

Lambsdorff, Otto Graf 193
Lang, Fritz 354
Lang, Harald 416
Lecuona, José Ramón 348
Le Floch Prigent, Loïk 99
Lehment, Conrad-Michael 243 f.
Leutwiler, Fritz 348 ff.
Leyendecker, Hans 310
Liebau, Irene 368
Liehmann, Paul 31, 205
Little, Arthur D. 95, 97
Luft, Christa 103, 403
Lühmann, Günter 121

Mahkorn, Richard 232
Maizière, Lothar de 31 f., 37, 40 ff., 85, 155, 228, 254, 405
Mandermann, Heinrich 116 ff., 119
May, Christian 64
Meisner, Norbert 364, 422

Meyer, Heinz-Werner 408
Mittag, Günter 25, 298
Modrow, Hans 26, 28 ff., 33, 37,
 40, 103, 172, 228, 233, 310, 403
Möllemann, Jürgen 249, 410
Monod, Henri 348
Moreth, Peter 31, 404, 406
Morgan, John Pierpont 239
Mueller-Stöfen, Wolfgang 178
Müller, Wilhelm 361
Müller-Heydenreich, Eckart 183
Münzer, Thomas 411

Naujoks, Thomas 299
Necker, Tyll 402
Neubert, Peter 256
Neuendorff, Jörg 215
Noble, Charles A. 118
Noble, George 118
Noble, John 118

Odewald, Jens 46, 229, 242, 352, 406
Oury, Jean-Marc 355

Pfaffenberger, Werner 238 f.
Picaper, Jean Paul 392
Pieck, Wilhelm 175
Pieroth, Elmar 221, 409
Plaschna, Horst 89, 91, 294
Pohl, Gerhard 43
Priadko, Volodomir 317

Rapp, Gordon 116, 299 f.
Rappe, Hermann 96, 99 f., 406 f.
Rehberger, Horst 96
Reimnitz, Christoph 262
Remes, Susanne 268
Rexrodt, Günter 309 f., 313
Richter, Hans 385, 388
Riesenhuber, Heinz 366
Ringwald, Hans 282

Riva, Emilio 278 ff., 390 ff., 418
Röblitz, Dieter 34
Rohr, Hans-Jürgen 189, 357, 360 f., 363
Rohwedder, Detlev Karsten 19, 46, 67, 80, 82 f., 85, 87 ff., 91, 94, 102 f., 131 f., 134, 141 f., 145, 148, 153, 157, 169 ff., 181, 193 ff., 204, 213, 227 ff., 233, 248 f., 263 ff., 270, 290, 297, 301 f., 310, 390, 405 f., 408, 410 ff.
Rommel, Manfred 415
Rönsch, Hans-Hermann 254
Rosentalski, Johannes 90
Rüsberg, Karl-Heinz 311, 339, 400

Sabel, Charles F. 151
Sagebiel, Ernst 176
Schaaf, Wilhelm 300
Schäfgen, Heinz 152
Scharon, Manfred 309
Schäuble, Wolfgang 352, 379
Scherpenberg, Norman van 128, 178, 250 ff.
Schiller, Karl 193, 227
Schirner, Karl 163, 183 f., 234
Schiwy, Peter 351 ff.
Schlöndorff, Volker 354
Schmidt, Helmut 193
Schmidt, Herbert B. 328
Schmidt, Hilmar 248
Schockemöhle, Alwin 414
Schöde, Wolf 268
Schommer, Kajo 222
Schraufstätter, Ernst 97, 99, 162, 164
Schröder, Christoph 178, 218
Schröder, Wolfgang 371
Schucht, Klaus 23, 97, 100, 371
Schulz, Peter 279, 282, 284 f.

Schumann, Erich 238
Schürer, Gerhard 25
Schwiertzina, Tino 170
Sinnecker, Eberhard 178, 203, 206, 305, 351 ff., 356
Stauffenberg, Franz Ludwig Graf 361
Stein, Heinrich Friedrich Karl Freiherr vom und zum 378
Steinecke, Jochen 109
Steinitz, Klaus 102
Steinkühler, Franz 416
Stolpe, Manfred 278

Tantow, Wolfgang 282
Teichmüller, Frank 245
Thorson, Larry 390
Thyssen-Bornemisza, Baron Heinrich 243
Töpfer, Klaus 370
Tränkner, Ludwig M. 142, 296 ff.

Ulbricht, Walter 240
Ullmann, Leopold 135
Ullmann, Wolfgang 29 f., 102, 404
Urban, Christoph 262
Urban, Horst W. 294

Vehse, Wolfgang 166
Veidt, Conrad 255
Vogel, Bernhard 320 f.
Vogel, Dieter 419
Vogel, Wolfgang 100
Vogelgesang, Hans-Thilo 89, 91
Volcker, Paul 262
Voscherau, Henning 232

Wagner, Hermann A. 83 ff.
Wagner, Horst 283
Waigel, Theo 104, 165, 174, 228, 245, 356, 422
Walker, Lord Peter 348 f.
Wallgren, Sven 348, 350
Wauschkuhn, Franz 299
Weiss, Alfred 269
Weitzmann, Horst 392
Weizsäcker, Richard von 96, 227
Wellensiek, Jobst 115 ff., 119, 183
Wenders, Wim 354
Wild, Klaus-Peter 23, 95, 163, 178, 241 f.
Wilder, Billy 354
Winter, Johannes 372
Wolfensohn, James D. 262
Würzen, Dieter von 407

Zimmermann, Friedrich 174, 180, 409

ULLSTEIN REPORT bisher erschienen:

»Die meistzitierte und -diskutierte Buchreihe Deutschlands« *Die Welt*

Werner Bruns
Sozialkriminalität in Deutschland

Ullstein Buch 36615, DM 19,90

Sozialbetrüger erschleichen sich jährlich rund 10 Milliarden Mark. Trotzdem ist das Thema in der Öffentlichkeit ein Tabu.

Wolfgang Kowalsky
Rechtsaußen...
und die verfehlten Strategien der deutschen Linken

Ullstein Buch 36601, DM 19,90

»Vor Wolfgang Kowalskys als ›Report‹ getarnter Polemik muß gewarnt werden.«
Frankfurter Rundschau

Peter Scherer
Das Netz
Organisiertes Verbrechen in Deutschland

Ullstein Buch 36610, DM 19,90

»Die Lektüre dieses Buches läßt einem kalte Schauer über den Rücken fließen.«
DIE WELT

Uwe Greve
Parteienkrise
CDU am Scheideweg

Ullstein Buch 36612, DM 24,90

»Greves Kritik ist die Kritik eines wohlmeinenden Insiders, und sein Rat ist der Rat eines Gutmeinenden. Wer aus solch einer Grundhaltung schreibt, kann offener und schonungsloser sein... Viele konservative Mitglieder und Wähler der CDU werden sich wiederfinden... Greves Buch kann dazu beitragen, die Funktionärsdämmerung zu befördern.«
WELT am SONNTAG

bisher erschienen:

»Die meistzitierte und -diskutierte Buchreihe Deutschlands« *Die Welt*

Manfred Wilke/
Hans-Hermann Hertle
Das Genossenkartell
Die SED und die IG Druck und Papier/IG Medien

Ullstein Buch 36603, DM 29,80

»Der Report wagt sich an ein heikles Thema. Schon dies ist ein Verdienst.«
Stuttgarter Zeitung

Helmut Müller-Enbergs/
Heike Schmoll/
Wolfgang Stock
Das Fanal
Das Opfer des Pfarrers Brüsewitz und die evangelische Kirche

Ullstein Buch 36616, DM 24,90

Die Autoren »geben einen schmerzhaften Einblick in das unselige Zusammenspiel von SED, STASI, Führungskreisen der evangelischen Kirche sowie westdeutschen Kirchenjournalisten.«
WELT am SONNTAG

Ralf Georg Reuth
IM-Sekretär
Die »Gauck-Recherche« und die Dokumente zum »Fall Stolpe«

Ullstein Buch 36604, DM 19,80

»Ein längst überfälliger Beitrag, der die ganze Dimension der Stasi-Affäre um Stolpe erhellt.«
Freya Klier

Wolfgang Brinkschulte/
Hans Jürgen Gerlach/
Thomas Heise
Freikaufgewinner
Die Mitverdiener im Westen

Ullstein Buch 36611, DM 19,90

»In dem aufwendig recherchierten Buch kommt vieles zur Sprache, was manchem der einst Handelnden heute peinlich sein dürfte.«
Deutschlandfunk